DIREITO CIVIL – 6
CONTRATOS

COLEÇÃO DIREITO CIVIL
Direito Civil 1 – PARTE GERAL
Direito Civil 2 – OBRIGAÇÕES
Direito Civil 3 – DIREITOS REAIS
Direito Civil 4 – DIREITO DE FAMÍLIA
Direito Civil 5 – DIREITO DAS SUCESSÕES
Direito Civil 6 – CONTRATOS

Sílvio Luís Ferreira da Rocha

DIREITO CIVIL – 6
CONTRATOS

DIREITO CIVIL – 6
CONTRATOS

© SÍLVIO LUÍS FERREIRA DA ROCHA

ISBN 978-85-392-0284-3

Direitos reservados desta edição por
MALHEIROS EDITORES LTDA.
Rua Paes de Araújo, 29, conjunto 171
CEP 04531-940 – São Paulo – SP
Tel.: (11) 3078-7205 – Fax: (11) 3168-5495
URL: www.malheiroseditores.com.br
e-mail: malheiroseditores@terra.com.br

Composição
PC Editorial Ltda.

Capa
Criação: Vânia Lúcia Amato
Arte: PC Editorial Ltda.

Impresso no Brasil
Printed in Brazil
05.2015

SUMÁRIO

Capítulo 1 – O CONTRATO
1.1 O conceito de contrato 17
1.2 Princípios jurídicos tradicionais e fundamentais do sistema contratual
    1.2.1 Liberdade contratual 18
    1.2.2 Paridade jurídica (igualdade formal) entre os contratantes 19
    1.2.3 A obrigatoriedade do contrato 20
    1.2.4 A intangibilidade do contrato 21
    1.2.5 A relatividade dos efeitos 22
    1.2.6 Princípios jurídicos contemporâneos do sistema contratual 23
        1.2.6.1 Do princípio da função social do contrato (CC, art. 421) 24
        1.2.6.2 Do princípio da boa-fé (CC, art. 422) 25
        1.2.6.3 Do princípio do equilíbrio contratual (da justiça contratual) 29
        1.2.6.4 Relação entre os princípios 29

Capítulo 2 – REQUISITOS DO CONTRATO 31
2.1 Requisitos externos do contrato 31
    2.1.1 Requisito subjetivo 31
    2.1.2 Requisito objetivo 33
2.2 Requisitos intrínsecos 35
    2.2.1 Consentimento 36
    2.2.2 A forma 37
2.3 O conteúdo 38
2.4 Requisitos acidentais 39

Capítulo 3 – CLASSIFICAÇÃO DOS CONTRATOS
3.1 Considerações gerais 42

3.2 Contratos típicos, atípicos e mistos 42
3.3 Contratos unilaterais e bilaterais 44
3.4 Contratos onerosos e gratuitos 47
3.5 Contratos comutativos e aleatórios 48
3.6 Contratos paritários e por adesão 50
3.7 Contratos consensuais, formais e reais 50
3.8 Contratos pessoais ou impessoais 52
3.9 Contratos de execução imediata, diferida e sucessiva 52

Capítulo 4 – **DA FORMAÇÃO DOS CONTRATOS**
4.1 Considerações gerais 54
4.2 Contratos instantâneos 55
    4.2.1 Oferta 55
        4.2.1.1 Elementos da oferta 56
    4.2.2 Aceitação 59
4.3 Contratos progressivos 60
    4.3.1 Contratos entre ausentes 60
    4.3.2 Contratos que demandam um trabalho preparatório 62
        4.3.2.1 A formação progressiva do contrato sem vinculação
            4.3.2.1.1 A minuta 62
            4.3.2.1.2 A posição de liberdade da parte no período pré-contratual 62
        4.3.2.2 A formação progressiva do contrato com vinculação
            4.3.2.2.1 O pacto de opção 63
            4.3.2.2.2 A preferência 64
            4.3.2.2.3 O contrato preliminar 65

Capítulo 5 – **ESTIPULAÇÃO EM FAVOR DE TERCEIRO. DO CONTRATO COM PESSOA A DECLARAR. DA PROMESSA DE FATO DE TERCEIRO**
5.1 Da estipulação em favor de terceiro
    5.1.1 Origem 67
    5.1.2 Aplicações 69
    5.1.3 Relações básicas e de atribuição 69
    5.1.4 As partes
        5.1.4.1 Estipulante 70
        5.1.4.2 Promitente 71
        5.1.4.3 Terceiro 71
    5.1.5 Conflito de posições entre o estipulante e o terceiro 71
    5.1.6 Natureza jurídica 71

SUMÁRIO

5.2 Do contrato com pessoa a declarar	
5.2.1 Conceito	72
5.2.2 Natureza jurídica	74
5.2.3 Efeitos	75
5.3 Da promessa de fato de terceiro	75

Capítulo 6 – DOS VÍCIOS REDIBITÓRIOS E DA EVICÇÃO

6.1 Os vícios redibitórios	
6.1.1 Conceito	77
6.1.2 Fundamento jurídico	77
6.1.3 Pressupostos	78
6.1.4 Pretensões	79
6.1.5 Alterações do Código de Defesa do Consumidor (Lei 8.078/1990)	80
6.2 Evicção	80

Capítulo 7 – DA INTERPRETAÇÃO E DA INTEGRAÇÃO DO CONTRATO

7.1 Conceito	83
7.2 Pressupostos	83
7.3 Espécies	84
7.3.1 Interpretação subjetiva	84
7.3.1.1 Limites da interpretação subjetiva	87
7.3.2 Interpretação objetiva	87
7.4 Conceito de integração	89
7.4.1 Pressupostos da integração	89
7.4.2 Meios de integração	90
7.4.3 Limites da integração	90

Capítulo 8 – DA EXTINÇÃO DO CONTRATO

8.1 Considerações gerais	91
8.2 Resolução	
8.2.1 Conceito	92
8.2.2 Causas da resolução	
8.2.2.1 Inadimplemento. Considerações gerais	93
8.2.2.2 Espécies de inadimplemento	94
8.2.2.2.1 Inadimplemento não imputável ao devedor (não culpável)	94
8.2.2.2.2 Efeitos da impossibilidade da prestação não imputável ao devedor	95
8.2.2.2.3 Incumprimento imputável ao devedor	96
8.2.3 Cláusula resolutiva expressa	100

8.2.4   Cláusula resolutiva tácita 100
8.3   **Inadimplemento antecipado do contrato** 101
8.4   **Adimplemento substancial** 102
8.5   **Cumprimento defeituoso**
    8.5.1   Noção 102
    8.5.2   Dificuldades 103
    8.5.3   Consequências 103
8.6   **Resolução por onerosidade excessiva** 104
    8.6.1   Efeitos da onerosidade excessiva 105
8.7   **Resilição** 105
    8.7.1 Efeitos da resilição 107
8.8   **Rescisão** 107
8.9   **Cessação** 107

Capítulo 9 – **DA COMPRA E VENDA**

9.1   **Considerações gerais** 108
9.2   **Conceito** 109
9.3   **Classificação** 110
9.4   **Pressupostos e elementos**
    9.4.1   Pressupostos subjetivos 111
    9.4.2   Elementos do contrato
        9.4.2.1   Conteúdo 112
        9.4.2.2   Bem 112
        9.4.2.3   Preço 113
        9.4.2.4   Forma 115
9.5   **Regime jurídico**
    9.5.1   Responsabilidade pelos riscos e despesas 115
    9.5.2   Obrigações do vendedor e do comprador
        9.5.2.1   Obrigações do vendedor 116
            9.5.2.1.1   Deficiência nas dimensões do imóvel . 117
        9.5.2.2   Obrigações do comprador 119
9.6   **Cláusulas especiais à compra e venda** 119
    9.6.1   Cláusula de retrovenda 120
    9.6.2   Venda a contento e venda sujeita a prova
        9.6.2.1   Venda a contento 121
        9.6.2.2   Venda sujeita a prova 122
    9.6.3   Cláusula de preempção ou preferência 122
    9.6.4   Da venda com reserva de domínio 124
    9.6.5   Da venda sobre documentos 125

Capítulo 10 – **DA TROCA**

10.1   **Considerações gerais** 127
10.2   **Conceito** 128

SUMÁRIO

10.3	*Objeto*	129
10.4	*Regime jurídico*	129

Capítulo 11 – CONTRATO ESTIMATÓRIO

11.1	*Considerações gerais*	131
11.2	*Natureza jurídica*	132
11.3	*Objeto*	132
11.4	*Principais características*	132
11.5	*Efeitos*	133
11.6	*Extinção*	134

Capítulo 12 – DA DOAÇÃO

12.1	*Definição e natureza*	135
12.2	*Características*	136
12.3	*Pressupostos e elementos*	136
	12.3.1 Partes	136
	12.3.2 Objeto	139
	12.3.3 Mútuo consentimento	141
	12.3.4 Forma	143
12.4	*Espécies*	
	12.4.1 Doação própria	143
	12.4.2 Doação pura	143
	12.4.3 Doação condicional	143
	12.4.4 Doação modal ou com encargo	144
	12.4.5 Doação feita em contemplação do merecimento de alguém	146
	12.4.6 Doação remuneratória	146
	12.4.7 Doações mútuas	147
	12.4.8 Doações mistas	147
	12.4.9 Doações indiretas e dissimuladas	147
	12.4.10 Doação conjuntiva	147
	12.4.11 Doação dos pais a filhos	148
12.5	*Efeitos da doação*	148
12.6	*Cláusulas especiais*	149
12.7	*Extinção*	149
	12.7.1 Invalidação	149
	12.7.2 Revogação	152
	12.7.3 Resolução	155

Capítulo 13 – DA LOCAÇÃO

13.1	*Conceito e espécies*	156
13.2	*Elementos do contrato*	157
13.3	*Caracteres*	158

13.4 Obrigações do locador e locatário 159
13.5 Locação de imóvel urbano
13.5.1 Objeto 159
13.5.2 Partes 160
13.5.2.1 Sucessão das partes 160
13.5.2.2 Sublocação 162
13.5.2.3 Cessão 163
13.5.3 Prazo da locação 164
13.5.3.1 Efeitos do prazo 164
13.5.4 Principais obrigações
13.5.4.1 Obrigações do locador 165
13.5.4.2 Obrigações do locatário 167
13.5.5 Espécies de locação 168
13.5.6 Extinção da locação 169
13.5.6.1 Extinção dos contratos de locação residenciais 170
13.5.6.2 Extinção da locação para temporada 174
13.5.6.3 Extinção da locação não residencial 174
13.5.6.4 Extinção da locação de hospitais, escolas e instituições assemelhadas 178
13.6 Locação em centros de compra (shopping centers) 179
13.7 Locação com construção ou reforma ajustada ("Built-to-Suit") 179

CAPÍTULO 14 – DO COMODATO

14.1 Considerações gerais, definição, natureza e elementos 181
14.2 Forma e prova do contrato. Duração 183
14.3 Obrigações e direitos do comodatário 184
14.4 Obrigações do comodante 185
14.5 Riscos 186
14.6 Extinção do comodato 186

CAPÍTULO 15 – DO MÚTUO

15.1 Definição, natureza e elementos
15.1.1 Definição 187
15.1.2 Natureza 188
15.1.3 Elementos
15.1.3.1 Objeto 189
15.1.3.2 Partes 189
15.1.3.2.1 Empréstimo feito a menor 189
15.2 Forma e prova do contrato. Duração 191
15.3 Conteúdo
15.3.1 Obrigações e direitos do mutuário 192

SUMÁRIO   11

15.3.2   Obrigações e direitos do mutuante 193
15.4   *Riscos* 194
15.5   *Extinção do mútuo* 194

CAPÍTULO 16 – **DA PRESTAÇÃO DE SERVIÇOS**

16.1   *Considerações gerais* 195
16.2   *Conceito* 196
16.3   *Características* 197
16.4   *Requisitos e elementos* 197
16.5   *Prazo* 198
16.6   *Obrigações* 199
16.7   *Hipóteses de extinção* 199
16.8   *Prestação de serviços no Código do Consumidor* 200

CAPÍTULO 17 – **DA EMPREITADA**

17.1   *Conceito* 202
17.2   *Partes* 203
17.3   *Objeto* 203
17.4   *Espécies* 203
17.5   *Características* 204
17.6   *Direitos e obrigações do dono da obra* 205
17.7   *Direitos e obrigações do empreiteiro* 207
17.8   *Riscos pela deterioração ou perecimento da obra* 208
       17.8.1   A responsabilidade do empreiteiro pelos vícios de solidez e segurança 208
17.9   *A extinção da empreitada* 210

CAPÍTULO 18 – **DO DEPÓSITO**

18.1   *Definição, caracteres, elementos e espécies*
       18.1.1   *Definição* 211
       18.1.2   *Caracteres* 211
       18.1.3   *Pressupostos e elementos* 212
               18.1.3.1   Pressupostos subjetivos 212
               18.1.3.2   Objeto do contrato 213
       18.1.4   *Espécies* 213
               18.1.4.1   Depósito voluntário 213
               18.1.4.2   *Depósito necessário* 214
18.2   *Forma e prova do contrato. Duração* 216
18.3   *Conteúdo do depósito*
       18.3.1   Obrigações e direitos do depositário
               18.3.1.1   *Obrigações do depositário* 217
               18.3.1.2   *Direitos do depositário* 220

18.3.2   Obrigações e direitos do depositante
          18.3.2.1 Obrigações do depositante 220
          18.3.2.2 Direitos do depositante 221
18.4 **Riscos** 221
18.5 **Extinção do depósito** 221

CAPÍTULO 19 – **DO MANDATO**

19.1 **Conceito** 223
19.2 **Características** 224
19.3 **Pressupostos e elementos** 226
19.4 **Conteúdo** 228
      19.4.1 Obrigações do mandatário 229
      19.4.2 Obrigações do mandante 230
19.5 **Da extinção do mandato** 233
      19.5.1 Revogação 233
              19.5.1.1 Da irrevogabilidade do mandato 234
      19.5.2 Renúncia 236
      19.5.3 A morte 237
      19.5.4 A mudança de estado 237
      19.5.5 A terminação do prazo ou conclusão do negócio 238
      19.5.6 Efeitos da extinção 238
19.6 **Do mandato judicial** 238

CAPÍTULO 20 – **DA COMISSÃO**

20.1 **Conceito** 240
20.2 **Natureza jurídica** 240
20.3 **Características** 241
20.4 **Pressupostos e elementos** 242
20.5 **Espécies** 242
20.6 **Conteúdo**
      20.6.1 Obrigações do comissário 243
              20.6.1.1 Obrigações do comissário em relação ao comitente 243
              20.6.1.2 Obrigações do comissário em relação a terceiros 244
                      20.6.1.2.1 Cláusula "del credere" 245
      20.6.2 Obrigações do comitente 246
20.7 **Extinção do contrato** 246

CAPÍTULO 21 – **DA AGÊNCIA OU REPRESENTAÇÃO COMERCIAL E DA DISTRIBUIÇÃO**

21.1 **Conceito de contrato de agência ou representação comercial** .. 248

SUMÁRIO

21.2 Características	249
21.3 Pressupostos e elementos	250
21.4 Conteúdo	
21.4.1 Obrigações do representante	250
21.4.2 Direitos do representante	251
21.4.3 Obrigações do representado	251
21.4.4 Direitos do representado	252
21.5 Extinção do contrato	252
21.6 Conceito de contrato de distribuição	253
21.7 Características	253
21.8 Pressupostos e elementos	253
21.9 Conteúdo	
21.9.1 Obrigações do fabricante	253
21.9.2 Obrigações do distribuidor	254
21.10 Extinção	254

CAPÍTULO 22 – DA CORRETAGEM

22.1 Conceito	255
22.2 Características	256
22.3 Pressupostos	257
22.4 Conteúdo	258
22.4.1 Deveres do corretor	258
22.4.2 Direitos do corretor	259
22.5 Extinção do contrato	261

CAPÍTULO 23 – DO CONTRATO DE TRANSPORTE

23.1 Considerações gerais	263
23.2 Conceito	264
23.3 Características	265
23.4 Espécies	266
23.4.1 Transporte de coisas	266
23.4.1.1 Conteúdo do contrato de transporte de coisas	
23.4.1.1.1 *Obrigações do remetente*	268
23.4.1.1.2 *Obrigações do transportador*	269
23.4.1.1.3 *Obrigações e direitos do consignatário*	270
23.4.2 Transporte de pessoas	270
23.4.2.1 *Obrigações e responsabilidades do transportador*	271
23.4.2.2 *Obrigações do passageiro*	272
23.4.2.3 *Transporte gratuito de passageiros*	273
23.5 Regras do Código de Defesa do Consumidor	274

CAPÍTULO 24 – **DO CONTRATO DE SEGUROS**

24.1 Conceito de contrato de seguros e espécies 275
    24.1.1 Espécies 277
24.2 A formação do contrato de seguros 278
24.3 Pressupostos e elementos do contrato de seguros 279
    24.3.1 Pressupostos
        24.3.1.1 Pressuposto subjetivo 279
        24.3.1.2 Pressuposto objetivo 280
    24.3.2 Elementos 282
        24.3.2.1 Conteúdo 283
            24.3.2.1.1 Os riscos 283
            24.3.2.1.2 O prêmio 283
            24.3.2.1.3 A indenização 284
            24.3.2.1.4 Obrigações do segurado 285
            24.3.2.1.5 Obrigações do segurador 288
        24.3.2.2 A forma 288
24.4 Efeitos do contrato de seguros em relação a terceiros 289
24.5 Extinção do contrato de seguros 290
24.6 Prescrição 291
24.7 Características do contrato de seguros 291
24.8 Seguro de vida 292
    24.8.1 Objeto do contrato de seguro de vida 293
    24.8.2 Características do seguro de vida 293
    24.8.3 Beneficiários 293
24.9 Seguro mútuo
    24.9.1 Conceito 294

CAPÍTULO 25 – **DA CONSTITUIÇÃO DE RENDAS**

25.1 Generalidades 296
25.2 Conceito 297
25.3 Partes 297
25.4 Modos de constituição 297
25.5 Características do contrato 298
25.6 Conteúdo do contrato 299
25.7 Extinção do contrato 299

CAPÍTULO 26 – **DO JOGO E DA APOSTA**

26.1 Conceito 301
26.2 Natureza 301
26.3 Pressupostos e elementos 301
26.4 Espécies 302
    26.4.1 Distinção entre as várias espécies de jogos 302

SUMÁRIO

26.5 Regime jurídico 303
26.6 Mútuo para jogo 304
26.7 Contratos diferenciais 305
26.8 O sorteio 305

Capítulo 27 – DO CONTRATO DE FIANÇA

27.1 Conceito 307
27.2 Características 308
27.3 Diferenças entre a fiança e outros institutos jurídicos 309
27.4 Elementos do contrato
    27.4.1 Partes 309
    27.4.2 Objeto 310
    27.4.3 Forma 310
27.5 Efeitos da fiança
    27.5.1 Relações entre o fiador e o credor 311
    27.5.2 Relações entre o fiador e o devedor 312
27.6 Da transmissão da fiança 313
27.7 Da extinção da fiança 313

Capítulo 28 – DA TRANSAÇÃO

28.1 Conceito 316
28.2 Pressupostos 317
28.3 Espécie 318
28.4 Efeitos 318
28.5 Invalidade 319

Capítulo 29 – DO COMPROMISSO

29.1 Conceito 320
29.2 Conteúdo 320
29.3 Espécies 321
29.4 Efeitos 321
29.5 Cláusula compromissória 321
29.6 Extinção do compromisso arbitral 321

Capítulo 30 – DA SOCIEDADE

30.1 Conceito 323
30.2 Caracteres 324
30.3 Pressupostos e elementos 325
30.4 Direitos e deveres dos sócios entre si 327
    30.4.1 Formação do capital 327
    30.4.2 Cooperação dos sócios 328

30.4.3 Administração da sociedade	328
30.5 Obrigações dos sócios e da sociedade em relação a terceiros	329
30.6 Dissolução e liquidação da sociedade	330

CAPÍTULO 31 – **DOS CONTRATOS BANCÁRIOS**

31.1 Generalidades	333
31.2 Depósito	334
31.3 Contrato de custódia e guarda de valores	335
31.4 Conta corrente	336
31.5 Abertura de crédito	337
31.6 Desconto	338

CAPÍTULO 32 – **DO CONTRATO DE EDIÇÃO E DE REPRESENTAÇÃO E EXECUÇÃO**

32.1 Considerações gerais	340
32.2 Conceito do contrato de edição	341
32.3 Características do contrato de edição	342
32.4 Elementos do contrato de edição	
32.4.1 Sujeitos	343
32.4.2 Objeto	344
32.5 Conteúdo do contrato de edição	344
32.5.1 Direitos e deveres do autor	
32.5.1.1 Direitos do autor	345
32.5.1.2 Deveres do autor	346
32.5.2 Direitos e deveres do editor	
32.5.2.1 Direitos morais do editor	348
32.5.2.2 Direitos patrimoniais do editor	348
32.5.2.3 Deveres do editor	349
32.6 Extinção do contrato de edição	349
32.7 Conceito do contrato de representação e execução	349
32.8 Conteúdo do contrato de representação e execução	350

CAPÍTULO 33 – **NOVAS FIGURAS CONTRATUAIS**

33.1 Arrendamento mercantil ("leasing")	351
33.2 Faturização ou "factoring"	354
33.3 Franquia	355
33.4 "Know-how"	358
33.5 "Engineering"	359
33.6 Contratos de assistência médica	359
BIBLIOGRAFIA	365

Capítulo 1
O CONTRATO

1.1 O conceito de contrato. 1.2 Princípios jurídicos tradicionais e fundamentais do sistema contratual: 1.2.1 Liberdade contratual – 1.2.2 Paridade jurídica (igualdade formal) entre os contratantes – 1.2.3 A obrigatoriedade do contrato – 1.2.4 A intangibilidade do contrato – 1.2.5 A relatividade dos efeitos – 1.2.6 Princípios jurídicos contemporâneos do sistema contratual: 1.2.6.1 Do princípio da função social do contrato (CC, art. 421) – 1.2.6.2 Do princípio da boa-fé (CC, art. 422) – 1.2.6.3 Do princípio do equilíbrio contratual (da justiça contratual) – 1.2.6.4 Relação entre os princípios.

1.1 O conceito de contrato

O contrato é negócio jurídico bilateral, constitutivo de obrigações de caráter patrimonial. Por meio do contrato as partes, no exercício da respectiva autonomia privada, se prestam a colocar em circulação bens e serviços de natureza econômica.

O contrato é o resultado de declarações livres, isentas de vícios, de pessoas capazes, que, por meio de acordo, devidamente formalizado, constituem, modificam ou extinguem relações jurídicas patrimoniais. Cuida-se, em última análise, de declarações bilaterais de conteúdo patrimonial criadoras de direitos, deveres, ônus, faculdades.[1]

Na sociedade moderna o contrato constitui importante instrumento jurídico de transferência de riquezas mediante a constituição de obri-

---

1. Judith Martins-Costa ("Contratos, conceito e evolução", in *Teoria Geral dos Contratos*, Renan Lotufo e Giovanni Ettore Nanni (coords.), São Paulo, Atlas, 2011, p. 48), não hesita em apontar como traço diferenciador do contrato o escopo de viabilizar a circulação de riquezas, atual ou potencial, entre patrimônios, por ato voluntário e lícito, conduzindo à imediata transformação das situações subjetivas patrimoniais, de modo que no Direito brasileiro, tal qual no Direito italiano, o termo *contrato* deve ser reservado ao âmbito das operações patrimoniais entre vivos.

gações. O contrato, espécie de negócio jurídico, apresenta-se, também, como fonte de obrigações.

A teoria do contrato sofre a influência das teorias gerais do negócio jurídico[2] e das obrigações. Da teoria do negócio jurídico recebe as regras relativas à forma, formação, interpretação, as cláusulas típicas, os vícios que geram invalidades e os regimes destas, e da teoria das obrigações recebe as regras da cessão da posição contratual, o cumprimento e o descumprimento.[3]

1.2 Princípios jurídicos tradicionais e fundamentais do sistema contratual

1.2.1 Liberdade contratual

O liberalismo político e econômico reconheceu ao ser humano (a essa altura livre e igual) a possibilidade de disciplinar suas relações privadas, patrimoniais e não patrimoniais.

No âmbito contratual, essa liberdade de estipular as relações econômicas foi chamada de "liberdade contratual" e por meio dela se reconheceu às pessoas as faculdades de reger os respectivos interesses, discutir as condições contratuais e escolher a espécie contratual que lhe for conveniente, faculdades designadas liberdade de contratar propriamente dita, liberdade de escolher o contratante, liberdade de determinar o conteúdo do contrato.[4]

---

2. Judith Martins Costa, "Contratos, conceito e evolução", in *Teoria Geral dos Contratos*, cit., p. 38, esclarece ser o negócio jurídico uma categoria sistematizadora, apta a operar distinções de inestimável interesse prático, devida pela Ciência Jurídica à Pandectista germânica, que não é comum às várias culturas jurídicas, mas adotada pelo Direito brasileiro primeiro pela via doutrinária e agora, de modo expresso, no Código Civil, no Livro III, Título I, arts. 104 a 184.

3. Carlos Ferreira de Almeida, *Contratos – Conceito, Fonte, Formação*, Coimbra, Almedina, 2000, p. 10.

4. Nesse sentido: Orlando Gomes, *Contratos*, 9ª ed., Rio de Janeiro, Forense, 1983, p. 26 (26ª ed., atualizada, Rio de Janeiro, Forense, 2008, pp. 23 e ss.). Maria Helena Diniz, *Curso de Direito Civil Brasileiro*, vol. III, 7ª ed., São Paulo, Saraiva, 1992, p. 27. Caio Mário da Silva Pereira, *Instituições de Direito Civil*, vol. III, 8ª ed., Rio de Janeiro, Forense, 1990, p. 15. Silvio Rodrigues, *Direito Civil*, vol. III, 19ª ed., São Paulo, Saraiva, p. 16. Para Mario Bessone, *La Disciplina Generale dei Contratti*, Torino, Giappichelli, 1994, p. 498, concretamente, liberdade contratual significa, em positivo, liberdade de: escolher se conclui ou não o contrato, escolher a contraparte, escolher a modalidade de formação, escolher o tipo contratual, escolher o conteúdo, escolher a forma, escolher a lei aplicável ao contrato, escolher

A liberdade de contratar representa a liberdade de celebrar o contrato e, assim, salvo poucas exceções, ninguém pode, contra sua vontade, ser compelido a contratar com outrem.

A liberdade de escolher o contratante pressupõe a possibilidade de escolher a parte com quem contratar, embora alguns tipos contratuais delimitem a escolha do contratante a certas pessoas que reúnam determinadas características, como o contrato bancário que só pode ser celebrado com uma instituição financeira.

A liberdade de determinar o conteúdo do contrato permite a escolha do conteúdo do contrato, desde que as cláusulas que o componham sejam compatíveis com o ordenamento jurídico, não ofendam a moralidade pública e os princípios da função social do contrato (CC, art. 421), de probidade e da boa-fé (CC, art. 422).[5]

1.2.2 Paridade jurídica (igualdade formal) entre os contratantes

Pelo princípio da igualdade formal entre os contratantes o contrato seria um negócio jurídico celebrado por pessoas em idênticas situações jurídicas, numa mesma posição, que não implica na submissão de um contratante a outro, o que é realçado pelo fato de ambos submeterem-se à mesma disciplina, sem que nenhum deles possa impor ao outro o conteúdo do contrato ou alterá-lo unilateralmente.

Como regra, o modelo escolhido pelo Código Civil, enquanto proposta de ser uma disciplina geral, não reconhece diferenças no tratamento jurídico decorrentes do estado ou da situação dos contratantes, de modo que a igualdade deve ser considerada sob o ângulo estritamente

---

a modalidade de resolução da controvérsia emergente do contrato. Em sentido negativo, significa que a parte pode operar livremente entre os limites estabelecidos pelo ordenamento.

5. Segundo já afirmamos (Sílvio Luís Ferreira da Rocha *Curso Avançado de Direito Civil*, vol. III: *Contratos*, São Paulo, Ed. RT, 2002, p. 35), o controle da validade do conteúdo das cláusulas contratuais sofreu evolução no auge do liberalismo, as cláusulas contratuais não deviam infringir a moralidade pública e os bons costumes. Depois, na sequência, não podiam contrariar as normas de ordem pública, instituídas para proteger interesses sociais ou gerais, ou muito menos violar certos princípios, dentre eles os princípios da função social do contrato (CC, art. 421), de probidade e da boa-fé (CC, art. 422), sendo que estes dois últimos devem ser guardados pelos contratantes tanto na conclusão do contrato como em sua execução. Atualmente, também em observância ao princípio da boa-fé, as cláusulas contratuais não podem ser abusivas, consideradas assim todas aquelas que estabeleçam um desequilíbrio desproporcional entre as partes.

jurídico, o que, por si, não impede a disparidade econômica entre os contratantes.[6]

Tal modelo, no entanto, ainda que trabalhe apenas com a categoria contratante, preocupa-se, por exemplo, em evitar que uma das partes se aproveite da necessidade ou da inexperiência da outra ao sancionar os negócios jurídicos cometidos em estado de perigo (CC, art. 156) ou com lesão (CC, art. 157).

Esta opção revelou-se, no entanto, insuficiente, pois, em certas ocasiões, devemos prestar atenção à situação do contratante e considerá-lo vulnerável, digno de proteção, como ocorre nas relações jurídicas de trabalho, nas relações jurídicas de consumo, cuja desigualdade econômica e social dos trabalhadores e consumidores tornou necessária a edição de legislação imperativa e protecionista.[7]

1.2.3 A obrigatoriedade do contrato

O contrato cria vínculos jurídicos entre as partes e as investe na posição de exigir o cumprimento de determinada prestação com valor econômico; por isso o contrato obriga as partes e as sujeita à execução específica. Não cumprida às prestações assumidas pelas partes, o inadimplente responde.

A obrigatoriedade do contrato decorre do fato de ele ter sido livremente estipulado, do fato de as partes terem concordado em impor restrições recíprocas à futura liberdade e do fato de o contrato ter sido celebrado no próprio interesse, em razão das vantagens auferidas. Como regra, formado o contrato ocorre a imutabilidade do acordo.

Assenta-se a força obrigatória dos contratos na necessidade de segurança nos negócios jurídicos, que deixaria de existir se os contratantes pudessem não cumprir a palavra empenhada.[8]

Para Caio Mário da Silva Pereira "o princípio da força obrigatória do contrato contém ínsita uma ideia que reflete o máximo de subjetivismo que a ordem legal oferece: a palavra individual, enunciada na conformidade da lei, encerra uma centelha de criação, tão forte e profunda, que

---

6. Sílvio Luís Ferreira da Rocha, *Curso Avançado de Direito Civil*, vol. III: *Contratos*, São Paulo, Ed. RT, 2002, p. 35.

7. Idem, ibidem.

8. Carlos Roberto Gonçalves, *Direito Civil Brasileiro*, vol. III: *Contratos e Atos Unilaterais*, 9ª ed., São Paulo, Saraiva, 2012, p. 49.

não comporta retratação, e tão imperiosa que, depois de adquirir vida, nem o Estado mesmo, a não ser excepcionalmente, pode intervir, com o propósito de mudar o curso de seus efeitos".[9]

No entanto, a força obrigatória dos contratos pode sofrer exceções, especialmente em decorrência de situações supervenientes, não previstas, que tornem, para uma das partes, excessivamente oneroso o cumprimento do contrato, o que, em última análise, permitiria a extinção do contrato – sua resolução – sem a execução do que fora pactuado (CC, art. 478).

1.2.4 A intangibilidade do contrato

A intangibilidade do contrato indica que, estipulado o conteúdo do contrato de forma válida, as respectivas cláusulas não podem ser modificadas em razão da necessidade de se preservar o resultado do acordo e a estabilidade dos negócios jurídicos, de modo que nem as partes nem o Poder Judiciário estão autorizados, em princípio,[10] a modificar o conteúdo do contrato.[11]

Contudo, existem exceções ao princípio da intangibilidade ou inalterabilidade do contrato. Admite-se a modificação do conteúdo do contrato pelo Poder Judiciário por acontecimento imprevisível que modifique o estado de fato contemporâneo à celebração do contrato e torne excessivamente oneroso o seu cumprimento (Teoria da Imprevisão, art. 478 e ss. do CC) ou nos contratos de consumo, por fatos supervenientes, mesmo previsíveis, que tornem as prestações excessivamente onerosas (onerosidade excessiva).[12]

O art. 478 do CC permitiu a resolução nos contratos de execução prolongada quando a prestação de uma das partes se tornar excessivamente onerosa, com extrema vantagem para outra, em virtude de acontecimentos extraordinários e imprevisíveis, que poderá, no entanto, ser evitada, se a parte favorecida ofertar meios que exonerem as prestações dos desajustes supervenientes.

9. *Instituições de Direito Civil*, vol. III, *Contratos*, cit., 11ª ed., 2004, p. 15.
10. De acordo com Orlando Gomes, *Contratos*, cit., 18ª ed., 1999, p. 36.
11. Idem, ibidem. Ver também Sílvio Luís Ferreira da Rocha, *Curso Avançado de Direito Civil*, vol. III: *Contratos*, cit., p. 36.
12. Sílvio Luís Ferreira da Rocha, *Curso Avançado de Direito Civil*, vol. III: *Contratos*, cit., p. 36.

1.2.5 A relatividade dos efeitos

Pelo princípio da relatividade dos efeitos, os efeitos produzidos pelo contrato restringem-se às partes que o celebraram. Segundo adágio jurídico romano "negócio realizado entre outros não prejudica, nem aproveita terceiro" (*res inter alios acta tertio nec nocet nec prodest*), os efeitos do contrato atingem somente a esfera jurídica daqueles que o celebraram.[13]

A explicação histórica para a afirmação desse princípio está na estrita personalização da relação obrigacional no direito romano que até a edição da *lex poetelia papira* caracterizava-se como direito de garantia do credor sob a pessoa do devedor, permitido ao credor, no caso de inadimplemento, voltar-se contra a pessoa do devedor e privá-lo da liberdade e até mesmo da vida.[14]

Em certos casos pode ocorrer a mitigação do princípio da relatividade dos efeitos. Alguns contratos admitem a oposição de seus efeitos a terceiro, como a estipulação em favor de terceiros, o contrato por terceiro e o contrato com pessoa a declarar.[15]

A par disso, há a possibilidade de o contrato projetar efeitos na esfera jurídica de terceiro. A eficácia externa do contrato é tema relativamente novo. Para que os efeitos de um contrato possam ser opostos a um terceiro é necessário um contrato válido e eficaz, conhecido por terceiro, cujo agir, qualificado de culposo, interfira indevidamente na relação jurídica contratual e cause dano.[16]

Aceitamos a oposição do contrato a terceiro quando o terceiro incentiva uma das partes contratantes a descumprir o contrato, hipótese de indução direta ao inadimplemento, ou quando ele celebra com o devedor um contrato incompatível com o adimplemento por parte deste da obrigação assumida com o credor, hipótese de indução indireta ao inadimplemento, como ocorre na aquisição por terceiro de bem comprometido pelo devedor a outrem ou sobre o qual incidia preferência pessoal.[17]

---

13. Idem, ibidem, p. 37.
14. Idem, ibidem.
15. Maria Helena Diniz, *Curso de Direito Civil Brasileiro*, vol. III – *Teoria das Obrigações Contratuais e Extracontratuais*, cit., 25ª ed., 2009, p. 31.
16. Carlyle Popp, "A eficácia externa dos negócios jurídicos", in *Teoria Geral dos Contratos*, coordenada por Renan Lotufo e Giovanni Ettore Nanni, cit., p. 169.
17. Carlyle Popp, "A eficácia externa dos negócios jurídicos", cit., p. 163.

1.2.6 Princípios jurídicos contemporâneos do sistema contratual

O moderno conceito de contrato foi elaborado pelos Códigos iluministas do século XIX e do início do século XX, em uma época não industrializada, de revoluções burguesas interessadas em extinguir privilégios, desonerar a propriedade, facilitar a transferência da propriedade de bens, sobretudo a imobiliária, sem o recurso à expropriação forçada, reafirmar a primazia do Homem e sua igualdade entre os pares.

Desta forma, neste contexto político e ideológico, os princípios da liberdade contratual, da responsabilidade civil baseada na culpa e do exercício irrestrito do direito de propriedade serviram de alicerces sobre os quais pôde erguer-se toda a Ciência do Direito Civil.[18]

No entanto, ocorreram modificações no contexto social, econômico e histórico. No âmbito econômico tivemos a Revolução Industrial, fenômeno iniciado na segunda metade do século XVIII, que significou o aumento potencial da capacidade produtiva das empresas e a Revolução Tecnológica, fenômeno representado pelo crescente desenvolvimento técnico alcançado depois da Segunda Guerra Mundial, primeiro na América do Norte, depois na Europa Ocidental, que revolucionou todo o sistema de produção, comercialização e distribuição de produtos e serviços, e transformou o mercado em destinatário de uma enormidade de produtos e serviços, tipificados, unificados, fabricados em série. Acrescente-se, ainda, a descoberta de novos meios de comunicação, como a televisão, além do incremento dos meios existentes; o surgimento de novas técnicas de comercialização e divulgação de produtos e serviços, designados de marketing, e a popularização do crédito.[19]

No campo social, como reflexo do econômico, tivemos a passagem de uma sociedade agrária para a industrial, o surgimento de grandes cidades, da classe operária e a demanda para novos serviços, como água, luz, escolas, hospitais, meios de transporte, áreas de lazer. A soma de todos esses fatores resultou no crescimento do número de contratos celebrados e provocou a necessidade do surgimento de novas formas de contratação, mais condizentes com a realidade instaurada, bem como revelou a insuficiência dos princípios até então aplicáveis aos contratos.[20]

---

18. Sílvio Luís Ferreira da Rocha, *Curso Avançado de Direito Civil*, vol. III: *Contratos*, cit., p. 39. Enzo Roppo, *O Contrato*, Coimbra, Almedina, 1988, p. 28.

19. Sílvio Luís Ferreira da Rocha, *Curso Avançado de Direito Civil*, vol. III: *Contratos*, cit., p. 39.

20. Idem, ibidem.

As novas realidades engendraram outra forma de contratar, marcada por dois momentos lógicos e cronológicos diversos. No primeiro momento, o contratante economicamente mais forte redige as cláusulas que farão parte do conteúdo que pretende concluir, de modo uniforme, com um número indeterminado de pessoas, as chamadas condições gerais dos contratos. No segundo momento, a parte contratual economicamente mais fraca adere a esse pré-esquema e origina o chamado contrato de adesão.[21]

Os princípios contratuais mostraram-se inadequados à disciplina das novas técnicas de formação dos contratos. A teoria contratual foi revista com ênfase à concepção social do contrato, que se importa não apenas com a manifestação de vontade livre e consciente das partes (preocupação exclusiva da teoria tradicional), mas com a condição social e econômica das partes, com os efeitos do contrato e a busca um equilíbrio contratual real (CC, art. 421).[22]

Na concepção social do contrato, a lei ocupa papel de destaque – não apenas papel supletivo – ao intervir com maior intensidade na economia do contrato, valorizar a confiança, as expectativas e a boa-fé das partes.[23]

1.2.6.1 Do princípio da função social do contrato (CC, art. 421)

A função técnica do contrato e sua aplicabilidade nas relações patrimoniais privadas subordinam-se à orientação axiológica de preservar a dignidade da pessoa humana e estimular a solidariedade entre as pessoas.

O princípio da função social descrito no art. 421 do CC ilumina a compreensão do contrato enquanto instituto social e, pela técnica legislativa da cláusula geral, constitui valioso instrumento de controle judicial do conteúdo, dos fins e dos efeitos contratuais, que possibilita ao magistrado negar-lhe eficácia sempre que o conteúdo ou os fins conflitarem com valores entronizados no ordenamento jurídico.[24] Segundo Cláudio Luiz Bueno de Godoy, a função social do contrato integra-lhe o conteúdo e garante que o ato de vontade receba tutela jurídica, desde

---

21. Idem, ibidem, p. 41.
22. Idem, ibidem.
23. Idem, ibidem.
24. Sílvio Luís Ferreira da Rocha, "Princípios contratuais", in *Temas Relevantes do Direito Civil Contemporâneo, Reflexões sobre os Cinco Anos do Código Civil. Estudos em Homenagem ao Professor Renan Lotufo*, São Paulo, Atlas, 2008, p. 519.

que socialmente útil, e sirva à promoção de valores constitucionalmente fundamentais, dentre os quais a dignidade humana.[25]

O caráter indecifrável do conteúdo do princípio da função social parece-nos ser o seu traço marcante. Para Paulo Nalin, o art. 421 do CC condensa, de certo modo, todo o arcabouço axiológico da nova codificação (socialidade, eticidade, operabilidade), de modo que, enquanto cláusula geral, não se pode esperar definição prévia das hipóteses que possam caracterizar a sua violação ou das consequências judiciais pela sua inobservância. Constitui, de fato, sem descambar para um ativismo judicial, uma oportunidade para o Judiciário afirmar o ordenamento constitucional.[26]

1.2.6.2 Do princípio da boa-fé (CC, art. 422)

O princípio da boa-fé, previsto no art. 422 do CC, versa sobre a boa-fé objetiva.[27] Impõe aos contratantes o dever de atuar de acordo com padrão genérico, objetivo, de comportamento, que exigirá deles atuação refletida, respeitosa, leal, não abusiva, ou lesiva, que constitui fonte de deveres especiais de conduta durante o vínculo contratual, denominados obrigações acessórias, e causa que limita o exercício abusivo de direitos objetivos.[28]

As funções da boa-fé são múltiplas, mas quatro delas são amplamente reconhecidas, como a função interpretativa, a integrativa, a de limitação ao exercício de direitos subjetivos e a de criação de deveres aos contratantes.[29]

Na função interpretativa, a boa-fé objetiva exige a rigorosa avaliação das circunstâncias do negócio jurídico, dos usos do lugar da cele-

---

25. Cláudio Luiz Bueno de Godoy, *Função Social do Contrato*, São Paulo, Saraiva, 2004, p. 191.
26. Paulo Nalin, "Princípios do direito contratual: função social, boa-fé objetiva, equilíbrio, justiça contratual, igualdade", in *Teoria Geral dos Contratos*, coordenada por Renan Lotufo e Giovanni Ettore Nanni, cit., p. 137.
27. O termo "boa-fé" designa duas espécies: a boa-fé denominada subjetiva, que representa o estado psicológico relativo ao conhecimento ou desconhecimento de algum vício, e a denominada boa-fé objetiva, que consiste numa regra objetiva de conduta, ou modo de proceder.
28. Claudia Lima Marques, *Contratos no Código de Defesa do Consumidor*, 3ª ed., São Paulo, Ed. RT, 1999, p. 106.
29. Paulo Nalin, "Princípios do direito contratual: função social, boa-fé objetiva, equilíbrio, justiça contratual, igualdade", cit., p. 124.

bração para que revele o sentido e o alcance das cláusulas contratuais, respeitado o programa socioeconômico do contrato.[30]

A função integradora atua nos espaços deixados pelos contratantes, decorrentes de imprevisão, fala de cautela ou mutação das circunstâncias atuais, mas requer adequação à realidade do contrato e aos interesses patrimoniais e existenciais dos contratantes, com vistas a preservar o negócio e os efeitos jurídicos almejados pelas partes.[31]

A função limitadora repercute na proibição da redação de cláusulas contratuais abusivas, na redução do direito de resolver o contrato por inadimplência, se a substancialidade da prestação foi cumprida, isto é, caracterizado o denominado adimplemento substancial,[32] ou na proibição do abuso da posição jurídica, explicitada pelas figuras da *suppressio, surrectio, tu quoque e venire contra factum proprium*.[33]

Chamamos *suprressio* o instituto de origem jurisprudencial no qual um direito que não foi exercido em certas circunstâncias, durante um lapso de tempo, não possa mais sê-lo por, de outra forma, contrariar a boa-fé. São necessários um determinado período de tempo sem exercício do direito e indícios objetivos de que esse direito não mais seria exercido.[34]

A *surrectio* é o outro lado da *suppressio* e consiste no nascimento de um direito pela prática reiterada de certos atos.

A expressão *tu quoque* (você também) traduz uma regra pela qual a pessoa que viole uma norma jurídica não pode, sem abuso, exercer a situação que essa mesma norma jurídica lhe tivesse atribuído.[35] Decorre a regra do *tu quoque* do fato de que "fere as sensibilidades primárias, ética e jurídica, que uma pessoa possa desrespeitar um comando e, depois, vir a exigir a outrem o seu acatamento".[36] No Direito alemão a expressão *tu quoque* "exprime a regra pela qual 'perante violações de normas, as possibilidades de sanção são limitadas para aquele que perpetrou, ele próprio, violações de normas'", segundo paradigmática decisão de

---

30. Idem, ibidem, p. 125.
31. Idem, ibidem, p. 126.
32. Idem, ibidem, p. 128.
33. Carlos Roberto Gonçalves, *Direito Civil Brasileiro*, vol. III: *Contratos e Atos Unilaterais*, cit., p. 60.
34. Antonio Manuel da Rocha e Menezes Cordeiro, *Da Boa Fé no Direito Civil*, Coimbra, Almedina, 2001, p. 810.
35. Idem, ibidem, p. 837.
36. Idem, ibidem.

janeiro de 1908: "Quem viole o contrato e ponha em perigo o escopo contratual não pode derivar de violações contratuais posteriores e do pôr em perigo o escopo do contrato, causados pelo parceiro contratual, o direito à indenização por não *cumprimento ou à rescisão do contrato, como se não tivesse, ele próprio, cometido violações e como se, perante a outra parte, sempre se tivesse portado leal ao contrato*".[37]

No direito brasileiro, segundo Judith Martins-Costa "embora não sistematizada, a regra segundo a qual é inadmissível ao prevaricador que violou deveres contratuais aproveitar-se da própria violação tem larga aplicação nos tribunais, seja pela invocação do adágio *turpitudinem suam allegans non auditur*, seja por sua variante da teoria da confiança e da aparência ou pela aplicação do princípio que coíbe *venire contra factum proprium*".[38]

A locução *venire contra factum proprium* traduz o exercício de uma posição jurídica em contradição com o comportamento assumido anteriormente pelo exercente. Ele postula dois comportamentos da mesma pessoa, lícitos em si e diferidos no tempo. O primeiro – o *factum proprium* – é, porém, contrariado pelo segundo. Portanto, há *venire contra factum proprium* numa de duas situações: quando uma pessoa, em termos que, especificamente, não a vinculem, manifeste a intenção de não praticar determinado ato e, depois, o pratique e quando uma pessoa, de modo, também, a não ficar especificamente adstrita, declare pretender avançar com certa atuação e, depois, se negue.[39] Registre-se, no entanto, com apoio na lição de Judith Martins-Costa, que "o que o princípio proíbe como contrário ao interesse digno de tutela jurídica é o comportamento contraditório que mine a *relação de confiança recíproca* minimamente necessária para o bom desenvolvimento do tráfico negocial".[40]

O fundamento técnico-jurídico do *venire contra factum proprium* residiria na proteção da confiança da contraparte, a qual se concretiza mediante a atuação de um fato gerador de confiança, nos termos em que esta é tutelada pela ordem jurídica; adesão da contraparte porque confiou neste fato; o fato de a contraparte exercer alguma atividade posterior em razão da confiança que nela foi gerada; o fato de ocorrer, em razão de conduta contraditória do autor do fato gerador da confiança, a

---

37. Judith Martins-Costa, *A Boa-Fé no Direito Privado*, cit., p. 462.
38. Idem, ibidem, p. 464.
39. Antonio Manuel da Rocha e Menezes Cordeiro, *Da Boa Fé no Direito Civil*, cit., p. 747.
40. Judith Martins-Costa, *A Boa-Fé no Direito Privado*, cit., p. 470.

supressão do fato no qual fora assentada a confiança, gerando prejuízo ou iniquidade insuportável para quem confiara.[41]

Com relação à função de criar deveres jurídicos, ao lado da obrigação principal há deveres, obrigações acessórias, que incidem em todas as fases da relação jurídica contratual, como a de informar, a de cooperar, de cuidar. Eles não decorrem, necessariamente, do contrato celebrado entre as partes, mas surgem no cenário da relação contratual por força de dispositivo legal ou pela aplicação do princípio da boa-fé objetiva.[42]

Pelo dever de informar, os contratantes devem fornecer respectivamente todas as informações necessárias para que possam formar opinião esclarecida quanto a firmar ou não o contrato. É um dever bilateral que obriga tanto a um, como ao outro e se divide nos deveres de aconselhar e de esclarecer.

O dever de aconselhar existe, tão somente, para o especialista em determinado assunto, como o médico em relação ao paciente, enquanto o dever de esclarecer não requer da parte um conhecimento específico sobre o assunto.[43]

O dever de cooperar ou colaborar obriga à parte a agir com lealdade, proíbe-a de impedir ou obstruir a outra de cumprir o contrato e ao mesmo tempo lhe assegura o direito de cumprir sua obrigação, sem ter a execução dela impedida, razão pela qual se afasta do contrato toda exigência excessiva, burocrática ou absurda.[44]

O dever de cuidar ou de segurança tem por finalidade proteger o contratante de danos ao seu patrimônio ou à sua pessoa, o que pressupõe atuação diligente da parte contrária, tanto na execução do contrato, como no exercício dos seus direitos.[45]

Estes deveres, que decorrem do contrato, da lei, ou diretamente do princípio da boa-fé podem ser transgredidos, o que se reconhece por força da violação positiva do contrato e por meio do adimplemento inexato, sem que a realização da prestação principal possa exonerar o devedor da

---

41. Idem, ibidem, p. 471.
42. Paulo Nalin, "Princípios do direito contratual: função social, boa-fé objetiva, equilíbrio, justiça contratual, igualdade", cit., p. 129.
43. Sílvio Luís Ferreira da Rocha, *Curso Avançado de Direito Civil*, vol. III: *Contratos*, cit., pp. 41 e 42.
44. Idem, ibidem, p. 42.
45. Idem, ibidem.

responsabilidade civil pela quebra do contrato ou mais especificamente pela violação do princípio da boa-fé objetiva.[46]

1.2.6.3 Do princípio do equilíbrio contratual (da justiça contratual)

O princípio do equilíbrio contratual ou da justiça contratual requer a ordenação objetivamente justa das relações entre os contratantes, que supere e torne inócua a desigualdade fática das partes.

Manifesta-se:

a) pela equivalência objetiva entre prestação e contraprestação, de modo que ambas tenham valor correspondente, conforme preconizam a exceção do contrato não cumprido, a possibilidade do abatimento do preço por vício da coisa e na evicção; na limitação das cláusulas penais;

b) na justa distribuição de ônus e riscos do contrato (CC, arts 494 e 234);

c) na proibição da lesão ao considerar anulável o negócio jurídico realizado por pessoa sob premente necessidade ou inexperiente que se obriga à prestação manifestamente desproporcional ao valor da prestação (CC, art. 157);

d) na proibição das cláusulas abusivas.

1.2.6.4 Relação entre os princípios

O princípio da autonomia privada, conforme previsto pelo liberalismo econômico e jurídico, atuava de forma exclusiva no desenvolvimento da Teoria Geral do Contrato. Dele eram extraídas todas as consequências aplicáveis à teoria dos contratos de modo a proporcionar uma única solução: a do respeito ao que foi contratado. Basta verificar que a autonomia privada (configurada na tríplice manifestação de liberdade de contratar, liberdade de escolher o contratante e liberdade de fixar o conteúdo do contrato) permitia deduzir os outros princípios aplicáveis aos contratos, como o princípio da igualdade (formal) dos contratantes, o princípio da força obrigatória dos contratos, o princípio da intangibilidade do conteúdo do contrato e o princípio da relatividade dos efeitos do contrato.

Tudo se resumia em respeitar o princípio da autonomia privada; os demais princípios não eram mais do que conclusões lógicas obtidas da premissa de absoluto respeito ao que fora contratado.

---

46. Paulo Nalin, "Princípios do direito contratual: função social, boa-fé objetiva, equilíbrio, justiça contratual, igualdade", cit., p. 130.

Os novos princípios contratuais – princípio da boa-fé, princípio da função social e do equilíbrio ou justiça contratual – não decorrem direta e imediatamente do princípio da autonomia privada. Logo, a nova teoria contratual sofreu o acréscimo destes outros. Enquanto princípios informativos da teoria geral dos contratos todos se encontram no mesmo nível de importância, sem que haja *a priori* primazia ou supremacia de um sobre o outro. No entanto, tais princípios não são harmônicos; entram, em alguns casos, em conflito entre si. A situação de conflito é admitida por tratar-se de princípios e não de regras, o que nos leva à conclusão de que a solução será dada no caso concreto e sempre a partir da ponderação dos princípios naquele caso. Assim, na nova teoria geral dos contratos, os princípios da autonomia privada, da boa-fé, da função social e da equivalência contratual podem colidir e, nesse caso, cabe ao intérprete valorar qual deles deve preponderar.

Capítulo 2
REQUISITOS DO CONTRATO

2.1 Requisitos externos do contrato: 2.1.1 Requisito subjetivo – 2.1.2 Requisito objetivo. 2.2 Requisitos intrínsecos: 2.2.1 Consentimento – 2.2.2 A forma – 2.3 O conteúdo. 2.4 Requisitos acidentais.

Para fins didáticos, para facilitar o estudo do assunto, é possível dissecar o contrato e examinar seus requisitos.[1] Acolhemos a distinção entre requisitos internos e externos, embora alguns usem, indistintamente, os termos requisitos, elementos, pressupostos.

2.1 Requisitos externos do contrato

Os requisitos externos do contrato podem ser subjetivos ou objetivos.

2.1.1 Requisito subjetivo

O sujeito é o requisito subjetivo, isto é, as pessoas que se vinculam por meio do contrato. O sujeito é considerado requisito externo porque existe, antes de obrigar-se.

1. Vicente Ráo (*Ato Jurídico*, 4ª ed. anotada, rev. e atual. por Ovídio Rocha Barros Sandoval, São Paulo, Ed. RT, 1997, pp. 85-86), explica as diversas terminologias propostas. Antigo sistema de classificação dos componentes dos atos jurídicos toma como ponto de partida a noção filosófica de elementos, ou seja, das partes que, em seu todo, formam ou constituem as coisas materiais e, por analogia, as coisas imateriais, e os distingue em essenciais (genéricos e específicos), naturais e acidentais.
Outro sistema, seguido por autores modernos e derivado dos pandectistas alemães, admite como ponto de partida a noção de requisitos – aquilo que se exige para a constituição ou composição dos atos jurídicos. Os requisitos seriam intrínsecos, que devem existir no interior do próprio ato, e extrínsecos, que hão de se realizar fora do ato, também denominados pressupostos.

O sujeito, também denominado parte,[2] isto é, aquele que participa do procedimento de formação do contrato, deve preencher certas qualidades, entre elas a capacidade e a legitimação.

Exige-se do sujeito capacidade genérica para a prática de atos civis, ou seja, idoneidade para atuar juridicamente, adquirir direitos e exercê-los, contrair obrigações e cumpri-las, pessoalmente, por ato próprio ou exclusivo, ou por interposta pessoa.[3]

Segundo Jorge Mosset Iturraspe, o consentimento pressupõe que os sujeitos do negócio jurídico tenham a aptidão que se denomina capacidade, pois o consentimento significa o acordo sobre uma declaração de vontade comum de pessoas capazes.[4]

Não obstante o posicionamento acima, o menor incapaz na vida real celebra negócios jurídicos de pequeno valor, como a aquisição de bens destinados à alimentação, roupas, transporte, que devem ser considerados válidos sempre que o negócio seja equilibrado e não revele o aproveitamento pela parte capaz da falta de experiência ou da necessidade do menor.[5]

Além da capacidade genérica requer-se a capacidade específica, denominada legitimação, definida como aptidão específica para contratar. Aqui não basta ser o sujeito capaz, mas possa ele, face à sua condição, celebrar o contrato. A legitimação decorre da relação existente entre o sujeito e o bem que o autoriza a celebrar o contrato.

A legitimação, segundo Massimo Bianca, é o poder de disposição do sujeito em relação a uma determinada situação jurídica. A legitimação

---

2. O conceito de "parte do contrato" não coincide com o conceito de pessoa (física ou jurídica). Parte significa centro de interesses objetivamente homogêneos, e uma parte contratual pode consistir em uma, como em duas, três ou mais pessoas, conforme lição de Enzo Roppo, *O Contrato*, Coimbra, Almedina, 1988, p. 81.

3. No Brasil são capazes de agir por conta própria os maiores de dezoito anos que estejam no gozo das faculdades mentais de modo a permitir-lhes o discernimento e a expressão da vontade, ou, aqueles que não obstante não tenham essa idade alcançaram a emancipação pelo implemento de uma das causas descritas no art. 5º do CC: concessão dos pais; casamento; exercício de emprego público efetivo; colação de grau em curso de ensino superior; estabelecimento civil ou comercial, ou relação de emprego que permita ao menor com dezesseis anos completos ter economia própria.

4. Jorge Mosset Iturraspe, *Contratos*, Buenos Aires, Rubinzal-Culzoni Editores, 1998, p. 187.

5. Idem, ibidem, p. 201. Citado autor cita opinião de Spota para quem se deve presumir que o menor de idade conta com tácita autorização de seu representante legal para efetuar todas as aquisições comuns à esfera doméstica.

contratual é o poder da parte de dispor do objeto do contrato[6] ou, na lição de Jorge Mosset Iturraspe, o poder para atuar legalmente sobre cada relação concreta.[7]

2.1.2 Requisito objetivo

O requisito objetivo do contrato é o objeto, termo que pode significar o conteúdo do contrato, isto é, o conjunto de disposições estabelecidas pelas partes, ou o bem ou a coisa sobre o qual recairão os efeitos do negócio jurídico.

Para evitar equívocos, melhor distinguir entre objeto e conteúdo do contrato. Trataremos nesse tópico do objeto do contrato (sobre o conteúdo do contrato, v., abaixo, o item 2.2.3).

O bem ou a coisa sobre o qual versará o contrato e sobre o qual recairão os efeitos do negócio deve ser possível, lícito, determinado ou determinável, ter valor econômico.

Objeto possível é aquele cuja prestação contratada pode ser realizada do ponto de vista material e jurídico. Logo, objeto impossível é aquele cuja prestação não pode ser realizada do ponto de vista material e jurídico.

A impossibilidade material é a impossibilidade física e resulta da contrariedade das leis naturais, do fato de a obrigação exceder às forças humanas, ou da própria inexistência do objeto. A impossibilidade material pode ser absoluta, o que significa que ninguém pode superá-la, ou pode ser relativa, a que diz respeito apenas ao contratante, o que significa que outra pessoa ou a mesma, em momento diverso, poderá realizar a prestação.[8]

A impossibilidade material absoluta é causa de nulidade do contrato (CC, art. 166, II), enquanto a impossibilidade relativa não; ela apenas sujeita a parte a ressarcir perdas e danos (CC, art. 106).

Enquanto causa de invalidação do contrato, a impossibilidade deve existir no momento da constituição do contrato. A impossibilidade superveniente torna o contrato inexequível, sujeita o devedor a ter de

---

6. C. Massimo Bianca, *Diritto Civile, Il Contratto*, vol. III, Milano, Giuffrè, 1998, p. 66. Sílvio Luís Ferreira da Rocha, *Curso Avançado de Direito Civil*, vol. III: *Contratos*, São Paulo, Ed. RT, 2002, pp. 50 e 51.
7. Jorge Mosset Iturraspe, *Contratos*, cit., p. 194.
8. Sílvio Luís Ferreira da Rocha, *Curso Avançado de Direito Civil*, vol. III: *Contratos*, cit., p. 51.

indenizar perdas e danos, caso tenha concorrido com culpa para a impossibilidade da prestação (CC, arts. 239 e 248).[9]

A impossibilidade jurídica está relacionada à ilicitude da prestação, que pode contrariar norma jurídica de ordem pública ou a moralidade pública.

O objeto deve ser determinado.

A determinação se dá pelo gênero, espécie e quantidade.

A determinação pode ser simultânea ao ajuste ou ocorrer por ocasião da execução.

A determinação pode ser feita pelas partes, por uma delas, por terceiro ou por fato impessoal.

Apenas a indeterminação definitiva do objeto do contrato acarreta a invalidade do contrato.[10]

Pode haver contratação que verse sobre coisa futura (bem a ser entregue). Bem futuro é o bem atualmente inexistente. A contratação futura pode ocorrer de dois modos.

O vir-a-ser do objeto erige-se em *condição* (*empetio rei speratae*); o contrato é desfeito em caso de frustração. Nessa hipótese os contratantes consideram a existência futura do objeto. Maria Helena Diniz define o *empetio rei speratae* "como uma espécie de contrato aleatório em que o adquirente, na alienação de coisa futura, assume o risco quanto à maior ou menor quantidade de coisa, sendo devido o preço ao alienante, desde que este não tenha culpa, mesmo que o objeto venha a existir em quantidade mínima ou irrisória".[11]

O vir-a-ser do objeto é uma *esperança* (*emptio spei*) e se ela não se realizar não ocorrerá a extinção do contrato, devendo, nesse caso, a contraprestação ser cumprida. O contrato é aleatório, o que significa que o objeto pode ou não se realizar (CC, arts. 458 e ss.).[12] Para Maria Helena

---

9. Nesse sentido Maria Helena Diniz, *Curso de Direito Civil Brasileiro*, vol. III: *Teoria das Obrigações Contratuais e Extracontratuais*, 25ª ed., São Paulo, Saraiva, 2009, p. 17.

10. Sílvio Luís Ferreira da Rocha, *Curso Avançado de Direito Civil*, vol. III: *Contratos*, p. 52.

11. Maria Helena Diniz, *Código Civil Anotado*, 16ª ed., São Paulo, Saraiva, 2013, p. 416.

12. Miguel Reale, *O Projeto do Código Civil*, São Paulo, Saraiva, 1986, p. 93, entendeu que toda e qualquer prestação que importe risco, explicável em função da estrutura do negócio jurídico, será considerada como um contrato aleatório, além

Diniz "*emptio spei* é uma modalidade de contrato aleatório em que um os contratantes, na alienação da coisa futura, toma a si o risco relativo à existência da coisa, ajustando um preço que será devido integralmente, mesmo que nada se produza, sem que haja dolo o culpa do alienante".[13]

O objeto deverá ter interesse econômico apreciável capaz de converter-se, direta ou indiretamente, em dinheiro.

2.2 Requisitos intrínsecos

Os requisitos intrínsecos integram e constituem o contrato. Classificam-se em essenciais, acidentais e naturais.

Os requisitos essenciais são os necessários à formação do vínculo e a falta deles acarreta a invalidade do contrato, como o consentimento, a forma e o conteúdo do contrato.

Os requisitos acidentais são os acrescidos voluntariamente aos essenciais, como a condição, o termo, o modo. Quando, no entanto, uma condição, termo ou encargo é previsto no negócio jurídico, passa a integrá-lo.

Os requisitos naturais são aqueles que, não excluídos por vontade das partes, se inserem no contrato em decorrência da lei.[14] São naturais os decorrentes da própria razão de ser, da essência ou natureza do negócio, sem que seja necessário mencioná-los expressamente na contratação, como no contrato de compra e venda a garantia que presta o devedor pelos vícios redibitórios (CC, art. 441) e pelos riscos da evicção (CC, art. 447).[15]

---

de se prever a entrega de coisas futuras. De acordo com Maria Helena Diniz, *Curso de Direito Civil Brasileiro*, vol. III: *Teoria das Obrigações Contratuais e Extracontratuais*, 25ª ed., cit., p. 17, "a falta de atualidade da existência do objeto não se confunde com a sua impossibilidade, sendo perfeitamente admissível à contratação sobre coisa futura, sob a forma da *emptio rei speratae*, em que os contraentes tomam em consideração o objeto esperado enquanto possa vir a existir; logo, a validade do contrato dependerá do fato do objeto esperado vir, realmente, a existir, ou no caso da *emptio spei*, em que as partes têm por objetivo uma esperança, se esta não se realizar, não se terá a rescisão contratual, de maneira que o contraente deverá pagar o preço convencionado".

13. Maria Helena Diniz, *Código Civil Anotado*, cit., p. 416.

14. Darcy Bessone de Oliveira Andrade, *Do Contrato. Teoria Geral*, Rio de Janeiro, Forense, 1987, p. 139.

15. Silvio de Salvo Venosa, *Direito Civil*, vol. II: *Teoria Geral das Obrigações e Teoria Geral dos Contratos*, 11ª ed., São Paulo, Atlas, 2011, p. 446.

Interessa-nos o estudo dos requisitos intrínsecos essenciais. Os acidentais foram estudados no livro destinado à Parte Geral do Código Civil.[16]

2.2.1 Consentimento

A palavra "consentimento" designa acordo de vontades e exprime a formação bilateral do contrato. O consentimento representa o acordo de duas ou mais vontades a respeito de uma relação jurídica sobre determinado objeto. O acordo de vontades deve recair sobre a existência, a natureza do contrato, o objeto e as cláusulas que o compõem.[17] Cuida-se de um requisito próprio dos negócios jurídicos bilaterais e dos contratos.

O consentimento, para ser válido, pressupõe declaração de vontade isenta de vícios (erro, dolo, coação, estado de perigo, lesão e fraude) e esclarecida. Fala-se, então, em consentimento esclarecido, isto é, o declarante deve receber todas as informações relevantes a respeito do objeto e do conteúdo do contrato a ser celebrado, para que possa manifestar sua vontade com consciência.[18]

O consentimento pode ser expresso, quando exteriorizado de modo inequívoco por qualquer um dos meios admitidos, oral, escrito, gestual ou tácito, quando a lei o admitir.

O consentimento válido pressupõe discernimento, intenção e liberdade.

Discernimento constitui o elemento intelectual do consentimento. Consiste na aptidão de apreciar ou julgar nossas ações. É saber o que se quer. Guarda relação com os momentos interiores da concepção e realização do ato. O discernimento se desenvolve através de passos sucessivos, como a concepção do ato como possível, a apreciação dos motivos, a deliberação e a decisão.[19]

---

16. Sílvio Luís Ferreira da Rocha, *Direito Civil 1 – Parte Geral*, São Paulo, Malheiros Editores, 2010.
17. Sílvio Luís Ferreira da Rocha, *Curso Avançado de Direito Civil*, vol. III: *Contratos*, cit., p. 53. Carlos Roberto Gonçalves, *Direito Civil Brasileiro*, vol. III: *Contratos e Atos Unilaterais*, 9ª ed., São Paulo, Saraiva, 2012, p. 35.
18. Sílvio Luís Ferreira da Rocha, *Curso Avançado de Direito Civil*, vol. III: *Contratos*, cit., p. 53. Carlos Roberto Gonçalves, *Direito Civil Brasileiro*, vol. III: *Contratos e Atos Unilaterais*, cit., p. 35.
19. Jorge Mosset Iturraspe, *Contratos*, edição atualizada, cit., p. 100. Sílvio Luís Ferreira da Rocha, *Curso Avançado de Direito Civil*, vol. III: *Contratos*, cit., p. 53.

A intenção é o querer humano. Desejar o que se sabe. Juridicamente, deve entender-se que uma declaração é intencional quando o agente a quer ou a formula com exata consciência do seu sentido e completa previsão de suas consequências.[20]

A liberdade é algo negativo e consiste na falta de pressão externa.[21]

2.2.2 A forma

A forma é instrumento técnico jurídico por meio do qual a vontade das partes se exprime e o contrato torna-se existente.[22] A forma é a exteriorização do acordo de vontades refletida no conteúdo do contrato. A forma torna certa e induvidosa a manifestação de vontade; demonstra a existência de uma declaração de vontade apta a produzir efeitos jurídicos e protege a boa-fé de terceiros.

A forma pode ser *livre ou geral*, isto é, permite-se a exteriorização do conteúdo do contrato por qualquer modo, de acordo com o princípio da liberdade da forma contratual, que torna o contrato não solene, ou a forma pode ser *especial ou solene*, isto é, a exteriorização do conteúdo deve atender ao conjunto de solenidades que a lei estabelece como requisito para validade ou para servir de prova da existência de determinados negócios jurídicos.[23]

Carlos Roberto Gonçalves considera-a, também, *múltipla ou plural*, isto é, quando o ato é solene, mas a lei permite a formalização do negócio por diversos modos, podendo o interessado optar validamente por um deles, como o reconhecimento voluntário do filho, que pode ser feito de quatro modos, de acordo com o artigo 1.609 do Código Civil.[24]

Como regra, o direito contenta-se apenas com a declaração de vontades e não se importa com o modo pelo qual ela é exteriorizada.

---

20. Jorge Mosset Iturraspe, *Contratos*, edição atualizada, cit., p. 100, Sílvio Luís Ferreira da Rocha, *Curso Avançado de Direito Civil*, vol. III: *Contratos*, cit., p. 53.

21. Jorge Mosset Iturraspe, *Contratos*, edição atualizada, cit., p. 100. Sílvio Luís Ferreira da Rocha, *Curso Avançado de Direito Civil*, vol. III: *Contratos*, cit., p. 53.

22. Francesco Messineo e Antonio Cicu, *Trattato di Diritto Civile e Commerciale. Il Contratto in Generale*, vol. XXI, t. I, Milano, Giuffrè, 1973, p. 143.

23. Sílvio Luís Ferreira da Rocha, *Curso Avançado de Direito Civil*, vol. III: *Contratos*, cit., p. 54.

24. Carlos Roberto Gonçalves, *Direito Civil Brasileiro*, vol. III: *Contratos e Atos Unilaterais*, cit., p. 40.

O princípio da liberdade da forma permite optar entre a forma verbal e a escrita.

"A escolha de forma menos fugaz inspirar-se-á, nesse caso, tão somente na conveniência de conservar melhor o acordo de vontades, inclusive e principalmente para fins probatórios e de interpretação das vontades conjugadas".[25]

No direito brasileiro a forma, em regra, é livre, salvo quando a lei expressamente a exigir (CC, art. 107).

2.3 O conteúdo

O conteúdo do contrato, também definido como objeto do contrato, é a regulamentação dos próprios interesses pelos contratantes. O conteúdo tem caráter normativo hábil a criar, modificar ou extinguir relações jurídicas.[26]

O conteúdo deve ser lícito e não abusivo. As chamadas cláusulas abusivas são cláusulas contratuais opressivas, onerosas, excessivas, estipuladas em desfavor da parte hipossuficiente.

Abusiva é a cláusula que cria em desfavor de uma das partes um desequilíbrio significativo entre os direitos e obrigações verificado no momento da conclusão do contrato.

O Código de Defesa do Consumidor reconheceu como direito básico do consumidor, no art. 6º, inciso IV, a proteção contra as cláusulas abusivas. O legislador brasileiro relacionou, exemplificativamente, algumas hipóteses de cláusulas abusivas, mas estabeleceu no art. 51, inciso IV, um *conceito geral* de cláusula abusiva que determina a nulidade das cláusulas que estabeleçam obrigações iníquas ou abusivas, coloquem o consumidor em desvantagem exagerada, ou revelem-se incompatíveis com a boa-fé ou com a equidade.

Para alguns, o fenômeno da abusividade é típico das condições gerais predispostas que se manifestam nos contratos de adesão e não nos contratos de comum acordo; enquanto outros, no entanto, sustentam a aplicação das disposições referentes a cláusulas abusivas a todos os

---

25. Darcy Bessone de Oliveira Andrade, *Do Contrato. Teoria Geral*, cit., p. 143. Sílvio Luís Ferreira da Rocha, *Curso Avançado de Direito Civil*, vol. III: *Contratos*, cit., p. 53.

26. Sílvio Luís Ferreira da Rocha, *Curso Avançado de Direito Civil*, vol. III: *Contratos*, cit., p. 54.

contratos concluídos de qualquer natureza e, não somente, aos contratos de adesão ou pré-redigidos, opinião à qual me filio.

O Código Civil tratou mal o tema das cláusulas abusivas, pois em vez de estipular a nulidade da cláusula abusiva, estipulou a nulidade de uma espécie de cláusula abusiva no art. 424, dispositivo que deve ser reinterpretado para entender-se que "são absolutamente inválidas as cláusulas contratuais abusivas".

2.4 Requisitos acidentais

Os requisitos acidentais são categorias modificadoras dos efeitos normais do negócio jurídico. Chamam-se acidentais porque o negócio se perfaz sem elas; são requisitos dispensáveis.[27]

São requisitos acidentais do contrato a condição, o termo e o encargo ou modo. Os conceitos desses requisitos acidentais foram analisados no primeiro volume desta obra, de modo que faremos apenas breve referência a eles.[28]

A *condição* é clausula derivada exclusivamente da vontade dos declarantes, que subordina o início ou o término dos efeitos do negócio jurídico a acontecimento futuro e incerto (CC, art. 121). A condição não afeta a existência do negócio jurídico, mas sim a sua eficácia. O negócio jurídico existe, mas os seus efeitos ou são postergados para o futuro ou podem cessar com a realização da condição.[29]

São requisitos da condição na acepção técnica:

a) que a cláusula seja voluntária;

b) que o acontecimento a que se subordina a eficácia ou a resolução do ato jurídico seja futuro e

c) que seja incerto.

A cláusula deve ser voluntária, provir da vontade das partes, exclusivamente. Neste sentido o art. 121 do CC (assim como o Código Civil de 1916, art. 117) reproduz uma regra consagrada pela doutrina. Daí não ser considerada tecnicamente condição a circunstância de fato que deva ocorrer para a incidência de uma lei.

---

27. Sílvio Luís Ferreira da Rocha, *Curso Avançado de Direito Civil*, vol. III: *Contratos*, cit., p. 54.

28. Sílvio Luís Ferreira da Rocha, *Direito Civil 1 – Parte Geral*, cit.

29. *Apud* Sílvio Rodrigues, *Direito Civil*, vol. I: *Parte Geral*, São Paulo, Saraiva.

Há certas relações que, por sua própria natureza, estão subordinadas à realização de um fato determinado, de tal modo que, se o fato não se realizar, a relação não se forma, mas que não configuram condição – como o legado, que pressupõe que o legatário sobreviva ao testador, e como a eficácia das disposições insertas num pacto antenupcial, que pressupõe a celebração do casamento. Nestes casos não há condição. O acontecimento deve ser futuro. Por este requisito, não é condição a cláusula que subordine a eficácia do ato a um acontecimento já verificado, muito embora as partes o ignorem. O acontecimento deve ser incerto. Essa incerteza deve ser objetiva, isto é, uma incerteza aplicável a todos, não apenas ao declarante – o que pressupõe precisamente que o acontecimento não seja nem já realizado nem contemporâneo.

Termo é o acontecimento futuro e certo. Fala-se em termo inicial ou termo final. É o dia em que começa, tem início, ou o dia em que se extingue, tem fim, a eficácia de um ato ou negócio jurídico. É certa modalidade que tem por efeito suspender seja a execução, seja a extinção da obrigação até um momento determinado ou o advento de um fato jurídico e de realização certa. O termo inicial (*dies a quo*) suspende o exercício de um direito (CC, art. 131); e o termo final (*dies ad quem*) é o que extingue o exercício de um direito. As partes, como regra, gozam de liberdade para inserir termos nos negócios jurídicos, mas há negócios – chamados imprazáveis – que não o admitem e coincidem, em regra, com os negócios incondicionáveis.

O termo pode ser certo, quando indica com antecedência o momento exato em que se verificará; e incerto, quando esse momento é desconhecido – *v.g.*, morte de alguém.

O termo pode ser essencial, quando a prestação deve ser cumprida até a data estipulada pelas partes ou até um certo momento, sendo que, ultrapassado esse termo, o descumprimento equivale à impossibilidade da prestação; e o termo pode ser não-essencial, quando, mesmo ultrapassado o prazo estipulado, a prestação não se torna inútil para o credor, e configura apenas uma situação de mora do devedor.

Prazo, por sua vez, é o período de tempo decorrido entre os termos inicial e final ou entre a celebração do negócio e o termo inicial, cuja contagem foi disciplinada no art. 132 do CC. O prazo pode ser instituído em benefício do devedor, do credor ou de ambos. Instituído um prazo, as partes, como regra, devem observá-lo.

O *encargo*, também denominado *modo*, é cláusula pela qual se impõe uma restrição ao beneficiário de uma liberalidade. Para Sílvio de Salvo Venosa o encargo apresenta-se como uma restrição a uma liberalidade que, estabelecendo uma finalidade ao objeto do negócio, quer impor uma obrigação ao favorecido, em benefício do instituidor, do terceiro ou da coletividade.[30] Define-o Carlos Roberto Gonçalves: "Encargo ou modo é uma determinação que, imposta pelo autor de liberalidade, a esta adere, restringindo-a. Trata-se de cláusula acessória às liberalidades (doações e testamentos), pela qual se impõe uma obrigação ao beneficiário".[31]

O encargo é cláusula aposta a qualquer ato de índole gratuita, tais como: doações, testamentos, cessões gratuitas, promessa de recompensa, renúncia e declarações unilaterais de vontade. Estes atos implicam a concessão de benefícios. Exemplos de encargos: a) prestar assistência aos necessitados; b) edificar um hospital; c) construir um monumento; d) rezar missas; e) depositar flores no túmulo. O encargo procura dar relevância ou eficácia jurídica a motivos ou interesses particulares do autor da liberalidade e pode assumir a configuração de uma obrigação de dar, de fazer ou de não fazer. Renan Lotufo esclarece-nos que "o fato de serem estipulados no mais das vezes em negócios caracterizados pela liberalidade, e muitos pela gratuidade, não impede que se estabeleçam encargos nos negócios onerosos, como na compra e venda; mas é mais raro de se estipular em tais negócios".[32]

Contra este entendimento manifesta-se Carlos Roberto Gonçalves, para quem a cláusula acessória de encargo "não pode ser aposta em negócio a título oneroso, pois equivaleria a uma contraprestação".[33]

---

30. Sílvio de Salvo Venosa, *Direito Civil*, vol. I: *Parte Geral*, 2ª ed., São Paulo, Atlas, p. 391.
31. Carlos Roberto Gonçalves, *Direito Civil Brasileiro*, vol. I: *Parte Geral*, cit., p. 352.
32. Renan Lotufo, *Curso Avançado de Direito Civil*, vol. I: *Parte Geral*, São Paulo, Ed. RT, p. 253.
33. Carlos Roberto Gonçalves, *Direito Civil Brasileiro*, vol. I: *Parte Geral*, cit., p. 352.

Capítulo 3
CLASSIFICAÇÃO DOS CONTRATOS

3.1 Considerações gerais. 3.2 Contratos típicos, atípicos e mistos. 3.3 Contratos unilaterais e bilaterais. 3.4 Contratos onerosos e gratuitos. 3.5 Contratos comutativos e aleatórios. 3.6 Contratos paritários e por adesão. 3.7 Contratos consensuais, formais e reais. 3.8 Contratos pessoais ou impessoais. 3.9 Contratos de execução imediata, diferida e sucessiva.

3.1 Considerações gerais

Não há classificações verdadeiras ou falsas, mas apenas classificações úteis ou inúteis. O contrato, considerado em si mesmo e tomado por critério a predeterminação do conteúdo, pode ser típico ou atípico, ou misto;[1] tomado por critério a obrigação criada por ele, pode ser unilateral ou bilateral, oneroso ou gratuito, comutativo ou aleatório; tomado por critério o modo como ele se forma, pode ser consensual, formal ou real, paritário e por adesão; tomado por critério a pessoa do contratante, pode ser pessoal ou impessoal; tomado por critério o modo de execução pode ser instantâneo, diferido e sucessivo.[2]

3.2 Contratos típicos, atípicos e mistos

O Direito Romano classificava os contratos em nominados e inominados. Os contratos nominados eram os contratos identificados por suas linhas dogmáticas precisas e definidas, designados por seus próprios

---

1. Sobre a formação dos contratos atípicos, dispõe o art. 425 do Código Civil: "É lícito às partes estipular contratos atípicos, observadas as normas gerais fixadas neste Código".

2. Sílvio Luís Ferreira da Rocha, *Curso Avançado de Direito Civil*, vol. III: *Contratos*, São Paulo, Ed. RT, 2002, p. 61.

nomes. Eram espécies completas, geradoras de direitos e obrigações em sua plenitude, revestidos de ações. Os contratos chamados inominados eram outras convenções (acordos) que não se enquadravam nas figuras nominadas e, à diferença dos nominados, não dispunham de ações, ao menos diretas. Essa distinção não subsiste no direito moderno, pelo menos nessa concepção, pois, atualmente, qualquer contrato produz efeitos, gera direitos e obrigações e é dotado de ação.[3]

O direito moderno substituiu esta classificação pela denominação contratos típicos e atípicos, embora autores estabeleçam a distinção entre nominados e inominados, típicos e atípicos, como António Menezes Cordeiro para quem "o contrato nominado tem uma designação própria (um nome), fixado na lei", enquanto "o inominado não a tem: ou dispõe de uma denominação habitual, na gíria do setor ou entre os juristas ou é referenciado através de perífrases".[4] Pelas regras habituais de formação do Direito, o nome associa-se a um regime e as partes nos seus contratos recorrem, geralmente, a denominações com o propósito de submeter a execução do contrato ao regime correspondente.[5]

Os *contratos típicos* são aqueles que têm suas regras descritas nos Códigos e nas leis; as cláusulas nucleares constam da lei. O Código Civil regulou alguns contratos, como o contrato de compra e venda, troca, doação, locação, empréstimo, depósito, mandato, gestão de negócios, sociedade, parceria rural, constituição de renda, seguro, jogo e aposta e fiança.[6]

A vantagem da tipicidade está no fato de que, na ausência de disciplina em contrário pelas partes, as normas previstas em lei prevalecem. A tipicidade, contudo, não implica na obrigatoriedade da observância da regra. As partes têm liberdade de alterar as normas, exceto aquelas que forem consideradas de observância obrigatória.[7] António Menezes Cordeiro enumera como vantagens da tipicidade a de fixar o regime mais habitual, a nível supletivo, e, com isso, poupar às partes desenvolver um articulado mais completo; a de estabelecer sistema de maior equilíbrio para regular os interesses, posto que, em regra, os tipos legais exprimem soluções antigas, aperfeiçoadas ao longo dos séculos; a de facilitar a in-

---

3. Idem, ibidem.
4. António Menezes Cordeiro, *Tratado de Direito Civil Português*, *Direito das Obrigações*, t. II, Coimbra, Almedina, p. 190.
5. Idem, ibidem.
6. Sílvio Luís Ferreira da Rocha, *Curso Avançado de Direito Civil*, vol. III: *Contratos*, cit., p. 61.
7. Idem, ibidem.

tervenção do Estado, quando se trate de fixar regimes imperativos para setores sensíveis (o trabalho, a locação) ou de proibir concretas soluções, que, historicamente, foram consideradas nocivas (os pactos comissórios, os pactos leoninos).[8]

Ao lado dos tipos contratuais legais podemos mencionar, ainda, os tipos sociais, isto é, cláusulas habitualmente praticadas em determinados setores, dotadas de designação própria, que, embora não tenham sido formalizadas em lei, significam composições equilibradas e experimentadas, que podem funcionar em moldes paralelos aos do tipo legal.[9]

Os *contratos atípicos* são aqueles cujas regras não estão descritas nos Códigos ou nas leis, mas foram elaboradas pelas partes. A atipicidade dos contratos, segundo Pedro de Pais Vasconcelos, "pode ser referida aos tipos contratuais legais ou simplesmente aos tipos contratuais sem restrição aos legais. No primeiro caso, são atípicos os contratos que não contêm na lei um modelo regulativo típico; no segundo, são atípicos aqueles que não têm um modelo regulativo típico, nem na lei, nem na prática".[10]

A vantagem da atipicidade repousa no poder criativo da autodeterminação das partes, que, em tese, podem construir um novo modelo contratual adaptado à satisfação dos seus interesses, desde que respeitados os pressupostos mínimos de validade, que proíbem a estipulação de cláusulas ilícitas ou abusivas (CC, art. 425).[11]

O *contrato misto* é aquele que conjuga tipicidade com atipicidade e surge, normalmente, quando as partes combinam as regras preestabelecidas com novas regras, ou, ainda, combinam regras de diferentes tipos contratuais, sem que, nesse caso, configure, apenas, a mera união de contratos.

3.3 Contratos unilaterais e bilaterais

Todo o contrato pode ser classificado como negócio jurídico bilateral, pois demanda, pelo menos, a existência de dois sujeitos. No entanto, não se deve confundir a bilateralidade, elemento constitutivo do contra-

---

8. António Menezes Cordeiro, *Tratado de Direito Civil Português, Direito das Obrigações*, t. II, cit., p. 191.
9. Idem, ibidem, p. 192.
10. Pedro Pais de Vasconcelos, *Contratos Atípicos, Contratos Atípicos*, Coimbra, Almedina, 1995, p. 207.
11. Sílvio Luís Ferreira da Rocha, *Curso Avançado de Direito Civil*, vol. III: *Contratos*, cit., p. 61.

to, com a bilateralidade dos efeitos jurídicos. Nesse último aspecto é que se afirma que os efeitos do contrato podem ser unilaterais ou bilaterais. A distinção entre bilateral e unilateral, nesse caso, considera os efeitos do contrato.[12]

O contrato que cria obrigações para um só dos contratantes é unilateral. Há um credor e um devedor, como, por exemplo, na doação pura e simples e no comodato.[13]

O contrato que cria obrigações para ambas as partes é bilateral. As obrigações são recíprocas e interdependentes, como, por exemplo, na compra e venda. Por isso denominam esse contrato *sinalagmático* ou de *prestações correlatas*. Cada uma das partes é credora e reciprocamente devedora da outra.

Há efeitos privativos dos contratos bilaterais, como a exceção do contrato não cumprido, a condição resolutiva tácita (CC, arts. 476 e 477) e a atribuição de riscos, além das disposições referentes às arras, à evicção e aos vícios redibitórios, motivos pelos quais a distinção entre contratos bilaterais e unilaterais é importante.

A maior importância da distinção revela-se por ocasião da execução do contrato.

Na execução do contrato unilateral somente uma parte está obrigada a prestar, enquanto a outra apenas a aguardar, enquanto no contrato bilateral as prestações são contemporâneas e devem ser cumpridas simultaneamente. Em decorrência da interdependência das obrigações, nos contratos bilaterais cada contratante não pode, antes de cumprir sua obrigação, exigir do outro o cumprimento da que lhe cabe. É a chamada exceção *non adimpleti contractus*, que pressupõe a total inexecução do contrato e não se confunde com a exceção *non rite adimpleti contractus*, que pressupõe a execução diferente ou incompleta do contrato.[14]

Tais exceções diferem apenas no ônus da prova quanto ao descumprimento total ou parcial da prestação. Se houve inadimplemento total,

---

12. Francesco Messineo, para evitar confusões, prefere designá-los por contratos com prestações a cargo de uma só parte (unilateral) e contratos com prestações correspectivas (bilaterais). Francesco Messineo e Antonio Cicu, *Trattato di Diritto Civile e Commerciale, Il Contratto in Generale*, vol. XXI, t.1, Milano, Giuffrè, 1973, p. 80.

13. Sílvio Luís Ferreira da Rocha, *Curso Avançado de Direito Civil*, vol. III: *Contratos*, cit., p. 62.

14. Washington de Barros Monteiro, *Curso de Direito Civil*, vol. 5, São Paulo, Saraiva, 1979, p. 25. Sílvio Luís Ferreira da Rocha, *Curso Avançado de Direito Civil*, vol. III: *Contratos*, cit., p. 62.

quem alega a exceção não precisa demonstrá-lo; se houve inadimplemento parcial, quem alega a exceção terá de comprová-lo.[15]

A exceção do contrato não cumprido ou cumprido de modo imperfeito é um direito assegurado a uma parte (devedora) de opor-se a outra parte (credora) de modo a alargar o prazo para cumprir a prestação, até que a outra cumpra a prestação a que se obrigou, que tem por fundamento o princípio da boa-fé.[16] Admite-se sua eliminação pela renúncia ou pela inclusão da cláusula *solve et repete* (paga e depois reclama).[17]

A atribuição de riscos também recebe disciplina diversa em decorrência da diferença entre contratos bilaterais e unilaterais. Nos contratos bilaterais cada uma das partes pode ser responsabilizada por culpa; nos contratos unilaterais não; somente a parte a quem o contrato traga proveito pode ser responsabilizada por culpa; a outra parte, a quem o contrato não favoreça, somente responde por dolo (CC, art. 392).[18]

Há parte da doutrina que aceita a distinção em bilateralidade perfeita e imperfeita proposta por Pothier no seu *Traité des Obligations, 1ère Partie, Division des Contrats*. Na bilateralidade imperfeita o contrato inicialmente é unilateral, mas, posteriormente, surgem obrigações para o outro contratante. É o que ocorre, por exemplo, no contrato de mandato e depósito remunerado.[19]

A classificação dos contratos em bilaterais e unilaterais não deve ser confundida com a distinção entre contratos onerosos e gratuitos, embora haja coincidência em algumas espécies de contrato. Como regra, os bilaterais são onerosos e os unilaterais são gratuitos, mas não há correlação

15. Orlando Gomes, *Contratos*, Rio de Janeiro, Forense, p. 100. Sílvio Luís Ferreira da Rocha, *Curso Avançado de Direito Civil*, vol. III: *Contratos*, cit., p. 62.

16. Orlando Gomes, *Contratos*, cit., p. 101, aponta como fundamento de tal exceção para alguns a teoria da causa, para outros a equidade, o princípio do enriquecimento ilícito ou a teoria do equilíbrio das prestações.

17. Idem, ibidem. Nos contratos de consumo, as cláusulas de renúncia ou *solve et repete* são nitidamente abusivas; nesse sentido a opinião de Silvio de Salvo Venosa transcrita no item dedicado a transcrições doutrinárias.

18. Sílvio Luís Ferreira da Rocha, *Curso Avançado de Direito Civil*, vol. III: *Contratos*, cit., p. 61.

19. O prof. Miguel Reale (*O Projeto de Código Civil*, São Paulo, Saraiva, 1986, p. 97) expõe que houve sugestões na elaboração do anteprojeto no sentido de se acrescentarem regras especiais sobre mandato e depósito mercantis, a fim de satisfazer a exigências da vida comercial ou empresarial, em razão da inexistência de disposições capazes de atender tais exigências. Assim, o mandato ou depósito passaram a ser disciplinados sob o duplo aspecto de sua gratuidade ou onerosidade, segundo sejam exercidos ou não em virtude de atividade profissional e para fins de lucro.

necessária, já que existem contratos unilaterais que não são gratuitos, como o mútuo,[20] e contratos bilaterais que podem ser gratuitos, como o mandato (CC, arts. 653 e ss.).

3.4 Contratos onerosos e gratuitos

Oneroso é o contrato em que ambas as partes visam a obter vantagens ou benefícios, com a imposição de encargos e vantagens recíprocos. Cada parte tem uma diminuição patrimonial, mas, em contrapartida, recebe um acréscimo de modo que o contrato onera a ambas. A compra e venda é um exemplo de contrato oneroso, pois em troca do preço o comprador recebe a coisa e o vendedor em troca da coisa recebe o preço.[21]

Gratuito é o contrato em que apenas uma das partes aufere a vantagem, enquanto a outra suporta só o encargo. No contrato gratuito uma das partes retira dele tão somente vantagens ou sacrifícios. Há quem diferencie os contratos gratuitos propriamente ditos dos contratos desinteressados. Nos contratos gratuitos há diminuição patrimonial de uma das partes em proveito da outra, como na doação em que o enriquecimento de um resulta do empobrecimento do outro, enquanto que nos contratos desinteressados um dos contratantes efetua uma prestação, sem nada receber, mas sem empobrecer ou diminuir o seu patrimônio, como na hipótese do transporte gratuito.[22]

A constatação da onerosidade ou da gratuidade de um contrato depende da análise do contrato, pois certos tipos contratuais podem ser onerosos ou gratuitos, como, por exemplo, o mandato, a fiança. Além disso, a doutrina destaca a intenção das partes, quando se trata de determinar a natureza onerosa ou gratuita de um contrato. No contrato gratuito a vontade livre do contratante sacrificado guiou-se pela intenção de dar – *animus donandi* – fator de maior importância que serve para

---

20. Conforme Darcy Bessone, *Do Contrato. Teoria Geral*, cit., p. 94, no empréstimo a juros só uma das partes se obriga a restituir a coisa e a pagar os juros, portanto, o contrato seria unilateral, mas ambas são oneradas: uma priva-se, ainda que momentaneamente, da utilização da coisa que lhe pertence e a outra paga juros.

21. Sílvio Luís Ferreira da Rocha, *Curso Avançado de Direito Civil*, vol. III: *Contratos*, cit., p. 65.

22. Caio Mário da Silva Pereira, *Instituições de Direito Civil*, vol. III, cit., p. 44, e Silvio Rodrigues, *Direito Civil*, vol. III: *Dos Contratos e das Declarações Unilaterais da Vontade*, cit., p. 30. Sílvio Luís Ferreira da Rocha, *Curso Avançado de Direito Civil*, vol. III: *Contratos*, cit., p. 65.

afastar o princípio que não admite desequilíbrios excessivos entre as posições das partes.[23]

O regime jurídico entre estas espécies de contratos é distinto: a) os contratos gratuitos interpretam-se restritivamente (CC, art. 114); b) o autor da liberalidade, isto é, a parte que suporta o ônus só tem responsabilidade civil quando age com dolo; ele também não está sujeito às consequências da evicção (CC, art. 552) ou dos vícios redibitórios (CC, art. 552); c) os contratos gratuitos são normalmente personalíssimos, o que dificulta a transferência da posição contratual.[24] Em uma única hipótese a lei é mais rigorosa com os contratos gratuitos. Trata-se do caso de revogação por fraude contra credores, prevista no art. 158 do CC, que nos atos de transmissão gratuita de bens presume o propósito de fraude (*consilium fraudis*) e contenta-se com o estado de insolvência do devedor.[25]

3.5 Contratos comutativos e aleatórios

Os contratos bilaterais subdividem-se em comutativos e aleatórios.

Nos *comutativos* as prestações de ambas as partes são conhecidas de antemão desde o momento da formação do contrato e, na medida do possível, são equivalentes entre si. A equivalência, segundo a doutrina, não precisa ser objetiva – as vantagens procuradas pelos contratantes não precisam ser proporcionalmente as mesmas –, basta a equivalência subjetiva (a parte sente-se satisfeita conforme suas conveniências e interesses) e a certeza das prestações.[26]

Contratos *aleatórios* são contratos bilaterais, nos quais uma das prestações está sujeita a risco.[27] *Álea* significa sorte. César, ameaçado de prisão se voltasse a Roma, ao cruzar os limites geográficos da cidade disse "Alea jacta est" (A sorte está lançada).

Nos contratos aleatórios, a prestação de uma das partes não é precisamente conhecida e sujeita a estimativa prévia, inexistindo equivalência com a da outra parte (CC, arts. 458 e ss.). Cria-se, com isso, uma

---

23. António Menezes Cordeiro, *Tratado de Direito Civil Português, Direito das Obrigações*, t. II, cit., p. 202.
24. Sílvio Luís Ferreira da Rocha, *Curso Avançado de Direito Civil*, vol. III: *Contratos*, cit., p. 65.
25. Idem, ibidem.
26. Orlando Gomes, *Contratos*, cit., p. 80 (26ª ed., atualizada, Rio de Janeiro, Forense, 2008, pp. 88 e ss.). Sílvio Luís Ferreira da Rocha, *Curso Avançado de Direito Civil*, vol. III: *Contratos*, cit., p. 66.
27. Paulo Lôbo, *Direito Civil, Contratos*, São Paulo, Saraiva, p. 102.

incerteza para as partes sobre se a vantagem almejada será proporcional à contrapartida esperada. Os contratos aleatórios sujeitam os contraentes à alternativa de ganho ou perda. A dúvida é se o risco de ganho ou perda deve ser de ambos ou se pode ficar a cargo de um apenas.

Para Orlando Gomes, os contratos aleatórios são necessariamente bilaterais. Se a álea fica a cargo exclusivo de um dos contratantes, o contrato é nulo.[28] Caio Mário da Silva Pereira diverge. Para ele o risco pode ser apenas para uma das partes, não precisa ser para ambas; basta que haja o risco para um dos contratantes, como o seguro, a aposta, a loteria.[29]

A álea pode versar sobre a existência ou quantidade da coisa. A álea sobre a existência da prestação obriga a contraprestação ainda que a prestação não venha a existir. Exemplo clássico é o de quem compra do pescador, por preço certo, o que este retirar, assumido o risco de não ser apanhado nenhum peixe. O objeto do contrato não são os peixes, mas o lanço da rede (*iactus retis*). Se a álea recair sobre a quantidade, a contraprestação é devida, mesmo que não se produza a quantidade esperada; a contraprestação não é devida, porém, se nada for produzido (CC, art. 459).[30]

O contrato aleatório pode versar sobre coisas futuras ou de existência atual, desde que sujeitas a risco; nesse caso a contraprestação será devida, mesmo que da coisa nada mais exista no momento do contrato, a não ser que a outra parte prove que o outro contratante já tinha o conhecimento do perecimento da coisa.[31]

Há diferença de regime jurídico entre o contrato comutativo e o contrato aleatório, pois o último não admite a rescisão nem por lesão,[32] nem por ação redibitória.

28. Orlando Gomes, *Contratos*, cit., p. 81 (26ª ed., atualizada, Rio de Janeiro, Forense, 2008, p. 89). Sílvio Luís Ferreira da Rocha, *Curso Avançado de Direito Civil*, vol. III: *Contratos*, cit., p. 66.
29. Caio Mário da Silva Pereira, *Instituições de Direito Civil*, vol. III, cit., p. 47. Sílvio Luís Ferreira da Rocha, *Curso Avançado de Direito Civil*, vol. III: *Contratos*, cit., p. 66.
30. Sílvio Luís Ferreira da Rocha, *Curso Avançado de Direito Civil*, vol. III: *Contratos*, cit., p. 67.
31. Idem, ibidem.
32. Esta afirmação não é partilhada por Démogue que sustenta que, em si, a lesão não é incompatível com o contrato aleatório. Para ele, efetivamente, as chances podem ser ridículas, sem correspondência com a prestação certa do contratante, inspirando-se a convenção tão somente em condenável propósito de exploração da

3.6 Contratos paritários e por adesão

Paritário é o contrato concebido na sua acepção clássica, isto é, o contrato que admite fase de debates, na qual se pressupõe que as partes, em condições de igualdade, discutam o conteúdo do contrato. Daí resultaria, segundo concepção tradicional, a força obrigatória do contrato, pois toda obrigação livremente consentida seria justa.

A alteração no modelo de produção e a comercialização de produtos, que passou a ser em grande escala, exigiu mudanças no modo de formação dos contratos. Da negociação individual passou-se à negociação coletiva em grandes grupos. Adotou-se, então, a padronização das cláusulas que integram o conteúdo dos contratos e impediu-se a outra parte delas discordar.

Surge o contrato *de adesão* ou *de massa*, disciplinado nos arts. 423 e 424 do CC, que apresenta dois momentos lógicos e cronológicos diversos. No primeiro momento, o contratante economicamente mais forte elabora o esquema contratual abstrato ao redigir as cláusulas que farão parte do conteúdo do contrato que pretende concluir, de modo uniforme, com um número indeterminado de pessoas. No segundo momento, a parte contratual economicamente mais fraca adere a esse esquema e origina o chamado contrato de adesão, definido por Orlando Gomes como o negócio jurídico no qual a participação de um dos sujeitos sucede pela aceitação em bloco de uma série de cláusulas formadas antecipadamente, de modo geral e abstrato, pela outra parte, para constituir o conteúdo normativo e obrigacional de futuras relações concretas.[33] Logo, no modelo de adesão a parte apenas adere ao conteúdo contratual estipulado de forma unilateral pelo contratante mais forte do ponto de vista econômico na relação jurídica.

3.7 Contratos consensuais, formais e reais

Existe mais de um modelo legal de formação do contrato.

Um deles, denominado *consensual*, exige a concorrência de duas declarações de vontade, chamadas oferta e aceitação, para a sua formação. O acordo de vontades (consenso) é obtido pela convergência da oferta e aceitação sobre pontos essenciais. De fato, o consenso tornou-se

---

necessidade, inexperiência ou leviandade de quem a realize, in Darcy Bessone Andrade, *Do Contrato. Teoria Geral*, Rio de Janeiro, Forense, 1987, p. 271.

33. Orlando Gomes, *Contratos*, cit., p. 118. Sílvio Luís Ferreira da Rocha, *Curso Avançado de Direito Civil*, vol. III: *Contratos*, cit., p. 68.

um dos elementos indispensáveis do contrato e define-se como a manifestação recíproca do acordo completo de duas, ou mais pessoas, sobre o mesmo ponto. Daí não se conceber o mútuo consentimento sem a oferta e aceitação.[34] Neste modelo legal há liberdade de forma e o contrato reputa-se perfeito e acabado com o consenso produzido com a aceitação da oferta.

Há contratos que exigem, entretanto, a observância de forma prescrita em lei. Eles são chamados de *formais*. Define-se como formal o contrato em que a exteriorização da vontade, por imposição legal, deve observar formalidade determinada. O grau de exigência da forma pode variar. Às vezes é mais complexa e solene de modo a exigir o ato público. Nessa hipótese as declarações de vontade são realizadas perante um notário que as recebe e as transcreve. Em outros casos, a lei contenta-se com a forma escrita, mas particular, como, por exemplo, o contrato de fiança (CC, art. 819) ou a doação de pequeno valor (CC, art. 541).[35]

A forma, quando exigida por lei, deve ser observada para todas as cláusulas, mesmo as secundárias, não podendo ser substituída pela prova testemunhal ou pela confissão, configurando instrumento necessário para a exteriorização e expressão do consentimento.[36]

Apenas seriam classificados como contratos solenes os contratos formais em que as formalidades exigidas foram estabelecidas para a validade do negócio jurídico (*ad solemnitatem*). As formalidades exigidas apenas para a prova do negócio (*ad probationem*) não transformariam o contrato formal em solene.[37]

Alguns tipos contratuais – outro modelo legal – exigem a entrega da coisa para sua formação. Esses contratos são chamados *reais* em contraposição aos *consensuais*. Nos contratos reais a perfeição do negócio jurídico depende, além do consentimento das partes, da entrega de uma coisa. Enquanto nos contratos consensuais a tradição situa-se na fase executiva, nos contratos reais a tradição é requisito para o aperfeiçoamento do contrato, de modo que sua ausência implica na não con-

---

34. J. M. de Carvalho Santos, *Repertório Enciclopédico do Direito Brasileiro*, vol. XII, Rio de Janeiro, Borsoi, p. 217. José Castan Tobenãs, *Derecho Civil Español, Comun y Foral. Derecho de Obligaciones. La Obligación y el Contrato en General*, t. IV, Madrid, Reus, 1986, p. 594.
35. Sílvio Luís Ferreira da Rocha, *Curso Avançado de Direito Civil*, vol. III: *Contratos*, cit., p. 69.
36. Francesco Messineo e Antonio Cicu, *Trattato di Diritto Civile e Commerciale. Il Contratto in Generale*, vol. XXI, t. I, Milano, Giuffrè, 1973, p. 148.
37. Caio Mário da Silva Pereira, *Instituições de Direito Civil*, vol. III, cit., p. 42.

clusão do negócio jurídico e sua inaptidão para produzir efeitos. Nessa modalidade de contratos, entre eles, o penhor, o comodato, o mútuo e o depósito, a vontade é por si impotente para formá-los, dando o simples consenso, quando muito, lugar a um pré-contrato inominado.[38] Portanto, o contrato real é aquele cuja perfeição exige a entrega do objeto da prestação. A entrega da coisa não pertence à fase da execução do contrato, mas é requisito da própria constituição do ato. Os contratos reais são poucos, na nossa sistemática: comodato, mútuo, depósito, a doação manual de pequeno valor. Outra figura é o penhor, que, entretanto, em alguns casos deixa de ser contrato real, pois a entrega efetiva do bem apenhado é substituída pela inscrição no registro, como o penhor agrícola ou pecuniário e o penhor industrial (CC, art. 1.431, parágrafo único).[39]

3.8 Contratos pessoais ou impessoais

Certos contratos, especialmente os contratos que envolvam obrigações de fazer, como os contratos de prestação de serviços, podem levar em consideração a pessoa do contratante, sua habilidade e qualidade moral, e elegê-las elemento determinante da conclusão do contrato. Assim, a pessoa do contratante passa a ser a razão determinante da celebração do contrato. Esses contratos são chamados personalíssimos (*intuitu personae*) e contrastam com os contratos chamados de impessoais, cuja identidade e personalidade da parte são indiferentes para a outra parte.[40]

A distinção interessa ante a diversidade de tratamento jurídico imposto a um ou a outro tipo de contrato. Os contratos pessoais são intransmissíveis; eles não podem ser cedidos e a morte do devedor da obrigação personalíssima extingue-o ante a impossibilidade de os sucessores cumprirem-no.[41]

3.9 Contratos de execução imediata, diferida e sucessiva

O contrato pode ser de execução única, hipótese em que ele se cumpre em um único ato na medida em que contém prestação única, que,

---

38. Orlando Gomes, *Contratos*, cit., p. 82 (26ª ed., atualizada, Rio de Janeiro, Forense, 2008, pp. 90 e ss.). Francesco Messineo e Antonio Cicu, *Trattato di Diritto Civile e Commercialle. Il Contratto in Generale,* vol. XXI, t. I, cit., p. 395.

39. Sílvio Luís Ferreira da Rocha, *Curso Avançado de Direito Civil*, vol. III: *Contratos*, cit., p. 70.

40. Idem, ibidem.

41. Idem, ibidem.

realizada, extingue a obrigação, e que pode ser devida à vista ou a termo. No primeiro caso, o contrato é de execução imediata e no segundo caso o contrato é de execução diferida ou retardada no tempo.[42]

O contrato pode ser também de execução sucessiva ou de trato sucessivo (contrato de duração) e nesse caso o contrato sobrevive com a persistência da obrigação, embora ocorram pagamentos periódicos, até que pela realização de condição ou decurso de prazo cessa o contrato. Nos contratos de execução sucessiva o pagamento não extingue a obrigação.[43]

O regime jurídico dos contratos sucessivos é diverso do regime jurídico dos contratos de execução única, instantânea ou a termo. Em caso de nulidade nos contratos sucessivos costuma-se respeitar os efeitos produzidos, de modo que não se determina o retorno das partes ao estado anterior; os contratos de trato sucessivo sujeitam-se à teoria da imprevisão e somente em casos excepcionais uma das partes pode romper unilateralmente o contrato, salvo se ajustado por prazo indeterminado. A prescrição da ação de resolução do contrato por descumprimento conta-se separadamente para cada uma das prestações.[44]

---

42. Idem, ibidem, p. 71.
43. Idem, ibidem.
44. Idem, ibidem.

Capítulo 4
DA FORMAÇÃO DOS CONTRATOS

4.1 Considerações gerais. 4.2 Contratos instantâneos: 4.2.1 Oferta: 4.2.1.1 Elementos da oferta – 4.2.2 Aceitação. 4.3 Contratos progressivos: 4.3.1 Contratos entre ausentes – 4.3.2 Contratos que demandam um trabalho preparatório: 4.3.2.1 A formação progressiva do contrato sem vinculação: 4.3.2.1.1 A minuta – 4.3.2.1.2 A posição de liberdade da parte no período pré-contratual – 4.3.2.2 A formação progressiva do contrato com vinculação: 4.3.2.2.1 O pacto de opção – 4.3.2.2.2 A preferência – 4.3.2.2.3 O contrato preliminar.

4.1 Considerações gerais

A estrutura e a função do contrato exigem para a sua formação o concurso e a mútua integração das vontades de duas ou mais pessoas, de modo que o conteúdo do contrato signifique a síntese da vontade de ambos.

Existe mais de um modelo legal de formação do contrato.

Um deles, denominado *consensual*, exige a concorrência de duas declarações de vontade, chamadas oferta e aceitação, para a sua formação. O acordo de vontades ou consenso é obtido pela convergência da oferta e da aceitação sobre pontos essenciais. Neste modelo legal, há liberdade de forma e o contrato reputa-se perfeito e acabado com o consenso produzido com a aceitação da oferta. A sua formação é instantânea.[1]

No entanto, outros contratos exigem forma prescrita em lei e a doutrina os considera formais, hipótese em que as "declarações são conjuntas e o consenso resulta não de uma sequência de declarações, mas de

---

1. Sílvio Luís Ferreira da Rocha, *Curso Avançado de Direito Civil*, vol. III: *Contratos*, São Paulo, Ed. RT, 2002, p. 76.

uma convergência que confere a natureza de meros atos preparatórios a todos os contratos e conversações antecedentes".[2]

O consentimento é obtido progressivamente e constitui o resultado de um trabalho preparatório no qual as partes discutiram de forma detalhada o conteúdo do futuro contrato. A formação do contrato é progressiva.[3]

Na categoria de contratos de formação progressiva incluímos ainda alguns tipos contratuais que exigem a entrega da coisa para a sua formação, chamados reais em contraposição aos consensuais. Nos contratos reais a perfeição do negócio jurídico depende, além do consentimento das partes, da entrega de uma coisa. Nessa modalidade de contrato, entre eles, o penhor, o comodato, o mútuo e o depósito, as vontades conjugadas não são suficientes para formá-lo. O simples consenso, quando muito, dá lugar a um pré-contrato inominado.[4]

4.2 Contratos instantâneos

As declarações de vontade denominadas *oferta e aceitação* integram preferencialmente o modelo típico para formação dos contratos consensuais instantâneos, quando os contratantes estão presentes, embora a oferta e a aceitação possam formar contratos informais entre contratantes ausentes.

Nos contratos instantâneos falta, justamente, o trabalho preparatório de formação do contrato. A formação do contrato pela aceitação da oferta é um dos modos de formação instantânea.[5]

4.2.1 Oferta

Numa concepção clássica, a oferta é o primeiro passo para a formação do contrato consensual e representa a pré-figuração do negócio jurídico que será celebrado, fruto da reflexão conduzida pelo ofertante,

---

2. Carlos Ferreira de Almeida, *Texto e Enunciado na Teoria do Negócio Jurídico*, Coimbra, Almedina, 1992, pp. 782-783.
3. Sílvio Luís Ferreira da Rocha, *Curso Avançado de Direito Civil*, vol. III: *Contratos*, cit., p. 76.
4. Orlando Gomes, *Contratos*, Rio de Janeiro, Forense, p. 82; Francesco Messineo e Antonio Cicu, *Trattato di Diritto Civile e Commerciale. Il Contratto in Generale*, vol. XXI, t. I, Milano, Giuffrè, 1973, p. 395.
5. Sílvio Luís Ferreira da Rocha, *Curso Avançado de Direito Civil*, vol. III: *Contratos*, cit., p. 77.

que considera somente seu interesse na pré-figuração do contrato que objetiva. Ela, "com sua característica temporal, que é a de ser anterior à aceitação, dá a conhecer o que seria o conteúdo do negócio jurídico bilateral ou plurilateral".[6]

A oferta seria uma declaração de vontade proveniente de um sujeito capaz de contratar, consistente em uma ou mais proposições verbais endereçadas em regra a um destinatário determinado, também capaz de contratar.[7]

A oferta é definida como a declaração de vontade receptícia por exigir, para completar o negócio jurídico, uma declaração de vontade da outra parte, denominada aceitação. A oferta é uma das duas declarações de vontade necessárias à formação dos contratos. A oferta não é um ato preparatório do contrato e sim uma das declarações contratuais. Assim, pois, somente há oferta quando o contrato puder considerar-se acabado, perfeito com a mera aceitação da outra parte, sem necessidade de uma ulterior declaração de quem fez a oferta.[8]

4.2.1.1 Elementos da oferta

A declaração unilateral de vontade para ser qualificada de oferta deve ser precisa e firme.

A oferta precisa é a declaração unilateral receptícia que contenha todos os elementos essenciais do futuro contrato para que este possa aperfeiçoar-se com a aceitação do destinatário. Consideram-se elementos essenciais todos aqueles que inexistentes impossibilitam identificar a espécie do contrato a ser concluído, assim definido pela doutrina e pela jurisprudência.[9]

A firmeza é o segundo requisito a ser preenchido pela oferta. A oferta deve ser realizada pelo ofertante com a intenção de cumprir o anunciado. A firmeza da proposta significa que seu autor está decidido a formar o contrato que ele mesmo formatou, caso ocorra à aceitação.

---

6. Francisco Cavalcanti Pontes de Miranda, *Tratado de Direito Privado*, vol. XXXVIII, Rio de Janeiro, Borsoi, 1962, p. 27.

7. Francesco Messineo e Antonio Cicu, *Trattato di Diritto Civile e Commerciale. Il Contratto in Generale*, vol. XXI, t. I, cit., p. 307; Sílvio Luís Ferreira da Rocha, *A Oferta no Código de Defesa do Consumidor*, São Paulo, Lemos, 1997, p. 34.

8. Jorge Mosset Iturraspe, *Contratos*, Buenos Aires, Rubinzal-Culzoni Editores, 1998, p. 114.

9. Sílvio Luís Ferreira da Rocha, *Curso Avançado de Direito Civil*, vol. III: *Contratos*, cit., p. 78.

A firmeza significa que o ofertante, no momento em que exprime a sua vontade, está decidido a obrigar-se.[10]

A precisão e a firmeza da oferta permitem distingui-la de outras declarações de vontade, como o convite a entrar em negociações ou o apelo à oferta. Na oferta o proponente assume o compromisso de vincular-se, no caso de ela ser aceita, enquanto na tratativa o declarante não quer celebrar o contrato, mas apenas prepará-lo.

As negociações preliminares (*tractus, trattative, pourparles*) "são conversas prévias, sondagens, debates em que despontam os interesses de cada um, tendo em vista o contrato futuro. Mesmo quando surge um projeto ou minuta, ainda assim não há vinculação das pessoas. Há uma distinção bastante precisa entre esta fase, que ainda não é contratual, e a seguinte – proposta –, em que já existe algo preciso e obrigatório".[11]

Entre a oferta e o convite a contratar há notável diferença. A primeira contém os elementos essenciais do contrato, de modo que a pessoa desejosa de contratar precisa apenas manifestar sua concordância com o texto proposto, enquanto no segundo o interessado é convidado a ajustar as bases do futuro contrato. O convite a negociar não comporta nem precisão nem firmeza. É um simples contato entre duas ou mais pessoas com o propósito de firmar relações contratuais futuras.[12]

Se a doutrina, de modo geral, reconhece na precisão e na firmeza os elementos necessários à configuração da oferta, o mesmo não ocorre com outros dois elementos: a autonomia e a obrigatoriedade.[13]

A autonomia consiste na independência da oferta em relação à morte ou à incapacidade legal que atingisse o ofertante, após sua emissão. No direito brasileiro a doutrina reconhece autonomia à oferta.[14]

A obrigatoriedade da oferta impõe ao ofertante o dever de cumprir a oferta e lhe retira a faculdade de revogá-la. No direito brasileiro há a obrigatoriedade da oferta. De acordo com Maria Helena Diniz "a obrigatoriedade da proposta, consagrada pelo Código Civil, art. 427, tem por escopo assegurar a estabilidade das relações sociais, pois, se fosse permitido ao ofertante retirar, arbitrária e injustificadamente, a oferta,

---

10. Idem, ibidem, p. 79.
11. Caio Mario da Silva Pereira, *Instituições de Direito Civil*, vol. III, Rio de Janeiro, Forense, p. 26.
12. Sílvio Luís Ferreira da Rocha, *Curso Avançado de Direito Civil*, vol. III: *Contratos*, cit., p. 80.
13. Idem, ibidem.
14. Idem, ibidem.

ter-se-ia insegurança no direito, poder-se-ia causar prejuízo ao outro contratante, que de boa-fé estava convicto da seriedade da policitação. Daí a lei impor ao proponente o dever de manter a oferta sob pena de ter de ressarcir as perdas e danos, se for inadimplente".[15]

O Código Civil brasileiro, no artigo 427, admite, no entanto, hipóteses que excluem a obrigatoriedade da oferta. As declarações "sem compromisso" e "salvo confirmação" descaracterizam a vontade do ofertante de obrigar-se definitivamente. Nesses casos, o ofertante procura apenas sondar a intenção do destinatário, reservando-se o direito de realizar ou não o contrato após a recepção da resposta.[16]

Além dessas hipóteses, o art. 428 do CC tratou de outras circunstâncias excludentes da obrigatoriedade da oferta.

Pela primeira exceção, a oferta deixa de ser obrigatória se, feita sem prazo a uma pessoa presente, não for imediatamente aceita – considerada presente inclusive a pessoa que contrata por meio de telefone.

Na segunda exceção a oferta entre ausentes deixa de ser obrigatória se decorreu prazo suficiente para aceitação. Neste caso, o ofertante deve aguardar o decurso de tempo suficiente para que a oferta seja conhecida pelo destinatário e ele lhe responda, aceitando-a ou não.

Na terceira exceção, a oferta deixa de ser obrigatória se não houve a aceitação no prazo fixado. O prazo pode ser fixado expressamente, hipótese em que há a indicação do tempo em que a resposta deve ser dada, ou tacitamente, hipótese em que há a indicação, por exemplo, do meio mais rápido para a comunicação da aceitação.

Na quarta exceção, a oferta perde sua obrigatoriedade se houver retratação da proposta antes desta chegar ao conhecimento do destinatário. O essencial é que a retratação chegue ao conhecimento do destinatário antes da proposta ou, ao menos, simultaneamente.

A retratação é a declaração lícita do ofertante para obstar os efeitos da proposta. A retratação produz efeitos se chegar ao conhecimento do oblato antes de expedida a aceitação. Se chegar depois é ineficaz.[17]

Se a retratação é conhecida antes de expedida a aceitação, o proponente pode vir a ser responsabilizado pelos prejuízos decorrentes

---

15. Maria Helena Diniz, *Curso de Direito Civil Brasileiro*, vol. III: *Teoria das Obrigações Contratuais e Extracontratuais*, 28ª ed., São Paulo, Saraiva, 2012, p. 73.
16. Sílvio Luís Ferreira da Rocha, *Curso Avançado de Direito Civil*, vol. III: *Contratos*, cit., p. 80.
17. Sílvio Luís Ferreira da Rocha, *Curso Avançado de Direito Civil*, vol. III: *Contratos*, cit., p. 82.

da retratação pela teoria da culpa *in contrahendo*. O ofertante pode ser obrigado a indenizar os danos negativos, isto é, os prejuízos que o oblato sofreu por haver confiado na realização do contrato.[18]

A retratação depois de formado o contrato é ineficaz. O proponente responde pelos danos positivos resultantes da inexecução.[19]

O Código Civil admitiu a oferta ao público, em seu art. 429. O parágrafo único prevê a possibilidade de que ela venha a ser revogada, desde que conste essa ressalva da oferta e a revogação tenha utilizado a mesma forma em que foi divulgada a oferta. Esse regime da oferta pública, previsto no Código Civil, é diferente do regime adotado pelo Código de Defesa do Consumidor, pois neste a oferta pública é obrigatória, irrevogável. Não há conflitos de normas. O Código Civil é aplicado aos atos civis, enquanto o Código de Defesa do Consumidor é aplicado aos atos de consumo.[20]

4.2.2 Aceitação

Aceitação é a concordância a uma proposta. Aceitar significa aderir à oferta recebida e pela aceitação o aceitante integra sua vontade na do proponente.

A aceitação é uma declaração receptícia de vontade que para ser eficaz necessita chegar ao conhecimento do ofertante. O conhecimento da aceitação não precisa ser efetivo. Exige apenas a probabilidade, presumida a lei a sua ocorrência.

A aceitação independe de forma. Ela ocorre pela emissão de declaração expressa, pela realização de atos que a exteriorizam ou até pelo silêncio. A aceitação pode ocorrer por atuação ou comportamento do destinatário, que podem ser classificados em atos de execução, como o cumprimento imediato de sua obrigação concluindo o contrato (a introdução de moeda em máquina automática que oferta publicamente cigarros), ou atos de apropriação ou utilização, como o uso da mercadoria ou a utilização do serviço. Em todas estas hipóteses a aceitação da proposta não é uma declaração expressa de vontade.[21] A aceitação pode ocorrer, ainda, por presunção, quando a conduta do aceitante, nos termos da lei, induz anuência, nas hipóteses em que o proponente marca prazo

---

18. Idem, ibidem.
19. Idem, ibidem.
20. Idem, ibidem.
21. Idem, ibidem, p. 83.

ao oblato para que este declare se aceita, e o tempo decorra sem resposta negativa, naqueles casos em que não se exige aceitação expressa (CC, art. 432).[22]

A aceitação produz efeito somente se consistir em adesão plena à proposta. As duas declarações de vontade devem ser coincidentes para que o contrato se forme (CC, art. 431). Se as declarações divergem ou não se ajustam perfeitamente existe dissenso, que pode ser manifesto, quando há o desacordo quanto a pontos essenciais, ou secundário ou oculto, quando proponente e aceitante pensam ter concordado sobre proposições em relação às quais discordavam.[23]

Há aceitação modificativa ou contraproposta quando o destinatário introduz alterações na oferta e lhe faz adições ou restrições. O contrato não se forma e aquela aceitação modificativa ou contraproposta transforma-se em proposta que o primitivo proponente, à sua vez, tem o direito de aceitar ou de não aceitar.[24]

A força vinculante da aceitação depende de sua manifestação tempestiva. A aceitação tardia não vincula. Há regras que disciplinam o prazo para aceitação da proposta.

A aceitação de oferta dirigida a ausente tem de ser dada em prazo razoável, determinado pela lei ou pelo próprio proponente. A expedição da aceitação tem de ser feita dentro do prazo. A recepção pode atrasar. A aceitação expedida em tempo hábil, mas que chegue tardiamente ao conhecimento do proponente, por circunstância imprevista, perde a força vinculante, mas o proponente fica obrigado a comunicar a ocorrência ao aceitante, sob pena de responder por perdas e danos (CC, art. 430).[25]

4.3 Contratos progressivos

Os contratos progressivos são aqueles que não se formam instantaneamente. Há um intervalo de tempo entre a proposta e aceitação.

4.3.1 Contratos entre ausentes

Nos contratos entre ausentes, isto é, aqueles celebrados mediante envio de correspondência, a proposta e aceitação não são instantâneas;

22. Idem, ibidem,
23. Idem, ibidem.
24. Idem, ibidem.
25. Idem, ibidem.

elas são declaradas em momentos distintos e sucessivos e por isso interessa determinar o instante preciso em que o contrato se forma e o lugar onde se forma.[26]

Quanto ao instante em que se considera formado o contrato há dois sistemas: o sistema da informação ou da cognição e o sistema da declaração ou agnição.

Pelo sistema da informação ou da cognição forma-se o contrato quando o ofertante tem efetivo conhecimento da aceitação de sua proposta. O inconveniente dessa teoria resulta do fato de ela dificultar a determinação do exato momento em que o contrato se formou, pois fica ao arbítrio do ofertante procrastiná-lo.[27]

O sistema da declaração ou agnição subdivide-se em três teorias: a da declaração propriamente dita; a da expedição e a da recepção.

Pela teoria da declaração ou da simples aceitação ou da agnição, o contrato considera-se formado no momento em que o aceitante declara a vontade de aceitar a proposta. A comunicação da aceitação não constitui requisito da perfeição do contrato. Critica-se essa teoria por ela dificultar a determinação do exato momento em que o contrato se forma, pois fica ao arbítrio do aceitante concluir e desfazer o contrato.[28]

Pela teoria da expedição, o contrato considera-se formado no momento do envio da aceitação. Essa teoria da expedição tem a vantagem de retirar do aceitante o poder de desfazer, segundo a sua vontade, o contrato, mas, em contrapartida, mostra-se ainda insuficiente ante a possibilidade de a mensagem vir a extraviar-se. O Código Civil aceitou-a (CC, art. 434), mas de forma mitigada, pois não a manteve em sua integridade. Na verdade, o Código Civil recusa efeito à expedição se tiver havido retratação oportuna, ou se a resposta não chegar ao conhecimento do proponente no prazo.[29]

Pela teoria da recepção, o contrato só se forma quando o proponente recebe a resposta do aceitante, não sendo necessário que ele tome conhecimento do seu conteúdo, basta que esteja em condições de conhecê-la.[30]

Entre presentes o contrato forma-se onde as pessoas se encontram. Entre ausentes forma-se o contrato no local onde se encontra a pessoa que o propõe.

26. Idem, ibidem, p. 84.
27. Idem, ibidem.
28. Idem, ibidem, p. 85.
29. Idem, ibidem.
30. Idem, ibidem.

4.3.2 Contratos que demandam um trabalho preparatório

Alguns contratos, pela sua natureza ou complexidade, antes de se formarem requerem um trabalho preparatório, isto é, à constituição precedem contatos, reuniões, discussões ou trocas de correspondências, que definem as cláusulas do futuro contrato.

A formação progressiva do contrato pode dar-se sem vinculação ou com vinculação das partes. Na formação sem vinculação, a parte goza da liberdade de não contratar, e na formação com vinculação esta liberdade não existe.

4.3.2.1 A formação progressiva do contrato sem vinculação

4.3.2.1.1 A minuta – Não raramente o contrato, para constituir-se, observa procedimento que se prolonga no tempo, ora por não estarem prontos os termos do acordo, ora por ser complexo o conteúdo do contrato, o que requer ampla discussão das partes envolvidas. Nestas hipóteses, as negociações são longas e o acordo se constitui gradualmente em torno de pontos singulares, que um a um desenham o conteúdo do contrato, o qual poderá considerar-se concluído somente quando todos os pontos do contrato forem discutidos.[31]

Chamamos de *minuta* a fixação desses acordos parciais em um documento escrito, cujo valor jurídico é quase nulo, porquanto o consenso ainda não foi firmado sobre a totalidade do conteúdo do contrato. Ainda que subscrita pela parte, a minuta não constitui fonte de obrigação ou de aquisição de direitos porque no decorrer das negociações é impossível distinguir entre elementos essenciais e acessórios do contrato. Esta distinção só pode ser feita depois de realizado o contrato e à minuta são inaplicáveis os princípios de interpretação, integração e conservação do contrato.[32]

A passagem das fases da tratativa a da conclusão do contrato ocorrem com o acordo sobre a totalidade das questões em discussão.

4.3.2.1.2 A posição de liberdade da parte no período pré-contratual – Existe diferença entre a negociação ou tratativa e a proposta contratual. Na proposta contratual, o conteúdo da vontade do proponente consiste em assumir o compromisso de manter-se vinculado caso a outra parte aceite, enquanto a negociação não obriga, porque a parte está animada

---

31. Idem, ibidem, p. 86.
32. Idem, ibidem.

pela vontade de discutir e não pela vontade de contratar. As partes têm certa liberdade para desistir do negócio enquanto não firmado o acordo completo, desde que observado o princípio da boa-fé. Evita-se, como isso, transformar a liberdade da parte em concluir o negócio jurídico numa injustificada fonte de dano para a outra. O contratante, no transcurso das negociações e na formação do contrato, deve comportar-se com boa-fé, que se traduz no dever de correção e lealdade que cada um deve ter de não atuar maliciosamente de modo a perturbar o claro entendimento do outro contratante e de cooperar na busca de atender a expectativa da outra parte.[33]

O rompimento injustificado de uma tratativa pode deflagrar uma responsabilidade pré-contratual, que surgirá quando estiverem presentes os seguintes requisitos: a) a confiança de uma parte na conclusão do contrato; b) o arrependimento sem justa causa do outro contratante; e c) o dano.[34]

A confiança é legítima quando encontra fundamento em elementos objetivos e inequívocos, que indicam que a negociação era séria.[35]

O arrependimento ou a retirada das negociações qualifica-se de injusta quando não decorra do comportamento da outra parte ou de outro motivo razoável, muito embora não se exija que o abandono seja qualificado de doloso, com o propósito de prejudicar.[36]

O dano a ser reparado consiste no interesse negativo e compreende as despesas realizadas em razão da conclusão do contrato. O montante do ressarcimento do dano negativo não pode superar o montante do interesse contratual positivo e compreende o ressarcimento pelo tempo empregado na negociação, o incômodo, a despesa e as perdas experimentadas. O ressarcimento do interesse negativo não consiste no equivalente da prestação, mas no que a parte ganharia se a negociação não houvesse suscitado nele a confiança na realização do contrato.[37]

4.3.2.2 A formação progressiva do contrato com vinculação

4.3.2.2.1 O pacto de opção – Jorge Mosset Iturraspe define o contrato de opção como espécie de contrato preliminar pelo qual uma

33. Idem, ibidem.
34. Idem, ibidem, p. 87.
35. Idem, ibidem.
36. Idem, ibidem.
37. Idem, ibidem.

das partes, denominada concedente, obriga-se a celebrar um contrato futuro se a outra parte, chamada optante, manifesta a sua vontade de aperfeiçoá-lo.[38]

A opção é um contrato entre as partes, porque a irrevogabilidade da declaração não decorre apenas da vontade do promitente (declarante), mas, também, do promissário (aceitante). A diferença estrutural entre a proposta irrevogável e a opção é que a proposta é um ato unilateral enquanto a opção é um contrato.[39] Quando as partes concordam no sentido de que uma delas permaneça vinculada à própria declaração e a outra seja livre de aceitá-la ou não, a declaração da primeira configura, para todos os efeitos, uma proposta irrevogável, pois uma só das partes permanece vinculada à própria declaração, evidenciando a forte disparidade estabelecida entre os contratantes.

Os efeitos da opção são: a) irrevogabilidade por todo o tempo combinado; b) tornar possível a criação do vínculo contratual mediante a sucessiva declaração de vontade do aceitante, sem que seja necessária uma ulterior declaração do proponente: a aceitação expressa do destinatário basta a aperfeiçoar o novo contrato. Nota-se, portanto, que os efeitos da opção tendem a identificar-se com os efeitos da oferta irrevogável.[40]

4.3.2.2.2 A preferência – Pelo pacto de preferência o promitente obriga-se a dar ao promissário a preferência em relação a outro, em igualdade de condições, caso decida estipular determinado contrato. O promitente permanece inteiramente livre para contratar ou não contratar e não há reconhecida, em favor do promissário, pretensão atual em relação à conclusão do contrato.[41]

O pacto de preferência constitui hipótese autônoma de acordo sobre a formação do contrato. Neste caso, o promitente não se vincula desde o início a concluir contrato futuro, mas obriga-se a preferir, se decidir a contratar, determinado contratante.[42]

A preferência, diferentemente da opção, não confere ao titular um direito perfeito submetido à sua vontade, que pode ou não ser exercido,

---

38. *Contratos*, cit., p. 138.
39. C. Massimo Bianca, *Diritto Civile, Il Contratto*, vol. III, Milano, Giuffrè, 1998, p. 268.
40. Idem, ibidem, p. 269.
41. Idem, ibidem, p. 272.
42. Sílvio Luís Ferreira da Rocha, *Curso Avançado de Direito Civil*, vol. III: *Contratos*, cit., p. 88.

senão um direito condicionado a evento futuro e incerto que não é outro senão a decisão do promitente de celebrar outro contrato.[43]

O pacto de preferência anuncia ou pode anunciar a um futuro contrato. O pacto de preferência pode ser o objeto de uma estipulação autônoma ou constituir uma cláusula particular inscrita em outro contrato.[44]

A estrutura do pacto pode ser descrita do seguinte modo: a) obrigação do promitente, aceita pelo promissário, de preferir o mesmo ou a um terceiro na conclusão de um futuro contrato, a certa condição; b) inexistência de uma obrigação da parte de prometer a concluir o futuro contrato; a obrigação de preferir somente produzirá efeito se o futuro contrato for concluído; c) obrigação do promitente de comunicar ao promissário que ele pretende celebrar o contrato e descrever as condições; d) liberdade do promissário de aceitar ao menos a condição comunicada a ele, isto é, liberdade de exercitar ao menos o direito de preferência que lhe foi atribuído.[45]

Como regra, a cessão do direito de preferência não deve ser aceita, em decorrência do princípio que tutela o interesse do promitente de não ter imposta como contraparte uma pessoa diversa daquela originariamente escolhida.[46]

A preferência convencional confere um direito de natureza obrigatória não oponível à terceiro. Desta forma, a violação do direito de preferência pela alienação do bem a outro adquirente não comporta um poder de sequela, mas somente a pretensão de ressarcimento do dano.[47]

4.3.2.2.3 O contrato preliminar – De acordo com Mosset Iturraspe, o contrato preliminar é aquele mediante o qual uma das partes ou ambas obrigam-se a celebrar em momento ulterior outro contrato que, por contraste, denomina-se definitivo.[48]

Define-se o contrato preliminar bilateral como o negócio pelo qual as partes obrigam-se a concluir no futuro um ulterior contrato já inteiramente determinado nos seus elementos essenciais (CC, arts. 462 e ss.).

---

43. Jorge Mosset Iturraspe, *Contratos*, cit., p.140.
44. Sílvio Luís Ferreira da Rocha, *Curso Avançado de Direito Civil*, vol. III: *Contratos*, cit., p. 88.
45. Idem, ibidem, p. 89.
46. C. Massimo Bianca, *Il Contratto*, vol. III, cit., p. 273.
47. Idem, ibidem.
48. Jorge Mosset Iturraspe, *Contratos*, cit., p. 134.

O contrato preliminar, segundo Orlando Gomes, teria essência própria e distinguir-se-ia do contrato definitivo. Citado autor define-o, sem tomar partido na discussão a respeito da identidade ou da diferença entre o contrato preliminar e o definitivo, como: a "convenção pela qual as partes criam em favor de uma delas, ou de cada qual, a faculdade de exigir a imediata eficácia de contrato que projetaram".[49]

Duas razões explicam a escolha do contrato preliminar: a) um tratamento tributário favorável; b) atender melhor as necessidades da atividade negocial. A utilidade ou a vantagem prática do contrato de promessa é a de conseguir uma vinculação imediata das partes quando por determinação das circunstâncias não se pode proceder à conclusão completa e definitiva de um contrato.[50]

A natureza do contrato preliminar é controversa. Pelo menos duas teorias principais procuram explicá-la. Para uma, é contrato que tem por fim obrigar as partes a celebrar outro contrato; é um *pactum de contrahendo* e seu conteúdo consiste numa obrigação de contratar. Quem estipula contrato preliminar obriga-se a emitir a necessária declaração de vontade e a praticar os indispensáveis atos de conclusão de outro contrato que projetou realizar. Para a outra, o contrato preliminar é contrato de execução subordinado à vontade de um ou dos dois contratantes para que produza seus normais efeitos. A objeção que lhe é feita é que a condição simplesmente potestativa (*si volueris*) é proibida.

O contrato preliminar deve conter todos os elementos essenciais e específicos do futuro contrato; ele deve conter o prazo no qual o contrato definitivo deve ser concluído.

---

49. Orlando Gomes, *Contratos*, cit., p. 135.
50. Jorge Mosset Iturraspe, *Contratos*, cit., p. 134.

Capítulo 5
ESTIPULAÇÃO EM FAVOR DE TERCEIRO. DO CONTRATO COM PESSOA A DECLARAR. DA PROMESSA DE FATO DE TERCEIRO

5.1 Da estipulação em favor de terceiro: 5.1.1 Origem – 5.1.2 Aplicações – 5.1.3 Relações básicas e de atribuição – 5.1.4 As partes: 5.1.4.1 Estipulante – 5.1.4.2 Promitente – 5.1.4.3 Terceiro – 5.1.5 Conflito de posições entre o estipulante e o terceiro – 5.1.6 Natureza jurídica. 5.2 Do contrato com pessoa a declarar: 5.2.1 Conceito – 5.2.2 Natureza jurídica – 5.2.3 Efeitos. 5.3 Da promessa de fato de terceiro.

5.1 Da estipulação em favor de terceiro

5.1.1 Origem

A estipulação em favor de terceiro ou contrato a favor de terceiro configura negócio jurídico pelo qual uma das partes, designada promitente, assume perante a outra, chamada promissário ou estipulante, a obrigação de prestar a pessoa estranha ao negócio, denominado terceiro.[1] Diz o art. 436 do Código Civil brasileiro: "O que estipula em favor de terceiro pode exigir o cumprimento da obrigação". Por ela, alguém (estipulante ou promissário), contrata com outro (promitente), o dever de prestar a terceiro. Há estipulação de terceiro quando uma pessoa acorda com outra certa prestação em benefício de terceiro, que não participa da relação jurídica contratual.

A estipulação em favor de terceiro conflita com o princípio da relatividade das obrigações, que determina que os contratos produzam efeitos entre as próprias partes. Apresenta-se, destarte, como uma das

---

1. António Menezes Cordeiro, *Tratado de Direito Civil Português, Direito das Obrigações*, t. II, Coimbra, Almedina, p. 550.

exceções ao referido princípio. Por meio dela é possível ao negócio jurídico projetar efeitos na esfera jurídica de terceiro.

Historicamente, segundo resenha apresentada por António Menezes Cordeiro, o direito romano clássico não admitia a estipulação em favor de terceiro. Em Gaio encontramos a orientação "nada pode ser adquirido para nós através de uma pessoa estranha" ("(...) per extraneam personam nobis adquiri non posse"), ideia retomada por Ulpiano e pelas *Institutiones* de Justiniano na máxima "nada pode ser estipulado, a favor de ninguém, por outrem" ("alteri estipulari (...) nemo potest").[2] Neste sentido a posição de Washington de Barros Monteiro para quem o direito romano negava eficácia às estipulações em relação a terceiros, pois a máxima vigente – *alteri stipulari nemo potest* – não aceitava que um acordo de vontades pudesse produzir efeitos em relação a terceiros.[3]

No período pós-clássico surgiram desvios à regra *alteri stipulari*, pois Justiniano admitiu a doação com cláusula de prestar a terceiro, a administração contratada pela qual o administrador se obriga a fornecer uma coisa a terceiro e outros institutos. No mesmo sentido, a opinião de Washington de Barros Monteiro, pois, segundo ele, "posteriormente, porém, o próprio direito romano abrandou o rigor daquele princípio, como sucedeu no caso de constituição de dote, em que se convencionasse sua restituição a terceiro após a dissolução da sociedade conjugal, no caso de doação modal em favor de terceiro, e ainda no caso em que se tornasse patente o interesse do estipulante".[4]

O direito comum manteve a base restritiva, mas as exceções foram alargadas de modo a permitir os seguros de vida, os contratos de renda a favor de terceiros, as atribuições aos pobres e à Igreja.[5]

A regra *alteri stipulari non potest*, que restringia a estipulação em favor de terceiro, foi afastada pela doutrina voluntarista, que justificou a constituição do vínculo obrigacional pela vontade e pela razão, motivo pelo qual não haveria fundamentação suficiente para não se admitir a vinculação de alguém que o quisesse perante a um terceiro.

O instituto disseminou-se nos Códigos Civis da Alemanha e da Itália.

2. Idem, ibidem, p. 40.
3. Washington de Barros Monteiro, *Curso de Direito Civil, Direito das Obrigações*, 2ª parte, São Paulo, Saraiva, p. 40.
4. Idem, ibidem.
5. António Menezes Cordeiro, *Tratado de Direito Civil Português, Direito das Obrigações*, t. II, cit., pp. 554 e 555.

O Código Civil francês, por influência de Pothier, manteve-se fiel à tradição romana, tanto que no art. 1.119 estabeleceu que "não se pode em geral, obrigar-se ou estipular senão por si mesmo e em seu próprio nome",[6] embora no art. 1.121 admitiu excepcionalmente a estipulação em favor de terceiro ao dispor que "do mesmo modo, pode-se estipular a favor de um terceiro quando tal seja a condição de uma estipulação que faça para si próprio ou de uma doação que se faça a outrem. Aquele que faça essa estipulação não a pode mais revogar se o terceiro declarou querer aproveitá-la".

5.1.2 Aplicações

A estipulação em favor de terceiro tem utilidade nos negócios de seguro, especialmente no seguro de vida, na medida em que o beneficiário do evento morte do segurado será um terceiro; de transporte, no qual o transporte pode ser contratado em benefício do destinatário; nas doações com encargo, em que o donatário recebe o bem com o encargo de pagar uma pensão a terceiro.[7] Mas nem todos os tipos contratuais podem valer-se da estipulação em favor de terceiro, como o casamento ou a doação pura.

5.1.3 Relações básicas e de atribuição

A estipulação em favor de terceiros origina duas relações jurídicas. Uma denominada *básica ou de cobertura* entre o estipulante e o promitente, partes no contrato, e a outra chamada de *relação de atribuição ou valia* entre o promitente e o terceiro.[8]

A relação *básica* fixa as posições jurídicas do promitente e do estipulante; as prestações que porventura devam ser trocadas entre as partes; o regime concreto de tais prestações; a prestação que o promitente deva fazer ao terceiro. A natureza concreta da estipulação em favor de terceiro define-se pela relação básica, isto é, compra e venda, locação, mandato.[9] Nela – relação jurídica base – é que há o exercício da liberdade contratual, pois as partes deliberam acerca da constituição. A liberdade

6. Washington de Barros Monteiro, *Curso de Direito Civil, Direito das Obrigações*, 2ª parte, cit., p. 40.
7. António Menezes Cordeiro, *Tratado de Direito Civil Português, Direito das Obrigações*, t. II, cit., p. 561.
8. Idem, ibidem, p. 573.
9. Idem, ibidem.

contratual é exercida na relação básica, pois o terceiro apenas aceitará ou recusará a prestação.

A relação básica é admitida no art. 436 do CC brasileiro: "Art. 436. O que estipula em favor de terceiro pode exigir o cumprimento da obrigação".

A relação de *atribuição* fixa o direito do terceiro à prestação e as condições que a rodeiam. O terceiro adquire o direito à prestação independentemente de ter acordado ou anuído, o que significa o abandono do posicionamento da *alteri stipulari nem potest*. Diz o parágrafo único do art. 436: "Ao terceiro, em favor de quem se estipulou a obrigação, também é permitido exigi-la, ficando, todavia, sujeito às condições e normas do contrato, se a ele anuir, e o estipulante não o inovar nos termos do art. 438".

A relação de atribuição depende exclusivamente da relação básica, inclusive da sua perfeição.

5.1.4 As partes

5.1.4.1 Estipulante

O estipulante é quem estipula as obrigações que serão prestadas pelo promitente ao terceiro. É a pessoa perante a qual o promitente assume a obrigação de prestar ao terceiro.

A estipulação em favor de terceiro cria para o estipulante a pretensão de: a) exigir, em geral, do promitente, a efetivação da promessa ao terceiro: esta exigência obedece a uma estrutura fiduciária, pois ele exerce um direito próprio, mas deve fazê-lo no interesse do terceiro beneficiário; b) exigir especificamente do promitente as prestações ou outras vantagens decorrentes da relação básica; c) dispor do direito à prestação ao terceiro ou de autorizar a sua modificação.

Do dever de prestar decorre para o estipulante ou mesmo para o terceiro, se aceita a estipulação: a) a possibilidade de interpelar, quando a prestação não tiver um prazo fixado; b) a possibilidade de constituir em mora; c) a possibilidade de pedir a resolução por impossibilidade culposa.[10]

O estipulante antes da aceitação pelo terceiro pode alterar o contrato.

---

10. Idem, ibidem, p. 577.

5.1.4.2 Promitente

O promitente é a parte que deve cumprir as obrigações perante o terceiro. Cabe ao promitente prestar ao terceiro beneficiário. A prestação lhe pode ser exigida pelo estipulante e pelo beneficiário. Ele, promitente, fica obrigado à realização da prestação principal, perante o terceiro, por exigência deste e do próprio promissário. A prestação devida depende do contrato celebrado.[11]

5.1.4.3 Terceiro

O terceiro adquire pela estipulação a seu favor o direito à prestação, independentemente da aceitação. Ele pode rejeitar ou aderir à promessa.

A rejeição dar-se-á por declaração ao promitente, que deverá comunicá-la ao estipulante. A rejeição extingue o direito do terceiro à prestação, mas, nesse caso, o promitente deverá prestá-la ao estipulante, salvo se o contrário resultar da vontade das partes ou da natureza do contrato.

A aceitação faz-se, também, mediante declaração, tanto ao promitente, como ao estipulante. A aceitação torna firme e irrevogável a promessa, pois não admite a modificação do objeto e impede os contratantes (estipulante e promitente) de alterar ou extinguir o contrato.[12]

5.1.5 Conflito de posições entre o estipulante e o terceiro

Pela estrutura da estipulação em favor de terceiro, ambos, estipulante e terceiro, podem ser credores do promitente, muito embora a posição exercida pelo estipulante desenvolva-se no interesse do terceiro,[13] de modo que no conflito de posições deva prevalecer o interesse de terceiro.

5.1.6 Natureza jurídica

A doutrina controverte a respeito da natureza jurídica da estipulação em terceiro. Alguns, Laurent e Demolombe, a consideram uma oferta à espera de aceitação do beneficiário; Pothier e Labbe a qualificam como uma gestão de negócios empreendida pelo estipulante; Colin e Capitant e Josserand vislumbram uma declaração unilateral de vontade e Clóvis

---

11. Idem, ibidem, p. 579.
12. Idem, ibidem, p. 581.
13. Idem, ibidem, p. 578.

Beviláqua sustenta a natureza contratual na qual a exigibilidade da prestação passa ao beneficiário, sem que o estipulante a perca.[14]

5.2 Do contrato com pessoa a declarar

5.2.1 Conceito

Segundo Antunes Varella, "o contrato para pessoa a nomear é contrato em que uma das partes se reserva a faculdade de designar outra pessoa que assuma a sua posição na relação contratual, como se o contrato tivesse sido celebrado com esta última".[15]

O Contrato com pessoa a declarar é o negócio jurídico que permite a que uma das partes tenha o direito de designar um terceiro que encabece os direitos e as obrigações dele derivado.[16]

No contrato com pessoa a declarar, o estipulante reserva-se o direito de indicar outra pessoa para, em seu lugar, adquirir os direitos e assumir as obrigações dele decorrentes (CC, art. 467). Num primeiro tempo, o contrato é concluído entre duas partes: uma delas pode, entretanto, indicar um terceiro que irá ocupar o seu lugar.

No contrato com pessoa a declarar, temos o uso dos seguintes termos: a) *promitente*, a parte firme; b) *estipulante*, a parte que pode nomear um terceiro para ocupar o seu lugar; c) *amicus*, o terceiro; d) *eligendus* ou *amicus* ou terceiro, antes de ocorrida sua nomeação; d) *electio* ou *electio amici*, a escolha ou escolha do amigo ou terceiro, para ocupar o lugar definitivo no contrato; e) *electus* ou *amicus electus*, o terceiro nomeado, que passa a parte definitiva no contrato; f) *facultas amicum eligendi*, a faculdade de designar o terceiro ou *amicus* para integrar o contrato.[17]

Este tipo de contrato não era conhecido no direito romano porque repugnava a orientação daquele sistema jurídico a possibilidade de existir qualquer indeterminação relativa às partes num contrato.

Esta modalidade de contrato surge no direito costumeiro francês e difunde-se a partir dos séculos XIV e XV no domínio dos leilões públi-

---

14. Maria Helena Diniz, *Curso de Direito Civil Brasileiro*, vol. III: *Teoria das Obrigações Contratuais e Extracontratuais*, 25ª ed., São Paulo, Saraiva, 2009, p. 110.

15. João de Matos Antunes Varella, *Das Obrigações em Geral*, vol. 2, 2ª ed., Coimbra, Almedina, 1973, p. 441.

16. António Menezes Cordeiro, *Tratado de Direito Civil Português, Direito das Obrigações*, t. II, p. 584.

17. Idem, ibidem, p. 585.

cos com o propósito de esconder a participação de nobres e pessoas de elevada categoria social em vendas judiciais de bens, nas quais não se recomendava seu comparecimento para que não fossem acusados de se aproveitar da desgraça dos executados, para que não corressem os riscos de perderem na licitação, para que não elevassem o valor dos lances.

A faculdade de designar o *amicus* ou *command*, *ami*, *consort*, ou *compagnon* nas expressões iniciais *sibi vel amico aut electo aut eligendo*, *pour soi* ou *pour son command* e outras equivalentes permitia à pessoa encarregada oferecer lanços em seu próprio nome, reservado, porém, para designar o verdadeiro adquirente.[18]

Assim, a cláusula denominada *pro amico eligendo* ou *sibi aut amico vel eligendo* é utilizada para evitar despesas com nova alienação, nos casos de bens adquiridos com o propósito de revenda, com a simples intermediação do que figura como adquirente.

Feita validamente a designação, a pessoa nomeada adquire os direitos e assume as obrigações do contrato com efeitos retroativos (CC, art. 469).[19]

Dentre algumas das vantagens típicas do contrato com pessoa a declarar podemos enumerar: a) discrição: ele permite a certas figuras públicas negociarem sem se revelarem previamente; b) vantagem negocial: resguarda a identidade dos negociantes e pode evitar perturbações no mercado; c) negociação em dois tempos, porque permite ao adquirente reservar a faculdade de manter o bem para si ou passá-lo a outrem.[20]

Todos os tipos contratuais podem revestir a modalidade *com pessoa a declarar*, exceto aqueles que por sua natureza revelem-se incompatíveis, como os contratos personalíssimos (doação, contratos gratuitos em geral, negócios jurídicos familiares).

Neste contrato figura como parte o estipulante, que pactua em seu favor a cláusula de substituição; o promitente, que assume o compromisso de reconhecer o *amicus* ou *eligendo*; o *electus* que validamente nomeado aceita sua indicação, que é comunicada ao promitente.

O contrato tem dois momentos. Concluído o contrato com pessoa a declarar, inicia-se um procedimento que poderá culminar na colocação

18. Idem, ibidem e Carlos Roberto Gonçalves, *Direito Civil Brasileiro*, vol. III: *Contratos e Atos Unilaterais*, 9ª ed., São Paulo, Saraiva, 2012, p. 147.
19. Carlos Roberto Gonçalves, *Direito Civil Brasileiro*, vol. III, cit., p. 146.
20. António Menezes Cordeiro, *Tratado de Direito Civil Português, Direito das Obrigações*, t. II, cit., p. 591.

do *amicus* na posição do estipulante. Temos a seguinte sequência: conclusão do contrato, concordância do *amicus* e designação.[21]

5.2.2 Natureza jurídica

A natureza jurídica do *contrato com pessoa a declarar* é fonte de animadas controvérsias. Múltiplas teorias procuram explicá-la, como as teorias da condição, do duplo contrato, da concentração subjetiva, da faculdade alternativa, da formação sucessiva, da sub-rogação legal, do negócio por relação e representação.

A teoria da condição é a dominante na doutrina portuguesa. O *contrato para pessoa a declarar* apresentaria a dupla natureza de condição. A indicação da pessoa que assumiria a posição contratual e respectiva aceitação configuraria condição resolutória da posição contratual do estipulante e condição suspensiva da posição contratual do eleito ou nomeado. Nesta modalidade o contrato apresenta-se como contrato em nome próprio, sob condição resolutiva, e como contrato em nome alheio, sob condição suspensiva.[22]

A teoria do duplo contrato enxerga dois contratos: um contrato provisório entre o promitente e o estipulante e outro definitivo entre o promitente e o eleito.

A teoria da concentração subjetiva vislumbra uma indeterminação subjetiva temporária até ocorrer a imputação individualizante.

A teoria da faculdade alternativa é uma variante da concentração subjetiva. A obrigação surgira encabeçada pelo estipulante, mas ele teria a alternativa de fazer-se substituir.

A teoria da formação sucessiva defende a ocorrência de um procedimento complexo que culminaria com o contrato definitivo.

A teoria da sub-rogação legal indica que o *amicus* surge na relação por força de artigo de lei e ele, na verdade, estaria apenas se sub-rogando na posição jurídica do estipulante.

A teoria da autorização é uma especialização da ideia de sub-rogação. O estipulante estaria autorizado a substituir a parte.

A teoria do negócio por relação sustenta que o objeto concreto do negócio é determinável por instruções ou indicações ulteriores.

---

21. Idem, ibidem, p. 593.
22. Idem, ibidem, p. 596.

A teoria da representação indicaria que o estipulante age como representante do designado ou eleito.

Prefiro a posição de António Menezes Cordeiro para quem todas as teorias são úteis por conterem parcelas de verdade, mas nenhuma esgota, só por si, a figura do contrato para pessoa a declarar, de modo que ele se apresenta como categoria contratual típica, autônoma e coerente.[23]

5.2.3 Efeitos

Realizada e aceita a nomeação, o eleito assume retroativamente a posição contratual e consequentemente os direitos e obrigações pactuados (CC, art. 469).

A nomeação deve ser feita no prazo estipulado e na forma utilizada pelas partes para celebrar o contrato (CC, art. 468).

Se não houver indicação, ou se o nomeado se recusar a aceitar a nomeação, o contrato será eficaz entre os contratantes originários.

O contrato também será eficaz entre os contratantes originários, se a pessoa nomeada era insolvente ou incapaz (CC, art. 471).

Embora o Código Civil não cuide do problema, os direitos reais instituídos pelo estipulante sobre o bem objeto do contrato em que se inseriu a cláusula de nomear antes da nomeação serão válidos.

5.3 Da promessa de fato de terceiro

É possível a alguém num contrato prometer uma dada prestação que deverá ser realizada por terceiro – como numa venda de coisa comum, o vendedor, coproprietário, assegure o comparecimento do outro na lavratura da escritura. Há duas fases: a primeira, da formação, realizada pelas partes e a segunda, da execução, em que a prestação deverá ser cumprida por terceiro.

Neste caso, estamos diante daquilo que o Código Civil denomina de "promessa de fato de terceiro", que representa aparente exceção ao princípio contratual da relatividade dos efeitos obrigacionais às partes que o celebraram. Digo "aparente" porquanto o legislador, com o instituto da "promessa de fato de terceiro", não excepcionou o princípio da relatividade dos efeitos dos contratos na medida em que não obrigou o terceiro a cumprir com a promessa formulada pela parte no contrato,

23. Idem, ibidem, p. 599.

mas apenas disciplinou a responsabilidade do promitente no art. 439, ao torná-lo responsável pelas perdas e danos decorrentes da inexecução, pelo terceiro, do prometido, sem que possa, segundo Caio Mario da Silva Pereira, exonerar-se com fundamento nos motivos da recusa ou em razão da incapacidade do terceiro.[24]

Contudo, o promitente não responderá pela inexecução do terceiro em duas situações:

Na primeira, se o terceiro for o cônjuge do promitente, e pelo regime matrimonial de bens, a indenização a ser paga pelo promitente comprometa também os bens do cônjuge que não cumpriu o que fora prometido, como a anuência para a alienação de bem. Nessa hipótese, disciplinada no parágrafo único do art. 439 do CC, verifica-se que a irresponsabilidade do promitente existe para proteger o terceiro das consequências da promessa de fato, de modo que será possível responsabilizar o promitente se não houver comprometimento do patrimônio cônjuge.

Na segunda, prevista no art. 440 do CC, se o terceiro, após a promessa, anuir a ela e tornar-se inadimplente. No caso, a posterior anuência do terceiro a promessa feita subtrai qualquer responsabilidade do promitente pelas consequências do inadimplemento posterior do terceiro, desde que o promitente não tenha se coobrigado pela solidariedade.

---

24. Caio Mário da Silva Pereira, *Instituições de Direito Civil*, vol. III: *Contratos*, 11ª ed., Rio de Janeiro, Forense, 2004, p. 117.

Capítulo 6
DOS VÍCIOS REDIBITÓRIOS E DA EVICÇÃO

6.1 Os vícios redibitórios: 6.1.1 Conceito – 6.1.2 Fundamento jurídico – 6.1.3 Pressupostos – 6.1.4 Pretensões – 6.1.5 Alterações do Código de Defesa do Consumidor (Lei 8.078/1990). 6.2 Evicção.

6.1 Os vícios redibitórios

6.1.1 Conceito

Os vícios redibitórios são defeitos ocultos que tornam a coisa imprópria para o uso ao qual é destinada ou lhe diminuem o valor, de modo que, se os vícios fossem conhecidos, o negócio jurídico não se realizaria.

Os vícios denominam-se redibitórios porque *redibir* significa devolver, restituir coisa defeituosa, embora do vício nem sempre decorra a devolução (redibição), já que o adquirente pode optar em ficar com o bem e pleitear uma redução do preço pago, conforme autoriza o art. 442 do CC: "Em vez de rejeitar a coisa, redibindo o contrato (art. 441), pode o adquirente reclamar o abatimento do preço".

Desta forma, os vícios redibitórios são os motivos que autorizam o contratante a apresentar contra outro uma pretensão redibitória ou estimatória.

6.1.2 Fundamento jurídico

O fundamento jurídico dos vícios redibitórios repousa na natureza dos contratos comutativos, isto é, aquele negócio jurídico que possui prestações e contraprestações determinadas, não sujeitas a risco, e, portanto, o instituto atua para impedir dano à parte na hipótese do bem – alienado ou entregue – conter vício que o torne impróprio ou lhe diminua o valor, conforme determina o art. 441 do CC: "A coisa recebida em virtude de contrato comutativo pode ser enjeitada por vícios ou defeitos ocultos, que a tornem imprópria ao uso a que é destinada, ou lhe diminua o valor".

O instituto da redibição tem maior importância no contrato de compra e venda, mas pode incidir nos demais contratos comutativos que impliquem transferência de bens, como a troca, a empreitada, doação onerosa e dação em pagamento.

6.1.3 Pressupostos

O instituto pressupõe que o vício seja oculto; exista ao tempo da celebração do contrato; seja grave; torne a coisa imprópria ao uso a que se destina ou lhe diminua o valor.

Oculto é o vício não perceptível facilmente, não aparente, não ostensivo. Os defeitos aparentes ou facilmente constatáveis, conhecíveis à luz de um atento exame, no âmbito das relações jurídicas estritamente privadas, não autorizam o comprador a rejeitar a coisa recebida e redibir o contrato ou pedir o abatimento do preço pago. Exige-se da parte uma diligência média, um mínimo de cuidado ao comprar a coisa, exceto se o reconhecimento do vício depender de conhecimentos técnicos, os quais ela não possua.[1]

Embora oculto, o vício deve existir ao tempo da celebração do contrato, ou, pelo menos, ao tempo da tradição, de modo que vício constituído após a celebração do contrato ou depois da tradição não pode ser qualificado de redibitório. Nesse ponto investiga-se apenas a origem do vício, se anterior ou posterior à formação do contrato ou à tradição e não propriamente o momento da impossibilidade finalística do bem, pois, pode acontecer – e é comum que assim o seja – que o vício anterior à formação do contrato manifeste-se posteriormente a ele, tanto que o perecimento da coisa em poder do alienatário não exonera o alienante de responsabilidade, conforme dispõe o art. 444 do CC. O parágrafo primeiro do art. 445 do CC também prestigia este entendimento ao dispor que "quando o vício, por sua natureza, só puder ser conhecido mais tarde, o prazo contar-se-á do momento em que dele tiver ciência, até o prazo máximo de cento e oitenta dias, em se tratando de bens móveis; e de um ano, para os imóveis".

---

1. Arnaldo Rizzardo, *Contratos*, 3ª ed., Rio de Janeiro, Forense, 2004, p. 168.

O vício deve ser grave e atingir qualidades ou finalidades essenciais do bem, de modo que não se qualifica de redibitório, para os fins previstos no Código Civil, o vício irrelevante, de menor importância. Por isso o vício deve tornar o bem impróprio ao fim a que se destina ou, pelo menos, diminuir-lhe consideravelmente o valor.

A responsabilidade por vícios redibitórios, como regra, independe de culpa ou má-fé do alienante, de modo que o desconhecimento de tais vícios pelo alienante não o isenta da responsabilidade. Nesse caso, ele deve restituir, pelo menos, o preço recebido e as despesas gastas pelo comprador na celebração do contrato. Entretanto, comprovada a má-fé do alienante, isto é, que ele conhecia os defeitos ocultos, a sua responsabilidade inclui a restituição do preço recebido e a indenização das perdas sofridas pelo comprador, conforme dispõe expressamente o art. 443 do CC: "Se o alienante conhecia o vício ou defeito da coisa, restituirá o que recebeu, com perdas e danos; se o não conhecia, tão somente restituirá o valor recebido, mais as despesas do contrato".

Por dispositivo contratual, as partes podem ampliar ou restringir os efeitos da garantia legal contra os vícios redibitórios, desde que o contrato seja qualificado como paritário. Num contrato de adesão configura-se nula, de pleno direito, a inserção de cláusula que exclua a responsabilidade pelos vícios redibitórios.

6.1.4 Pretensões

Os vícios redibitórios fundamentam três pretensões contra a parte: 1) a resolução do contrato com a devolução do bem e a restituição do valor pago, eventualmente acrescido de indenização no caso de má-fé, mediante a propositura de ação redibitória; 2) a diminuição do valor do preço por meio do ajuizamento da ação estimatória ou *quanti minoris*; ou 3) a simples reparação.

O prazo para propositura dessas ações é bastante exíguo. Trata-se de prazo decadencial de 30 dias para bem móvel e de um ano para bem imóvel, contados a partir da entrega efetiva (CC, art. 445), ou no máximo 180 dias no caso de bens móveis e um ano para os imóveis, contados do momento em que o adquirente tiver ciência quando o vício, por sua natureza, só for conhecido mais tarde.

Embora decadencial, o prazo ficará suspenso enquanto vigorar cláusula contratual de garantia, embora o adquirente continue obrigado a denunciar o vício ao alienante nos trinta dias seguintes ao seu descobrimento, pena de decadência, conforme dispõe o art. 446 do CC: "Não correrão os prazos do artigo antecedente na constância de cláusula de garantia; mas o adquirente deve denunciar o defeito ao alienante nos trinta dias seguintes ao seu descobrimento, sob pena de decadência".

6.1.5 Alterações do Código de Defesa do Consumidor (Lei 8.078/1990)

Nas relações de consumo as regras dos vícios redibitórios foram modificadas, pois os vícios que permitem a redibição ou o abatimento de preço são os vícios de qualidade ou de quantidade que tornem o produto ou o serviço impróprio ou inadequado ao consumo ou lhe diminuam o valor. Retirou-se a necessidade de os vícios de qualidade ou de quantidade serem ocultos e permitiu-se, com isso, que os vícios aparentes ou de fácil constatação autorizem, também, a redibição ou o abatimento de preço.

O prazo decadencial para exercer a pretensão redibitória é de 30 dias, no caso de fornecimento de serviço e de produto não durável, e de 90 dias, no fornecimento de serviço e de produto durável.

O consumidor deve pedir a eliminação do vício mediante o reparo do bem ou da reexecução do serviço, mas se isso, por qualquer razão, não for possível, poderá ele pedir a substituição do produto ou do serviço por outro da mesma espécie ou a restituição imediata da quantia paga ou o abatimento proporcional do preço (CDC, art. 18, § 1º).

Não se admite a inserção nas relações jurídicas de consumo de cláusula exoneratória de responsabilidade (CDC, art. 25).

6.2 Evicção

Preceitua o art. 447 do CC: "Nos contratos onerosos, o alienante responde pela evicção". Evicção, "do latim *evictio*, de *evencere* (evencer, desapossar judicialmente), por sua origem, significa o ato pelo qual vem um terceiro desapossar a pessoa da coisa ou do direito, que se encontrava em sua posse, por ter direito a ela. É o desapossamento judicial, ou seja, a tomada da coisa ou do direito real, detida por outrem, embora por justo título".[2]

A evicção é a perda total ou parcial de um bem em razão de sentença ou outro ato de autoridade que o atribui a outro por direito anterior ao

---

2. De Plácido e Silva, *Vocabulário Jurídico*, vols. I e II, Rio de Janeiro, Forense, p. 225.

contrato. O adquirente vê-se privado do bem por força de uma decisão de autoridade.

A garantia contra a evicção é obrigação do alienante que deriva automaticamente do contrato. Assim, nos contratos onerosos pelos quais se transfere o domínio, posse ou uso, o alienante deve garantir o adquirente dos riscos da evicção e indenizá-lo quando ele perder o direito que tinha sobre o bem, porque uma decisão reconheceu direito de outrem, anterior ao contrato, sobre o bem, conforme determina o art. 447 do CC: "Nos contratos onerosos, o alienante responde pela evicção".

Antigamente, só se considerava evicção a perda decorrente de sentença, ato judicial. A perda da coisa por outros fatos, como caso fortuito, roubo ou furto não era qualificado como evicção. O Código Civil atual suprimiu o caso fortuito, a força maior, o roubo e o furto como hipóteses que não caracterizam a evicção em obediência ao entendimento jurisprudencial que abrandou o rigor de considerar evicção somente o desapossamento decorrente de sentença e passou a considerar evicção, também, a perda do domínio do bem pela realização de condição resolutiva, pela apreensão policial em decorrência de furto ou roubo ocorrido anteriormente à aquisição ou pela privação da coisa por ato inequívoco de qualquer autoridade. O Código Civil manteve como excludente da responsabilidade pela evicção, tão somente, a ciência de que a coisa adquirida era alheia ou litigiosa nos exatos termos do art. 457 do Código Civil: "Não pode o adquirente demandar pela evicção, se sabia que a coisa era alheia ou litigiosa".

Para que haja evicção é necessária a concorrência dos seguintes requisitos: a) aquisição onerosa do bem, pois a evicção é privativa dos contratos onerosos; b) a perda, total ou parcial, da propriedade ou da posse da coisa alienada pelo adquirente; c) sentença judicial com trânsito em julgado, que reconhece a evicção, salvo as exceções mencionadas.

Configurada a evicção, o adquirente (evicto) tem direito de pedir a restituição integral do preço, a indenização dos frutos, que tiver sido obrigado a restituir, as despesas do contrato e a indenização dos prejuízos que resultem diretamente da evicção, conforme determina o art. 450 do CC: "Salvo estipulação em contrário, tem direito o evicto, além da restituição integral do preço ou das quantias que pagou: I – à indenização dos frutos que tiver sido obrigado a restituir; II – à indenização pelas despesas dos contratos e pelos prejuízos que diretamente resultarem da evicção; III – às custas judiciais e aos honorários do advogado por ele constituído".

Essa garantia pode ser renunciada pelo adquirente. Basta ele concordar com cláusula expressa nesse sentido, de acordo com o que dispõe o art. 448 do CC: "Podem as partes, por cláusula expressa, reforçar, diminuir ou excluir a responsabilidade pela evicção".

A eficácia da cláusula varia, contudo, conforme o adquirente tenha ou não real conhecimento do risco da evicção.

Se o adquirente concordou com a cláusula exclusiva da responsabilidade pela evicção, mas não tinha conhecimento do real risco da evicção, tem o direito de recobrar o preço que pagou. A indenização, nesse caso, é limitada ao preço pago nos termos do art. 449 do Código Civil: "Não obstante a cláusula que exclui a garantia contra a evicção, se esta se der, tem direito o evicto a receber o preço que pagou pela coisa evicta, se não soube do risco da evicção, ou, dele informado, não o assumiu".

Se, no entanto, o adquirente tinha conhecimento dos riscos da evicção e concordou com a cláusula exoneratória, ele é quem deve suportar os riscos da evicção (CC, art. 457).

O exercício dos direitos assegurados pela garantia contra a evicção depende de prévia comunicação do adquirente (evicto) ao alienante, que deve ser formalizada por intermédio de denunciação à lide nos termos do art. 456 do Código Civil: "Para poder exercitar o direito que da evicção lhe resulta, o adquirente notificará do litígio o alienante imediato, ou qualquer dos anteriores, quando e como lhe determinarem as leis do processo".

O Enunciado n. 434 da V Jornada de Direito Civil (Brasília, 2012) considera, no entanto, que "a ausência de denunciação da lide ao alienante, na evicção, não impede o exercício de pretensão reparatória por meio de via autônoma".

O parágrafo único do art. 456 do CC autorizou o evicto a não contestar ou a não recorrer, caso o evictor tornar-se revel e mostrar-se manifestamente procedente a sentença que declarou a perda do imóvel.

A evicção pode ser total ou parcial. Se a evicção for parcial (o que pode ocorrer por diversos modos, privação de uma parte da coisa, ou de seus acessórios; privação de coisas que compõem um conjunto) e considerável, o adquirente (evicto) pode optar entre a rescisão do contrato ou o abatimento do preço como autoriza o art. 455 do CC: "Se parcial, mas considerável, for a evicção, poderá o evicto optar entre a rescisão do contrato e a restituição da parte do preço correspondente ao desfalque sofrido". Se a evicção não for considerável, o evicto terá somente direito à indenização, conforme, ainda, a parte final do referido artigo.

Capítulo 7
DA INTERPRETAÇÃO
E DA INTEGRAÇÃO DO CONTRATO

7.1 Conceito. 7.2 Pressupostos. 7.3 Espécies: 7.3.1 Interpretação subjetiva: 7.3.1.1 Limites da interpretação subjetiva – 7.3.2 Interpretação objetiva. 7.4 Conceito de integração: 7.4.1 Pressupostos da integração – 7.4.2 Meios de integração – 7.4.3 Limites da integração.

7.1 Conceito

O contrato constitui-se de inúmeras cláusulas que veiculam significados. Interpretar representa buscar o significado que possa ser atribuído ao conteúdo, total ou parcial, do contrato, para, com isso, precisar os efeitos jurídicos que ele deve produzir.[1] Interpretar é fixar o sentido e o alcance do conteúdo contratual. Não se trata de interpretar as declarações unilaterais de vontade, mas declarações convergentes que geraram o consenso.

7.2 Pressupostos

Enquanto atividade cognitiva, a interpretação pode ser realizada pelas partes, de forma individual ou conjunta ou pode, ainda, ser feita por terceiro imparcial investido de jurisdição.

Nós nos ocuparemos da interpretação judicial dos contratos.

Nesse caso, a atividade interpretativa requer, necessariamente, controvérsia instaurada e não resolvida pelos contratantes a respeito do conteúdo do contrato no momento da execução, que pode recair sobre o conjunto de cláusulas articuladas que o compõem ou sobre apenas uma

1. Sílvio Luís Ferreira da Rocha, *Curso Avançado de Direito Civil*, vol. III: *Contratos*, São Paulo, Ed. RT, 2002, p. 95.

ou algumas cláusulas contratuais. A atividade interpretativa visa a eliminar a controvérsia instaurada em torno de cláusulas ambíguas, confusas ou obscuras.[2]

A controvérsia sobre o sentido exato e a respectiva extensão e intensidade dos efeitos do conteúdo do contrato decorre da utilização de palavras ou frases confusas, obscuras, de palavras ou expressões dotadas de significado ambíguo ou, ainda, de omissões.[3]

Instaurada a controvérsia, paralisam-se os efeitos do contrato e sua execução, cabendo ao Poder Judiciário dirimir a controvérsia, mediante declaração com força vinculativa, para as partes, do sentido da cláusula controversa.

7.3 Espécies

Enquanto intérprete, o Juiz deverá valer-se de critérios interpretativos fixados em lei ou ditados pelas regras da experiência ou pela doutrina. Basicamente, esses critérios filiam-se a duas correntes denominadas subjetiva e objetiva.

Marcos Benachio sustenta não haver hierarquia entre a interpretação subjetiva e a objetiva, mas complementaridade e primazia, de modo que a escolha de um método ou de outro depende da realidade do caso.[4]

Penso, todavia, que a escolha do método não é livre. Deve-se priorizar a denominada interpretação subjetiva, salvo nos casos em que ela revela-se inadequada, como nos contratos de adesão ou não paritários, nos quais as cláusulas foram fixadas de forma unilateral por uma das partes, de modo que não há razões para investigar-se a vontade comum real, por que simplesmente não houve vontade comum.

7.3.1 Interpretação subjetiva

Pela interpretação subjetiva a atividade do Juiz deve buscar encontrar a *intenção comum das partes*. Este tipo de interpretação é guiado pelo princípio da investigação da vontade real, mas, ao contrário do que se pensa, não significa que o Juiz deva transformar-se num pesquisador

---

2. Idem, ibidem.
3. Idem, ibidem.
4. Marcos Benachio, *Interpretação dos Contratos segundo as Normas do Código Civil*, Dissertação de Mestrado, Pontifícia Universidade Católica de São Paulo, 2006, p. 234.

da esfera psíquica das partes, nem que a vontade de cada uma delas, ao consentir, tenha relevância por si só.[5]

Segundo lição de Enzo Roppo, "Procurar a 'comum intenção das partes' *não equivale a desenvolver uma tarefa de introspecção mental*, não significa individualizar as atitudes psíquicas e volitivas reais e concretas das partes, no momento da conclusão do contrato. Uma tal procura não seria, evidentemente, possível e, em certo sentido, seria também falha de objeto: é, na verdade, realista supor que, quando as partes se declaram de acordo sobre um certo texto contratual, tenham, relativamente àquele 'ideias' diferentes, 'pensem' e 'queiram'" coisas diferentes, assim como diferentes, senão contrapostos, são os interesses que, com o contrato, cada uma prossegue, e, diferentes e contrapostos, os pontos de vista dos quais – em função de tais interesses – cada um considera o regulamento contratual. Por isso, proceder à interpretação do contrato em termos de exploração da esfera psíquica dos contraentes não pode senão conduzir a resultados inconvenientes e arbitrários".[6]

A respeito da exata definição do que representa a "intenção comum" das partes, ensina-nos C. Massimo Bianca que a doutrina distingue duas concepções para essa locução: a primeira, dita psicológica, identifica a comum intenção na vontade real da parte; e a segunda, dita objetiva, identifica a comum intenção no valor objetivo do contrato reconhecível das congruentes declarações e condutas das partes.[7]

A pesquisa da intenção comum das partes objetiva, tão somente, resguardar a substância da real manifestação de vontade das partes, eventualmente falseada por uma formulação imperfeita do texto do contrato, mesmo que aparentemente o termo ou a expressão utilizado não dê margem a incertezas.[8]

Na interpretação subjetiva o intérprete deverá examinar *elementos textuais*, fundado no exame do significado expresso das palavras escritas e de sua conexão sintática, e examinar *elementos extratextuais*, fundado no exame das circunstâncias que cercaram o aperfeiçoamento do contrato, como a fase pré-negocial e o comportamento das partes.[9]

5. Sílvio Luís Ferreira da Rocha, *Curso Avançado de Direito Civil*, vol. III: *Contratos*, cit., p. 96.
6. Enzo Roppo, *O Contrato*, Coimbra, Almedina, 1988, p. 171.
7. C. Massimo Bianca, *Diritto Civile, Il Contratto*, vol. III. Milano, Giuffrè, 1998, p. 388.
8. Enzo Roppo, *O Contrato*, cit., p. 171.
9. Marcelo Benacchio, "Interpretação dos contratos", in R. Lotufo e Giovanni Ettore Nanni (coords.), *Teoria Geral dos Contratos*, São Paulo, Atlas, 2011, p. 369.

Para pesquisar a intenção comum das partes, o intérprete tem à sua disposição algumas regras normatizadas ou não. Os Códigos Civis mais recentes prescreveram-nas, como o Código Civil italiano e o Código Civil português, enquanto outros códigos mais antigos preferiram deixar a cargo da doutrina e da jurisprudência a fixação de tais regras. São elas: a) não se limitar o intérprete ao sentido literal da linguagem, mas averiguar o espírito do contrato; b) interpretar sistematicamente o contrato, analisando suas cláusulas umas por meio das outras e atribuindo a cada qual o sentido que emerge da compreensão global;[10] c) analisar o desenvolvimento das negociações, o curso de relações análogas havidas anteriormente entre as mesmas partes, a modalidade na qual se procede à execução do contrato.[11]

O Código Civil brasileiro contém algumas normas interpretativas, como: (1) nas declarações de vontade atentar mais à intenção do que ao sentido literal da linguagem (CC, art. 112); (2) interpretar restritivamente os contratos benéficos ou gratuitos (CC, art. 112 e 114), aí incluída a fiança que, (3) pela regra do art. 819 do CC, deve ser formalizada por escrito e interpretada restritivamente; (4) interpretar conforme a boa-fé e os usos do lugar de sua celebração os negócios jurídicos (CC, art. 113); e (5) adotar interpretação favorável ao aderente nas cláusulas ambíguas ou contraditórias nos contratos por adesão.[12]

Caio Mário da Silva Pereira afirma a respeito das regras de interpretação que não se podem omitir as regras formuladas por Pothier, fundado a seu turno nas fontes clássicas: 1º – O intérprete deve indagar a intenção comum das partes, de preferência ao sentido gramatical das palavras – *Potentior est quam vox mens dicentis*. 2º – Quando uma cláusula for suscetível de dois entendimentos, deve ter aquele em que possa produzir algum efeito, e não no em que nenhum possa gerar – *Quoties in stipulationibus ambigua oratio est, commodissimum est id accipi quo res de qua agitur in tuo sit*. 3º – Quando um contrato encerrar expressões de duplo sentido, deve estender-se no sentido condizente com a natureza do negócio mesmo. 4º – A expressão ambígua interpreta-se segundo o que é de uso no país. 5º – Devem-se considerar implícitas em todo contrato

---

10. Orlando Gomes, *Contratos*, Rio de Janeiro, Forense, p. 202.

11. Enzo Roppo, *O Contrato*, cit., p. 171. Sílvio Luís Ferreira da Rocha, *Curso Avançado de Direito Civil*, vol. III: *Contratos*, cit., p. 96.

12. Maria Helena Diniz, *Curso de Direito Civil Brasileiro*, vol. III: *Teoria das Obrigações Contratuais e Extracontratuais*, 28ª ed., São Paulo, Saraiva, 2012, p. 90.

as cláusulas de uso – *In contractibus tacite veniunt ea quae sunt moris et consuetudini*. 6º – As cláusulas contratuais interpretam-se umas em relação às outras, sejam antecedentes, sejam consequentes. 7º – Em caso de dúvida, a cláusula interpreta-se contra o estipulante e em favor do promitente. 8º – As cláusulas contratuais, ainda quando genéricas, compreendem apenas aquilo que foi objeto do contrato, e não as coisas de que os contratantes não cogitam – *Iniquum est perimi pacto, id de quo cogitatum non est*. 9º – Compreendem-se na universidade todas as coisas particulares que a compõem, mesmo quando as partes ao contratar não tenham tido conhecimento destas. 10 – O caso expresso para explicação da obrigação não deve considerar-se com o efeito de restringir o vínculo, e sim que este abrange os casos não expressos. 11 – Uma cláusula expressa no plural decompõe-se muitas vezes em cláusulas singulares. 12 – O que está no fim da frase se relaciona com toda ela e não apenas com o que imediatamente a precede, uma vez que guarde concordância em gênero e número com a frase inteira. 13 – Interpreta-se a cláusula contra aquele contratante, em razão de cuja má-fé, ou culpa, a obscuridade, ambiguidade ou outro vício se origina. 14 – As expressões que se apresentam sem sentido nenhum devem ser rejeitadas como se não constassem do texto do contrato.[13]

7.3.1.1 Limites da interpretação subjetiva

Procura a interpretação subjetiva respeitar ao máximo a autonomia privada e preservar a opção feita pelas partes, mesmo que à luz do interesse público ela não possa ser considerada a melhor escolha, embora seja lícita. Por essa razão não se admite qualquer iniciativa judicial que a pretexto de interpretar um contrato atribua-lhe significado não partilhado por nenhuma das partes, por considerá-lo mais desejável do ponto de vista do interesse geral.[14] Interpretar um contrato é coisa diversa de modificá-lo. Aqui está um limite que a interpretação subjetiva nunca poderá ultrapassar.

7.3.2 *Interpretação objetiva*

A interpretação objetiva é uma forma subsidiária de interpretação. Recorre-se a ela quando a atividade interpretativa subjetiva não produziu

---

13. Caio Mário da Silva Pereira, *Instituições de Direito Civil*, vol. III: *Contratos*, Rio de Janeiro, Forense, p. 37.
14. Enzo Roppo, *O Contrato*, cit., p. 174.

resultados favoráveis e o Juiz não conseguiu estabelecer satisfatoriamente a intenção real das partes.[15]

Nesse caso, o intérprete recorre à interpretação objetiva, que consiste na adoção de regras para solucionar dúvidas que perdurem após a exaustão da interpretação subjetiva. O resultado da interpretação impõe determinações estranhas, alheias à vontade das partes e, portanto, trata-se mais de fonte de determinação do conteúdo contratual, diversa da livre e voluntária autodeterminação dos interesses privados, do que propriamente modo de fixação do conteúdo contratual.[16]

Os critérios ou regras da denominada interpretação objetiva são: o princípio da boa-fé; o princípio da conservação do contrato; o princípio da *extrema ratio*.[17]

Pelo *princípio da boa-fé* os contratos devem ser interpretados como o exijam a confiança e a lealdade recíprocas em correlação com os usos. O princípio da boa-fé pressupõe que as partes, ao contratar, adotem um comportamento minimamente ético e que ajam com lealdade. Ao interpretar-se o conteúdo de uma cláusula do contrato, acolhe-se, portanto, o significado objetivo que um destinatário, em condições normais, poderia deduzir do comportamento do declarante. É a regra do art. 226, n. 1, do CC português: "A declaração negocial vale com o sentido que um declaratário normal, colocado na posição do real declaratário, possa deduzir do comportamento do declarante, salvo se este não puder razoavelmente contar com ele" – e que foi prevista, em nosso ordenamento, no Código Comercial de 1850, art. 131, n. 1: "a inteligência simples e adequada, que for mais conforme a boa-fé".[18]

---

15. Sílvio Luís Ferreira da Rocha, *Curso Avançado de Direito Civil*, vol. III: *Contratos*, cit., p. 98.
16. Enzo Roppo, *O Contrato*, cit., p. 173, e Orlando Gomes, *Contratos*, cit., p. 204. A interpretação objetiva constitui a solução entre muitos significados igualmente positivos do acordo. Ela exprime o significado do acordo sobre a base de uma valoração normativa (C. Massimo Bianca, *Diritto Civile, Il Contratto*, vol. III, cit., p. 106).
17. Sílvio Luís Ferreira da Rocha, *Curso Avançado de Direito Civil*, vol. III: *Contratos*, cit., p. 98.
18. A interpretação segundo a boa-fé pode ser vista, também, como regra de interpretação subjetiva. Na aplicação de tal critério o intérprete deve adequar a interpretação do contrato ao significado sobre o qual as partes podiam e deviam ter razoável confiança (C. Massimo Bianca, *Diritto Civile. Il Contratto*, vol. III, cit., p. 395). Sílvio Luís Ferreira da Rocha, *Curso Avançado de Direito Civil*, vol. III: *Contratos*, cit., p. 99.

O *princípio da conservação do contrato* apregoa a interpretação racional, isto é, aquela que tenha sentido e permita ao contrato produzir o efeito mais útil. Desta forma, entre duas interpretações possíveis, deve--se priorizar aquela que seja útil e séria.[19]

O princípio da *extrema ratio* procura dar ao conteúdo do contrato um significado, por mais obscuro que seja, e estabelece presunções que devem ser seguidas caso o intérprete falhe na tentativa de esclarecer o significado de determinada cláusula. Entre as presunções citamos a que determina que, caso o contrato permaneça obscuro, deve ser entendido no sentido menos gravoso para o obrigado, se é a título gratuito, e no sentido que realize a conformação equitativa dos interesses das partes, se é a título oneroso. C. Massimo Bianca ainda enumera: a interpretação de acordo com os usos interpretativos e de acordo com a prática geralmente seguida no local de conclusão do contrato; a interpretação contra o predisponente e, assim, a cláusula inserida nas condições gerais do contrato ou no contrato de adesão deve ser interpretada favoravelmente ao aderente; a interpretação segundo a equidade, entendida esta como o justo temperamento dos diversos interesses das partes em relação ao objetivo e a natureza do negócio.[20]

7.4 Conceito de integração

Integrar é preencher as lacunas existentes no contrato, de modo que ele possa ser cumprido adequadamente.[21]

7.4.1 Pressupostos da integração

Para haver integração é necessário que exista uma omissão das partes na regulamentação do contrato. Onde não houver lacunas não cabe a integração.

---

19. Sílvio Luís Ferreira da Rocha, *Curso Avançado de Direito Civil*, vol. III: *Contratos*, cit., p. 99.
20. C. Massimo Bianca, *Diritto Civile. Il Contratto*, vol. III, cit., *passim*. Sílvio Luís Ferreira da Rocha, *Curso Avançado de Direito Civil*, vol. III: *Contratos*, cit., p. 99.
21. Tratamos nesse tópico exclusivamente da integração supletiva, pois a integração cogente não pressupõe a existência de lacunas, mas contenta-se em determinar coativamente o conteúdo da relação contratual, não obstante uma diversa vontade das partes.

7.4.2 Meios de integração

Na atividade integrativa do contrato, o Juiz pode recorrer à analogia, aos costumes e aos princípios gerais de direito. C. Massimo Bianca enumera, ainda, como fonte legal de integração do contrato os princípios da boa-fé e da equidade. O contrato deve ser executado segundo a boa-fé. A boa-fé impõe-se como regra de conduta a qual deve ater-se às partes do contrato.[22] A equidade, definida como o critério do justo temperamento dos diversos interesses das partes em relação ao objetivo e a natureza do negócio, é um aspecto fundamental do princípio da integração do contrato.

Há dois tipos de integração do contrato: a cogente e a supletiva. O legislador integra o contrato com normas imperativas, como as destinadas a desenhar os elementos comuns e próprios de cada figura, ou o legislador integra o contrato com normas dispositivas ou supletivas, que compõem os efeitos naturais destinados a completar as figuras típicas.[23]

7.4.3 Limites da integração

Não se permite ao Juiz utilizar os meios de integração para modificar o conteúdo do contrato e extrair dele consequências não desejadas pelas partes. Os limites da integração são o sentido dado à composição de interesses em que as partes fundaram a operação.[24]

---

22. C. Massimo Bianca, *Diritto Civile. Il Contratto*, vol. III, cit., p. 473. Sílvio Luís Ferreira da Rocha, *Curso Avançado de Direito Civil*, vol. III: *Contratos*, cit., p. 100.
23. Jorge Mosset Iturraspe, *Contratos*, Buenos Aires, Rubinzal-Culzoni Editores, 1998, p. 317.
24. Sílvio Luís Ferreira da Rocha, *Curso Avançado de Direito Civil*, vol. III: *Contratos*, cit., p. 101.

Capítulo 8
DA EXTINÇÃO
DO CONTRATO

8.1 Considerações gerais. 8.2 Resolução: 8.2.1 Conceito – 8.2.2. Causas da resolução: 8.2.2.1 Inadimplemento. Considerações gerais – 8.2.2.2 Espécies de inadimplemento: 8.2.2.2.1 Inadimplemento não imputável ao devedor (não culpável) – 8.2.2.2.2 Efeitos da impossibilidade da prestação não imputável ao devedor – 8.2.2.2.3 Incumprimento imputável ao devedor – 8.2.3 Cláusula resolutiva expressa – 8.2.4 Cláusula resolutiva tácita. 8.3 Inadimplemento antecipado do contrato. 8.4 Adimplemento substancial. 8.5 Cumprimento defeituoso: 8.5.1 Noção – 8.5.2 Dificuldades – 8.5.2 Dificuldades – 8.5.3 Consequências. 8.6 Resolução por onerosidade excessiva: 8.6.1 Efeitos da onerosidade excessiva. 8.7 Resilição: 8.7.1 Efeitos da resilição. 8.8 Rescisão. 8.9 Cessação.

8.1 Considerações gerais

Ocorre normalmente a extinção do contrato pelo cumprimento voluntário das prestações assumidas pelas partes no momento da celebração do negócio jurídico. Designamos o cumprimento voluntário das prestações devidas pelas partes de adimplemento ou execução. Desta forma, a execução do contrato representa a maneira corriqueira de extinção do contrato e pode ser imediata, diferida no tempo ou continuada, em prestações sucessivas.

A extinção anormal do contrato é hipótese excepcional e deriva de causas anteriores à formação do contrato, como no caso de vício que o torne nulo ou anulável, ou de causas posteriores à formação do contrato, como o inadimplemento, o distrato ou a lesão.

No presente capítulo, interessam-nos as chamadas causas anormais de extinção do contrato, especialmente as causas supervenientes que dão origem aos institutos da resolução, da resilição e da rescisão.

8.2 Resolução

8.2.1 Conceito

Denominamos resolução a extinção do contrato motivada pelo inadimplemento de uma das partes ou pela onerosidade excessiva.

Na primeira hipótese, a resolução é o instituto jurídico colocado à disposição da parte adimplente para romper o vínculo contratual com a parte inadimplente mediante a propositura de ação judicial,[1] seja por que esteja autorizado a fazê-lo por cláusula contratual (pacto comissório expresso), seja em decorrência de presunção legal pela figura da cláusula resolutiva implícita ou tácita (CC, art. 474).[2]

Pode ocorrer, ainda, a resolução fundada em onerosidade excessiva sobrevinda a uma das prestações (CC, arts. 478 a 480).

A resolução extingue o contrato e rompe o vínculo contratual com efeitos retroativos, salvo exceções. A resolução desfaz o que foi executado, determina restituições recíprocas nos contratos de execução instantânea ou nos contratos de execução diferida, menos nos contratos de execução continuada, casos em que a resolução não produzirá efeitos retroativos, porque as prestações cumpridas não se restituem,[3] além de sujeitar o responsável a pagar perdas e danos.

1. Orlando Gomes, *Contratos*, Rio de Janeiro, Forense, p. 171.
2. Para Orlando Gomes, *Contratos*, cit., pp. 172-173, há em todo contrato bilateral uma cláusula resolutiva implícita, que autoriza a pedir a resolução do contrato diante da inexecução da outra parte. O fundamento desta cláusula resolutiva tácita seria a justiça contratual. Em França era usual a sua inclusão. Diante da inexecução, a parte podia pedir a execução ou resolução (desfazimento) do contrato ao juiz. Era tão comum que, mesmo não estipulada, consideravam-na subentendida.

Admite dois sistemas: o francês, o qual exige prévia intervenção judicial para resolução do contrato: a resolução é decretada por decisão judicial; e o alemão que admite a resolução de pleno direito, sem intervenção do poder judiciário. Para ele justifica-se a superioridade do sistema francês pelas seguintes vantagens: a) não retira ao devedor, de logo, a vantagem do contrato; b) o juiz pode negar a resolução e atribuir ao credor lesado tão somente indenização de perdas e danos nos casos em que a inexecução é parcial e exígua. Não obstante, o sistema alemão é considerado mais vantajoso pela rapidez com que é obtida a resolução do contrato. Não se afasta inteiramente a intervenção judicial, pois o devedor inadimplente pode demonstrar judicialmente que não deve responder pela inexecução.

Para o autor, o direito brasileiro adotou o sistema francês. Indispensável a intervenção judicial. Entre nós, a resolução do contrato pela cláusula resolutiva tácita não se dá *ipso jure*, mas por sentença judicial.

3. Orlando Gomes, *Contratos*, cit., pp. 170-180.

Cuida-se a resolução de um direito formativo extintivo por decorrência de inadimplemento imputável com o fim e retorno ao estado anterior. Pressupõe a existência de contrato bilateral, o incumprimento definitivo e pedido feito por credor adimplente.

Em regra, como a resolução produz efeitos retroativos, os direitos de terceiros constituídos entre a conclusão e a resolução podem ser por ela afetados, embora o legislador tenha optado por afetar apenas os direitos de crédito adquiridos por terceiro entre a conclusão e a resolução do contrato e, com isso, preservar os direitos reais constituídos por terceiro entre a conclusão e a resolução do contrato. Assim, se o terceiro adquiriu direito de natureza real este não se resolve por via de consequência. O credor, nesse caso, pode pedir indenização do dano que sofreu.[4]

A parte prejudicada com a inadimplência pode pleitear a resolução e a indenização pelos prejuízos, pois a nossa legislação admite a cumulação dos pedidos de resolução com perdas e danos.

A inexecução do contrato é um fenômeno complexo que se manifesta de diversas maneiras, como a *falta de cumprimento* ou o inadimplemento *stricto sensu* ou o *cumprimento defeituoso*.

8.2.2 Causas da resolução

8.2.2.1 Inadimplemento. Considerações gerais

O descumprimento, o inadimplemento ou não cumprimento de uma obrigação (expressões sinônimas) constitui situação objetiva de não realização da prestação devida, sem que se leve em consideração, num primeiro momento, o motivo do descumprimento da obrigação.

O descumprimento resulta na insatisfação do credor pela não realização da conduta à qual se obrigara o devedor ou por sua realização de modo incompleto ou desconforme. Essa insatisfação do credor pode ser temporária ou reversível. Nessa hipótese, denominamos o descumprimento de relativo ou de mora, expressão mais corriqueira, instituto já estudado no 2º volume desta coleção.[5] A insatisfação do credor definitiva é que estudamos sob a denominação de descumprimento absoluto.

O descumprimento absoluto resulta na impossibilidade ou na recusa de prestar e distingue-se da mera dificuldade de prestar. A onerosidade elevada ou o cumprimento excessivamente difícil não se confunde com

---

4. Idem, ibidem.
5. *Direito Civil 2 – Obrigações*, São Paulo, Malheiros Editores, 2010.

o descumprimento, embora, às vezes, seja o motivo que leve o devedor a descumprir a obrigação.

A impossibilidade resultante do descumprimento que nos interessa é a impossibilidade superveniente à celebração da obrigação, pois a impossibilidade originária acarreta a nulidade da obrigação.

8.2.2.2 Espécies de inadimplemento

O descumprimento absoluto encobre diversas situações. Analisado sob os motivos ou as razões que levaram o devedor a descumprir a prestação à qual estava obrigado, divide-se o inadimplemento em não imputável ou inimputável (não culpável) e em imputável (culpável) ao devedor.

8.2.2.2.1 Inadimplemento não imputável ao devedor (não culpável)
– Inadimplemento não imputável é aquele que não pode ser atribuído ao devedor. É o inadimplemento alheio à conduta do devedor. Quer dizer, o descumprimento da prestação não pode ser atribuído a ato comissivo ou omissivo do devedor.

O inadimplemento inimputável pode ocorrer por diversas causas: (a) por fato sem culpa do devedor; (b) em razão de circunstâncias definidas legalmente como caso fortuito ou de força maior; (c) por um fato imputável ao credor; (d) por um fato relativo ao credor, mas sem que ele concorra para a sua verificação, ou por que o fim da prestação é obtido por outra via, que não o cumprimento da obrigação.

A) Por fato sem culpa do devedor. A prestação se impossibilita por fato sem culpa do devedor, isto é, o devedor não contribui para a impossibilidade da prestação. Para alguns, a ausência de culpa não se confunde com caso fortuito ou força maior, enquanto, para outros, o fato ocorrido sem culpa do devedor equivale a caso fortuito ou força maior.

B) Por caso fortuito e força maior. Caso fortuito e força maior não são fatos distintos. As expressões são sinônimas e expressam fatos inevitáveis, não imputáveis ao devedor, que impossibilitam total ou parcialmente o cumprimento da obrigação.

O Código Civil não distingue entre caso fortuito e força maior. São termos equivalentes. Às vezes o Código Civil usa somente a expressão "caso fortuito" e outras vezes a expressão "força maior". Ele os conceitua no art. 393, parágrafo único: "O caso fortuito ou de força maior verifica-se no fato necessário, cujos efeitos não era possível evitar ou impedir". Assim, "fato necessário" corresponde ao acaso, ao destino, à Providência, isto é, fato que não foi provocado pelo devedor e cujos efeitos inevitáveis não se pode evitar ou impedir.

Duas correntes tentam conceituar "caso fortuito": a objetiva, para quem o caso fortuito exige a impossibilidade ou a irresistibilidade do evento, tão somente; a subjetiva, que equipara ou iguala o caso fortuito a não culpa.

O caso fortuito pressupõe a ausência de culpa do devedor; o fato não deve provir de ato culposo do devedor, nem o devedor deve culposamente expor-se aos seus efeitos ou agravar-lhe as consequências. Pressupõe, também, a inevitabilidade. A inevitabilidade é objetiva, abstrata; não se preocupa com as particularidades do devedor. O fato seria inevitável para qualquer homem que se encontrasse em idênticas circunstâncias. A inevitabilidade decorre da imprevisibilidade do acontecimento, isto é, o fato ocorre de modo súbito e inesperado e, portanto, torna-se inevitável ou decorre da irresistibilidade do acontecimento, isto é, ele é previsível, mas irresistível.

C) Impossibilidade da prestação por fato do credor. Nessa hipótese, a impossibilidade resulta de um ato censurável ou reprovável do credor (o credor intencionalmente ou culposamente contribuiu para a inutilidade ou desaparecimento do objeto da prestação).

D) Impossibilidade resulta de um fato relativo ao credor, mas sem que ele concorra para a sua verificação ou o fim da prestação é obtido por outra via, que não o cumprimento da prestação. Há situações em que a impossibilidade resulta não de um ato do credor, mas de ato ou fato próximo ao credor, relacionado com ele. Outras vezes, o fim da prestação é obtido por outro modo que não o cumprimento da prestação, muito embora o devedor estivesse predisposto a cumpri-la.

Essas situações estão exemplificadas a seguir e ganham importância nas obrigações bilaterais, nas quais o devedor tem o direito a receber uma contraprestação do credor.

A questão é se o devedor, na hipótese (D) acima, tem o direito a exigir do credor a contraprestação correspondente? Ex.: O doente a quem o cirurgião deveria operar morre; o doente a quem o cirurgião deveria operar cura-se; o barco a quem o rebocador ia salvar afunda; o barco a quem o rebocador ia salvar desencalha por ação das águas; o carro a quem o guincho ia socorrer, não apresenta mais o defeito.

8.2.2.2.2 Efeitos da impossibilidade da prestação não imputável ao devedor – Todas as hipóteses acima tratadas versam sobre o descumprimento não culposo ou não imputável ao devedor. Por apresentarem um mínimo denominador comum têm também efeitos comuns a todas.

Um efeito comum a todas as espécies de impossibilidade da prestação não imputável ao devedor é a *extinção da obrigação com a perda*, pelo credor, *do direito de exigir a prestação e de ser indenizado dos danos provenientes do não cumprimento*.

Outro efeito comum é a *perda do direito do devedor à contraprestação* caso, originariamente, existir esse direito. Tal efeito se manifesta nas situações "A" e "B", descritas acima.

Se a obrigação for bilateral e a *impossibilidade da prestação não for imputável ao credor*, ele fica desobrigado da prestação. Há a perda do direito à contraprestação pelo devedor.

Se a *impossibilidade* da prestação decorre da *culpa do credor* (hipótese "C"), ele não fica desobrigado da contraprestação e, assim, *não há a perda do direito à contraprestação pelo devedor*.

Analisemos agora a *perda do direito à contraprestação na hipótese* "D". Se a impossibilidade da prestação não decorre da culpa do credor, mas de um fato relativo a ele ou se o fim da prestação é obtido por outra via que não o cumprimento da obrigação perde o devedor o direito à contraprestação? A questão é delicada já que o devedor, na realidade, tinha condições de realizar o comportamento devido. Deve, então, ter assegurado o direito à contraprestação? Para Antunes Varella: "nos casos de frustração do fim da prestação ou de consecução por outra via da prestação em que a impossibilidade da prestação procede de uma causa ligada à pessoa ou aos bens do credor, embora não imputável a este, deve-se reconhecer ao devedor não o direito a contraprestação, mas o de ser indenizado, quer das despesas que fez, quer do prejuízo que sofreu".[6]

8.2.2.2.3 Incumprimento imputável ao devedor – O descumprimento definitivo por ato imputável do devedor surge quando: a) a prestação não é realizada pelo devedor e impossibilita-se em seguida; b) a prestação não é realizada pelo devedor e o credor perde o interesse objetivo em sua realização.

A principal consequência do descumprimento imputável ao devedor é o dever de indenizar o prejuízo causado ao credor.

Os *pressupostos* desta *obrigação de indenizar* são:

---

6. Antunes Varela, *Das Obrigações em Geral*, vol. 2, 2ª ed., Coimbra, Almedina, 1973, p. 82.

i) A ilicitude. O descumprimento da prestação deve ser considerado contrário ao direito. O descumprimento afigura-se como desconforme ao comportamento devido, que é justamente o cumprimento da prestação. Isto quer dizer que nem todo descumprimento da prestação é ilícito, contrário ao direito. Há casos em que o descumprimento é admitido no ordenamento jurídico como, por exemplo, a exceção de não cumprimento do contrato, prevista no art. 476 do CC e o direito de retenção, previsto no art. 1.219 do CC, que permite ao detentor da coisa, obrigado a entregá-la a seu dono, não cumprir (licitamente) a sua obrigação de entrega, enquanto não for pago das despesas que fez com a coisa ou dos danos que ela lhe causou.[7]

ii) A culpa. O descumprimento decorre de ato ilícito imputável ao devedor, doloso ou culposo. De acordo com posição doutrinária majoritária, a responsabilidade contratual funda-se na culpa, entendida em sentido amplo, de modo que a inexecução culposa da obrigação se verifica quer pelo seu descumprimento intencional, quando há o intuito de prejudicar o credor (dolo), quer pelo inadimplemento da obrigação de prestar, sem o intuito de prejudicar, mas com manifesto comportamento negligente ou imprudente.[8]

Agir com *culpa* significa que a conduta do devedor é pessoalmente *censurável* ou *reprovável*. Essa censura ou reprovabilidade baseia-se no reconhecimento, perante as circunstâncias do caso, de que o obrigado não só devia como podia ter agido de outro modo. A culpa (em sentido amplo, culpa e dolo) apresenta-se, assim, como um pressuposto para a responsabilização do devedor pelo descumprimento.

Registre-se a dissidência de Michele Giorgianni, que limita a noção de descumprimento ao estado objetivo da insatisfação do credor,[9] e a lição de Francisco Eduardo Loureiro, que colaciona a opinião de alguns para quem "nos casos de impossibilidade da prestação sem culpa do devedor não haveria propriamente direito formativo de resolução, mas sim extinção *ex vi legis* da relação obrigacional", embora o respeitável autor filie-se a lição de Luigi Bosco para quem "a questão da culpa não estaria propriamente vinculada a pressuposto da resolução, mas sim à teoria dos

---

7. Três requisitos fundamentais devem estar presentes no direito de retenção: licitude da detenção da coisa; reciprocidade de créditos; conexão substancial entre a coisa retida e o crédito do autor da retenção. Sílvio Luís Ferreira da Rocha, *Curso Avançado de Direito Civil*, vol. III: *Contratos*, São Paulo, Ed. RT, 2002, p. 115.

8. Idem, ibidem.

9. Araken de Assis, *Resolução do Contrato por Inadimplemento*, 2ª ed., São Paulo, Ed. RT, 1994, p. 92.

riscos e dos seus efeitos, especialmente no que se refere à composição de perdas e danos".[10]

A objetivação da resolução por inadimplemento, expressão que significa o abandono do requisito ou pressuposto da culpa para sua configuração, admite a inserção no contrato de cláusulas resolutivas expressas sem que se cogite de conduta culposa do devedor.[11]

Há diferença entre quem descumpre uma obrigação dolosamente e quem a descumpre culposamente. O descumprimento doloso indica uma relação mais forte entre o comportamento ilícito e a vontade do devedor. Entretanto, essa diferença não interfere no montante da indenização. Fixada a culpa do devedor, a sua intensidade não irá repercutir no montante da indenização devida ao credor. Descabida, portanto, qualquer majoração da indenização pelo simples fato de o devedor ter se comportado dolosamente (CC, art. 403).

iii) A presunção de culpa. O credor não tem o ônus de provar a culpa do devedor. Na inexecução da obrigação, o credor tem que demonstrar o seu descumprimento. Cabe ao devedor provar que não agiu com culpa para eximir-se da responsabilidade. Aqui há diferença entre a responsabilidade extracontratual e a contratual. Na responsabilidade extracontratual cabe à vítima, como regra, a prova da culpa do autor do ilícito. Na responsabilidade contratual, cabe ao devedor provar que a falta de cumprimento ou cumprimento defeituoso não procede de culpa sua. Essa regra da presunção de culpa só é modificada quando se trata de obrigação de não fazer ou de cumprimento defeituoso. Nesses casos, cabe ao credor demonstrar o fato ilícito do não cumprimento, quando da violação de obrigação de não fazer e o defeito no cumprimento, no caso de cumprimento defeituoso. O devedor responde, também, pelos atos dos seus representantes legais ou auxiliares, contanto que o sejam no cumprimento da obrigação.

iv) O dano. Obriga o devedor a ressarcir todos os danos causados ao credor. Aqui pressupõe a ocorrência de prejuízos, que podem ser de três tipos: *dano positivo ou emergente*, isto é, a concreta diminuição no patrimônio do credor; *dano negativo ou lucro cessante ou frustrado*, isto é, a privação de ganho razoável e provável em razão do descumprimento; e *dano moral*.

10. Francisco Eduardo Loureiro, "Extinção dos contratos", in Renan Lotufo e Giovanni Ettore Nanni (coords.), *Teoria Geral dos Contratos*, São Paulo, Atlas, 2011, p. 631.
11. Idem, ibidem.

Antunes Varela é de opinião de que o credor não pode exigir indenização pelos danos morais que haja suportado com a falta do cumprimento do contrato, pois, segundo ele, estaria se introduzindo no capítulo da responsabilidade contratual um fator de séria perturbação da certeza e segurança do comércio jurídico.[12] Essa concepção está ultrapassada.

A *prova* do dano é *dispensável* quando houve a estipulação de cláusula penal, pois a lei presume a ocorrência de danos.

v) Nexo de causalidade. O descumprimento pressupõe, também, a existência de nexo de causalidade entre o prejuízo e o descumprimento culposo do devedor. Serão indenizados tão somente os danos que provirem direta e imediatamente do descumprimento do devedor.

Se houver interesse do credor e o tipo de obrigação comportar, ele pode exigir do devedor o cumprimento da obrigação ou a sua execução específica.

Nas obrigações de prestações recíprocas o descumprimento faculta à outra parte resolver o contrato ou opor a exceção do contrato não cumprido e, com isso, abster-se de efetuar a sua prestação, enquanto a outra parte não efetuar a respectiva contraprestação.

A resolução do contrato implica no seu desfazimento com eficácia retroativa e importa na exoneração do credor de efetuar a contraprestação devida ou permite-lhe receber de volta aquilo que ele prestou. Essa possibilidade não exclui o direito de o credor ser indenizado. Mesmo o credor que optar pela resolução do contrato pode pedir indenização. Trata-se de indenização diversa. É a indenização do chamado interesse negativo ou de confiança, isto é, do prejuízo que o credor teve com o fato de se celebrar o contrato, ou, dito de outro modo, do prejuízo que ele não sofreria, se o contrato não tivesse sido celebrado.[13]

12. Antunes Varela, *Das Obrigações...*, cit., p. 102.
13. Segundo Antunes Varella, "desde que o credor opte pela resolução do contrato, não faria sentido que pudesse exigir do devedor o ressarcimento do benefício que normalmente lhe traria a execução do negócio. O que ele pretende, com a opção feita, é antes a exoneração da obrigação que, por seu lado, assumiu (ou a restituição da prestação que efetuou) e a reposição do seu patrimônio no estado em que se encontraria, se o contrato não tivesse sido celebrado (interesse contratual negativo)".

"Este interesse contratual negativo (tal como o interesse contratual positivo) pode compreender tanto o dano emergente como o lucro cessante (o proveito que o credor teria obtido, se não fora o contrato que efetuou): foi apenas, por ex., por ter empatado todo o seu capital disponível na compra das mercadorias, que A teve de renunciar a uma outra aquisição que lhe teria proporcionado um lucro seguro de certo montante" (*Das Obrigações...*, cit., vol. II, pp. 104 e 105).

8.2.3 Cláusula resolutiva expressa

As partes, no exercício da autonomia privada, podem inserir no contrato cláusula que preveja sua resolução sem necessidade de intervenção do Poder Judiciário em decorrência do inadimplemento (CC, art. 474). Nesse sentido o enunciado 435 da V Jornada de Direito Civil (Brasília, 2012): "A cláusula resolutiva expressa produz efeitos extintivos independente de pronunciamento judicial".

Portanto, a resolução convencional é aquela pela qual os contratantes estipulam a dissolução do contrato, sem necessidade de intervenção judicial, em razão de fatos supervenientes. Nesse caso, a resolução opera de pleno direito, sem a atuação do Poder Judiciário, embora o credor não esteja dispensado de comunicar ao devedor que optou por extinguir o contrato ao invés de exigir o seu cumprimento.

Eventual recurso ao Poder Judiciário para reaver a prestação dada ou receber perdas e danos não afasta a eficácia resolutória da cláusula.[14] Segundo Nelson Rosenvald, "mesmo diante de uma cláusula resolutiva expressa, a parte inocente deverá demandar judicialmente o devedor para a obtenção de perdas e danos – ou a execução de cláusula penal compensatória (CC, art. 410), pois a demanda indenizatória surge de pretensão independente e acessória à resolução".[15]

O legislador, às vezes, por razões de interesse coletivo, diminui o âmbito da autonomia privada e afasta a eficácia da cláusula resolutiva expressa ao exigir a notificação do devedor e a concessão de prazo para que purgue sua mora, como o contrato de compromisso de compra e venda de imóveis loteados, não loteados, os contratos de prestação de serviços de saúde, a propriedade fiduciária sobre bens imóveis.[16]

8.2.4 Cláusula resolutiva tácita

Admitida no art. 475 do CC, a cláusula resolutiva tácita encontra-se implícita nos contratos bilaterais ou sinalagmáticos por ser fundada na equidade e no "repúdio a uma situação na qual o percebimento de certa utilidade não seria acompanhado da necessária contrapartida".[17]

---

14. Francisco Eduardo Loureiro, "Extinção dos Contratos", cit., p. 638.
15. Nelson Rosenvald, in *Código Civil Comentado: Doutrina e Jurisprudência*, Coord. Cezar Peluso, 6ª ed. rev. e atual., Barueri, Manole, 2010, p. 538.
16. Francisco Eduardo Loureiro, "Extinção dos Contratos", cit., p. 638.
17. Idem, ibidem, p. 640.

Por ser uma cláusula implícita, a resolução do contrato requer a propositura de ação específica, de natureza constitutiva negativa, não sujeita, por ausência de previsão legislativa expressa, a prazo decadencial, embora o direito de pedir a resolução do contrato possa ser afetado por ficar sem base ou utilidade se houver a prescrição da pretensão obrigacional que decorre da relação jurídica contratual.[18]

8.3 Inadimplemento antecipado do contrato

O inadimplemento antecipado do contrato é a possibilidade que se concede à parte de presumir, pelo comportamento da outra, que haverá o inadimplemento e, por isso, requerer, antes mesmo do vencimento, a resolução do negócio jurídico. Cuida-se, portanto, de construção doutrinária e jurisprudencial que afasta o efeito suspensivo do prazo para cumprimento da obrigação, diante da existência de indícios que apontem para o futuro inadimplemento. Há, segundo autorizada doutrina, quebra da confiança no cumprimento futuro, pautada em elementos objetivos e razoáveis, que admitem a resolução, desde logo, do contrato, como no caso de aquisição futura de apartamento, a ser construído, que, próximo da data da entrega, não começou, ainda, ser edificado.[19]

"É possível o inadimplemento antes do tempo sempre que o devedor praticar atos nitidamente contrários ao cumprimento, de tal sorte que se possa deduzir conclusivamente, diante dos dados objetivos existentes, que não haverá cumprimento".[20]

Por outro lado, haveria, também, inadimplemento antecipado do contrato por iniciativa do devedor quando ele, ciente da impossibilidade de cumprir o contrato em razão de circunstâncias objetivas justificadas, toma a iniciativa de requerer a resolução do negócio. Nesse caso, afasta-se o pressuposto lógico tradicional da resolução de que quem inadimpliu não poderia resolver, porquanto a resolução existiria para proteger o contratante adimplente, conforme prescreve o art. 475 do Código Civil.[21]

O enunciado 437 da V Jornada de Direito Civil (Brasília, 2012) admite a resolução por inadimplemento antecipado: "Art. 475: a resolução da relação jurídica contratual também pode decorrer do inadimplemento antecipado".

18. Idem, ibidem, p. 641.
19. Idem, ibidem, p. 634.
20. Idem, ibidem.
21. Idem, ibidem.

8.4 Adimplemento substancial

O pressuposto da resolução é o inadimplemento. O inadimplemento, por sua vez, leva a uma inidoneidade da prestação para o credor, ou seja, a prestação ou o seu objeto não mais se apresenta útil a ele do ponto de vista objetivo, isto é, do ponto de vista dos termos do contrato e da natureza da prestação.

Ocorre, no entanto, às vezes, que antes de tornar-se inadimplente, a parte cumpriu com parcela relevante da prestação, configurada, assim, a ideia de adimplemento substancial. Nesse caso, retira-se do credor a possibilidade de pedir simplesmente a resolução do contrato e concede-se a ele a possibilidade de executar o contrato. Portanto, o adimplemento substancial pode afastar a resolução do contrato por inadimplemento. Segundo Nelson Rosenvald, "o desfazimento do contrato acarretaria sacrifício desproporcional comparativamente à sua manutenção, sendo coerente que o credor procure a tutela adequada à percepção das prestações inadimplidas".[22]

Nesse sentido o enunciado 361 da IV Jornada de Direito Civil (Brasília, 2012): "O adimplemento substancial decorre dos princípios gerais contratuais, de modo a fazer preponderar a função social do contrato e o princípio da boa-fé objetiva, balizando a aplicação do art. 475".

Caso típico de adimplemento substancial é o do compromisso de compra e venda com preço diferido ao longo do tempo, quando restam apenas algumas poucas parcelas sem pagamento.[23]

8.5 Cumprimento defeituoso

8.5.1 Noção

A doutrina alemã admite, ao lado da falta de cumprimento e da mora, outra forma de violação do dever de prestar conhecida por *violação contratual positiva*. Essa outra forma de violação reside no fato de o dano não se originar da falta ou do atraso na prestação, mas de defeitos, vícios ou irregularidades da prestação efetuada. Não há uma violação negativa do dever de prestar, mas um defeito da prestação. Segundo Francisco Eduardo Loureiro, "a prestação defeituosa, quer no tocante à

---

22. In *Código Civil Comentado: Doutrina e Jurisprudência*, Coord. Cezar Peluso, 6ª ed. rev. e atual. Barueri, Manole, 2010, p. 540.
23. Francisco Eduardo Loureiro, "Extinção dos Contratos", cit., p. 634.

qualidade, quer à quantidade, ao tempo e ao lugar gera a insatisfação do credor".[24]

Há casos, ainda, em que a violação da obrigação de prestar recai sobre alguma prestação acessória e não sobre a obrigação principal. São os chamados deveres laterais da obrigação, como o dever de informar, prestar assistência técnica. Em muitos casos do cumprimento defeituoso decorre um dano cujas características são diversas daquelas do dano causado por inadimplemento absoluto e relativo.

A divergência na conduta devida não se concentra na identidade ou na quantidade da prestação, o que daria lugar a inadimplemento parcial; o descumprimento incide, no caso, nos deveres laterais e acessórios, objeto de anterior exame. Ex.: o médico Paulo diagnostica exatamente a doença do paciente Pedro, mas administra-lhe, dentre os vários tratamentos disponíveis, um penoso ou demorado. O comerciante Pedro convenciona com a agência Beta a confecção de um anúncio luminoso do seu produto. Fabricado conforme a avença, ao invés de colocá-lo em local de intenso movimento de pedestres, a agência instala-o em lugar pouco frequentado, de sorte que nenhum reflexo teria na venda. Embora o contrato não determinasse o local, o comerciante não pode considerar a prestação satisfatória.[25]

8.5.2 Dificuldades

A resistência em aderir a essa teoria está na dificuldade em diferençá-la da mora e do descumprimento. De fato, se o credor recusa a prestação irregular há mora; se a rejeita há inadimplemento. A distinção ganha importância quando a má prestação não é recusada ou rejeitada pelo credor, mas causa-lhe danos, pois desvaloriza a prestação, impede ou dificulta o fim a que esta objetivamente se encontrava afetada, como é o caso dos exemplos citados acima.

8.5.3 Consequências

O cumprimento defeituoso gera a obrigação de o devedor indenizar os danos causados ao credor e, na maioria das vezes, o credor pode exigir a reparação ou substituição da coisa ou a redução da contraprestação.

24. Idem, ibidem, p. 632.
25. Extraídos da obra *Resolução do Contrato por Inadimplemento*, de Araken de Assis, cit., p. 115.

8.6 Resolução por onerosidade excessiva

Nos contratos comutativos nos quais há equivalência das prestações de execução diferida, continuada ou periódica, a excessiva onerosidade imposta a uma das partes por acontecimento extraordinário e imprevisível, que dificulte sobremaneira o cumprimento da obrigação, pode ser considerada causa de resolução, desde que preencha alguns requisitos (CC, art. 478).

Em primeiro lugar, o instituto aplica-se, preferencialmente, a contratos comutativos de execução diferida ou trato sucessivo, porquanto inerente ao próprio instituto a existência de um intervalo de tempo entre a celebração do contrato e sua execução, dentro do qual se possa perceber uma alteração das condições levadas em consideração pelas partes na celebração do contrato.

Os contratos aleatórios, que envolvem risco e uma incerteza em relação ao equilíbrio entre as prestações, foram excluídos do instituto. Assinale-se, no entanto, posição diversa adotada pelo enunciado 440 da V Jornadas de Direito Civil (Brasília, 2012) que considera ser "possível à revisão ou resolução por excessiva onerosidade em contratos aleatórios, desde que o evento superveniente, extraordinário e imprevisível não se relacione com a álea assumida no contrato".

Os contratos unilaterais, aqueles em que apenas uma das partes assume obrigações por que as obrigações da outra representam condição para o aperfeiçoamento do contrato, como no caso do empréstimo, também foram contemplados não com resolução, mas com a possibilidade de sua alteração ou redução, conforme determina o art. 480 do CC.

Em segundo lugar, deve ocorrer um fato superveniente à celebração, qualificado de extraordinário e imprevisível, isto é, não previsto ou previsível pelas partes, de modo que o fato não possa enquadrar-se naquilo considerado como "risco normal do contrato".

Em terceiro lugar, o fato extraordinário e imprevisível deve provocar alterações significativas no âmbito contratual, de modo que a execução do contrato, nas bases pactuadas, representará o empobrecimento do devedor e o enriquecimento sem causa do credor. Existe, nesse caso, uma ruptura superveniente do equilíbrio contratual inicialmente estabelecido.

A previsão no Código Civil da resolução por onerosidade excessiva atende ao princípio da justiça contratual, que requer o equilíbrio das prestações nos contratos comutativos, com o propósito de que os benefícios de cada contratante sejam proporcionais aos seus sacrifícios.[26]

---

26. Nelson Rosenvald, in *Código Civil Comentado: Doutrina e Jurisprudência*, cit., p. 543.

Deve haver excessiva diferença de valor da prestação ou do objeto da prestação entre o momento da perfeição do contrato e o momento da execução do contrato, de modo que o prejuízo para o devedor, caso cumpra a obrigação, seja visível. De acordo com o enunciado 365 da VI Jornadas de Direito Civil (Brasília, 2013), "a extrema vantagem deve ser interpretada como elemento acidental da alteração de circunstâncias, que comporta a incidência da resolução ou revisão do negócio por onerosidade excessiva, independentemente de sua demonstração plena".

A oneração excessiva no cumprimento do contrato deve resultar de acontecimentos extraordinários e imprevisíveis, isto é, anormais e insuscetíveis de previsão, segundo a diligência ordinária, comum, exigida para os negócios. Segundo o enunciado 366 da VI Jornadas de Direito Civil (Brasília, 2013), "o fato extraordinário e imprevisível causador de onerosidade excessiva é aquele que não está coberto objetivamente pelos riscos próprios da contratação".

8.6.1 Efeitos da onerosidade excessiva

A onerosidade excessiva não resolve o contrato de pleno direito, mas demanda a necessidade de decretar-se judicialmente a resolução a pedido do contratante na iminência de tornar-se inadimplente pela dificuldade em cumprir com a obrigação. A intervenção judicial é imprescindível para não infirmar o princípio da obrigatoriedade dos contratos.

Além da resolução, admite-se ao juiz intervir na economia do contrato e reajustar em bases razoáveis as prestações recíprocas. Em tese, admitir-se-ia um pedido alternativo: a resolução ou a adequação do contrato (CC, art. 479).[27]

A resolução retroage se o contrato for de execução única e diferida e não retroage se o contrato for de execução continuada ou periódica. Nesse caso as prestações satisfeitas não podem ser atingidas, pois se consideram exauridas.

8.7 Resilição

Resilir, do latim *resilire*, significa voltar atrás. Resilir um contrato é cortar o vínculo por várias causas específicas.[28] Significa o modo de extinção dos contratos por vontade de um ou dos dois contratantes e, por isso, pode haver resilição unilateral e bilateral.

27. Orlando Gomes, *Contratos*, cit., p. 179.
28. Idem, ibidem, p. 183.

Resilição bilateral é modalidade de revogação que se realiza pelo *contrariu consensus*, isto é, as partes do contrato decidem dissolvê-lo mediante negócio extintivo. A resilição apresenta-se como um novo contrato, só que extintivo. O modo mais comum de resilição bilateral é o distrato. A par do distrato (contrato extintivo) há a resilição convencional, que ocorre quando no contrato existe uma cláusula que atribui a qualquer das partes a faculdade de resilir.[29]

Todos os contratos podem ser resilidos por distrato, que pressupõe não ter ocorrido a extinção do contrato pelo exaurimento dos seus efeitos. O distrato sob a forma de contrato modificativo não teria eficácia retroativa.

A resilição pode ser também unilateral. Ela assume determinadas formas, como a revogação, a renúncia ou o resgate. O direito de resilir unilateralmente seria um direito potestativo exercitável nos contratos por prazo indeterminado, nos contratos de execução, continuado ou periódico. Com efeito, a resilição unilateral é o meio próprio de dissolver os contratos por tempo indeterminado.

A resilição unilateral é exercida mediante declaração receptícia denominada aviso prévio, que deve chegar ao conhecimento da outra parte com certa antecedência (CC, art. 473). A finalidade do aviso prévio é evitar as consequências da ruptura brusca do contrato, mas não é requisito necessário à validade da resilição, que será eficaz ainda que não tenha sido dado. A denúncia desacompanhada de aviso prévio sujeita o denunciante a pagar indenização dos prejuízos à outra parte, se ela era obrigatória.

A denúncia, em regra, pode ser injustificada. A justificação constitui exceção e em apenas certos contratos é exigida. A inexistência de causa justa não impede a resilição do contrato, mas sujeita a parte a pagar perdas e danos.

As partes podem estipular que o contrato será resilido se qualquer delas se arrepender de o haver concluído. A faculdade de arrependimento tem sua contrapartida no pagamento de multa penitencial. "Trata-se de compensação pecuniária atribuída à parte que se viu privada da vantagem do contrato porque a outra se arrependeu de tê-lo celebrado".[30]

Em certos contratos que demandam investimentos consideráveis para a sua execução, a resilição unilateral pode ser condicionada ao

---

29. Idem, ibidem, p. 184.
30. Idem, ibidem, p. 146.

transcurso de um tempo mínimo compatível com a amortização dos investimentos realizados, conforme determina o parágrafo único do art. 473 do CC.

8.7.1 Efeitos da resilição

A resilição não produz efeitos retroativos. Os seus efeitos são *ex nunc*. Assim, nos contratos de trato sucessivo não se restituem as prestações cumpridas. Até o momento da resilição (por mútuo consentimento ou vontade unilateral) os efeitos produzidos permanecem inalterados.[31]

8.8 Rescisão

Rescisão (esse termo é usado no sentido de resilição e resolução) é a ruptura do contrato em que houve lesão.[32] Aproxima-se da anulabilidade. A lesão exige o desequilíbrio das prestações e dolo de aproveitamento (vantagem fruto da exploração da inexperiência ou necessidade do outro no momento da celebração do contrato). Outra hipótese de rescisão é a do contrato em estado de perigo, muito semelhante à anulação pelo vício da coação. A rescisão requer o conhecimento por uma das partes do estado de necessidade em que se encontra a outra e da iniquidade das condições nas quais as obrigações são contraídas.[33]

8.9 Cessação

A morte de um dos contratantes ocupa lugar à parte entre as causas de extinção dos contratos. Não pode ser classificada de resolução ou de resilição. A princípio a morte não é causa de dissolução do contrato, pois, em regra, as obrigações transmitem-se aos herdeiros. A morte extingue o contrato nos chamados contratos *intuitu personae*, equiparada à incapacidade superveniente.[34]

---

31. Idem, ibidem, p. 188.
32. Idem, ibidem.
33. Idem, ibidem.
34. Idem, ibidem, p. 189.

Capítulo 9
DA COMPRA E VENDA

9.1 Considerações gerais. 9.2 Conceito. 9.3 Classificação. 9.4 Pressupostos e elementos: 9.4.1 Pressupostos subjetivos – 9.4.2 Elementos do contrato: 9.4.2.1 Conteúdo – 9.4.2.2 Bem – 9.4.2.3 Preço – 9.4.2.4 Forma. 9.5 Regime jurídico: 9.5.1 Responsabilidade pelos riscos e despesas – 9.5.2 Obrigações do vendedor e do comprador: 9.5.2.1 Obrigações do vendedor: 9.5.2.1.1 Deficiência nas dimensões do imóvel – 9.5.2.2 Obrigações do comprador. 9.6 Cláusulas especiais à compra e venda: 9.6.1 Cláusula de retrovenda – 9.6.2 Venda a contento e venda sujeita a prova: 9.6.2.1 Venda a contento – 9.6.2.2 Venda sujeita a prova – 9.6.3 Cláusula de preempção ou preferência – 9.6.4 Da venda com reserva de domínio – 9.6.5 Da venda sobre documentos.

9.1 Considerações gerais

Os contratos de *compra e venda*, de *troca* e de *doação* permitem a transmissão da propriedade dos bens móveis ou imóveis objeto dos contratos. Contudo, tais contratos, sozinhos, embora necessários, não são suficientes para transmitir a propriedade dos bens, porque a transmissão da propriedade depende da realização de outros atos, como a *tradição* no caso de bem móvel e o *registro* no Ofício de Registro de Imóveis no caso de bem imóvel. Os contratos de compra e venda, troca e doação representam o *motivo* ou *a causa* da transferência da propriedade.[1]

1. Há sistemas jurídicos que adotam solução diversa. O sistema civil francês, por exemplo, admite a transferência da propriedade mediante o simples consenso. O credor transforma-se em proprietário da coisa tão logo celebrada a obrigação, independentemente do devedor ter cumprido ou não a obrigação. A obrigação torna-se perfeita só pelo consentimento das partes contratantes; ela transforma o credor em proprietário e transfere-lhe o risco, ainda que não tenha havido tradição. O contrato gera a obrigação e ao mesmo tempo transfere o direito real.

9.2 Conceito

O contrato de compra e venda objetiva a troca de bens por dinheiro. Uma das partes, denominada vendedor, compromete-se a transferir a propriedade de um bem para o patrimônio de outrem, denominado comprador, mediante o pagamento de uma quantia em dinheiro ou valor fiduciário equivalente (cheque, por exemplo), denominada preço.[2]

O fim específico da compra e venda é a alienação de bens. Os contratantes objetivam transmitir e adquirir a propriedade de um bem. A compra e venda, por si, como dito, não realiza a transmissão automática da propriedade, mas gera, tão somente, efeitos puramente obrigacionais. Por conseguinte, o comprador que pagou o preço, mas não obteve a entrega da coisa pela tradição[3] ou o registro do título no Ofício de Registro de Imóveis não adquiriu a propriedade, e se o vendedor alienar novamente o bem a terceiro, o primeiro comprador não poderá reivindicá-lo, mas, tão somente, pleitear do vendedor uma indenização por perdas e danos.[4]

---

2. De acordo com Ricardo Luís Lorenzetti, *Tratado de los Contratos*, t. I, Santa Fé, Rubinzal-Culzoni, 2000, p. 181, a compra e venda é modelo legal dos contratos de troca que permite a transmissão da propriedade de uma coisa por um preço. Na época da codificação tomou-se como base a compra e venda considerando-se que o comprador buscava ser proprietário do que pagou. Hoje, os indivíduos, muitas vezes, se referem à venda sem querer transmitir a propriedade, porque é custoso fazê-lo ou porque há deterioração tecnológica dos bens solicitados, razão pela qual surgiu o que os empresários chamam de "venda do uso das coisas", dando origem a numerosas relações que participam da locação e da compra e venda, como, por exemplo, o *leasing*.

3. Ricardo Luís Lorenzetti, *Tratado de los Contratos*, t. I, cit., p. 191, distingue a entrega da tradição. A tradição é um ato jurídico bilateral que serve como meio para adquirir a posse ou transmitir o domínio e que é constituída pela declaração do *tradens* de transferir a propriedade ao *accipiens* e pela entrega material da coisa. A entrega da coisa é, portanto, o conteúdo da obrigação de dar e é elemento material da tradição.

4. Alguns doutrinadores, Washinton Barros Monteiro, *Curso de Direito Civil*, vol. 5, 15ª ed., São Paulo, Saraiva, 1979, p. 78, e Maria Helena Diniz, *Curso de Direito Civil Brasileiro*, vol. III: *Teoria das Obrigações Contratuais e Extracontratuais*, São Paulo, Saraiva, p. 130, sustentam que esse princípio não é absoluto e há casos, como o da alienação fiduciária (Decreto-lei 911/1969), em que o domínio é transferido pelo contrato. Já José Carlos Moreira Alves, *Da Alienação Fiduciária em Garantia* (Rio de Janeiro, Forense), entende que, a exemplo do que aconteceu com a transferência da propriedade imobiliária, a constituição da propriedade fiduciária não decorre do acordo de vontades, mas do ato estatal – o registro provocado por qualquer pessoa interessada.

9.3 Classificação

O contrato de compra e venda classifica-se como contrato bilateral, consensual, informal, oneroso, comutativo ou aleatório, de execução instantânea ou sucessiva.

É contrato bilateral porque estabelece, necessariamente, obrigações recíprocas para ambos os contratantes. O vendedor compromete-se a entregar o bem com a intenção de transferir a propriedade para o comprador, enquanto o vendedor assume a obrigação de dar quantia certa (pagar o preço).

A compra e venda é contrato consensual porque basta o consenso sobre a coisa e o preço. De acordo com o art. 482 do CC, "a compra e venda, quando pura, considerar-se-á obrigatória e perfeita, desde que as partes acordarem no objeto e no preço".

É um contrato informal ou de forma livre porque a lei não impõe, como regra geral, a observância de forma específica para sua existência, salvo para a compra e venda de bens imóveis para qual exige a observância de forma pública (CC, arts. 108, 109 e 215).[5]

A compra e venda é um contrato oneroso porque produz sacrifícios patrimoniais para ambos os contratantes, na medida em que o comprador perde o preço e o vendedor perde o bem.

O contrato de compra e venda é um contrato comutativo quando a certeza das prestações permite estabelecer uma equivalência entre elas (há um equilíbrio entre o que se dá e o que se recebe) e embora se admita alguma subjetividade nessa equivalência, resta proibida a lesão no direito brasileiro por força do que dispõe o art. 157 do CC, que autoriza a invalidação do contrato quando constatada a desproporção enorme entre o preço e o valor do bem.

Mas a compra e venda pode ser considerada aleatória (CC, art. 483), quando não há certeza de que uma das prestações irá realizar-se (CC, arts. 458 e 459) e há para cada uma das partes a chance de ganho ou de perda.

O contrato de compra e venda pode ser instantâneo se executado de uma única vez ou sucessivo, se executado em várias etapas.

---

5. Miguel Reale, *O Projeto de Código Civil*, São Paulo, Saraiva, 1986, p. 94, defende a ideia de manter, sempre que possível, uma rigorosa distinção entre *validade* e *eficácia* dos negócios jurídicos, especificamente nos contratos de compra e venda.

9.4 Pressupostos e elementos

9.4.1 Pressupostos subjetivos

À compra e venda se aplicam as mesmas regras de capacidade previstas na parte geral do Código Civil, de modo que as partes ou são capazes ou, de acordo com o grau de incapacidade, são representadas ou assistidas nos contratos de compra e venda.

Ao lado das regras genéricas de incapacidade há certas regras especiais que proíbem determinadas pessoas, por razões diversas, de comprar ou vender bens. Por elas, estão proibidos de vender bens:

a) Os ascendentes aos descendentes sem autorização dos demais (CC, art. 496).

O art. 496 do Código Civil proíbe os ascendentes de alienar bens aos descendentes sem a concordância dos outros descendentes. A finalidade da lei é impedir alteração da igualdade que deve haver entre os descendentes na sucessão dos bens dos ascendentes (cada um deve receber porção idêntica de bens) pela simulação de uma venda.

O consentimento dos demais descendentes deve ser formalizado por escrito e para Washington de Barros Monteiro, Agostinho Alvim, Clóvis Beviláqua a recusa injustificada não autoriza a propositura de ação para obter o suprimento judicial, com o que discorda Silvio Rodrigues, para quem o Código Civil não impede o suprimento judicial que deve ser admitido em decorrência da prevalência do interesse social na circulação da riqueza, quando a recusa do descendente recusante não seja legítima.[6]

Se a venda ocorrer sem o consentimento de todos os descendentes, aqueles que não foram consultados podem propor a ação anulatória da venda no prazo de dois anos a contar da data da conclusão do ato, com fundamento no art. 179 do CC.

b) O falido.

c) O cônjuge sem autorização do outro.[7]

Os esposos são afetados, ainda, por outra incapacidade. Como regra, era proibida a compra e venda de bens entre esposos. Essa proibição foi instituída com o fundamento de evitar a fraude contra credores, o abuso de influência que um cônjuge poderia cometer em relação ao outro

---

6. *Direito Civil*, vol. III: *Dos Contratos e das Declarações Unilaterais da Vontade*, São Paulo, Saraiva, p. 158.
7. Se o regime de bens entre os cônjuges for o da separação, fica dispensado o consentimento do outro (CC, art. 496, parágrafo único).

e manter a inalterabilidade do regime de bens. O Código Civil admitiu, no entanto, no art. 499, a compra e venda entre marido e mulher com relação a bens excluídos da comunhão.

d) Os tutores, curadores, testamenteiros e administradores em relação aos bens confiados à sua guarda ou administração.

e) Os servidores públicos em geral em relação aos bens ou direitos da pessoa jurídica a que servirem, ou que estejam sob sua administração direta ou indireta.

f) Os juízes, os secretários de tribunais, arbitradores, peritos e outros serventuários ou auxiliares da justiça, em relação aos bens ou direitos sobre que se litigar em tribunal, juízo ou conselho, no lugar onde servirem, ou a que se estende a sua autoridade.

g) Os leiloeiros e seus prepostos em relação aos bens que devam vender.

As proibições nesses casos têm como fundamento moral a manutenção da isenção de ânimos naqueles a quem se confiam interesses alheios.

9.4.2 Elementos do contrato

9.4.2.1 Conteúdo

O contrato de compra e venda deve estabelecer regras mínimas sobre o objeto – o bem alienado – e o preço para considerar-se perfeito e acabado (CC, art. 482). O contrato contém outras cláusulas, mas as cláusulas sobre o bem e o preço são consideradas essenciais para a existência do contrato. Coisa, preço e consenso são os elementos constitutivos da compra e venda.

9.4.2.2 Bem

A compra e venda pode recair sobre todo e qualquer bem que se ache no comércio, isto é, que possa ser alienado ou onerado.

O bem pode ser corpóreo ou incorpóreo. Quanto ao bem incorpóreo, o instrumento normalmente é designado de cessão, mas contém regras relativas ao contrato de compra e venda.

O bem pode ser atual ou futuro.[8] Admite-se a compra e venda de bem futuro. Basta para a formação do contrato a possibilidade de o bem

---

8. Admite-se a contratação que verse sobre coisa futura, sob dois modos: o seu vir-a-ser erige-se em condição (*emptio rei speratae*), desfazendo-se o contrato em

vir a existir. A compra e venda de bem futuro pode ser comutativa ou aleatória. Na compra e venda comutativa de bem futuro há equivalência entre o sacrifício e o proveito e a certeza da entrega do bem futuro, como na compra e venda de unidade condominial ainda a ser construída. Nela não há risco contratual admitido quanto à não entrega da unidade (CC, art. 483).

O bem pode ser litigioso, objeto de disputa judicial. A controvérsia judicial não impede que a parte aliene a coisa (exceto nos casos em que a demanda acarreta a indisponibilidade do bem) (CPC-1973, art. 42; CPC-2015, art. 109). Nesse caso o comprador perde a garantia contra os riscos da evicção (CC, art. 457).

A doutrina se divide acerca da validade de compra e venda de bem alheio. Clóvis Beviláqua e Maria Helena Diniz não a admitem. Orlando Gomes admite-a. A regra é a invalidade da compra e venda que poderá ser convalidada se o alienante adquirir posteriormente a propriedade (CC, art. 1.268, § 1º).

9.4.2.3 Preço

O contrato de compra e venda deve conter cláusula que estipule o preço do bem ou o modo de determiná-lo. Preço é a soma em dinheiro ou valor fiduciário equivalente que o comprador se obriga a pagar ao vendedor. O preço é considerado um dos conteúdos essenciais do contrato de compra e venda, tanto que nas *Institutas*, 3, 23, 24, dizia-se: "Contrai-se a compra e venda assim que houver acordo sobre o preço".

O preço reveste-se de alguns atributos herdados do direito romano. Ele deve ser certo, justo e verdadeiro.

A certeza significa que o preço deve constar do contrato. Ele não precisa ser determinado, basta que seja determinável por critérios estipulados no contrato. A determinação do preço pode resultar de arbitramento por terceiro, da cotação do mercado ou de outros critérios previstos pelas partes (CC, art. 485).

É possível atribuir a um terceiro, indicado no próprio contrato ou posteriormente, a função de fixar o preço. Segundo parte da doutrina, não se exige do terceiro a capacidade normal e, assim, um menor, um

---

caso de frustração (nessa hipótese os contratantes tomam em consideração a existência futura do objeto) ou, então, *emptio spei*, no qual as partes têm por objetivo uma esperança e se esta não se realizar não acarretará a rescisão do contrato, devendo a contraprestação ser cumprida. O contrato é aleatório; o objeto pode ou não realizar-se, incidindo o contrato sobre a potencialidade (vir-a-ser) do objeto.

pródigo ou um falido podem desempenhar essa função,[9] com o que não concordo, pois um incapaz dificilmente estabelecerá um preço justo ou sério, de modo que a nomeação deve recair sempre sobre terceiro capaz.

O preço fixado pelo terceiro deve considerar o valor do bem no momento da fixação e não em outra época, como a celebração do contrato ou sua execução, se outra regra não foi prevista.[10]

O terceiro encarregado de estipular o preço deve ser considerado mandatário das partes e sua decisão corresponde à determinação do preço por elas próprias. O terceiro não é árbitro, porque não há litígio a decidir, e muito menos perito, pois a sua estimativa passa a ser obrigatória para as partes.[11]

A recusa do terceiro em aceitar o encargo ou em estimar o preço implica na ineficácia do contrato a menos que os contratantes acordem designar outra pessoa (CC, art. 485).

Se a venda for acertada sem a fixação de preço ou de critérios para a sua determinação, manda o Código Civil seguir o preço oficialmente tabelado ou, se não existir tabelamento, seguir o preço corrente nas vendas habituais do vendedor: "Convencionada a venda sem fixação de preço ou de critérios para a sua determinação, se não houver tabelamento oficial, entende-se que as partes se sujeitaram ao preço corrente nas vendas habituais do vendedor" (CC, art. 488).

O preço pode ser fixado pelo mercado. Nesse caso o preço obedecerá à taxa do mercado ou da bolsa, em certo e determinado dia e lugar (CC, art. 486).

A fixação pode levar em conta outros critérios propostos pelas partes, como o preço do custo, o preço habitualmente cobrado.

O que não pode ocorrer é a estipulação do preço ficar a critério exclusivo de uma das partes (CC, art. 489), pois tal cláusula implicará na invalidação do contrato por configurar cláusula puramente potestativa apta a causar prejuízo à outra parte.

O preço deve ser justo. Ele deve corresponder ao valor do bem adquirido, muito embora se admita certa margem de subjetividade na fixação do preço, especialmente quando o bem tenha valor sentimental tanto para quem o adquire como para quem o vende. O preço irrisório,

---

9. Washington de Barros Monteiro, *Curso de Direito Civil*, vol. 5, cit., p. 83.
10. Idem, ibidem; e Maria Helena Diniz, *Curso de Direito Civil Brasileiro*, vol. III, cit., p. 134.
11. Washington de Barros Monteiro, *Curso de Direito Civil*, vol. 5, cit., p. 83.

vil, pode ser causa de anulação do negócio jurídico com base na teoria da lesão.[12]

9.4.2.4 Forma

O contrato de compra e venda do bem imóvel de valor superior ao previsto no art. 108 do CC deve observar a forma pública e conter todos os requisitos descritos no § 1º do art. 215 do CC.

9.5 Regime jurídico

9.5.1 Responsabilidade pelos riscos e despesas

A responsabilidade pelos riscos, isto é, o perigo a que está sujeito o bem de desaparecer ou deteriorar obedece ao que determina os arts. 234 a 237 e 399 do CC. Até a efetiva translação da propriedade pela tradição ou registro, o risco do perecimento ou da deterioração da coisa é do vendedor e o risco do perecimento ou da deterioração do preço é do compra-

---

12. Segundo Silvio Rodrigues, *Direito Civil, Parte Geral*, vol. I, cit., pp. 232 e ss., "ocorria lesão no direito romano quando, num contrato comutativo, havia tal desproporção entre as prestações fornecidas pelas partes, que uma recebia da outra menos da metade do valor que entregava. Verificada a hipótese, tinha o contratante prejudicado a prerrogativa de pedir ao juiz que declarasse rescindido o contrato".

"As Ordenações Filipinas (LIV, Tít. 13) adotaram o mesmo critério da lei romana. Nelas se dizia que se o vendedor foi enganado em mais da metade do justo preço pode desfazer a venda por bem do dito engano. (...) Entre nós a lesão foi banida do direito positivo pelo Código Civil de 1916. Tal monumento legislativo, vindo de um período de exaltação ao princípio da autonomia privada, fundava-se na ideia de que o contratual é necessariamente justo, por isso que desejado pelas partes. De sorte que a rescisão do negócio ou o reequilíbrio dos termos convencionados, deferidos pelo juiz em face da desequivalência das prestações por ocasião do ajuste, ao ver do legislador representava um atraso."

"Todavia, depois de um intervalo de mais de vinte anos, a Lei de Proteção à Economia Popular trouxe uma regra que abriu novamente as portas da sistemática jurídica nacional ao instituto da lesão."

Para Caio Mário da Silva Pereira, *Instituições de Direito Civil*, vol. I, Rio de Janeiro, Forense, p. 377, a lei da usura é o instituto da lesão, com o que discorda Orlando Gomes, *Transformações Gerais do Direito das Obrigações* (São Paulo, Ed. RT), p. 30, para quem o instituto da usura real é inconfundível e inassimilável ao conceito de lesão, já que para que esta se caracterizasse, dentro dos moldes das ordenações, bastava a desproporção das prestações, enquanto a lesão qualificada ou a usura real exige, para sua configuração, o elemento subjetivo, isto é, o abuso da premente necessidade, da inexperiência ou da leviandade da contraparte. O Código Civil de 2002, ao prever a lesão (art. 157), acolheu os requisitos da lesão qualificada ou a usura real.

dor. Assim, o perecimento da coisa antes da tradição, já recebido o preço, implica em sua devolução e o perecimento da coisa após a tradição, ainda não recebido o preço, assegura ao vendedor o direito de exigi-lo.

No caso de bem imóvel a transferência da posse ao comprador, mesmo desacompanhada do registro do contrato de compra e venda, isto é, da efetiva transferência da propriedade, implica no deslocamento dos riscos do vendedor para o comprador.

Se o bem tiver de ser expedido para lugar diverso da celebração do contrato ou de onde se ache o bem, por ordem do comprador, os riscos correm por conta do vendedor até a entrega da coisa ao transportador e, a partir daí, por conta do comprador. O vendedor, nesse caso, deve respeitar as instruções dadas pelo comprador, sob pena de continuar responsável pelos riscos.

Salvo estipulação em contrário são de responsabilidade do comprador as despesas com a celebração da escritura de compra e venda (custas, emolumentos do tabelião, imposto de transmissão da propriedade imobiliária e despesas do respectivo registro) e são de responsabilidade do vendedor as despesas com a tradição. Aqui há liberdade para as partes estipularem acerca do ônus das despesas do contrato. No silêncio prevalece a regra do art. 490 do CC.

9.5.2 Obrigações do vendedor e do comprador

9.5.2.1 Obrigações do vendedor

O contrato de compra e venda impõe obrigações para ambas as partes.

O vendedor está obrigado a entregar o bem com o ânimo de transferir a propriedade ao comprador e garantir-lhe o direito sobre o bem.

Ricardo Luis Lorenzetti, em sua obra, enumera como obrigações do vendedor a de entregar a coisa; o dever colateral de conservar a coisa e de colaborar, como receber o preço e dar quitação, pagar os gastos da entrega e fornecer a documentação necessária para o ato de disposição; o dever colateral de informar; a obrigação de garantir o adquirente dos riscos da evicção, dos vícios redibitórios.[13]

A principal obrigação do vendedor é a de dar a coisa ao comprador, com a finalidade de transmitir o domínio. A transferência da propriedade do bem alienado dá-se pela tradição, isto é, a entrega, se for bem móvel,

---

13. *Tratado de los Contratos*, t. I, cit., p. 265.

e pelo registro da escritura de compra e venda no Cartório de Registro de Imóveis, se for bem imóvel. No primeiro caso, o vendedor está obrigado a entregar a coisa vendida com os acessórios. A entrega da coisa vendida é a execução do contrato por parte do vendedor. No segundo caso, o vendedor também está obrigado a entregar a coisa vendida com os seus acessórios, mas a transferência da propriedade pressupõe o registro do título (escritura de compra e venda) no Cartório de Registro de Imóveis pelo comprador.

A efetiva transmissão da propriedade depende muito mais da atividade do comprador do que da atividade do vendedor,[14] mas nem por isso o vendedor está desobrigado de colaborar – naquilo que depender exclusivamente dele – com o comprador para que ocorra o registro do título. Aqui encontramos um rol de deveres colaterais a cargo do vendedor, entre eles o de pagar as despesas com a tradição da coisa, de conservá-la até a entrega e o de colaborar para que ocorra o registro do título.

O vendedor responde também pelos débitos que gravem a coisa até o momento da tradição, nos termos do art. 502 do CC, salvo disposição em contrário. Assim, o vendedor responde pelos débitos relativos ao imposto predial urbano, taxas incidentes sobre o imóvel, despesas de consumo de água, energia elétrica, telefone e multas até o momento da transferência da posse. Alguns desses débitos, como o imposto predial urbano e as taxas condominiais, no entanto, são obrigações mistas, ambulatórias, ou *propter rem*, e, em alguns casos, ônus real, e, por isso, aderem ao imóvel e podem ser cobradas do novo adquirente (CC, art. 1.345) que, contudo, terá direito de regresso sobre o alienante com fundamento no art. 502 do CC.

O vendedor é obrigado ainda a assegurar integralmente ao comprador o direito transferido sobre o bem, que se desdobra na obrigação de assegurar o comprador contra os vícios redibitórios (CC, arts. 441 a 446), os riscos da evicção (CC, arts. 447 a 457) e as deficiências nas dimensões do imóvel (CC, art. 500).

9.5.2.1.1 Deficiência nas dimensões do imóvel – Como regra, o contrato de compra e venda deve descrever fielmente o imóvel objeto do negócio jurídico. A venda do imóvel pode ser *ad mensuram* (conforme a medida), que indica a alienação de imóvel com limites encerrando área

---

14. O registro brasileiro atende ao princípio da instância. Depende de iniciativa particular (Walter Ceneviva, *Lei dos Registros Públicos Comentada*, São Paulo, Saraiva, p. 311).

certa ou *ad corpus* (de corpo inteiro), que exprime a venda de imóvel sem que se meça sua área.

A área menor do imóvel àquela descrita no contrato de compra e venda autoriza o comprador a pedir a rescisão do contrato ou o abatimento proporcional do preço, se a área do imóvel foi descrita no contrato de modo a indicar que o tamanho da área foi o motivo determinante do preço do negócio. Assim, só a venda feita conforme a medida (*ad mensuram*) autoriza o comprador a exigir o complemento da área por ação denominada *ex empto* ou *ex vendito* (segundo o contrato de compra e venda) ou, se isso for impossível, pedir a redução proporcional do preço ou a rescisão do contrato.

Nem sempre é fácil estabelecer se a venda foi feita conforme a medida (*ad mensuram*) ou de corpo inteiro (*ad corpus*). A solução está na análise da intenção dos contratantes. O Código Civil procurou facilitar essa distinção entre venda conforme a medida (*ad mensuram*) ou de corpo inteiro (*ad corpus*) e determinou que a diferença de medidas inferior a 1/20 (um vinte avos) da extensão total enunciada indicaria que a venda foi de corpo inteiro (*ad corpus*) e não conforme a medida (*ad mensuram*) (CC, art. 500, § 1º).

A divergência doutrinária, na vigência do Código Civil de 1916, residia na extensão conferida a essa presunção. Para uns, entre eles, Silvio Rodrigues, citado dispositivo cria uma presunção de venda *ad corpus*, mas que pode ser vencida pelo comprador. A presunção apenas inverteria o ônus da prova, cabendo ao comprador demonstrar que a venda foi *ad mensuram* e não *ad corpus*.[15] Para outros, entre eles, Clóvis Beviláqua,[16] a diferença inferior a 1/20 da área enunciada retiraria qualquer interesse do comprador em ingressar em juízo, impedindo-o de promover a ação *ex empto*.

De fato, segundo nosso entendimento, do parágrafo único do art. 1.136 do CC/1916 decorria, tão somente, uma presunção relativa que a compra e venda tinha sido celebrada *ad corpus* e que podia ser superada pelo comprador. O Código Civil de 2002, no art. 500, § 1º, acolheu, justamente, esse entendimento, ao ressalvar ao comprador o direito de provar que, em tais circunstâncias, não teria realizado o negócio.

15. Na *Exposição de Motivos do Projeto de Código Civil*, Agostinho Neves de Arruda Alvim, p. 78, item 28, expõe que "o Anteprojeto absteve-se de cogitar do não uso, pelo Poder Público, da coisa expropriada".

16. In Silvio Rodrigues, *Direito Civil*, vol. III, 30ª ed., 3ª tir., 2006, cit., p. 169: "A presunção contida no § 1º do art. 500 é *juris tantum*, por conseguinte vencível por prova em contrário. Assim nada impede que, a despeito de a diferença ser de menos de um vinte avos, prove o vendedor que o negócio foi *ad mensuram*".

O art. 500 do Código Civil atribui ação exclusiva ao comprador em razão da existência de área menor do que a declarada no contrato. O § 2º do art. 500 possibilita ao vendedor, no caso de excesso, que ignorava a exata medida de suas áreas, pedir a complementação do preço ou a devolução do excesso. Cuida-se de inovação legislativa adequada à ideia de igualdade na relação negocial.

A garantia do adquirente contra a compra de imóvel de menor dimensão, satisfeitos os requisitos legais, para parte da doutrina, não se aplicaria às aquisições em hasta pública, que protegeriam o adquirente, tão somente, da evicção (CC, art. 447). Contra essa orientação doutrinária registramos a opinião de Hamid Charaf Bdine Jr.[17]

As ações de complementação da área, de reclamar a resolução do contrato ou requerer o abatimento proporcional no preço devem ser propostas no prazo decadencial de um ano a contar do registro do título, considerada a presunção de que haveria coincidência entre o registro e a imissão de posse no imóvel. Contudo, se houver atraso na imissão de posse imputável ao alienante, o início do prazo decadencial dar-se-á da data da imissão de posse, pois presume-se que apenas na posse do imóvel poderá o adquirente inteirar-se das reais dimensões do imóvel alienado (CC, art. 501).

9.5.2.2 Obrigações do comprador

O comprador deve pagar o preço ao vendedor. Nas vendas à vista, o vendedor pode suspender a assinatura da escritura de venda e compra até receber o preço por força do que dispõe o art. 491 do CC.

Mesmo sendo a venda a prazo, com o parcelamento do preço em prestações sucessivas, permite-se ao vendedor suspender a execução do contrato – o que resulta na não entrega do bem – se o comprador ficar insolvente. Nessa hipótese, o vendedor pode exigir do credor uma garantia (caução) de que receberá o preço no tempo ajustado.

9.6 Cláusulas especiais à compra e venda

As cláusulas especiais à compra e venda alteram o contrato e o transmuda para negócio condicional, subordinado a evento futuro e incerto.

---

17. In *Código Civil Comentado*, Coord. de Cezar Peluso, 6ª ed. rev. e atual., Barueri, Manole, 2010, p. 562.

9.6.1 Cláusula de retrovenda

Própria dos contratos de compra e venda de bens imóveis, a retrovenda consiste em cláusula negocial pela qual o vendedor se reserva o direito de reaver, em certo prazo decadencial, não superior a três anos, o imóvel por ele alienado, mediante a restituição do preço e o pagamento das despesas feitas pelo comprador, inclusive aquelas para melhorá-lo, denominado resgate ou retrato (CC, art. 505).

Trata-se de condição resolutiva expressa do contrato, simplesmente potestativa, subordinada a evento futuro e incerto, consistente na vontade unilateral e imotivada do alienante em reaver o imóvel desde que indenizado o comprador.

Carlos Roberto Gonçalves a considera um pacto acessório, adjeto ao contrato de compra e venda, e, por conseguinte, a invalidade da cláusula não afeta a validade da obrigação principal.[18]

O direito de retrato ou ao resgate se transmite por ato entre vivos ou por causa de morte do alienante aos herdeiros. O Código Civil de 2002 admitiu expressamente a cessão desse direito *inter vivos* (CC, art. 507).

Notificado o adquirente e disponibilizado o valor do resgate, ao alienante se reconhece o direito de perseguir em juízo, mediante ação reivindicatória, o imóvel alienado, mesmo de terceiros de boa-fé, que, ignorada a cláusula de retrato, tenham-no comprado do adquirente (CC, art. 1.359).

A pretensão reivindicatória está sujeita a prévia averbação da cláusula de retrovenda no Registro de Imóveis. No caso de não haver prévia averbação da cláusula no Registro de Imóveis, remanesce, apenas, mera pretensão pessoal contra o adquirente.

Às vezes, a cláusula de retrovenda, inserida num contrato de compra e venda, esconde um negócio usurário. A venda e a citada cláusula de retrovenda ocultam o empréstimo de recursos monetários com a estipulação de juros fora dos limites legais garantido por imóvel do mutuário. Nesse caso, configura-se hipótese de simulação relativa fraudulenta e os dois negócios (o simulado – a venda; e o dissimulado – o empréstimo usurário garantido por imóvel) serão considerados nulos.

---

18. *Direito Civil Brasileiro*, vol. III: *Contratos e Atos Unilaterais*, 9ª ed., São Paulo, Saraiva, 2012, p. 250.

9.6.2 Venda a contento e venda sujeita a prova

9.6.2.1 Venda a contento

A cláusula de venda a contento subordina a eficácia do contrato de compra e venda a evento futuro e incerto consistente no fato de o bem vendido, móvel ou imóvel, agradar ao comprador. A perfeição do negócio jurídico depende do gosto do comprador e o vendedor não pode alegar que a recusa é o resultado de seu capricho. O vendedor está impedido de discutir a manifestação de recusa.[19]

Trata-se de condição meramente potestativa admitida excepcionalmente pelo sistema em contraposição ao que determina o art. 122 do CC, que impede o vendedor de discutir o motivo do desagrado do comprador, caso ele decida não ficar com o bem. Cuida-se, como dito, de exceção à regra prevista no art. 122 do CC, embora alguns sustentem tratar-se não de condição potestativa pura, mas de condição simplesmente potestativa pelo fato de não se apresentar o ato dependente do exclusivo arbítrio do comprador, mas do fato de agradar-lhe a coisa.[20]

A cláusula de venda a contento, na falta de estipulação, equipara-se à condição suspensiva, o que permite concluir pela suspensão dos efeitos aquisitivos do negócio. Nessa hipótese o comprador ainda não adquiriu a propriedade do bem e deve comportar-se em relação a ele como mero comodatário, isto é, com a obrigação de zelar pela sua conservação e restituí-lo caso não o queira (CC, art. 511). Os riscos do perecimento ou deterioração não culposa correm, nesse caso, por conta do vendedor.

Se a cláusula de venda a contento for expressamente declarada condição resolutiva, o contrato existe, produz efeitos, mas assegura-se ao comprador o direito de resolvê-lo mediante manifestação de desagrado em tempo oportuno. Nessa hipótese, o comprador comporta-se como verdadeiro proprietário e responde, assim, pelos riscos do perecimento ou deterioração do bem.

A manifestação de desagrado deve ser dada no prazo fixado pelas partes. Se não houver prazo fixado para a manifestação de desagrado, o vendedor pode providenciar a intimação do comprador para que o faça em prazo improrrogável, pena de ser considerada perfeita a venda. O silêncio do comprador, no caso, produz efeitos.[21]

---

19. Carlos Roberto Gonçalves, *Direito Civil Brasileiro*, vol. III, cit., p. 254.
20. Idem, ibidem.
21. Carlos Roberto Gonçalves (idem, ibidem) discorda desse entendimento. Para ele, "pelo sistema do Código de 2002, a manifestação de vontade do comprador

Admite-se, ainda, a manifestação tácita de agrado, que ocorre, por exemplo, quando o comprador vende o bem a terceiros. Não há, nesse caso, a transferência do direito de manifestar o desagrado de um comprador para outro, pois esse direito é personalíssimo, intransferível. Mas a morte do vendedor, antes da manifestação de vontade do comprador, não impede que ele se manifeste perante os herdeiros do vendedor.

9.6.2.2 Venda sujeita a prova

A venda sujeita a prova também subordina a eficácia do contrato a evento futuro e incerto consistente na existência das qualidades da coisa asseguradas pelo vendedor (CC, art. 510).

Cuida-se de cláusula com eficácia suspensiva que subordina a eficácia do contrato não ao arbítrio do contratante, mas à presença no bem das qualidades asseguradas pelo vendedor, o que significa que a recusa não é livre, mas condicionada a certos pressupostos. Desta forma, o comprador não pode recusar a coisa sem justificativa, que, repita-se, deve estar amparada em alguma desconformidade da coisa com as qualidades prometidas pelo vendedor.

9.6.3 Cláusula de preempção ou preferência

Há também a cláusula de preempção ou preferência. O comprador, por essa cláusula, compromete-se a dar prioridade ao vendedor quando decidir vender ou dar em pagamento o bem, desde que ele pague o preço solicitado (CC, art. 513).

Preempção ou preferência é o pacto adjeto à compra e venda pelo qual o comprador de uma coisa, móvel ou imóvel, se obriga a oferecê-la ao vendedor na hipótese de pretender futuramente vendê-la ou dá-la em pagamento, para que ele o adquira em igualdade de condições.

Ninguém pode obrigar o comprador a vender o bem, mas quando ele decidir vendê-lo deve comunicar sua intenção ao vendedor, que terá, então, o prazo decadencial de três dias, se o bem for móvel, ou trinta dias, se o bem for imóvel, para exercer o direito de preferência e comprometer--se a pagar, em igualdade de condições, o preço solicitado (CC, art. 515).

não pode ser tácita, pois o art. 509 proclama que a venda não se reputará perfeita 'enquanto o adquirente não manifestar seu agrado'. Além disso, o art. 512 não repete a possibilidade prevista no art. 1.147 do Código de 1916, de a intimação ser realizada para que o comprador se manifeste dentro do prazo assinado, 'sob pena de considerar-se perfeita a venda', como foi dito".

O descumprimento pelo comprador da obrigação de comunicar ao vendedor a sua intenção de vender o bem, móvel ou imóvel, não acarreta a nulidade da venda posterior, mas, tão somente, impõe a ele a obrigação de indenizar as perdas e danos, porque o direito de preferência é meramente pessoal (CC, art. 518).

Caso o adquirente, ciente da cláusula de preferência, opte por celebrar o negócio à revelia do antigo vendedor da coisa, responderá ele, de forma solidária, pela indenização devida pelo titular do bem que, ao aliená-la, desrespeitou a cláusula de preferência (CC, art. 518). Cuida-se, no caso, de uma exceção ao princípio da relatividade dos efeitos, pois, nessa hipótese, o contrato projeta consequências sobre a esfera de terceiros e cria para eles o dever de observar, também, a preferência instituída em favor de determinada pessoa.

O direito de preferência é personalíssimo. Está proibida a sua transmissão por ato entre vivos ou em razão da morte (CC, art. 520).

O vendedor pode intimar o comprador de que quer exercer o seu direito de preferência quando souber que este vai vender a coisa (CC, art. 514).

A preferência difere da retrovenda por diversas razões. Na retrovenda o negócio original se resolve, enquanto no pacto de preferência há uma nova aquisição; a retrovenda recai somente sobre bens imóveis e a cláusula de preferência sobre bens móveis ou imóveis; na retrovenda o direito de readquirir é do vendedor, enquanto na cláusula de preferência o vendedor (preferente) só pode recomprar o bem se o proprietário o quiser vender.

Estipulado o direito de preferência em favor de mais de uma pessoa, ele terá de ser exercido em relação à totalidade da coisa (CC, art. 517). Em tese não se admite preferência parcial, exceto se o adquirente comprou cotas-partes dos vendedores; nesse caso admite-se que cada vendedor recompre sua cota-parte e não a integralidade do bem.

Deve-se distinguir entre retrocessão, direito real do ex-proprietário de reaver o bem expropriado, mas não proposto à finalidade pública, com base na Constituição Federal, exercitável no prazo previsto no art. 205 do CC, e o direito de preferência de readquirir o bem (CC, art. 519).[22]

---

22. Agostinho Neves de Arruda Alvim, *Exposição de Motivos do Projeto de Código Civil*, p. 78.

9.6.4 Da venda com reserva de domínio

O pacto de reserva de domínio não foi previsto no Código Civil de 1916. A primeira referência legal inequívoca à cláusula de reserva de domínio foi feita no art. 76, alínea "h", da Lei 859, de 16.8.1902. Depois, o pacto de reserva de domínio foi regulamentado pelo Código de Processo Civil de 1939, arts. 343 e 344, e pelo CPC-1973, arts. 1.070 e 1.071 (sem correspondência no novo CPC). Agora o Código Civil, nos arts. 521 a 528, cuida de disciplinar a venda com reserva de domínio.

O pacto de reserva de domínio (*pactum reservati dominii*) é a cláusula aposta no contrato de compra e venda pela qual o vendedor reserva para si a propriedade do bem alienado até o pagamento integral do preço.

A finalidade de tal cláusula de reserva de domínio é assegurar ao vendedor o recebimento integral do preço pela venda do bem. Convencionada a reserva de domínio, o vendedor não se priva da condição de titular do direito de propriedade. A cláusula conserva o domínio com o vendedor até o momento em que completar o pagamento do preço. É por isso que o Código Civil, no art. 521, determina que "na venda de coisa móvel, pode o vendedor reservar para si a propriedade, até que o preço esteja integralmente pago".

A natureza jurídica do pacto de reserva de domínio é controvertida, embora a doutrina brasileira tenha propensão a considerá-la uma condição suspensiva da aquisição da propriedade pelo comprador, mesmo ocorrida a tradição, até o pagamento integral do preço. De fato, pela cláusula de reserva de domínio, há a reserva da propriedade para o vendedor, até que o preço esteja integralmente pago, o que indica que por referida cláusula opera-se a suspensão dos efeitos da venda como causa hábil a transmitir a propriedade seguida à tradição.

Essa cláusula é mais utilizada nos contratos de compra e venda de bens móveis (CC, art. 521), mas há uma minoria de doutrinadores que a admitem para bens imóveis. O Código Civil, no entanto, no art. 521, reservou-a apenas para bens móveis, que, ainda, segundo regra do art. 523, devem ser suscetíveis de caracterização perfeita para diferenciá-las das demais. O objetivo da regra é permitir ao vendedor, no caso de inadimplemento da obrigação de pagar o preço, postular a reintegração da posse da coisa vendida.

Como dito, a cláusula de reserva de domínio suspende a aquisição da propriedade pelo comprador até o pagamento integral do preço, mas não impede que o comprador ceda os direitos decorrentes da venda com reserva de domínio, salvo se for inserida cláusula proibitiva expressa.

Assim, se o adquirente cedente não pagar integralmente o preço, o vendedor pode resolver o contrato e retomar a posse do bem, mesmo cedido à terceiro de boa-fé, desde que o contrato, em se tratando de bem móvel, esteja registrado no Cartório de Títulos e Documentos.

A cláusula impede a aquisição do domínio, mas não a posse do bem. Os riscos de deterioração e perecimento do bem sem culpa correm por conta do comprador possuidor e não por conta do vendedor, numa clara exceção à regra *res perit domino*. Aplica-se a regra *res perit emptoris*, conforme dispõe o art. 524 do CC: "A transferência de propriedade ao comprador dá-se no momento em que o preço esteja integralmente pago. Todavia, pelos riscos da coisa responde o comprador, a partir de quando lhe foi entregue".

O procedimento judicial a ser tomado no caso do inadimplemento do comprador está previsto nos arts. 1.070 a 1.071 do CPC-1973 (sem correspondência no novo CPC), mas recebeu menção também nos arts. 526 e 527 do CC. A mora do comprador permite ao vendedor promover, alternativamente, a ação com vistas a receber o restante do preço e nesse caso a venda torna-se efetiva, ou ação visando a rescindir o contrato, com a consequente apreensão, depósito e reintegração da coisa vendida.

Nesta última hipótese, o vendedor poderá reter as prestações pagas pelo comprador até o necessário para cobrir a depreciação da coisa, as despesas feitas e o mais que lhe for devido, isto é, eventuais perdas e danos sofridos com a frustração do negócio. O que restar das prestações pagas deverá ser devolvido ao comprador, mas o que faltar lhe será cobrado.

9.6.5 Da venda sobre documentos

A venda sobre documentos não é uma nova modalidade de venda, mas apenas cláusula especial aposta no contrato de compra e venda que permite às partes substituir a tradição efetiva e real da coisa pela entrega de documentos representativos dela, tais como bilhetes de transporte, conhecimento de carga, recibos de depósito, conforme prevê expressamente o art. 529 do CC.

Trata-se de instituto de inspiração italiana passível de utilização nas compras e vendas internacionais de mercadorias que opera alteração nos princípios que cuidam da tradição da coisa vendida, pois o pagamento é feito contra a entrega de documentos que representam o bem e não contra a entrega do bem.[23]

---

23. Carlos Roberto Gonçalves, *Direito Civil Brasileiro*, vol. III: *Contratos e Atos Unilaterais*, cit., pp. 264 e 265.

Em ordem a documentação, presume-se que a coisa vendida preencha todas as qualidades asseguradas no contrato, vedado ao comprador condicionar o pagamento à realização de vistorias ou inspeções. A entrega dos documentos gera a presunção de que a coisa conserva as qualidades indicadas.

A regra vale também quando o pagamento é intermediado por instituição financeira que está obrigada apenas a verificar a regularidade da documentação, conforme dispõe o art. 532 do CC.

Capítulo 10
DA TROCA

10.1 Considerações gerais. 10.2 Conceito. 10.3 Objeto. 10.4 Regime jurídico.

10.1 Considerações gerais

Historicamente o contrato de troca precedeu ao contrato de compra e venda porque a humanidade demorou certo tempo para encontrar um bem fungível que fosse universalmente aceito nos negócios. O contrato de compra e venda substituiu o contrato de troca quando a moeda foi criada.[1]

Para Silvio Rodrigues, a índole do contrato de troca "é a mesma da compra e venda e difere desse contrato apenas porque nele a prestação de uma das partes consiste em dinheiro, o que não se dá na troca, em que as prestações dos permutantes são em espécie. Essa identidade de natureza decorre do fato de o contrato de compra e venda ser espécie do contrato de troca. Aquele é posterior a este, pois o surgimento da compra e venda só se tornou possível a partir do momento em que apareceu a moeda. É certo, entretanto, que, com o aparecimento da moeda, o contrato de compra e venda quase tornou obsoleto o de troca, dada a sua maior difusão".[2]

A troca, o escambo ou a permuta, variações denominativas de um mesmo contrato, representou um grande avanço nas relações sociais, pois substituiu a apreensão, ato de força normalmente exercido pelo

---

1. Ricardo Luis Lorenzetti, *Tratado de los Contratos*, t. I, Santa Fé, Rubinzal--Culzoni, 2000, p. 463: "La permuta es históricamente anterior a la compraventa, pero la aparición del dinero como medio de intercambio la desplazó del lugar central que ocupaba".

2. Silvio Rodrigues, *Direito Civil*, vol. III: *Dos Contratos e das Declarações Unilaterais da Vontade*, 30ª ed., 3ª tir., São Paulo, Saraiva, 2006, p. 197.

mais forte, e instalou o regime de cooperação, no qual a obtenção de um bem necessário à subsistência dependia de negociação, conversação e finalmente acordo.

Segundo Caio Mário da Silva Pereira "a troca foi o primeiro contrato, e a bem dizer o primeiro passo na escala dos valores jurídicos, porque traduz a aceitação da idéia de compreensão substituindo a de apreensão, ou seja, o significado de que o homem passou da fase em que obtinha pela força os bens e as utilidades necessárias, a uma outra em que elegeu como técnica de obtenção o entendimento recíproco".[3]

A essência do contrato de troca consiste na entrega de uma coisa por outra (*rem pro re*). Há troca sempre que se presta direito de propriedade ou posse e se contrapresta outro direito de propriedade ou posse ou qualquer outro direito, inclusive o direito a alguma quantia certa.[4]

10.2 Conceito

Podemos definir *troca* como o contrato pelo qual as partes se obrigam a dar uma coisa por outra que não seja dinheiro.[5]

Hamid Charaf Bdine Jr. define-a como "um contrato bilateral e oneroso, pelo qual as partes transferem, reciprocamente, quaisquer objetos diversos do dinheiro. As coisas permutadas podem ser heterogêneas: móveis por imóveis; uma universalidade por outra; coisa atual por coisa futura; coisa certa por coisa aleatória, na existência ou na quantidade".[6]

Os seus caracteres são idênticos à compra e venda. Trata-se de contrato bilateral, oneroso, comutativo, que funciona como causa da transferência da propriedade, e formal caso refira-se a imóveis. Entretanto, a permuta se distingue da compra e venda porque não há preço em dinheiro, mas obrigações recíprocas de dar coisas não monetárias.[7]

---

3. Caio Mário da Silva Pereira, *Instituições de Direito Civil*, vol. III: *Contratos*, Rio de Janeiro, Forense, p. 137.

4. Francisco Cavalcante Pontes de Miranda, *Tratado de Direito Privado*, vol. XXXIX, Rio de Janeiro, Borsoi, 1962, p. 378.

5. Clóvis Beviláqua, *Código Civil dos Estados Unidos do Brasil Comentado*, 3ª tir., edição histórica, Rio de Janeiro, Editora Rio, 1977, p. 267. Sílvio Luís Ferreira da Rocha, *Curso Avançado de Direito Civil*, vol. III: *Contratos*, São Paulo, Ed. RT, 2002, p. 165.

6. In *Código Civil Comentado: Doutrina e Jurisprudência*, Coord. Cezar Peluso, 6ª ed., rev. e atual., Barueri, Manole, 2010, p. 584.

7. Ricardo Luis Lorenzetti, *Tratado de los Contratos*, t. I, cit., p. 464.

10.3 Objeto

O objeto da permuta deve ser dois bens. A prestação de um serviço por uma coisa é um contrato atípico e não troca.

Os bens que estão no comércio, isto é, os bens que não são considerados indisponíveis de modo natural, legal ou voluntário, podem ser permutados. Tais bens não precisam pertencer à mesma espécie; admite-se a permuta de bens heterogêneos, como móveis por imóveis, imóvel por direito. A permuta de um bem por serviço não se define como troca.

Também não há necessidade de que os bens permutados tenham o mesmo valor. Se aceita a permuta de bens de valores desiguais; nesse caso pode haver ou não a complementação da diferença em dinheiro. A não complementação da diferença em dinheiro corresponde a uma doação do valor excedente, enquanto a torna em dinheiro, quando expressiva, pode transformar o contrato de troca em compra e venda.[8]

A esse respeito existem três correntes: uma denominada *objetiva*, que cogita dos valores e considera que há troca se a torna for inferior ao valor do bem permutado e compra e venda se a torna for superior ao valor do bem permutado; a segunda, denominada *subjetiva*, considera a intenção das partes ao contratar; e a terceira, denominada *mista*, manda, a princípio, considerar troca, exceto se a torna em dinheiro exceder, em muito, o valor da coisa.[9]

10.4 Regime jurídico

A tentativa de distinguir entre compra e venda ou troca mostra-se desprovida de maior importância, pois, em regra, às trocas aplica-se um único regime, o da compra e venda. Assim, por exemplo, aplicam-se aos que permutam as mesmas proibições previstas para a compra e venda relacionadas aos titulares de cargos, funções e múnus, de modo que não podem ser permutados os bens dos tutelados, curatelados, herdeiros e legatários, respectivamente, com as dos tutores, curadores e testamenteiros; dos agentes e servidores públicos e dos empregados da administração pública indireta com os das respectivas entidades e empresas, que estejam sob a administração daqueles; dos juízes e serventuários da justiça e de conselhos públicos deliberativos com as coisas sobre que se

---

8. Sílvio Luís Ferreira da Rocha, *Curso Avançado de Direito Civil*, vol. III, *Contratos*, cit., p. 165.
9. Orlando Gomes, *Contratos*, 18ª ed., Rio de Janeiro, Forense, 1999, p. 268.

litigar nos órgãos que integrem; dos leiloeiros e seus prepostos com as que estejam encarregados de alienar.[10]

A diferença entre regimes mostra-se perceptível no pagamento das despesas e na venda a descendentes.[11]

As despesas são rateadas proporcionalmente entre as partes (CC, art. 533, I), salvo estipulação em contrário, porque cada uma das partes é reciprocamente comprador e vendedor.

A troca entre bens de igual valor entre ascendente e descendente não exige a concordância dos demais descendentes, como acontece na compra e venda. A razão da dispensa do consentimento está na circunstância de não haver alteração substancial no patrimônio dos ascendentes visto que os bens trocados têm valor assemelhado. Já a troca de bens cujos valores são desiguais depende de autorização dos demais descendentes e do cônjuge do alienante (CC, art. 533, II), pena de ser considerada nula.[12]

A entrega das coisas permutadas ocorrerá no lugar onde cada uma se encontra no momento da conclusão da permuta, salvo se as partes estipularem de modo diverso.

Cada um dos contratantes responde pelos riscos de perda ou deterioração até que ocorra a tradição, salvo, igualmente, estipulação em sentido diverso.

---

10. Paulo Lôbo, *Direito Civil. Contratos*, São Paulo, Saraiva, 2013, p. 276.

11. Sílvio Luís Ferreira da Rocha, *Curso Avançado de Direito Civil*, vol. III: *Contratos*, cit., p. 165.

12. Idem, ibidem, p. 166.

Capítulo 11
CONTRATO ESTIMATÓRIO

11.1 Considerações gerais. 11.2 Natureza jurídica. 11.3 Objeto. 11.4 Principais características. 11.5 Efeitos. 11.6 Extinção.

11.1 Considerações gerais

O Código Civil disciplina o contrato estimatório nos arts. 534 a 537. O contrato estimatório pode ser definido como negócio jurídico bilateral pelo qual o proprietário de um determinado bem, denominado consignante ou outorgante, atribui a outrem, chamado consignatário ou outorgado, a posse e o poder de disposição sobre esse bem, para que ele, num prazo certo, lhe entregue o preço estipulado ou lhe restitua o bem (CC, art. 534).

O Enunciado n. 32 do Conselho da Justiça Federal define-o como o contrato no qual o consignante transfere ao consignatário, temporariamente, o poder de alienação da coisa consignada com a opção de pagamento do preço de estima ou a sua restituição ao final do prazo ajustado.

O contrato estimatório permite ao consignatário exercer sua atividade econômica sem a necessidade de adquirir produtos. Por esta modalidade de contrato ele pode receber grande quantidade de bens sem precisar gastar na formação de estoque, mediante o compromisso, findo determinado prazo, de pagar o preço estipulado ou a restituir os bens. Além disso, certos mercados especializados, como o de arte, antiguidades e livros utilizam, com muita frequência, o contrato estimatório.

O contrato denomina-se estimatório pela importância que se atribui à estimativa do valor da coisa feita pelo consignante (preço de estima) e à confiança depositada no consignatário; afigura-se de menor importância a autorização para a venda, pois o consignatário pode optar em restituir o bem consignado.[1]

1. Paulo Lôbo, *Direito Civil, Contratos*, São Paulo, Saraiva, 2013, p. 315.

11.2 Natureza jurídica

A natureza jurídica do contrato estimatório é controversa por que ele se aproxima de diversos tipos contratuais, como a compra e venda, o mandato, a sociedade e a comissão.

Caio Mário da Silva Pereira considera-o uma obrigação alternativa, enquanto Orlando Gomes aplica a ele as regras da compra e venda.[2] Na verdade, o contrato estimatório é contrato especial, a exemplo do que ocorre no ordenamento jurídico italiano, que na sua origem contém em favor do consignatário uma obrigação alternativa, pois ele cumprirá sua obrigação com a entrega do preço estipulado ou com a restituição do bem. Se houver a entrega do preço estipulado estaremos diante de um contrato de compra e venda, mas se houver a restituição do bem estaremos diante de um empréstimo gratuito ou comodato.

11.3 Objeto

O Código Civil prevê o contrato estimatório apenas para bens móveis, o que conta com a adesão de Orlando Gomes e Caio Mário da Silva Pereira, em decorrência do formalismo exigido para a transmissão imobiliária e pelo fato de a venda a terceiros não se operar em nome do outorgante (consignante), mas em nome do outorgado (consignatário).[3]

11.4 Principais características

Deve haver a entrega do bem. O outorgante transmite a posse do bem e o poder de disposição que detinha sobre o bem, sem, com isso, deixar de ser o proprietário do bem. O outorgado passa a ser o titular da posse e do direito de dispor do bem. O titular do direito de dispor pode alienar o bem sem o acordo do outorgante, que, enquanto durar o contrato, fica privado temporariamente de sua capacidade de dispor da coisa.

O preço deve ser estimado, isto é, determinado ou determinável. É importante que o preço seja estimado, ou seja, o contrato deve prever qual o preço a ser pago pelo outorgado. Não importa o preço pelo qual o outorgado irá vender o bem, mas sim o preço que ele deverá pagar ao outorgante pelo bem.

2. Caio Mário da Silva Pereira, *Instituições de Direito Civil*, vol. III: *Contratos*, São Paulo, Saraiva, pp. 160 e 237.

3. Idem, ibidem, pp. 160 e 237.

Aceita-se como da essência do contrato a possibilidade de o preço de venda do outorgado a terceira pessoa ser superior ao preço a ser pago pelo outorgado ao outorgante. Assim, se houver variação do preço estimado no mercado, o outorgante não poderá reclamar aumento no valor a receber. No entanto, admite-se cláusula que limite o preço pelo qual o outorgado irá vender o bem.

O outorgado tem a alternativa de prestar o preço estimado ou restituir o bem. Trata-se de obrigação alternativa, cuja escolha compete ao outorgado e não ao outorgante. O outorgado deve exercer essa alternativa no prazo fixado pelas partes. O contrato estimatório é a termo, muito embora, na ausência de prazo, deva prevalecer o costume local, ou o outorgante deve assinalar ao outorgado um prazo razoável para pagar o preço ou restituir o bem.

O bem deve ser restituído integralmente, sem deteriorações. O outorgado não está autorizado a cobrar despesas com manutenção, guarda do bem consignado, porque não atua como preposto do outorgante, muito menos pode pretender receber qualquer comissão por ter alienado o bem a terceiro.

11.5 Efeitos

O contrato estimatório não transfere a propriedade do bem, apenas a posse direta do bem e o poder de disposição do outorgante sobre o bem, de modo que o outorgado possa dispor dele pelo preço estimado. Aqui reside o maior risco do contrato estimatório, pois comercializado o bem pelo consignatário, sem que haja o pagamento do preço estimado ao consignante, este só terá pretensão contra o consignatário e não contra o terceiro adquirente, salvo se o terceiro tiver agido em conluio com o consignatário. Nesse sentido a lição de Arnaldo Rizzardo: "se vendido o bem pelo consignado, não efetuando este o pagamento ao que entregou a mercadoria, não cabe, então, a ação de restituição, ou a reintegração na posse. Realmente, nada impede a transferência da coisa pelo consignado, já que é inerente o poder da disponibilidade".[4]

Os riscos do perecimento ou da deterioração transferem-se ao consignatário, mesmo decorrentes de caso fortuito ou força maior, por ele encontrar-se na posse do bem (CC, art. 535).

Os credores do consignatário não têm nenhum poder sobre o bem até que seja pago o preço. Eles estão impedidos de penhorá-lo, arrestá-lo

---

4. Arnaldo Rizzardo, *Contratos*, 3ª ed., Rio de Janeiro, Forense, 2004, p. 436.

ou sequestrá-lo por dívidas do outorgado (CC, art. 536), mas os credores do consignante podem penhorar ou sequestrar a propriedade reservada e resolúvel da coisa consignada ou os direitos do consignante, entre eles o de receber o pagamento do preço estimado.

O consignante, antes da restituição da coisa pelo consignatário, está proibido de dispor da coisa e caso desrespeite essa obrigação e a aliene a terceiro, eventual terceiro adquirente não está autorizado a reivindicar a coisa do consignatário, mas apenas a pleitear indenização decorrente do inadimplemento contratual.

11.6 Extinção

O contrato estimatório extingue-se com o pagamento do preço estimado ou com a restituição do bem em seu perfeito estado. A restituição pode ser a *física*, hipótese em que ocorre a entrega do bem ao consignante, que, então, assume a posse e o poder de disposição sobre a coisa; ou *ficta*, caso em que há a comunicação sem entrega física.

Capítulo 12
DA DOAÇÃO

12.1 Definição e natureza. 12.2 Características. 12.3 Pressupostos e elementos: 12.3.1 Partes – 12.3.2 Objeto – 12.3.3 Mútuo consentimento – 12.3.4 Forma. 12.4 Espécies: 12.4.1 Doação própria – 12.4.2 Doação pura – 12.4.3 Doação condicional – 12.4.4 Doação modal ou com encargo – 12.4.5 Doação feita em contemplação do merecimento de alguém – 12.4.6 Doação remuneratória – 12.4.7 Doações mútuas – 12.4.8 Doações mistas – 12.4.9 Doações indiretas e dissimuladas – 12.4.10 Doação conjuntiva – 12.4.11 Doação dos pais a filhos. 12.5 Efeitos da doação. 12.6 Cláusulas especiais. 12.7 Extinção: 12.7.1 Invalidação – 12.7.2 Revogação – 12.7.3 Resolução.

12.1 Definição e natureza

A doação é a atribuição gratuita a outra pessoa de vantagens e direitos. A doação não é o único meio de realizar uma liberalidade, pois existem outros meios, como a disposição testamentária, a remição de uma obrigação, a renúncia a um direito. Ela é uma espécie do gênero liberalidade.

No direito brasileiro, a exemplo do alemão, a doação é considerada espécie de negócio jurídico, mais especificamente uma espécie de contrato pelo qual uma pessoa, denominada doador, por liberalidade, ou seja, gratuitamente, transfere bens ou vantagens do seu patrimônio para o patrimônio de outra. Com efeito, dispõe o art. 538 do CC: "Considera-se doação o contrato em que uma pessoa, por liberalidade, transfere do seu patrimônio bens ou vantagens para o de outra".

No entanto, nos diversos ordenamentos a natureza jurídica da doação é controversa. O Código Civil francês, por exemplo, deixou de considerá-la um contrato por interferência do Primeiro Cônsul Napoleão que, equivocadamente, não admitiu sua classificação na categoria dos contratos, por considerá-la uma relação jurídica que cria obrigações apenas para uma das partes, no que foi imitado por vários Códigos que a definiram como ato e não contrato, considerando-a um dos modos de aquisição da propriedade e contemplando no mesmo título às doações entre vivos e os testamentos.[1]

12.2 Características

A doação é contrato unilateral, benéfico e formal.

Unilateral porque só uma das partes contrai obrigação, isto é, o doador, de transferir o bem ou direito para o patrimônio do donatário, que não assume nenhuma obrigação, quando muito encargo.

Benéfico porque há atribuição de direito a alguém sem contraprestação e como contrato benéfico não admite interpretação extensiva (CC, art. 114).[2]

Formal porque o Código Civil exige que a doação seja formalizada por escritura pública ou particular, sendo que a doação verbal é aceita somente se versar sobre bens móveis de pequeno valor, seguida, imediatamente, da tradição, conforme determina o art. 541 do CC: "A doação far-se-á por escritura pública ou instrumento particular. A doação verbal será válida, se, versando sobre bens móveis e de pequeno valor, se lhe seguir incontinenti a tradição".

12.3 Pressupostos e elementos

Os pressupostos e elementos do contrato de doação não são diferentes dos demais contratos (objeto).

12.3.1 Partes

As partes no contrato de doação são o doador, aquele que transmite o direito ou o bem, e o donatário, aquele que o recebe.

As pessoas que não têm plena capacidade de dispor de seus bens não podem doar, pois a doação implica a transferência de direitos em caráter definitivo. Também não o podem as pessoas absolutamente incapazes (CC, art. 3º), nem os relativamente incapazes de exercer pessoalmente os atos da vida civil (CC, art. 4º). Desta forma, os relativamente

---

1. Eduardo Espínola, *Dos Contratos Nominados no Direito Civil Brasileiro*, Rio de Janeiro, Gazeta Judiciária Ed., 1953, p. 145.
2. Agostinho Alvim, *Da Doação*, São Paulo, Ed. RT, 1963, p. 10.

incapazes embora disponham de capacidade testamentária ativa, isto é, possam fazer testamento (CC, art. 1.860, parágrafo único), não podem doar os seus bens.

O representante legal dos incapazes não pode agir ou assistir ao incapaz como sujeito passivo (doador), nos contratos de doação.[3] Com efeito, os pais têm apenas poderes de administração e não podem alienar os bens dos filhos sem prévia autorização do juiz (CC, art. 1.691); os tutores nem com autorização judicial podem doar os bens dos tutelados (CC, art. 1.749, II).

Com relação ao pródigo, há divergências doutrinárias quanto à possibilidade dele doar bens. Alguns autores, entre eles Pontes de Miranda, são contra, pois um dos modos do pródigo dilapidar os bens é doá-los,[4] enquanto Agostinho Alvim defende a possibilidade de o pródigo doar, pois ele não é um privado de discernimento: pode ocorrer que seja rico e queira beneficiar pessoas afeiçoadas; pode querer fazer doação antenupcial, pois o casamento não lhe é proibido. Nestes casos, cabe ao curador verificar se a doação é razoável e assentir ou não.[5]

Os ascendentes podem doar bens a descendentes. Os bens doados serão considerados um adiantamento daquilo que os descendentes recolheriam por ocasião da morte dos pais e por isso o valor dos bens doados deve ser computado no inventário do doador, por meio do instituto da colação.

O falido não pode doar porque não está na administração de seus bens e porque a doação prejudicaria os credores.

O marido e a mulher podem doar seus bens próprios. Existe a proibição para a doação dos bens comuns. A doação de bens imóveis, mesmo que pertençam exclusivamente a um dos cônjuges, isto é, próprio, depende do consentimento do outro cônjuge, exceto no regime da separação absoluta (CC, art. 1.647).

Marido e mulher podem contratar doação entre si se o regime matrimonial for diverso do regime da comunhão universal. No regime da comunhão parcial, no regime da comunhão de aquestos e no regime da separação convencional de bens poderá haver doação de bens particulares, que, a depender do caso, implicará adiantamento do que lhes cabe

---

3. Eduardo Espínola, *Dos Contratos Nominados no Direito Civil Brasileiro*, cit., p. 149.

4. Pontes de Miranda, *Tratado de Direito Privado*, vol. IX, Rio de Janeiro, Borsoi, 1962, p. 331.

5. Agostinho Alvim, *Da Doação*, cit., p. 28.

por herança, conforme determina o art. 544 do CC. Em síntese, a doação entre cônjuges será válida se não alterar o regime de bens.

O cônjuge está proibido de doar bens ao seu cúmplice no adultério, conforme determina o art. 550 do CC, que prevê a possibilidade de o outro cônjuge anular a doação do cônjuge adúltero ao seu cúmplice no prazo decadencial de dois anos contados da dissolução da sociedade conjugal. A presente disposição alcança ambos os cônjuges, o marido e a mulher, e não distingue regime de bens, de modo que ainda que os cônjuges tenham patrimônios separados, qualquer deles tem o direito de anular a doação que outro fizer ao seu cúmplice em adultério.[6] A referida proibição não se aplica no caso de união estável, de companheirismo em que o doador encontra-se separado de fato há muito tempo do cônjuge.[7]

A doação pode ser feita por procurador, mas o instrumento do mandato deverá preencher certos requisitos. Não basta a atribuição de poderes para doar; o instrumento deve mencionar a quem o doador quer beneficiar, sendo insuficiente o *animus donandi* indeterminado, embora Eduardo Espínola, amparado no Código Civil italiano, reconheça a validade do mandato que atribua ao mandatário a faculdade de escolher o donatário entre as pessoas indicadas pelo doador.[8] Para Agostinho Alvim, essa atenuante prevista no Código Civil italiano pode ser aceita em nosso ordenamento por aplicação analógica do art. 1.901 do CC. Segundo ele, a doação não será nula, ou melhor, inexistente, por carecer do *animus donandi*, que lhe é essencial, se, suprindo a lacuna da procuração, existirem instruções ao mandatário acerca de quem deva ser o beneficiado, e da coisa a ser doada.[9]

As pessoas jurídicas têm capacidade para doar e para receber doações.

Como regra, as pessoas têm capacidade passiva para receber doação, principalmente doações puras, salvo quando se lhe opõe alguma disposição da lei. Assim, as pessoas incapazes de contratar podem aceitar doações puras (CC, art. 543). A aceitação, nesse caso, é naturalmente tácita. Afasta-se a intervenção do representante legal porque a doação

---

6. Clóvis Beviláqua, *Código Civil dos Estados Unidos do Brasil*, 3ª tir., edição histórica, Rio de Janeiro, Editora Rio, 1977, p. 279.
7. Sílvio de Salvo Venosa, *Direito Civil, Contratos em Espécie*, 9ª ed., São Paulo, Atlas, p. 111.
8. Eduardo Espínola, *Dos Contratos Nominados no Direito Civil Brasileiro*, cit., p. 151.
9. Agostinho Alvim, *Da Doação*, cit., p. 35.

pura é ato essencialmente benéfico, que somente trará benefícios ao donatário, dispensada, desta forma, a intervenção legal do representante do donatário.[10] As doações condicionais ou com encargos dependem de autorização ou assistência de seus representantes legais, porque não se limitam a beneficiar puramente os donatários.

A doação feita ao nascituro valerá se for aceita pelos pais ou representante legal (CC, art. 542). Embora o nascituro não tenha personalidade e, portanto, não possa aceitar a doação, a lei permite que os pais ou representantes legais aceitem em seu nome, mediante a condição de ele nascer com vida. A doação caducará, não obstante aceita, se o donatário nascer sem vida, pois a aceitação pelos pais fora apenas condicional, em atenção à existência esperada, consequência irrecusável do sistema, que não reconhece a personalidade do nascituro.[11]

Se, porém, a pessoa ainda não estiver concebida, não podem os pais aceitar a doação que se lhe faça, salvo sob a forma de fideicomisso convencional, somente admissível nos pactos antenupciais, porque o fideicomisso no direito brasileiro está classificado como substituição hereditária.[12]

Os tutores e curadores não podem receber doação dos tutelados ou curatelados antes de extinta a tutela ou curatela e antes de prestadas e liquidadas as contas definitivas.

12.3.2 Objeto

O objeto da doação pode ser uma coisa corpórea, móvel ou imóvel, como também uma universalidade de coisas, embora o Código Civil proíba, no art. 548, a *doação universal*, a doação de todos os bens do doador, com o objetivo de impedir o estado de miserabilidade do doador e de sua família.[13] Pode também ser doado um direito real ou um direito pessoal patrimonial. Em resumo, qualquer coisa ou qualquer direito patrimonial pode ser objeto de doação.

---

10. Segundo Clóvis Beviláqua, *Código Civil dos Estados Unidos do Brasil*, cit., p. 273, essa regra tem origem no direito romano, pois no D. 41, 1, fr.11, dispensava-se a autoridade do tutor para adquirir – *pupillus quantum ad adquirendum non indiget tutoris autoriatatem*. Isso porque o tutor é dado ao menor para defendê-lo, na sua pessoa e bens, e a aquisição, por isso mesmo que é proveitosa ao menor, dispensa a intervenção tutelar.

11. Idem, ibidem, p. 272.

12. Idem, ibidem.

13. Sílvio de Salvo Venosa, *Direito Civil, Contratos em Espécie*, cit., p. 103.

A par disso, admite-se, para fins científicos e terapêuticos, a doação de órgãos humanos, conforme permite o art. 9º da Lei 9.434/1997, quando se tratar de órgãos duplos, de partes de órgãos, tecidos ou partes do corpo cuja retirada não impeça o organismo do doador de continuar vivendo sem risco para a sua integridade, não represente grave comprometimento de suas aptidões vitais e saúde mental, não cause mutilação ou deformação inaceitável e corresponda a uma necessidade terapêutica comprovadamente indispensável à pessoa receptora.[14]

Na maior parte dos sistemas legislativos os bens futuros não podem ser objeto de doação. Três seriam as razões desta proibição: a) os bens não podem ser entregues atualmente; b) faltar o caráter de irrevogabili-

14. Lei 9.434/1997: "Art. 9º. É permitida à pessoa juridicamente capaz dispor gratuitamente de tecidos, órgãos e partes do próprio corpo vivo, para fins terapêuticos ou para transplantes em cônjuge ou parentes consanguíneos até o quarto grau, inclusive, na forma do § 4º deste artigo, ou em qualquer outra pessoa, mediante autorização judicial, dispensada esta em relação à medula óssea. (*Redação dada pela Lei n. 10.211, de 23.3.2001.*)
"§ 1º. (*Vetado*)
"§ 2º. (*Vetado*)
"§ 3º. Só é permitida a doação referida neste artigo quando se tratar de órgãos duplos, de partes de órgãos, tecidos ou partes do corpo cuja retirada não impeça o organismo do doador de continuar vivendo sem risco para a sua integridade e não represente grave comprometimento de suas aptidões vitais e saúde mental e não cause mutilação ou deformação inaceitável, e corresponda a uma necessidade terapêutica comprovadamente indispensável à pessoa receptora.
"§ 4º. O doador deverá autorizar, preferencialmente por escrito e diante de testemunhas, especificamente o tecido, órgão ou parte do corpo objeto da retirada.
"§ 5º. A doação poderá ser revogada pelo doador ou pelos responsáveis legais a qualquer momento antes de sua concretização.
"§ 6º. O indivíduo juridicamente incapaz, com compatibilidade imunológica comprovada, poderá fazer doação nos casos de transplante de medula óssea, desde que haja consentimento de ambos os pais ou seus responsáveis legais e autorização judicial e o ato não oferecer risco para a sua saúde.
"§ 7º. É vedado à gestante dispor de tecidos, órgãos ou partes de seu corpo vivo, exceto quando se tratar de doação de tecido para ser utilizado em transplante de medula óssea e o ato não oferecer risco à sua saúde ou ao feto.
"§ 8º. O autotransplante depende apenas do consentimento do próprio indivíduo, registrado em seu prontuário médico ou, se ele for juridicamente incapaz, de um de seus pais ou responsáveis legais."
"Art. 9º-A. É garantido a toda mulher o acesso a informações sobre as possibilidades e os benefícios da doação voluntária de sangue do cordão umbilical e placentário durante o período de consultas pré-natais e no momento da realização do parto. (*Incluído pela Lei n. 11.633, de 2007*)."

dade, indispensável nas doações entre vivos; c) evitar o impulso desordenado da liberalidade.

Para Eduardo Espínola, nosso direito não proíbe terminantemente a doação de coisa futura. Mas a doação dos bens que tenha o doador, por sua morte, só por testamento poderá ser feita, com as formalidades respectivas. São também proibidas as doações de bens compreendidos numa sucessão ainda não aberta.[15] Para Paulo de Tarso Vieira Sanseverino, as doações de bens futuros que ainda não integram o patrimônio do doador no instante da liberalidade se mostram compatíveis com o nosso sistema jurídico, pois basta que, no momento do cumprimento da obrigação nascida do contrato, o bem esteja integrado ao patrimônio do doador para a sua entrega ao donatário.[16]

A doação pode ainda consistir em subvenção ou prestações periódicas (CC, art. 545). Essa modalidade de doação, adotada em poucos Códigos, como o alemão e o suíço, não é uma sucessão de doações ou de liberalidades, mas uma só doação com execução prolongada. Desta forma, a alteração da capacidade do doador, genérica ou específica, não influirá no contrato de doação.

12.3.3 *Mútuo consentimento*

A formação do contrato de doação pressupõe a aceitação da oferta do doador pelo donatário. A oferta de doação deve ser feita com *animus donandi*, intenção de doar. Assim, o ato de liberalidade deve constituir enriquecimento do donatário e diminuição do patrimônio do doador, sem contraprestação. Quem doa o faz com a consciência de conferir a outrem uma vantagem patrimonial, sem ter a obrigação de fazê-lo.

Mas o donatário deve aceitar a doação. A aceitação é elemento necessário à doação, mas pode ser expressa ou tácita. Via de regra, a aceitação se dá no momento em que a doação é feita. O contrato de doação, todavia, admite aceitação tardia.

O doador pode doar e fixar prazo para a aceitação, como pode, também, doar e não fixar prazo para a aceitação.

Na primeira hipótese, se a doação for pura, o silêncio do donatário equivale à aceitação tácita ou presumida. O silêncio presume a aceitação.

15. Eduardo Espínola, *Dos Contratos Nominados no Direito Civil Brasileiro*, cit., p. 157.
16. Paulo de Tarso Vieira Sanseverino, *Contratos Nominados II*, São Paulo, Ed. RT, p. 81.

Ele opera efeitos jurídicos. Se a doação for modal, é indispensável a declaração expressa da aceitação (CC, art. 539).

Na segunda hipótese, a doação é feita sem prazo e enquanto o donatário não a aceitar ela não se consuma, de modo que restará ao doador, se quiser colocar fim ao estado de incerteza, assinalar prazo ao donatário para que a aceite, pena de, no silêncio, presumir que ele a aceitou.

Enquanto não consumada a doação pela aceitação, o doador pode arrepender-se ou revogá-la, pois em matéria de doação deve persistir o *animus donandi*. Justamente a necessidade de ser atual o *animus donandi* constitui óbice à promessa de doação, pois entre a promessa e a efetivação pode haver arrependimento,[17] embora o arrependimento do doador deva estar amparado em motivo justo, como a diminuição superveniente do patrimônio, para isentá-lo da obrigação de indenizar o donatário pelos prejuízos que este demonstre ter tido.

No entanto, há quem sustente a validade e a eficácia da promessa de doação entre nós, como Pontes de Miranda, Washington de Barros Monteiro, Paulo Luiz Netto Lôbo e Silvio de Salvo Venosa para quem "a vida prática ensina que razões várias podem determinar o pré-contrato, por exemplo, quando, na separação conjugal, prometem os consortes fazer doações entre si ou para a prole. A manifestação de vontade liberal já se torna cristalina no momento da promessa unilateral. Não admitir exigibilidade nessa promessa é criar entrave embaraçoso para os outorgados e para terceiros".[18]

O Superior Tribunal de Justiça não reconhece eficácia obrigatória ao compromisso de doação, salvo aquele assumido por um dos cônjuges no processo de dissolução da sociedade conjugal ou do matrimônio. Nessa hipótese, o entendimento prevalente é de que "a promessa de doação feita como condição para obtenção de acordo quanto à partilha de bens havida com a separação ou divórcio não é ato de mera liberalidade e, por isso, pode ser exigida" (REsp 742.048-RS, rel. Min. Sidnei Beneti).

Também pelo mesmo fundamento – persistência do *animus donandi* –, a morte ou a incapacidade do doador, antes da aceitação do donatário, resulta na extinção da obrigação. Igualmente, a morte do donatário, antes da aceitação, não obriga o doador a cumprir a doação com os herdeiros, pois o *animus donandi* existia em relação ao falecido.

A doação feita em contemplação do casamento com certa e determinada pessoa, quer pelos nubentes entre si, quer por terceiros a um deles,

---

17. Agostinho Alvim, *Da doação*, cit., p. 43.
18. Silvio de Salvo Venosa, *Direito Civil, Contratos em Espécie*, cit., p. 118.

a ambos, ou aos filhos que de futuro houver um do outro, prevalece mesmo sem aceitação e só fica sem efeito sem o casamento não se realizar (CC, art. 546).

12.3.4 Forma

Formaliza-se o contrato de doação por escritura pública ou por instrumento particular. Ele pode, excepcionalmente, ser verbal, mas apenas se os bens doados forem móveis, de pequeno valor e se lhe seguirem imediatamente a tradição (CC, art. 541, parágrafo único), a denominada doação manual.

12.4 Espécies

12.4.1 Doação própria

É a doação feita por pura liberalidade, feita para atender o sentimento de doar.

12.4.2 Doação pura

A *doação pura* contrapõe-se à doação *condicional ou à modal*, pois, ao contrário destas, é a doação feita sem subordinação a qualquer acontecimento futuro e incerto ou ao cumprimento de encargo ou em consideração do mérito ou reconhecimento de serviços prestados. A doação pura é aquela que mais conserva a essência do instituto, pois feita para atender, tão somente, o sentimento de doar.

12.4.3 Doação condicional

A doação condicional é aquela submetida a condições, isto é, ela depende, para ser eficaz, de acontecimento futuro e incerto, ou, pelo contrário, ela produz efeitos, mas a cessação de tais efeitos está subordinada a acontecimento futuro e incerto. Estas condições podem variar indefinidamente e encontram limites na proibição da lei, na contrariedade à moral e aos bons costumes.[19]

---

19. Eduardo Espínola, *Dos Contratos Nominados no Direito Civil Brasileiro*, cit., p. 170, cita as regras propostas por Windscheid a respeito da imoralidade das condições: 1ª. São ilícitas as condições que estabelecem uma vantagem para a execução de atos proibidos ou imorais, ou um dano para a prática de atos impostos pela lei ou pela moral. 2ª. São igualmente ilícitas as que estabelecem vantagens para atos que se devem praticar ou omitir sem o estímulo de prêmios ou recompensas. 3ª.

A doação feita em contemplação do casamento com certa e determinada pessoa, quer pelos nubentes entre si, quer por terceiros a um deles, a ambos, ou aos filhos que de futuro houver um do outro, prevista no art. 546 do CC é uma doação condicional, cujos efeitos ficam suspensos até que se realize o casamento com a pessoa indicada ou até que, realizado o casamento, nasça o primogênito do casal. Nelson Rosenvald ao comentar o referido artigo o considera parcialmente inconstitucional por contrariar o afeto e vínculo de existência baseado no princípio da dignidade da pessoa humana e guiar a escolha do nubente por critérios financeiros.[20]

12.4.4 Doação modal ou com encargo

Segundo Agostinho Alvim "o encargo ou modo é uma modalidade do ato jurídico, que aparece, ordinariamente, nos negócios gratuitos, restringindo a vantagem do beneficiado, por força de uma obrigação que se lhe impõe, a qual, em certos casos, redunda no modo de usar a coisa, como a imposição ao donatário a obrigação de prestar alimentos a um terceiro".[21]

O modo ou encargo é uma limitação da liberdade. *Doação modal, onerosa ou com encargo* é modalidade de doação na qual a liberalidade vem acompanhada de incumbência atribuída ao donatário, em favor do doador ou terceiro.[22] Trata-se de cláusula acessória imposta com a doação que a limita, pois o doador, no contrato de doação, impõe ao donatário a obrigação de dar determinada coisa ou praticar alguma ação, quer em benefício do próprio doador, quer do terceiro, ou ainda do interesse geral (CC, art. 553).[23]

O encargo não suspende a aquisição do direito, salvo quando o doador expressamente declare no ato que o impôs como condição suspensiva.

Haverá ainda condição ilícita ou imoral quando o fato, em que ela consiste, importa uma limitação inconveniente da vontade.

20. Nelson Rosenvald, in *Código Civil Comentado: Doutrina e Jurisprudência*, Coord. Cezar Peluso, 6ª ed., Barueri, Manole, 2010, p. 594.
21. Agostinho Alvim, *Da Doação*, cit., p. 46.
22. Silvio de Salvo Venosa, *Direito Civil, Contrato em Espécie*, cit., p. 107.
23. Eduardo Espínola, *Dos Contratos Nominados no Direito Civil Brasileiro*, cit., p. 174. O que distingue o modo da condição são os efeitos jurídicos. Na condição não prevalecem os atos de disposição praticados *in medio tempore*, que se mostrem incompatíveis com os efeitos resultantes do implemento da condição, ao passo que a inexecução do encargo produz efeitos tão somente *ex nunc*. Isto é controvertido – ver Agostinho Alvim, *Da Doação*, cit., p. 229.

O donatário é obrigado a cumprir o encargo com a exatidão do que já foi disposto pelo doador. Os efeitos da inexecução faltosa do donatário, que deixa de cumprir o encargo, suscitam alguma polêmica. O Código Civil brasileiro prescreve no art. 540 que a doação com encargo é liberalidade na parte em que excede aquilo que corresponde ao encargo. Na outra parte não haveria liberalidade, mas, também, não haveria contrato oneroso, pois o encargo não corresponde a uma contraprestação dos bens ou direitos doados. Assim, se alguém doa 100 com o encargo para o donatário de auxiliar uma obra de caridade em 20, a liberalidade terá sido de 80.

Desta forma, se houver a inexecução faltosa do donatário que deixou de cumprir o encargo, três soluções são possíveis: (a) o descumprimento não revoga a doação; (b) o descumprimento revoga apenas parte da doação, justamente aquela que corresponde ao encargo; (c) o descumprimento revoga integralmente a doação.

A lógica poderia induzir-nos a aceitar a solução (b). Agostinho Alvim acolhe a solução (c), que prevê a revogação total, pois há uma interdependência entre a doação e o encargo e é razoável admitir-se que a doação não seria feita se o doador previsse a infração. Em resumo, o Código Civil brasileiro admite a revogação da doação por inadimplemento do encargo, sem distinguir entre a parte que é liberalidade e a que é negócio oneroso (CC, art. 555).[24]

Uma vez aceita a doação com encargo, o donatário não pode recusar-se a cumprir o encargo, devolvendo o bem ao doador por julgar o encargo oneroso demais. O encargo resulta de um contrato e não há razão para admitir-se a resilição unilateral, isto é, o desfazimento por vontade exclusiva do donatário.[25]

O encargo imposto pode ser impossível. A impossibilidade pode ser física (dou-te tanto com a obrigação de ires a Marte) e, nesse caso, por aplicação analógica dos arts. 123 e 124 do CC, o encargo não vale, mas a doação sim, como pode ser impossibilidade jurídica (dou-te tanto se renunciar ao pátrio poder) e, nesse caso, não vale nem o encargo, nem a doação.

24. Agostinho Alvim, *Da Doação*, cit., p. 232.
25. Idem, ibidem, p. 233. Eduardo Espínola, *Dos Contratos Nominados no Direito Civil Brasileiro*, cit., p. 179, tem outro ponto de vista amparado em legislação estrangeira. Para ele, o "beneficiado pela disposição *sub modo* não está obrigado a satisfazer encargos além dos limites do valor recebido em doação ou legado. E se o cumpriu sem conhecer as forças da liberalidade, tem direito a reaver o excesso que porventura se verifique no valor do encargo".

Há distinção entre modo e conselho ou recomendação. O inadimplemento da obrigação imposta como encargo, entre outras, acarreta a revogação do ato, enquanto o inadimplemento da obrigação imposta como conselho não tem consequências jurídicas, apenas morais. A cláusula modal instituída em benefício do próprio donatário muda de encargo para simples recomendação ou conselho. Segundo a doutrina, "sempre que a cláusula, ou a restrição, se destine a acautelar o interesse da própria pessoa a quem o ato jurídico confere os respectivos direitos, não se trata de modo, mas de simples recomendação".[26]

12.4.5 Doação feita em contemplação do merecimento de alguém

A doação feita em contemplação do merecimento de alguém tem como motivo a gratidão, a admiração que o doador nutre pela pessoa do donatário. Ela é a razão que leva o doador a realizar a liberalidade, embora essa intenção não desnature a doação, que continua a ser mera liberalidade, porque o doador não tem a obrigação jurídica de satisfazer o seu impulso de gratidão ou de prestar homenagem ao merecimento do donatário.[27]

A doação feita em contemplação do merecimento não se confunde com o cumprimento da promessa de recompensa. A execução da promessa de recompensa não é doação, mas cumprimento de obrigação; e a promessa de recompensa não é promessa de doação, mas obrigação unilateral (CC, art. 854).

12.4.6 Doação remuneratória

A doação remuneratória é a aquela que objetiva recompensar algum serviço prestado economicamente apreciável, que não constitui obrigação do donatário,[28] nem possa ser exigida por ele.[29] Consiste na doação

---

26. Eduardo Espínola, *Dos Contratos Nominados no Direito Civil Brasileiro*, cit., p. 175.
27. Exemplo de doação feita em contemplação do merecimento de alguém é a atribuição do Prêmio Nobel. A importância em dinheiro se dá justamente em contemplação do merecimento intelectual, acadêmico do agraciado.
28. Eduardo Espínola, *Dos Contratos Nominados no Direito Civil Brasileiro*, cit., p. 168.
29. Para Agostinho Alvim, *Da Doação*, cit., p. 51, "a doação será remuneratória, se a dívida não for exigível, mas com esta amplitude: quer a dívida não seja exigível por sua natureza (gestão, mandato gratuito), quer seja exigível por sua natureza, porém não mais o seja, porque o credor renunciou o seu crédito".

que se faz em recompensa a serviços prestados ao doador pelo donatário anteriormente à doação, como salvar-lhe a vida, arrumar-lhe um emprego, apoiá-lo psicologicamente em um momento difícil.[30]

12.4.7 Doações mútuas

Doações mútuas são doações que duas ou mais pessoas fazem reciprocamente no mesmo ato. Há dois contratos de liberalidade constituídos no mesmo ato, que não perdem o caráter de gratuidade.

A nulidade por vício de forma ou incapacidade de uma das partes ocasiona a nulidade de todo o ato. O mesmo não ocorre quando há a revogação de uma das doações por ingratidão ou resolução por inexecução do encargo, persistindo a outra.[31]

12.4.8 Doações mistas

As doações mistas são as doações que procuram beneficiar por meio de um contrato de caráter oneroso, como a venda por preço abaixo do valor, denominada venda amistosa. Aplicam-se lhes os princípios da doação e as regras de compra e venda quando estas não forem excluídas pela doação.[32]

12.4.9 Doações indiretas e dissimuladas

As doações indiretas e dissimuladas são as doações que se realizam por outro ato jurídico que não o contrato de doação, propriamente dito. São doações feitas sob a forma aparente de um contrato oneroso, que oculta a liberalidade efetivamente realizada. Essas doações são válidas quando não configurem simulação fraudulenta.[33]

12.4.10 Doação conjuntiva

A doação conjuntiva é aquela feita em comum a mais de uma pessoa. À falta de estipulação em contrário, subentende-se que os bens

---

30. Silvio de Salvo Venosa, *Direito Civil, Contrato em Espécie*, cit., p. 108.
31. Eduardo Espínola, *Dos Contratos Nominados no Direito Civil Brasileiro*, cit., p. 180.
32. Idem, ibidem.
33. Idem, ibidem, p. 182.

doados foram distribuídos igualmente entre os donatários. Feita a marido e mulher, ela subsiste na totalidade para o cônjuge sobrevivo (CC, art. 551, parágrafo único).

12.4.11 Doação dos pais a filhos

A doação dos pais a um dos filhos dispensa a autorização dos demais. Salvo cláusula expressa em sentido contrário, esta doação presume-se feita em adiantamento daquilo que o filho receberia de herança quando da morte dos pais, razão pela qual ele deverá trazer à colação no inventário o valor do bem doado para descontar da sua parte (CC, art. 544).

O doador pode, querendo, dispensar o filho da obrigação de trazer o bem a colação, basta, para tanto, expressar a sua vontade no contrato de doação. Entretanto, para que a dispensa seja eficaz, torna-se necessário que o valor da doação não exceda a metade do patrimônio de que ele podia dispor (CC, art. 549).

12.5 Efeitos da doação

O contrato de doação gera efeitos obrigacionais. A transferência do domínio dos bens móveis e imóveis depende, respectivamente, da tradição e do registro do título no Cartório de Registro de Imóveis.

A doação é irrevogável. Apenas em caráter excepcional a lei admite a revogação da doação pelo doador, sempre por razões previstas em lei, nunca por vontade exclusiva dele.

O doador não está obrigado a pagar juros moratórios, nem a garantir o donatário dos riscos da evicção ou dos vícios redibitórios (CC, art. 552), salvo nas doações para casamento com certa e determinada pessoa em que o doador responde pelos riscos da evicção.

Assim, na hipótese de inadimplemento do doador em executar a doação, o donatário pode exigir o cumprimento, mas não pode cobrar juros moratórios pela demora no cumprimento da obrigação. Por outro lado, o doador não responde pelos riscos da evicção ou dos vícios redibitórios, de modo que se houver o reconhecimento por sentença de direito anterior de terceiro sobre o bem doado ou se a coisa doada revelar-se inadequada ao fim a que se destina o doador não será obrigado a indenizar o donatário, exceto se se tratar de doação em contemplação de casamento com pessoa determinada prevista no art. 546 do CC.

12.6 Cláusulas especiais

O doador pode reservar para si o usufruto, total ou parcial, vitalício ou temporário da coisa doada.

O doador pode, ainda, pela denominada cláusula de reversão, estipular que os bens doados retornem ao seu patrimônio, se o donatário falecer primeiro (CC, art. 547). Assim, morto o donatário e vivo o doador, os bens doados não seriam transmitidos para o patrimônio dos herdeiros do donatário, mas retornariam ao patrimônio do doador.

A cláusula de reversão configura condição resolutiva que, atuando, desfaz os atos realizados pelo donatário, mesmo que este tenha alienado o bem a terceiro.[34]

O parágrafo único do art. 547 do CC vedou a instituição da cláusula de reversão em favor de terceiro e, com isso, a doação com cláusula fideicomissória.[35]

12.7 Extinção

A doação pode extinguir-se por ineficácia decorrente de invalidade, revogação e por resolução.

12.7.1 Invalidação

A doação pode ser nula ou anulável.

Considera-se nula a doação por incapacidade absoluta do doador, por ilicitude, por impossibilidade absoluta de objeto e por desobediência à forma prevista em lei.

Além dessas causas comuns a todos os negócios jurídicos, considera-se nula a doação de todos os bens ou bens suficientes para a sobrevivência do doador, a denominada doação universal, que abrange a totalidade dos bens do doador, sem reserva de renda suficiente para sua própria manutenção.[36] O Código Civil proíbe que o doador fique reduzido ao estado de miserabilidade, dependente da caridade pública ou alheia para subsistir (CC, art. 548).[37]

---

34. Caio Mário da Silva Pereira, *Instituições de Direito Civil*, vol. III: *Contratos*, Rio de Janeiro, Forense, p. 180.
35. Paulo de Tarso Vieira Sanseverino, *Contratos Nominados II*, cit., p. 119.
36. Idem, ibidem, p. 121.
37. De acordo com Silvio Rodrigues, *Direito Civil*, vol. III: *Dos Contratos e das Declarações Unilaterais da Vontade*, 30ª ed., 3ª tir., São Paulo, Saraiva, 2006, pp. 206-207, "tal

A regra do art. 548 do CC veda a doação da totalidade dos bens integrantes do patrimônio do doador e a ausência de reserva de renda ou bens suficientes à manutenção do doador.

A regra que proíbe a doação de todos os bens pode ser afastada quando o doador reserva para si o usufruto da totalidade ou de parte dos bens doados, evitando, com isso, a dependência do Estado ou dos parentes. A reserva de usufruto é feita pela inserção de cláusula nesse sentido na escritura pública de doação, com a constituição de direito real sobre coisa alheia em favor do doador, não bastando para afastar a nulidade à promessa dos donatários de se responsabilizarem pela manutenção vitalícia do doador.[38]

Se forem feitas doações sucessivas, em datas diversas, não podem ser declaradas nulas as que deixaram o doador com meios para subsistir, mas tão somente a doação que despojar o doador dos meios indispensáveis para sobreviver.

A proibição visa a proteger também aos credores do doador, que, com a doação de todos os bens, teriam esvaziada a garantia patrimonial do doador, razão pela qual o Código Civil (art. 158) permite-lhes anular o contrato de doação mediante a propositura da ação revocatória, também conhecida por ação pauliana.

A doação que excede a metade dos bens no momento do contrato também é considerada nula, se o doador tiver herdeiros necessários, descendentes e ascendentes. É que o Código Civil, nesse caso, limita a liberdade do doador de dispor de metade do seu patrimônio no momento da celebração do contrato (CC, art. 549). A parte que exceder a isso é denominada de parte inoficiosa e é considerada nula, no montante que ultrapassa a parte disponível.[39]

regra tem o propósito direto de proteger o doador não permitindo que, por sua leviandade ou imprevidência, caia em penúria". Ele cita dois julgados do Supremo Tribunal Federal que retratam este entendimento: "O preceito do art. 1.175 do Código Civil [*CC/2002, art. 548*] visa a resguardar o ato de liberalidade das consequências de generosidade excessiva, que podem arguir fraqueza de ânimo. Por isso se estatui que a doação, sem reserva de usufruto ou renda suficiente para a subsistência do doador, é nula" (*RF* 114/78). "A validade da doação universal requer a reserva do usufruto de renda ou outros bens que bastem para a subsistência do doador. Não se contenta a lei em que o donatário se obrigue a assistir, moral e materialmente, o doador" (*Repertório de Jurisprudência*, n. 750).

38. Paulo de Tarso Vieira Sanseverino, *Contratos Nominados II*, cit., p. 123.
39. O Código Civil, no art. 549, para calcular se houve doação inoficiosa, manda considerar o valor dos bens doados em confronto com o acervo patrimonial do doador no momento da doação e não na abertura da sucessão. O art. 1.014, parágrafo único, do Código de Processo Civil de 1973 (art. 639, parágrafo único do CPC-2015)

Para caracterizar a doação como inoficiosa é necessária a existência de herdeiros necessários, indicados pelo art. 1.845 do CC, e a ultrapassagem da parte disponível, que ocorre quando superada a metade disponível se o donatário for um terceiro, mas se o donatário for um dos herdeiros necessários do doador, a sua quota hereditária deverá ser considerada e somada à metade disponível.[40]

Tema controvertido, segundo Silvio Rodrigues, é o que concerne ao momento em que deve ser ajuizada a ação revocatória da doação inoficiosa, desde o momento da liberalidade ou após a morte do doador. Para o autor, o início do prazo prescricional da ação revocatória da doação inoficiosa começa a fluir a partir da doação.[41] A ação de redução da doação inoficiosa pode ser proposta ainda durante a vida do doador, sem que haja necessidade de os herdeiros necessários aguardarem sua morte, pois a lesão aos seus interesses é imediata, a nulidade absoluta e a demora na propositura da ação pode inviabilizá-la, embora existam aqueles que adotem a corrente minoritária de que a ação de redução só pode ser proposta após a morte do doador para evitar um litígio acerca de herança de pessoa viva.[42]

O prazo de prescrição para propositura da ação de redução é de dez anos (CC, art. 205), contados da data da doação, de seu registro no Registro de Imóveis ou da abertura da sucessão do doador, para aqueles que adotam a corrente minoritária de que a ação de redução só pode ser proposta após a morte do doador para evitar um litígio acerca de herança de pessoa viva.

Considera-se anulável a doação feita pelo cônjuge adúltero ao seu cúmplice (CC, art. 550). Pressupõe a doação e a comprovação do adultério, que requer relação amorosa com terceiro pelo doador casado na constância da sociedade conjugal. Rompida a sociedade conjugal, ainda que de fato, não se anula a doação. Portanto, a jurisprudência distingue cumplice no adultério de companheiro ou companheira.

manda, contudo, para fins de conferência no inventário e igualdade das legítimas, que se considere o valor dos bens doados ao tempo da abertura da sucessão, o que levou alguns doutrinadores a sustentar, então, a mudança de critério para o cálculo da doação inoficiosa. Não houve mudança. São cálculos distintos. O cálculo da doação inoficiosa leva em conta o valor dos bens doados e o patrimônio do doador no momento da doação. O cálculo da conferência leva em conta o valor dos bens doados no momento da abertura da sucessão.
 40. Paulo de Tarso Vieira Sanseverino, *Contratos Nominados II*, cit., p. 127.
 41. Silvio Rodrigues, *Direito Civil*, vol. III: *Dos Contratos e das Declarações Unilaterais da Vontade*, 30ª ed., 3ª tir., 2006, cit., p. 209.
 42. Paulo de Tarso Vieira Sanseverino, *Contratos Nominados II*, cit., p. 131.

A ação pode ser proposta pelo outro cônjuge ou por seus herdeiros necessários até dois anos depois de dissolvida a sociedade conjugal, embora o cônjuge prejudicado possa propor a demanda ao tomar conhecimento da doação irregular, mesmo que não venha a se separar ou a se divorciar do cônjuge adúltero.[43] A ação é privativa do cônjuge, enquanto ele for vivo. Após a sua morte é que os herdeiros necessários passam a ter legitimidade para propor a ação anulatória.[44]

A invalidade da doação atinge apenas o bem doado e não eventuais negócios jurídicos derivados.[45]

12.7.2 Revogação

A doação, como qualquer contrato, não pode ser revogada à vontade do doador. Ela é irrevogável. Admite-se, excepcionalmente, a revogação da doação se ocorrerem determinados fatos definidos pelo Código Civil, como a ingratidão do donatário.

Assim, o donatário, ao aceitar o benefício, assume tacitamente a obrigação moral de ser grato ao doador e de se abster de praticar atos de ingratidão e desapreço, o que caracteriza a revogação como espécie de pena pela insensibilidade moral do donatário.[46]

A revogação da doação, isto é, a extinção unilateral do contrato por vontade exclusiva do doador, nos casos de ingratidão do donatário, somente é possível na doação pura e simples. As doações puramente remuneratórias, as oneradas com encargo, as feitas em cumprimento de obrigação natural ou para determinado casamento não podem ser revogadas por ingratidão (CC, art. 564).

O direito de revogar a doação pura e simples é personalíssimo. O direito de ação é exclusivo do doador, o que significa que somente o doador poderá propor a ação contra o donatário. O direito de revogar não se transmite aos herdeiros do doador, nem prejudica os herdeiros do donatário (CC, art. 560), o que significa que, morto o doador, os seus herdeiros não podem propor a ação para revogar a indenização e morto o donatário o doador não poderá propor a ação contra os herdeiros deste.

---

43. Idem, ibidem, p. 137.
44. Silvio Rodrigues, *Direito Civil*, vol. III: *Dos Contratos e das Declarações Unilaterais da Vontade*, 30ª ed., cit., p. 211.
45. Paulo de Tarso Vieira Sanseverino, *Contratos Nominados II*, cit., p. 137.
46. Carlos Roberto Gonçalves, *Direito Civil Brasileiro*, vol. III: *Contratos e Atos Unilaterais*, 9ª ed., São Paulo, Saraiva, 2012, p. 302.

Na vigência do Código Civil de 1916 este rigor foi abrandado pela jurisprudência na hipótese em que o donatário matasse o doador. Se a regra fosse interpretada literalmente, a própria torpeza do donatário que tirasse a vida do doador o beneficiaria, já que os herdeiros do doador estariam impedidos de propor a ação revocatória contra ele. O Código Civil de 2002, no art. 561, estabelece que no caso de homicídio doloso do doador, a ação caberá aos seus herdeiros, exceto se aquele o houver perdoado.

Embora o direito de ação seja personalíssimo, nada impede a sucessão processual. Assim, iniciada a ação pelo doador contra o donatário, a morte de qualquer um deles na pendência do processo autoriza a sucessão pelos respectivos herdeiros (CC, art. 560).

Além de ser personalíssimo, o direito de revogar a doação por ingratidão é irrenunciável. A renúncia antecipada ao direito de revogar a doação por ingratidão é nula de pleno direito, conforme prevê o art. 556 do CC.

Os motivos que autorizam a revogação por ingratidão do donatário estão previstos no Código Civil (art. 557), mas ao contrário do que dispunha o Código Civil de 1916 não são mais taxativos, mas meramente exemplificativos, como o atentado doloso contra a vida do doador, a ofensa física, a injúria, a calúnia, a recusa em prestar alimentos ao doador.[47]

Configura ingratidão do donatário o atentado doloso contra a vida do doador. O atentado culposo contra a vida do doador, ou praticado em legítima defesa, não. Se o atentado alcançar o resultado esperado e causar a morte do doador, para afastar flagrante injustiça, tanto a doutrina, como a jurisprudência e agora o Código Civil (art. 557) atribuem aos herdeiros do doador o direito de propor a ação revocatória.[48]

---

47. De acordo com Eduardo Espínola, *Dos Contratos Nominados no Direito Civil Brasileiro*, cit., p. 184, "a ingratidão do donatário se patenteia quando ele pratica atos que, física ou moralmente, vão ferir o seu benfeitor, ou ainda, em caso de necessidade, lhe recusa o auxílio para a sua subsistência, que estava em condições de prestar. A origem dessa revogação se encontra no direito romano, limitando-se, a princípio, às liberalidades feitas pelo patrão ao liberto, mas estendendo-se depois aos seguintes casos: a) injúria atroz; b) vias de fato contra o doador; c) grave dano ao patrimônio; d) pôr em perigo a vida do doador; e) deixar de cumprir as obrigações impostas na doação".

Para Paulo de Tarso Vieira Sanseverino, *Contratos Nominados II*, cit., p. 158, "a principal modificação no conceito jurídico de ingratidão adotado pelo Código Civil de 2002, em relação àquele que era esposado pela norma do art. 1.183 do CC/1916, é que esse elenco legal deixou de ser taxativo".

48. Maria Helena Diniz, *Código Civil Anotado*, 16ª ed., São Paulo, Saraiva, 2013, p. 743; e Caio Mário da Silva Pereira, *Instituições de Direito Civil*, vol. III, cit., p. 185.

O Código Civil não exige a prévia condenação criminal do donatário, contentando-se com o fato, mas a sentença criminal absolutória impede a revogação da doação.[49]

A ofensa física contra o doador também configura ingratidão. A ofensa também não precisa ser reconhecida por ação penal e não constituirá ingratidão se não intencional ou praticada em legítima defesa.

Injuriar é ofender o decoro ou dignidade de alguém (CP, art.140). Atinge a honra subjetiva, o sentimento que cada pessoa tem a respeito do seu decoro ou dignidade. Na injúria não há a imputação de um fato, mas a opinião desfavorável que o agente emite a respeito do ofendido, como "ladrão", "avarento". Deve ser grave para configurar a ingratidão.

Caluniar é imputar falsamente fato definido como crime (CP, art. 138).

A difamação, imputação de fato ofensivo à reputação (CP, art. 139), não constitui causa de ingratidão porque o Código Civil referiu-se expressamente à injúria ou calúnia.

O Código Civil também não exigiu, nesses casos, a condenação do donatário em processo criminal.

Por derradeiro, a recusa em prestar alimentos ao doador configura, também, ingratidão. Há necessidade de que o donatário possa prestar os alimentos, que o doador necessite deles e que não haja parentes do doador em condições de prestá-los.[50]

Os efeitos da sentença proferida na ação revocatória não retroagem. Embora haja a resolução do domínio superveniente, os direitos adquiridos por terceiros antes da resolução subsistem, como determina o art. 1.360 do CC. Assim, se o donatário vendeu a coisa antes de ser revogada a doação, o adquirente não perderá o domínio sobre a coisa, cabendo ao doador exigir o valor médio da coisa do donatário (CC, art. 563).

O donatário, por sua vez, não terá que restituir os frutos percebidos, antes de contestada a lide, por ser possuidor de boa-fé. Após a contestação deverá indenizar a todos os frutos percebidos e aqueles que, culposamente, deixar de perceber. De acordo com o Código Civil (art. 563), a revogação não prejudica os direitos adquiridos por terceiros, nem obriga o donatário a restituir os frutos que percebeu antes de contestada a lide.

---

49. Clóvis Beviláqua, *Código Civil dos Estados Unidos do Brasil*, cit., p. 285.
50. Idem, ibidem; Caio Mário da Silva Pereira, *Instituições de Direito Civil*, vol. III, cit., p. 185.

O prazo para propor a ação de revogação é de um ano, a contar do conhecimento pelo doador do fato que a autorize e de ter sido o donatário o seu autor (CC, art. 559).

12.7.3 Resolução

Revoga-se a doação onerosa por inexecução do encargo, desde que o donatário incorra em mora (CC, arts. 555 e 562). Embora o Código mencione revogação, cuida-se de caso de resolução por descumprimento do encargo. A demora do donatário no cumprimento do encargo, constatada pelo decurso do prazo fixado ou pela interpelação, judicial autoriza o doador a revogar a doação e a reclamar a restituição do bem doado, mas não lhe permite demandar perdas e danos do donatário, porque o encargo não é uma correspectivo da liberalidade, mas apenas um acessório que a modifica.[51]

A ação de revogação, nesse caso, também é personalíssima do doador.

---

51. Clóvis Beviláqua, *Código Civil dos Estados Unidos do Brasil*, cit., p. 282.

Capítulo 13
DA LOCAÇÃO

13.1 Conceito e espécies. 13.2 Elementos do contrato. 13.3 Caracteres. 13.4 Obrigações do locador e locatário. 13.5 Locação de imóvel urbano: 13.5.1 Objeto – 13.5.2 Partes: 13.5.2.1 Sucessão das partes – 13.5.2.2 Sublocação – 13.5.2.3 Cessão – 13.5.3 Prazo da locação: 13.5.3.1 Efeitos do prazo – 13.5.4 Principais obrigações: 13.5.4.1 Obrigações do locador – 13.5.4.2 Obrigações do locatário – 13.5.5 Espécies de locação – 13.5.6 Extinção da locação: 13.5.6.1 Extinção dos contratos de locação residenciais – 13.5.6.2 Extinção da locação para temporada – 13.5.6.3 Extinção da locação não residencial – 13.5.6.4 Extinção da locação de hospitais, escolas e instituições assemelhadas. 13.6 Locação em centros de compra (shopping centers). 13.7 Locação com construção ou reforma ajustada ("Built-to-Suit").

13.1 Conceito e espécies

O direito romano, ao tratar da locação, abrangia três modalidades consideradas essenciais: *locatio-conductio rerum*, que compreendia o aluguel de coisas móveis e imóveis; *locatio-conductio operarum*, que consistia na prestação de serviços; e a *locatio-conductio operis*, que correspondia à obra ou empreitada, tanto que Clóvis Beviláqua define a locação como contrato pelo qual uma das partes, denominada locador, mediante remuneração, que a outra parte, denominada locatário, paga, se compromete a fornecer-lhe, durante certo lapso de tempo, ou o uso e gozo de uma coisa infungível (locação de coisa), ou a prestação de um serviço (locação de serviço),[1] ou a execução de algum trabalho determinado (empreitada).[2]

---

1. Agostinho Neves de Arruda Alvim, *Exposição de Motivos do Projeto de Código Civil*, p. 79, relata que a locação de serviços passou a constituir um outro contrato, que é o da prestação de serviço.

2. Clóvis Beviláqua, *Código Civil dos Estados Unidos do Brasil Comentado*, 3ª tir., edição histórica, Rio de Janeiro, Editora Rio, 1977, p. 289.

Este conceito amplo vem sendo sistematicamente abandonado,³ pois hoje se estuda separadamente a locação de coisa; o contrato de prestação de serviços; e o contrato de empreitada.

Trataremos da locação de coisas, que pode ser definida como a cessão temporária do uso e gozo, sem transferência de propriedade, mediante retribuição, por prazo determinado, de coisa móvel ou imóvel infungível.

Esclareça-se, no entanto, que o âmbito de incidência da locação de coisas regulada pelo Código Civil não abrange relações disciplinadas em leis especiais, como as relações de locação de imóveis urbanos (Lei 8.245/1991), o arrendamento mercantil, a locação de imóveis públicos da União, os apart-hotéis e *flats*, vagas de garagem, espaços de publicidade e o arrendamento rural.⁴

13.2 Elementos do contrato

Dispõe o art. 565 do Código Civil: "Na locação de coisas, uma das partes se obriga a ceder à outra, por tempo determinado ou não, o uso e gozo de coisas não fungível, mediante certa contribuição". Da definição dada pelo art. 565 do CC a respeito de locação de coisas é possível extrair três elementos fundamentais do conteúdo do contrato: a *coisa*, a *remuneração* e o *consentimento*.

O contrato de locação pode versar sobre coisas móveis ou imóveis. As coisas móveis são, também, frequentemente, alugadas, como roupas, talheres, mobílias, filmes cinematográficos, carros. Exige-se, no entanto, que as coisas móveis sejam infungíveis, pois se forem fungíveis teremos outro contrato, o contrato de mútuo. A exceção a esta regra está na locação de coisas móveis fungíveis exclusivamente para ornamentação, ostentação, *ad pompam et ostentationem*, como o fez o avarento de Estrasburgo, que ao casar a filha usou, para causar impressão nos convidados, grande bolo nupcial locado a uma confeitaria, dando ordens aos domésticos para que o não servissem em hipótese alguma.⁵

---

3. Caio Mário da Silva Pereira, *Instituições de Direito Civil*, vol. III: *Contratos*, Rio de Janeiro, Forense, p. 188.
4. Paulo de Tarso Vieira Sanseverino, *Contratos Nominados II*, São Paulo, Ed. RT, p. 203.
5. Washington de Barros Monteiro, *Curso de Direito Civil*, vol. 5, São Paulo, Saraiva, p. 137. Sílvio Luís Ferreira da Rocha, *Curso Avançado de Direito Civil*, vol. III: *Contratos*, São Paulo, Ed. RT, 2002, p. 198.

Com relação aos bens imóveis, a locação pode ser total ou parcial. A locação estende-se a todos os acessórios do imóvel, salvo estipulação em contrário.

A *coisa* não precisa ser de propriedade do locador, exceto em algumas hipóteses.

Assim como as coisas, alguns direitos, como o de usufruto, podem ser locados.

A *remuneração* também integra o conteúdo do contrato e designa--se aluguel ou renda, erigindo-se em fator discriminante do contrato de comodato, em que o uso e o gozo da coisa são cedidos a título gratuito. A remuneração não precisa ser em dinheiro, pode ser em frutos ou produtos. O preço deve ser certo, determinado ou determinável por critérios estabelecidos pelas próprias partes e pode ter, se assim o desejarem, caráter aleatório, como um percentual sobre a arrecadação ou a receita bruta. Também, nesse sentido, a lição de Paulo de Tarso Vieira Sanseverino, que lembra que "apenas não há a possibilidade de fixação do valor do aluguel em ouro ou moeda estrangeira, conforme disposto no art. 318 do CC/2002, ou em salário-mínimo (art. 7º, IV, da Constituição Federal), que são as principais regras cogentes que limitam as manifestações de vontade dos contratantes acerca do preço da locação".[6]

O último elemento é o *consenso* das partes, expresso ou tácito. Se houver mais de um proprietário, a locação do bem será possível, desde que maioria absoluta resolva pela locação, conforme determina o art. 1.323 do CC.

13.3 Caracteres

O contrato de locação é sinalagmático, simplesmente consensual, oneroso, comutativo, impessoal e de duração.

Ao direito de uso e gozo da coisa estabelece-se, paralelamente, a obrigação de pagar o aluguel.

O contrato aperfeiçoa-se com o consentimento das partes. A tradição do bem, móvel ou imóvel, configura execução do contrato.

O contrato é oneroso, pois ao uso e gozo corresponde certa retribuição.

Como regra, a locação é impessoal, motivo pelo qual a morte de qualquer dos contratantes não a extingue.

6. Paulo de Tarso Vieira Sanseverino, *Contratos Nominados II*, cit., p. 206.

Trata-se de contrato de duração, pois sua execução prolonga-se no tempo, muito embora por natureza seja contrato temporário, pois do contrário equivale à venda.

13.4 Obrigações do locador e locatário

O locador compromete-se a entregar ao locatário a coisa locada em estado de servir ao uso a que se destina e de assegurar a ele o uso pacífico do prédio locado (CC, art. 566), que se decompõe nas obrigações de abster-se o locador de qualquer ato que possa perturbar o uso e gozo da coisa e o de garantir o locatário contra perturbações de terceiro.

A garantia contra perturbação de terceiro limita-se àquele que pretenda ter direitos sobre a coisa alugada. O locador não está obrigado a garantir o locatário contra vias de fato não fundadas em direito, cabendo ao locatário, nesse caso, diante de perturbações desta espécie, defender--se pelos meios que a lei diretamente lhe permite.[7]

As principais obrigações do locatário são pagar pontualmente o aluguel; usar a coisa com cuidado, conforme sua destinação; e restituí--la findo o contrato no estado em que a recebeu, salvo as deteriorações naturais do uso regular (CC, art. 569).

O locador suporta os riscos de perecimento da coisa locada por força maior ou caso fortuito. No caso de incêndio, a presunção é inversa, respondendo o locatário, salvo se demonstrar o caso fortuito, vício de construção ou propagação de fogo originado em outro prédio.

13.5 Locação de imóvel urbano

13.5.1 Objeto

A locação de imóvel urbano foi disciplinada pela Lei 8.245, de 18.10.1991, pela importância que esta espécie de negócio jurídico tem numa sociedade em que milhões de pessoas vivem nos centros urbanos e apenas uma pequena parte dispõe de recursos para adquirir um imóvel.

O objeto dessa lei é o imóvel urbano com destinação residencial, não residencial e comercial.

---

7. Clóvis Beviláqua, *Código Civil dos Estados Unidos do Brasil*, cit., p. 293. Sílvio Luís Ferreira da Rocha, *Curso Avançado de Direito Civil*, vol. III: *Contratos*, cit., p. 199.

O conceito de imóvel urbano é equívoco e alguns critérios propõem-se a defini-lo com vistas, sobretudo, a apartá-lo do conceito de prédio rústico, conceituado como o prédio ou o terreno destinado à cultura agrícola ou à plantação de hortaliças ou árvores frutíferas.

Assim, pelo critério da localização, consideram-se urbanos os imóveis situados no perímetro da cidade, edificados ou não. Pelo critério do estado, consideram-se imóveis urbanos os edificados e rurais os não edificados. Pelo critério da destinação, consideram-se imóveis urbanos os que se destinam a moradia, instalação de casas comerciais ou industriais e a prestação de serviços, e rurais os que têm como finalidade a exploração rural.

Além da destinação que serve para apartar o imóvel rústico do imóvel urbano, a Lei 8.245/1991 escolheu um critério negativo para definir imóvel urbano ao arrolar, no art. 1º, algumas locações não disciplinadas por ela, como as que versem sobre imóveis de propriedade da União, dos Estados e dos Municípios e de suas autarquias e fundações públicas; das vagas autônomas de garagem ou de espaços para estacionamento de veículos; dos espaços destinados à publicidade; dos apart-hotéis, hotéis-residência ou equiparados e arrendamento mercantil, em qualquer modalidade.

13.5.2 Partes

Locador e o locatário são as principais partes envolvidas numa relação locatícia. Locador é aquele que cede o uso e o gozo do imóvel, enquanto o locatário é aquele que desfrutará do uso e gozo do imóvel, mediante o pagamento de uma retribuição denominada aluguel.

O locador não precisa ser o proprietário ou o compromissário comprador do bem. Como regra, basta ele ter título que o permita ceder, temporariamente, o uso e o gozo do imóvel, como o usufrutuário. A prova da propriedade ou do contrato preliminar de compra só será exigida do locador que pretenda retomar o imóvel para uso próprio ou para reformá-lo (Lei das Locações: Lei 8.245/1991, art. 47, § 2º).

Se houver mais de um locador ou mais de um locatário, entre eles, no silêncio do contrato, se estabelece o vínculo de solidariedade, no caso presumido pela lei (Lei 8.245/1991, art. 2º).

13.5.2.1 Sucessão das partes

A sucessão das partes na relação locatícia pode dar-se por causa da morte (*mortis causa*). Com a morte do locador, os seus herdeiros assumem a posse indireta do bem. Enquanto não terminar o inventário do locador morto, com a respectiva partilha dos bens, o seu espólio é quem assume a posição de locador e, portanto, deve figurar no polo ativo ou passivo das ações que envolvam o exame da relação locatícia (art. 10).[8]

Com a morte do locatário, os direitos e deveres do locatário morto transferem-se na locação residencial para o cônjuge ou companheiro sobrevivente, e, na falta deles, para os herdeiros necessários ou aqueles que viviam na dependência econômica do falecido. Cuida-se de regra que privilegia o caráter familiar da locação residencial (art. 11, I).

Na locação não residencial os direitos e deveres do locatário transferem-se para o espólio e, se for o caso, para o seu sucessor no negócio (art. 11, II).

A sucessão pode dar-se, também, entre vivos (*inter vivos*). Numa locação em que os locatários constituam uma família, nas hipóteses de ruptura do vínculo afetivo e da convivência em comum por separação de fato, divórcio ou dissolução da união estável, a sub-rogação legal ocorrerá na pessoa do cônjuge ou companheiro que permanecer no imóvel (art. 12).[9]

O locador tem o direito de ser avisado da sub-rogação, embora não possa mais exigir a substituição do fiador ou exigir novas garantias por força da alteração promovida pela Lei 12.112/2009.

O fiador também deverá ser comunicado e, no prazo de 30 dias, poderá exonerar-se da fiança, conforme dispõe o § 2º do art. 12 da Lei 8.245/1991.

Pode ocorrer, ainda, a cessão, a sublocação e o empréstimo total ou parcial. Estas dependem da prévia concordância expressa do locador, que deve ser feita por escrito (art. 13).[10]

---

8. De acordo com Gildo dos Santos, *Locação e Despejo – Comentários à Lei 8.245/91*, 3ª ed., São Paulo, Ed. RT, 1999, p. 72, o espólio, que é pessoa formal, antes da partilha, como locador, pode promover ação de despejo, seja por falta de pagamento do aluguel e encargos, seja para retomada, por exemplo, para uso de um herdeiro.

9. Gildo dos Santos, *Locação e Despejo*, cit., p. 79.

10. Segundo Gildo dos Santos, *Locação e Despejo*, cit., pp. 82-83, continua válida a regra de que não se presume o consentimento do locador pelo fato da simples demora em se insurgir contra a sublocação, cessão ou empréstimo. Nessa matéria, os Pretórios consideram que "existindo lei quanto à expressa exigência do consentimento do locador para a cessão do imóvel a terceira pessoa, descabe ao julgador admitir como legítima situação diversa, baseado exclusivamente em inércia do locador, que

A lei determina a notificação escrita do locador, que, uma vez cientificado, tem o prazo de 30 dias para manifestar formalmente, também por escrito, sua oposição, pena de não o fazendo não poder alegar no futuro infração contratual ou legal (Lei 8.245/1991, art. 13).

Há situações que não caracterizam cessão, sublocação ou empréstimo. Não foi por menos que ficou anotado que "não constitui cessão da locação o fato de ter o locatário deixado no prédio seus parentes, que com ele conviviam desde o início da locação, a suas expensas, como dependentes econômicos" (2º TACivSP, Ap 260.550, rel. Renzo Leonardi, j. 29.3.1990).[11]

Continua, portanto, válida a regra de que não se presume o consentimento do locador pelo fato da simples demora em se insurgir contra a sublocação, cessão ou empréstimo. É que, existindo lei exigindo expressa anuência do locador para a cessão, sublocação ou empréstimo, não se pode admitir como legítima situação diversa baseada exclusivamente na inércia do locador (vide art. 13, § 1º, da Lei 8.245/1991).[12]

13.5.2.2 Sublocação

Pode ser que o locatário realize uma sublocação, definida como uma nova locação em que o locatário assume a posição de locador perante outrem, chamado sublocatário. É a locação da locação. A sublocação reproduz a relação entre locador e locatário, só que agora entre locatário (sublocador) e terceiro (sublocatário), tanto que se aplicam às sublocações, as disposições relativas às locações, no que couber (art. 14).[13]

A sublocação é contrato derivado da locação. A sublocação não cria obrigações, deveres, ônus, direitos entre o locador, parte no contrato principal, e o sublocatário, parte apenas no subcontrato. Dela decorrem direitos e obrigações apenas entre o sublocador (locatário) e sublocatário, e se a lei permite ao sublocatário atuar como assistente do locatário no litígio entre ele e o locador é porque o sublocatário tem interesse na vitória do sublocador.[14]

---

não tem força para legitimar conduta faltosa do locatário, caracterizadora de infração contratual a justificar o despejo" (*RT* 629/187, rel. Demóstenes Braga).
11. Idem, ibidem, p. 83.
12. Idem, ibidem, pp. 82-83.
13. Sílvio Luís Ferreira da Rocha, *Curso Avançado de Direito Civil*, vol. III: *Contratos*, cit., p. 204.
14. Idem, ibidem.

A sublocação pode ser legítima ou ilegítima. Ela é considerada uma sublocação legítima quando autorizada pelo locador e considerada ilegítima quando realizada sem ou contra o consentimento do locador.

Tanto o sublocatário legítimo como o sublocatário ilegítimo não têm direito a permanecer no imóvel quando rescindida ou finda a locação (art. 15). Portanto, a extinção da locação acarreta a extinção da sublocação.[15]

Instaurada a ação de despejo para extinguir o contrato de locação firmado entre locador e locatário, o sublocador legítimo deve ser intimado da ação para que atue como assistente do locatário, enquanto torna-se desnecessária a intimação do sublocatário ilegítimo do processo instaurado entre locador e locatário, segundo a jurisprudência, porque o sublocatário não tem condições legais para defender seus interesses, por não gozar de quaisquer direitos que a lei concede ao sublocatário legítimo, sendo inviável a sua convocação para intervir no feito.

A Lei 8.245/1991, atenta para a realidade urbana, não ignorou os ocupantes de habitações coletivas multifamiliares, denominados habitualmente de "cortiços", e atribuiu a cada ocupante, no mínimo, a qualidade de sublocatário (art. 2º, parágrafo único).[16]

O sublocatário responde subsidiariamente perante o locador pela importância que dever ao sublocador, quando o sublocador (locatário) for demandado pelo locador. Assim, se o locatário não pagar o que deve ao locador, o sublocatário responde perante o locador até o valor que deve ao sublocador (art. 16).

13.5.2.3 Cessão

A cessão do contrato de locação é a transferência que a parte faz de sua posição contratual com todos os seus deveres e direitos. Considera-

---

15. Idem, ibidem.
16. Gildo dos Santos, *Locação e Despejo*, cit., p. 37 esclarece que, "tratando-se de moradias conhecidas como cortiços, não permitem elas, as mais das vezes, que se saiba exatamente quem são os locatários, pelas suas sucessivas mudanças.

"De regra, estabelecida a locação, sucedem-se sublocações, legítimas ou não, alterando-se e alternando-se os moradores do imóvel, havendo quase sempre um entre eles que acaba sendo o líder daquela pequena comunidade, seja por suas qualidades, seja em razão do temor que infunde nos outros. A atual lei, atenta a essa realidade social, reconhece em todos e em cada um dos ocupantes dessas habitações coletivas a condição de locatário ou de sublocatário, os quais, nessas circunstâncias, são moradores que legalmente passam a ser inquilinos ou subinquilinos, por presunção legal, independentemente da situação em que ingressaram no bem."

-se cessão, tão somente, aquela feita a pessoa diversa da família do locatário, que não convivia com o locatário no prédio, nem dele dependia economicamente.[17]

Como regra, a cessão da posição de locatário no contrato de locação depende de anuência do locador. Certas circunstâncias, no entanto, não são consideradas cessão. Assim, não constitui cessão, ao menos cessão proibida, a permanência no imóvel locado de parentes do locatário que com ele conviviam desde o início da locação, a suas expensas, como dependentes econômicos. Também não configura cessão, sublocação ou empréstimo vedado o fato de o locatário abrigar terceiro gratuitamente, desde que o locatário continue a residir no imóvel. Assim, se a coisa locada permanece inteiramente na posse do locatário, embora este permita sua fruição a outras pessoas, no cumprimento dos deveres de parentesco, amizade, sociabilidade, não se pode falar em infração contratual (*RT* 639/121, rel. Fraga Teixeira).

13.5.3 Prazo da locação

A locação pode ser celebrada por qualquer prazo, mas, se o prazo estipulado for superior a dez anos, exige-se do locador casado autorização uxória ou marital. A falta de permissão do outro cônjuge acarretará a ineficácia da cláusula do contrato de locação que exceder ao prazo de dez anos, sendo que tal ineficácia não poderá ser alegada pelo cônjuge signatário (art. 3º).[18]

13.5.3.1 Efeitos do prazo

A locação por prazo certo impede o locador de reaver o imóvel alugado, mesmo que ele comprometa-se a indenizar o locatário, salvo algumas hipóteses previstas no art. 9º.[19] O mesmo não ocorre com o locatário, que mesmo em vigor o ajuste pode restituir o imóvel ao locador, desde que pague a multa contratualmente fixada, que será reduzida

---

17. Sílvio Luís Ferreira da Rocha, *Curso Avançado de Direito Civil*, vol. III: *Contratos*, cit., p. 206.
18. Idem, ibidem. "A ausência da vênia conjugal, prevista no art. 3º da Lei 8.245/1991, não pode ser alegada pelo cônjuge signatário" (Ap 430.777 – 9ª Câm., rel. Ferraz de Arruda, j. 10.5.1995, in Gildo dos Santos, *Locação e Despejo*, cit., p. 41).
19. "O locador não poderá reaver o imóvel locado estando em plena vigência aditamento contratual" (MS 395.499 – 9ª Câm., rel. Ribeiro da Silva, j. 9.12.1993, in Gildo dos Santos, *Locação e Despejo*, cit., p. 45).

proporcionalmente ao tempo de cumprimento do contrato de locação, ou, então, aquela arbitrada judicialmente a pedido do locador, quando o contrato de locação não a preveja.

O locatário estará dispensado de pagar a multa quando a devolução do imóvel resultar de transferência de domicílio determinada pelo seu empregador, que o mandou trabalhar noutro local. Trata-se de norma que tem inspiração no direito comum, pois se o contrato se extingue sem culpa do locatário, resolve-se a cláusula penal. A transferência deverá ser determinada pelo empregador privado ou público no interesse da empresa ou da Administração. A princípio descabe a exoneração do locatário do pagamento da multa quando ele, no seu exclusivo interesse, é quem solicita a transferência.[20]

13.5.4 Principais obrigações

13.5.4.1 Obrigações do locador

Algumas das obrigações descritas na Lei 8.245/1991 não podem ser modificadas por vontade das partes. Entre elas, ressaltamos:

a) a obrigação de o locador entregar ao locatário a coisa locada em estado de servir ao uso a que se destina

A realidade locatícia fática no país revela que na maioria das vezes o locador entrega o prédio nas condições em que ele está e exige do locatário que o devolva pintado e com os equipamentos e instalações em pleno funcionamento. Para evitar isso, cabe ao locatário exigir do locador, quando este lhe entrega o prédio, relação escrita e pormenorizada do seu estado, pena de não o fazendo presumir-se que o recebeu em perfeito estado de funcionamento, conservação e limpeza, como mencionado na cláusula contratual, de modo a responder pelos danos constatados no final do contrato de locação.[21]

b) assegurar-lhe o uso pacífico do prédio locado

A obrigação de assegurar o uso pacífico do prédio locado decompõe-se em duas. A primeira delas consiste na obrigação de abster-se o locador de praticar qualquer ato que perturbe o uso e gozo da coisa para, com isso, evitar ficar sujeito a uma ação possessória promovida pelo

---

20. Gildo dos Santos, *Locação e Despejo*, cit., p. 43; Sílvio Luís Ferreira da Rocha, *Curso Avançado de Direito Civil*, vol. III: *Contratos*, cit., p. 207.
21. Sílvio Luís Ferreira da Rocha, *Curso Avançado de Direito Civil*, vol. III: *Contratos*, cit., p. 208.

locatário, enquanto a segunda obrigação consiste em garantir o locatário contra perturbações de terceiros relacionadas ao contrato de locação.

Assim, a garantia contra a perturbação de terceiro a ser prestada pelo locatário deve limitar-se àquele que pretenda ter direitos sobre a coisa alugada e, por isso, o locador não está obrigado a garantir o locatário contra perturbações não fundadas no contrato de locação (ruído excessivo provocado pela vizinhança); cabe ao locatário, nesse caso, defender-se pelos meios que a lei, diretamente, lhe permite.[22]

c) dar quitação específica, discriminada

d) suportar as despesas e taxas com intermediação e administração imobiliária (art. 22, VII)

e) suportar as despesas extraordinárias de condomínio

O parágrafo único do art. 22 da Lei 8.245/1991 define as despesas consideradas extraordinárias de condomínio, que, como regra, são aquelas não relacionadas com a manutenção corriqueira do condomínio. Os locatários que paguem tais taxas podem pedir restituição dos locadores.

f) dar direito de preferência ao locatário na venda, promessa de venda, cessão ou dação em pagamento do imóvel locado

Trata-se do direito de preferência legal, reconhecido pelo art. 27, ao locatário que quiser adquirir o imóvel, em igualdade de condições com terceiros, quando se trate de venda, pois o direito de preferência não alcança os casos de venda por decisão judicial, permuta, doação, integralização de capital, cisão, fusão e incorporação (art. 32).[23]

Citado direito deve ser exercido pelo locatário no prazo de 30 dias contados do conhecimento do negócio, efetivado mediante notificação judicial, extrajudicial ou qualquer outro meio (art. 27).

O locatário preterido no seu direito de preferência pode reclamar perdas e danos do alienante; Se preferir, ele pode exercer pretensão adjudicatória do imóvel, no prazo decadencial de seis (6) meses, contados do registro do ato no cartório imobiliário, desde que: (a) o contrato de locação esteja averbado junto à matrícula do imóvel no cartório imobiliário pelo menos 30 (trinta) dias antes da alienação e (b) ele deposite o preço da compra e venda e demais despesas do ato de transferência (emolumentos, impostos). Apenas a pretensão adjudicatória está subordinada

---

22. Idem, ibidem.
23. Idem, ibidem, p. 209.

à averbação do contrato de locação no cartório imobiliário; a pretensão indenizatória independe da averbação do contrato.[24]

g) indenizar as benfeitorias, salvo cláusula em sentido contrário

As benfeitorias são acréscimos realizados na coisa e segundo o Código Civil se classificam em necessárias, úteis e voluptuárias (CC, art. 96).

As benfeitorias distinguem-se das acessões. As primeiras são acréscimos feitos na coisa para conservá-la (necessárias), melhorá-la (úteis) ou embelezá-la (voluptuárias), enquanto as segundas são obras, construções ou plantações.

A Lei de Locações, no art. 35, considera válida a cláusula que negue ao locatário o direito de ser indenizado pelas benfeitorias realizadas no imóvel, ainda que necessárias. Trata-se, segundo a doutrina, de disposição contratual que não ofende a ordem pública por representar indispensável proteção do locador, evita que este se veja impedido de retomar o imóvel por não dispor de recursos para indenizar o locatário pelas benfeitorias realizadas. O mesmo não se diga em relação às acessões. Acessões não são benfeitorias. Estas são indenizáveis, desde que o inquilino esteja de boa-fé, embora não autorizem a retenção do imóvel.[25]

13.5.4.2 Obrigações do locatário

As obrigações mais elementares do locatário são pagar o aluguel; arcar com as despesas ordinárias do condomínio; usar a coisa locada como se sua fosse; restituir o imóvel ao término da locação.

O aluguel é a remuneração ajustada como contraprestação pela cessão do uso e gozo do imóvel, por prazo determinado. A estipulação do aluguel é livre. A lei veda o seu pagamento em moeda estrangeira ou sua correção pela variação cambial ou índice de evolução do salário-mínimo.

O aluguel não pode ser pago antecipadamente, salvo se a locação for por temporada (art. 49) ou inexistirem garantias à locação (art. 42).

---

24. "A violação ao direito de preferência do locatário, assegurado no art. 33 da Lei 8.245/1991, enseja pedido de perdas e danos, ainda que não registrado o contrato de locação, não se sujeitando ao prazo decadencial de seis meses, aplicável este apenas ao pedido de adjudicação do imóvel" (Ap 430.077– 6ª Câm., rel. Paulo Hungria, j. 24.5.1995), in Sílvio Luís Ferreira da Rocha, *Curso Avançado de Direito Civil*, vol. III: *Contratos*, cit., p. 209.

25. Sílvio Luís Ferreira da Rocha, *Curso Avançado de Direito Civil*, vol. III: *Contratos*, cit., p. 210.

Pagar o aluguel com pontualidade significa quitar a dívida no tempo e lugar devidos. Na falta de estipulação contratual, o aluguel deve ser pago no próprio imóvel, onde o locador, ou seu representante, deve ir receber a renda. Assim, a dívida de aluguéis é considerada uma dívida *querable*.[26]

O chamado desconto ou prêmio por pontualidade tem dividido a jurisprudência. Um número considerável de julgados considera tal abatimento uma multa ou cláusula penal disfarçada, enquanto outro número expressivo de julgados considera-o um desconto para o pontual pagamento do aluguel, válido por não contrariar nenhum dispositivo legal. O desconto ou prêmio por pontualidade constitui direito ou vantagem decorrente de acordo das partes, que não pode ser retirado unilateralmente pelo locador, como se fosse mera liberalidade. No caso de reajuste do valor do aluguel o percentual de reajuste deve incidir sobre o aluguel que foi estabelecido e não sobre o valor que resulte da dedução do prêmio de pontualidade, salvo alguma estipulação em contrário.[27]

Despesas ordinárias de condomínio são aquelas relacionadas à manutenção normal do edifício, à sua administração, como os salários e encargos dos empregados; as taxas de água, esgoto, gás, força e luz elétrica.

Usar a coisa locada como se sua fosse pressupõe dar ao imóvel a destinação para o qual ele foi locado e conservá-lo.

A restituição do imóvel pressupõe a devolução no mesmo estado de conservação recebido, exceto as deteriorações decorrentes do uso normal da coisa. Costuma-se presumir a culpa do locatário pelos danos existentes no prédio locado por ocasião de sua restituição ao locador, que não decorram exclusivamente do desgaste pelo uso e pelo decurso do tempo. Trata-se de presunção relativa que pode ser infirmada por prova a cargo do locatário.[28]

13.5.5 Espécies de locação

Há três espécies de locação que decorrem da finalidade dada ao imóvel locado. Temos a locação residencial, destinada à residência do locatário e seus familiares. Temos a locação para temporada, isto é, aquela destinada a atender uma necessidade determinada no tempo, que

---

26. Idem, ibidem.
27. Idem, ibidem.
28. Idem, ibidem, p. 211.

não pode ultrapassar noventa 90 dias, como a residência temporária, a prática de lazer, a realização de cursos, o tratamento de saúde. E temos a locação não residencial, isto é, a locação de imóveis destinados ao comércio, às indústrias, aos serviços civis, que se subdivide em locação cujo locatário tem direito a renovação compulsória do contrato de locação e locação cujo locatário não tem direito a renovação compulsória do contrato de locação.

Os traços distintivos destas três espécies de locações estão, sobretudo, no regime jurídico da extinção dos contratos, já que as obrigações e direitos das partes são semelhantes aos mencionados acima.

13.5.6 Extinção da locação

O vocábulo extinção aplica-se a todos os casos nos quais o contrato de locação deixa de existir. A extinção do contrato pode ser normal, e nesse caso ela decorre da execução integral do contrato, ou pode ser anormal, e nessa interessam-nos as causas supervenientes à formação do contrato, como a resolução, a resilição e a rescisão.

Destacamos entre as formas de extinção:

A resilição unilateral pelo locatário (art. 6º), que pode ocorrer a qualquer tempo, desde que ele notifique o locador, com antecedência mínima de 30 dias, no contrato por prazo indeterminado, ou desde que indenize o locador no contrato por prazo determinado (art. 4º).

A resilição unilateral pelo adquirente do imóvel (art. 8º). O adquirente do imóvel não pode ser obrigado a respeitar a locação firmada entre o vendedor e o locatário, cabendo-lhe extinguir por vontade unilateral o contrato de locação. Deve conceder o prazo de 90 dias para desocupação do imóvel, pouco importando a destinação do imóvel, que pode ser residencial, comercial ou não residencial. O adquirente somente deverá respeitar o contrato de locação firmado entre vendedor e locatário se o contrato tiver prazo determinado e cláusula de vigência previamente averbada na matrícula do imóvel aberta no respectivo Cartório de Registro de Imóveis.[29]

Na lição de Gildo dos Santos, trata-se do velho princípio do direito romano segundo o qual "a venda rompe a locação", sem a força que tinha na Antiguidade. Vigora esse princípio mitigado, pois o rompimento da locação depende da manifestação formal do adquirente, no prazo de

---

29. Idem, ibidem, p. 212.

90 dias, a contar do registro imobiliário da venda e compra ou da promessa, de que não tem interesse em manter a relação locatícia.[30]

13.5.6.1 Extinção dos contratos de locação residenciais

Nas locações residenciais, o regime jurídico da extinção dos contratos depende do prazo do contrato de locação.

Na locação realizada com prazo superior a 30 meses, a lei prevê a extinção do contrato pura e simplesmente com o termo final do contrato.[31] Nessa hipótese, o locador, desejoso de retomar o imóvel, pode fazê--lo sem ter de notificar previamente o locatário,[32] mediante a promoção de ação de despejo no prazo de 30 dias subsequentes ao termo final do contrato. A retomada do imóvel locado nesse caso funda-se exclusivamente no término do contrato, não sendo necessária a comprovação de qualquer outro motivo que justifique o interesse do locador em reaver o imóvel locado – a chamada denúncia cheia – como determinava a legislação anterior revogada. É hipótese de extinção normal do contrato. A única exigência é a propositura da ação de despejo dentro do prazo de 30 dias contados do término da relação locatícia, sem que haja necessidade de que a citação do locatário ocorra dentro desse prazo.[33]

A inércia do locador em retomar o imóvel, findo o contrato de locação, transforma a locação em prazo indeterminado e nesse caso a retomada judicial do imóvel, embora continue desmotivada – a chamada denúncia vazia –, deverá ser precedida de prévia notificação do locador ao locatário com a concessão do prazo de 30 dias para desocupar o imóvel, pena de ser proposta ação de despejo.[34]

A ação de despejo somente deve ser proposta depois do decurso do prazo concedido para desocupação do imóvel pena de ser extinta sem julgamento de mérito por falta de interesse de agir do locador. É a hipótese de extinção por resilição unilateral imotivada do locador.

---

30. Gildo dos Santos, *Locação e Despejo*, cit., pp. 57-58.
31. "Para fins do art. 46 da Lei 8.245/1991 não se somam os prazos dos vários contratos" (Ap 467.408, 6ª Câm., rel. Gamaliel Costa, j. 16.10.1996).
32. "A propositura (art. 263 do CPC-1973; art. 312 do CPC-2015) da ação de despejo por denúncia vazia logo após o termo final do contrato basta a impedir sua prorrogação por tempo indefinido, desnecessária a notificação premonitória" (Ap 440.625, 4ª Câm., rel. Rodrigues da Silva, j. 28.11.1995).
33. Sílvio Luís Ferreira da Rocha, *Curso Avançado de Direito Civil*, vol. III: *Contratos*, cit., p. 211.
34. Idem, ibidem, p. 213.

A locação residencial, cujo prazo de duração seja inferior a 30 meses, recebe outro tratamento jurídico, pois, nesse caso, a locação é prorrogada automaticamente por prazo indeterminado e a retomada do imóvel pelo locador somente poderá ser deferida se pressupostos de fato, permissivos da medida, forem comprovados pelo locador. É a denominada retomada cheia, isto é, motivada.

Os pressupostos de fato estão enumerados no art. 47 da Lei 8.245/1991. Entre eles:

a) o mútuo acordo descumprido pelo locatário;

b) a infração legal ou contratual;

c) a falta de pagamento do aluguel e demais encargos, que darão ensejo a resolução por culpa do locatário;

d) a realização de reparos urgentes determinados pelo Poder Público que não possam ser executados com a permanência do locatário no imóvel ou, podendo, ele se recuse a consenti-los (art. 9º);

e) a extinção do contrato de trabalho, se a ocupação do imóvel pelo locatário estiver relacionada com o seu emprego;

f) uso próprio, de seu cônjuge ou companheiro, ou uso residencial de ascendente ou descendente que não disponha, assim como seu cônjuge ou companheiro, de imóvel residencial próprio;

g) para demolição e edificação licenciada ou para a realização de obras aprovadas pelo Poder Público, que aumentem a área em, no mínimo, vinte por cento, ou se o imóvel for destinado a exploração de hotel ou pensão, em cinquenta por cento;

h) se a vigência ininterrupta da locação ultrapassar cinco anos.

Vejamos apenas algumas das hipóteses acima.

A extinção do contrato de trabalho autoriza a retomada do imóvel se o inquilino o ocupava em decorrência de relação empregatícia que mantinha com o locador, que vem a ser extinta. A lei menciona a extinção do contrato de trabalho, de modo que alterações nas atividades do empregado ocupante de imóvel da empresa não a autorizam a pedir a retomada do imóvel. Mesmo que exista cláusula no contrato de locação prevendo que a alteração das atividades do empregado autoriza a extinção do contrato de locação, considera-se ineficaz esta cláusula por contrariar a legislação específica.[35]

---

35. Gildo dos Santos, *Locação e Despejo*, cit., p. 208.

O uso do imóvel para si, cônjuge ou companheiro autoriza o pedido de retomada. Nessa hipótese a expressão "uso do imóvel" deve ser entendida amplamente, de modo que não apenas a destinação residencial, mas qualquer outra destinação (comercial ou civil) lícita decorrente do direito de uso do proprietário, desde que permitida pela lei municipal de zoneamento, autoriza o pedido de retomada. O art. 47 da Lei de locações estabelece nessa hipótese uma presunção de que o autor da ação está sendo sincero quando afirma que o uso daquele imóvel será feito por ele, cônjuge ou companheiro. O inquilino pode, no entanto, afastar essa presunção de sinceridade e demonstrar que o locador dará ao imóvel destinação diversa.[36]

Desaparece a presunção de sinceridade quando o locador ocupa outro imóvel de sua propriedade com a mesma finalidade do prédio que quer retomar. Caberá a ele, nessa hipótese, demonstrar a necessidade da mudança (*v.g.*, o locador reside em uma casa e quer mudar-se para um apartamento por razões de segurança).[37]

A morte do locador antes do trânsito em julgado da sentença resulta na extinção do processo e não na sucessão dos seus herdeiros no polo ativo da relação processual. A exceção a esta regra residiria no pedido feito por locador que vive com a família, especificamente com cônjuge ou companheiro e filhos. Nessa hipótese, sabendo-se que a pretensão do locador é *intuitu familiae*, o processo prosseguiria, mesmo com a morte do locador já que persiste o interesse da família em residir no imóvel.[38]

A morte do locador após o trânsito em julgado da ação de despejo não acarreta a extinção do processo. A sentença de despejo pode ser executada pelos herdeiros do autor devidamente habilitados nos autos.

O imóvel pode ser retomado para uso de ascendentes ou descendentes. O uso permitido neste caso é o exclusivamente residencial, proibida qualquer outra destinação. O parentesco não é o estabelecido apenas por consanguinidade, mas, também, o por afinidade, admitido, então, o

---

36. De acordo com Gildo dos Santos, *Locação e Despejo*, cit., p. 209, "a presunção de sinceridade que milita a favor do autor, no caso de retomada para uso próprio, pode ser afastada por prova idônea contrária cujo ônus é do inquilino demandado. Afinal, a presunção, embora relativa, dispensa a parte, em favor de quem milita, de produzir prova. Às vezes, porém, circunstâncias e elementos dos autos, deduzidos pelo autor ou pelo réu, se encarregam de destruir a presunção".

37. Sílvio Luís Ferreira da Rocha, *Curso Avançado de Direito Civil*, vol. III: *Contratos*, cit., p. 214.

38. Gildo dos Santos, *Locação e Despejo*, cit., p. 210.

pedido de retomada do imóvel para destiná-lo à residência dos sogros ou dos enteados.[39]

Alguns doutrinadores entendem que o locador-proprietário só pode postular a retomada de imóvel de sua propriedade para o filho e invocam a seu favor as Súmulas 175 e 484 do Supremo Tribunal Federal, que mencionam expressamente a palavra "filho". Assim, o avô estaria impossibilitado de pedir a retomada em favor do neto e a razão de tal limitação estaria no fato de que aos pais, antes que aos avós, caberia o ônus de prover as necessidades dos filhos. Não há razão para esta interpretação restritiva, já que a lei não a estabelece e à luz da legislação revogada admitia-se a retomada para uso pelo neto.

Também nessa modalidade de retomada presume-se a sinceridade do pedido, que pode ser infirmada pelo locatário, que deverá, então, demonstrar a insinceridade da pretensão do locador.

A lei proíbe que o ascendente ou descendente e respectivos cônjuges, que serão beneficiados com a retomada do imóvel, sejam proprietários de imóvel residencial, mas a jurisprudência abranda tal disposição com o argumento de que a circunstância de ser o ascendente ou descendente do retomante do prédio locado, em favor do qual se pede a retomada, proprietário de imóvel residencial não impede a retomada se tal bem se situa em bairro distante daquele do imóvel locado.[40]

A morte do ascendente ou descendente beneficiário do pedido de retomada no curso da ação, antes do trânsito em julgado da sentença, implica em extinção da ação sem julgamento de mérito, a menos que o falecido tenha família, que também seria beneficiada com a retomada, caso em que a ação prosseguirá.

A jurisprudência admite que o espólio ajuíze ação de despejo para retomada de imóvel para uso de um dos herdeiros: "O espólio, representado pelo inventariante, tem legitimidade para propor ação de despejo, a fim de que o imóvel seja destinado para uso de herdeiro" (*RSTJ* 104/445).

39. Conforme lição de Gildo dos Santos, *Locação e Despejo*, cit., p. 211, apenas é cabível esse pleito se for para uso residencial. De fato, "a lei, no particular, é expressa, exigindo que o pedido seja para residência e que o beneficiário da postulação não tenha prédio residencial próprio" (*RT* 640/163, rel. Demóstenes Braga), exatamente porque verte da previsão legal, que "cuida a retomada de imóvel locado para uso de descendente, o espírito de proteção à *residência*, não comportando o texto interpretação no sentido de viabilizar a retomada com alteração da destinação do prédio" (*RT* 628/172, 2ª TACivSP, rel. Teixeira de Andrade).

40. Gildo dos Santos, *Locação e Despejo*, cit., p. 212.

13.5.6.2 Extinção da locação para temporada

A locação para temporada é aquela celebrada com prazo determinado, não superior a 90 dias, destinada, com isso, a atender uma necessidade definida no tempo, como a residência temporária; a prática de lazer; a realização de cursos; o tratamento de saúde.

Decorrido o prazo estipulado para a locação temporária, vedada a renovação sucessiva da locação para temporada, pois seria uma violação direta do prazo máximo estipulado no art. 48; se o imóvel não for restituído pode o locador ingressar com ação de despejo com o objetivo de retomá-lo com fundamento exclusivo no término do contrato de locação, hipótese de extinção normal do contrato.

Contudo, finda a locação, a permanência do inquilino no imóvel, sem oposição do locador, por mais de 30 dias, resulta na prorrogação da locação por prazo indeterminado e, nesse caso, a resilição unilateral do contrato poderá ser feita imotivadamente (denúncia vazia), quando decorridos 30 meses contados do início da prorrogação, ou motivadamente (denúncia cheia), se presente alguma das hipóteses previstas no art. 47 da Lei 8.245/1991, conforme prevê o art. 50 da mesma lei.

13.5.6.3 Extinção da locação não residencial

A locação não residencial é a locação de imóvel destinada ao comércio, à indústria, ao serviço civil, ou, ainda, aquela em que o locador for pessoa jurídica e o imóvel destinar-se ao uso de seus titulares, diretores, sócios, gerentes, executivos ou empregados.

A locação não residencial subdivide-se em locação cujo locatário tem direito à renovação compulsória do contrato de locação e locação cujo locatário não tem direito à renovação compulsória do contrato de locação.

A primeira, também denominada locação comercial, foi disciplinada, inicialmente, pelo Dec. 24.150/1934, conhecido como Lei de Luvas, justamente com o objetivo de impedir a cobrança das chamadas "luvas", isto é, determinada quantia em dinheiro exigida pelo locador do locatário por ocasião da celebração do primeiro contrato de locação e por ocasião da sua renovação.

O referido Dec. 24.150/1934 atingiu em parte o seu objetivo ao eliminar a cobrança de luvas na renovação do contrato de locação, ao permitir que o contrato, ao ser renovado, não dependesse mais da concordância do locador, mas pudesse ser renovado, mesmo contra a sua vontade, por determinação judicial. Agora, a cobrança de "luvas" na primeira locação não pôde ser evitada pelo referido diploma legal e nem pela Lei 8.245/1991, que, segundo entendimento jurisprudencial predominante no extinto 2º Tribunal de Alçada Civil de São Paulo, explicitado no Enunciado n. 9 do seu Centro de Estudos e Debates, "não proíbe a cobrança de luvas no contrato inicial da locação comercial". O que está proibido é a cobrança de luvas por ocasião da renovação do contrato de locação.[41]

A obtenção do direito à renovação judicial do contrato de locação está condicionada ao preenchimento de determinados requisitos. Vejamo-los:

a) a destinação do imóvel locado deve ser comercial, industrial ou visar à prestação de serviços com fins lucrativos (sociedades civis com fins lucrativos) (Lei 8.245/1991, art. 51, *caput*, combinado com o § 4º). Portanto, além dos comerciantes e dos industriais, podem ser objeto da proteção legal sociedades civis que tenham fim lucrativo e pratiquem atos análogos aos comerciais, como as transportadoras de cargas, de pessoas; os estabelecimentos de ensino com fins econômicos e lucrativos; as tinturarias; os salões de beleza; empresas de serviços de radiodifusão.

O objetivo da lei é proteger o fundo de comércio, típico ou atípico, denominado fundo empresarial ou fundo de empresa, no qual o local onde a empresa desenvolve sua atividade é elemento essencial, principalmente quando é ponto de referência para captação e constituição de clientela;

b) o contrato de locação que será renovado deverá ter sido celebrado por escrito e com prazo determinado igual ou superior a cinco anos; para evitar a burla, facilmente obtida pela contratação por prazo inferior a cinco anos, a lei admitiu a soma do tempo dos contratos (*accessio temporis*), desde que entre eles não fosse observado um hiato, um intervalo de tempo significativo;

c) o locatário deve explorar o mesmo ramo de comércio ou de indústria há pelo menos três anos, em caráter ininterrupto, anteriores à propositura da ação, mediante prova documental a ser feita na petição inicial como a exibição de alvarás de licença e funcionamento; recibos de impostos relativos ao exercício da atividade.

Preenchidos esses requisitos, a ação pode ser proposta pelo locatário, seu cessionário no negócio ou seu sucessor na locação, de modo que

---

41. Sílvio Luís Ferreira da Rocha, *Curso Avançado de Direito Civil*, vol. III: *Contratos*, cit., p. 217.

é lícito ao inquilino vender e transferir o seu estabelecimento comercial, bem como ceder e transferir o contrato de locação.

O sublocatário pode demandar a renovação diante do sublocador, que é o seu locador. Se a sublocação tiver prazo não coincidente com o da locação deve ser proposta tanto contra o sublocador como contra o locador. A sublocação total do imóvel retira do locatário a legitimidade para propor a ação renovatória, cabendo esta com exclusividade ao sublocatário, conforme demonstrava a Súmula n. 9 do extinto 2º TA-CivSP: "As distribuidoras de derivados de petróleo, quando sublocam totalmente os imóveis a terceiros, não têm legitimidade para propor ação renovatória, embora dotem os estabelecimentos revendedores dos implementos necessários à comercialização dos seus produtos, ou os orientem e fiscalizem, ainda que lhes propiciando financiamentos e cuidados dos investimento publicitários".

Se o locatário for o sócio da empresa estabelecida no imóvel, a ação pode ser proposta tanto pelo locatário como pela sociedade.

O direito a renovação deve ser exercido no prazo de um ano, no máximo, até seis meses, no mínimo, anteriores à data do término do prazo do contrato em vigor. Trata-se de prazo decadencial que não pode ser suspenso, interrompido ou prorrogado. Assim, se o último dia para propositura da ação cair num sábado, domingo ou feriado, em que não há expediente forense, ele não pode ser prorrogado e a ação deve ser proposta no dia útil imediatamente anterior.

Além de ingressar com a ação dentro do prazo, é necessário que o autor tome as providências que lhe competem para providenciar a citação do réu, como o recolhimento das custas e o depósito das despesas com a condução do oficial; não pode, no entanto, ser responsabilizado pela demora inerente ao Judiciário em citar o réu (Súmula 106 do STJ; CPC-1973, art. 219, § 2º; art. 240, § 3º, CPC-2015).

A defesa do réu deverá pautar-se pelos limites impostos pelos arts. 52 e 71 da Lei 8.245/1991. O locador pode arguir em sua defesa:

a) não preencher o locatário os requisitos estabelecidos na lei;

b) não estar obrigado a renovar a locação. As causas de não obrigatoriedade da renovação da locação estão disciplinadas nos incisos I e II do art. 52;

c) não corresponder a proposta do locatário ao valor locativo real do imóvel na época da renovação. Nesse caso, o locador deverá contrapropor as condições de locação que repute compatíveis com o valor locativo real e atual do imóvel;

d) ter proposta de terceiro por escrito para a locação em condições melhores, que, contudo, terá que explorar ramo ou atividade diversa da do locatário.

Das defesas possíveis, as matérias deduzidas nas alíneas "a" e "b" impedem a renovação judicial. As demais não. Em "c", o valor locatício será arbitrado mediante perícia que deverá privilegiar o método renda, ao invés do método de atualização ou comparativo.

Em "d" abre-se para o autor a possibilidade de protestar pela preferência e impugnar a proposta feita por terceiro. O direito de preferência só será exercitado no caso de prejudicada a impugnação da proposta do terceiro. Desta forma, a sentença deve examinar a impugnação da proposta; se acolhida é desnecessário declarar o direito de preferência; se rejeitada, deverá passar ao exame do direito de preferência do autor em renovar o contrato nas mesmas condições propostas por terceiro.

Parte da jurisprudência sustenta caber à recusa da proposta feita por terceiro, mesmo que séria e sincera, quando o valor locativo oferecido for excessivamente superior ao valor locativo real do imóvel, com o argumento que o legislador quis, também, pôr o inquilino a salvo de especulações. Segundo essa posição, se fosse sempre dado acolhimento à proposta de terceiros, por mais alta que fosse, estaria prejudicada a primordial finalidade da Lei de Luvas, que é a de dar efetiva proteção ao fundo comercial, pois o inquilino seria vítima de terceiros mais fortes economicamente (*RT* 280/244 e 468/223). Esta posição jurisprudencial é, contudo, minoritária. Prevalece o entendimento de que aferida a seriedade da proposta mais vantajosa é permitido ao locador optar por receber o melhor rendimento pela cessão do uso e gozo de sua propriedade.

A sentença deverá deferir ou indeferir a renovação judicial do contrato.

No caso de deferimento deverá fixar: o prazo do contrato de locação, que não poderá ultrapassar a cinco anos (STF, Súmula 178) e arbitrar o valor do aluguel a ser cobrado no prazo da prorrogação.

Outras alterações de cláusulas do contrato a ser renovado devem ser feitas com cuidado. O juiz não deve, salvo motivo relevante, suprimir ou acrescentar cláusulas, tendo em vista que o objeto da sentença, em princípio, limita-se a estipular o novo aluguel e a fixar o prazo da renovação.

No caso de improcedência, a sentença deverá assinalar prazo para desocupação do imóvel, se isto foi requerido na contestação pelo locador; arbitrar uma indenização em favor do locatário, se a renovação não ocorrer em razão de proposta de terceiro, em melhores condições, ou se locador não der o destino alegado ou não iniciar as obras determinadas pelo Poder Público ou que declarou pretender realizar.

Na medida do possível, o direito à indenização e o respectivo valor será arbitrado na própria sentença de modo a permitir ao locatário recebê-la por execução por quantia certa. Se isso não for possível, o valor da indenização, admitida em sentença, poderá ser liquidado e deve abranger o desmonte e remonte das instalações, acondicionamento das mercadorias e seu transporte para o novo prédio; custo das novas instalações; razoável publicidade sobre a mudança, para conhecimento da clientela; despesas com emolumentos para transferência de endereços nas repartições fiscais; benfeitorias e melhoramentos indenizáveis; salários de empregados durante o tempo da mudança e reinstalação do estabelecimento; diferença de aluguel durante certo tempo.[42]

A locação, cujo locatário não tem direito à renovação judicial, submete-se à regra do art. 56. Há a retomada do imóvel ou pela extinção do contrato ou por não convir mais ao locador continuar com a locação (resilição unilateral imotivada). A exceção a esta regra fica por conta da locação de hospitais, escolas e instituições assemelhadas.

13.5.6.4 Extinção da locação de hospitais, escolas e instituições assemelhadas

Alguns imóveis ocupados para certas destinações recebem um tratamento diferenciado quanto à possibilidade de retomada. O art. 53 disciplina as locações de imóveis utilizados por hospitais, unidades sanitárias oficiais, asilos, estabelecimentos de saúde e de ensino autorizados e fiscalizados pelo poder público, bem como por entidades religiosas devidamente registradas. Estão excluídos pela jurisprudência, por não se enquadrarem nas destinações enumeradas no art. 53, as clínicas médicas, os laboratórios de análises clínicas, os consultórios médicos, as casas de repouso para idosos, os institutos fisioterápicos, as clínicas de fonoaudiologia.[43] A extinção dos contratos de locação dessas entidades não autoriza a retomada do imóvel. O pedido de retomada deve estar sempre amparado (resilição unilateral motivada) em um dos motivos descritos no art. 53, incisos I e II, da Lei 8.245/1991: as hipóteses do art. 9º e se o proprietário, promissário comprador ou promissário

---

42. J. Nascimento Franco e Nisske Gondo, *Ação Renovatória e Ação Revisional de Aluguel*, 7ª ed., São Paulo, Ed. RT, 1991, p. 297.

43. Gildo dos Santos, *Locação e Despejo*, cit., p. 270.

cessionário pedir o imóvel para demolição, edificação licenciada ou reforma que venha a resultar em aumento mínimo de cinquenta por cento da área útil.[44]

13.6 Locação em centros de compra (shopping centers)

Os Centros de Compras (*Shopping Center*) são empreendimentos comerciais nos quais o legislador optou por estabelecer um regime jurídico locatício diferente. Nestas locações admite-se, com maior liberdade, o regramento pelas partes. Prevalecem as condições pactuadas por elas. Prescreve o *caput* do art. 54 da Lei 8.245/91: "Nas relações entre lojistas e empreendedores de *shopping centers*, prevalecerão às condições livremente pactuadas nos contratos de locação respectivos e as disposições procedimentais previstas nesta Lei".

A interferência do Estado limita-se a proibir a cobrança de certos encargos do locatário. Admite-se a cobrança do locatário de despesas extraordinárias de condomínio, exceto aquelas descritas nas alíneas, "a", "b" e "d" do parágrafo único do art. 22 e as despesas com obras ou substituições de equipamentos, que impliquem modificar o projeto ou o memorial descritivo da data do habite-se e obras de paisagismo nas partes de uso comum.

13.7 Locação com construção ou reforma ajustada ("Built-to-Suit")

A Lei 12.744, de 19.12.2012 incluiu a alínea "A" no art. 54 da Lei 8.245/1991, incluído pela Lei n. 12.744/2012:

"Art. 54-A. Na locação não residencial de imóvel urbano na qual o locador procede à prévia aquisição, construção ou substancial reforma, por si mesmo ou por terceiros, do imóvel então especificado pelo pretendente à locação, a fim de que seja a este locado por prazo determinado, prevalecerão as condições livremente pactuadas no contrato respectivo e as disposições procedimentais previstas nesta Lei. (*Incluído pela Lei n. 12.744, de 2012*)

"§ 1º. Poderá ser convencionada a renúncia ao direito de revisão do valor dos aluguéis durante o prazo de vigência do contrato de locação. (*Incluído pela Lei n. 12.744, de 2012*)

---

44. Sílvio Luís Ferreira da Rocha, *Curso Avançado de Direito Civil*, vol. III: *Contratos*, cit., p. 221.

"§ 2º. Em caso de denúncia antecipada do vínculo locatício pelo locatário, compromete-se este a cumprir a multa convencionada, que não excederá, porém, a soma dos valores dos aluguéis a receber até o termo final da locação".

A referida lei admitiu em nosso ordenamento jurídico a locação com construção ou reforma ajustada, conhecida como *Built-to-Suit*, que, na verdade, integra um dos objetivos do negócio jurídico que envolve, essencialmente, o investimento, a construção e a locação.

A operação econômica subjacente a esse negócio prevê a contratação de um empreendedor imobiliário para que ele adquira um imóvel específico e nele construa ou reforme, de acordo com os interesses do solicitador para posterior locação por um prazo capaz de amortizar e remunerar o investimento realizado no imóvel. Por isso, admite o citado artigo a liberdade de estipulação das cláusulas contratuais, em especial a renúncia prévia ao direito de revisão do valor dos aluguéis durante a vigência do contrato de locação, considerado que o aluguel, neste tipo de contrato, não deverá refletir apenas o valor do mercado, mas, também, o valor necessário à amortização e à remuneração do investimento realizado e a possibilidade de estabelecer cláusula penal compensatória, que pode ser igual à soma dos valores dos aluguéis a receber até o termo final da locação.

Capítulo 14
DO COMODATO

14.1 Considerações gerais, definição, natureza e elementos. 14.2 Forma e prova do contrato. Duração. 14.3 Obrigações e direitos do comodatário. 14.4 Obrigações do comodante. 14.5 Riscos. 14.6 Extinção do comodato.

14.1 Considerações gerais, definição, natureza e elementos

O termo "empréstimo" designa duas espécies de contratos – comodato e mútuo – que se distinguem radicalmente, quer na constituição, quer no seu término, quer na classificação jurídica e quer na significação econômica. Em comum apenas o fato de ambos pertencerem à categoria dos contratos designada como empréstimo que têm por objeto a entrega de uma coisa e a posterior obrigação de restituí-la. A diferença é que no comodato a restituição será da coisa emprestada, enquanto no mútuo a restituição será de uma coisa equivalente, uma vez que a coisa entregue destina-se a ser consumida ou a desaparecer com o uso, razão pela qual o Código Civil francês denomina o comodato como *prêt à usage* (empréstimo de uso) e o mútuo como *prêt à consommation* (empréstimo de consumo). A par disso, a natureza do comodato seria essencialmente gratuita enquanto a do mútuo, modernamente, seria essencialmente onerosa.[1]

O comodato foi definido no Código Civil, no art. 579, como o *empréstimo gratuito de coisas não fungíveis, que se perfaz com a tradição.* Trata-se de contrato pelo qual uma parte entrega à outra uma coisa para que dela se sirva ou a use por algum tempo sem contraprestação,[2] com a estipulação de que será devolvida após algum tempo.

1. Sílvio Luís Ferreira da Rocha, *Curso Avançado de Direito Civil*, vol. III: *Contratos*, São Paulo, Ed. RT, 2002, p. 258.
2. Eduardo Espínola, *Dos Contratos Nominados no Direito Civil Brasileiro*, Rio de Janeiro, Gazeta Judiciária Ed., 1953, p. 238.

Três são as características essenciais do contrato de comodato: a gratuidade do negócio, a infungibilidade do bem emprestado, a necessidade da tradição do objeto para o aperfeiçoamento do ajuste e a restituição do bem ao comodante. O comodato é um contrato real, unilateral, por tempo determinado ou determinável e gratuito.[3]

Por ser o comodato um contrato real, não basta para a sua formação a manifestação de vontade das partes, ainda que por escrito, mas requer a indispensável entrega da coisa para que o contrato considere-se formado. O acordo que estipula a obrigação de emprestar coisa infungível não é comodato, mas promessa de comodato.[4]

O comodato é um contrato unilateral porque as obrigações nele estipuladas recaem sobre uma das partes, no caso, o comodatário. Uma vez formado o contrato, somente o comodatário tem obrigações, muito embora acidentalmente possam surgir algumas obrigações para o comodante, como aguardar a devolução da coisa até o prazo ajustado ou pelo prazo necessário a que o uso se destina; reembolsar o comodatário das despesas extraordinárias e urgentes feitas para conservação da coisa; indenizá-lo dos prejuízos decorrentes dos vícios ocultos de que tinha conhecimento, o que, para alguns, o transformaria em contrato bilateral imperfeito.[5]

O bem emprestado deve ser restituído ao comodante. O comodato tem prazo determinado ou determinável, o que impede o comodante, aquele que emprestou a coisa, de solicitar a restituição quando bem entender. O comodante está obrigado a respeitar o prazo determinado ou aguardar o uso que da coisa faça o comodatário de acordo com o fim considerado, caso não haja prazo convencionado (CC, art. 581). A exceção a esta regra reside na existência de necessidade imprevista e urgente, que desaconselhe o comodante de aguardar o fim do prazo dado para o comodatário. Nesse caso, pode o juiz, com fundamento no art. 581 do CC, suspender o uso e gozo da coisa emprestada.[6]

O comodato é contrato gratuito. O ajuste de qualquer remuneração transforma o contrato de comodato, em contrato de locação, se a remuneração for estipulada em dinheiro, ou em contrato inominado, se

---

3. Sílvio Luís Ferreira da Rocha, *Curso Avançado de Direito Civil*, vol. III: *Contratos*, cit., p. 258.

4. Orlando Gomes, *Contratos*, Rio de Janeiro, Forense, p. 316.

5. Silvio Rodrigues, *Direito Civil*, vol. III: *Dos Contratos e das Declarações Unilaterais da Vontade*, 30ª ed., 3ª tir., São Paulo, Saraiva, 2006, p. 259.

6. Sílvio Luís Ferreira da Rocha, *Curso Avançado de Direito Civil*, vol. III: *Contratos*, cit., p. 260.

a remuneração for estipulada de outra forma, como a prestação de serviços. A obrigação assumida pelo comodatário de pagar os impostos e as taxas que recaiam sobre a coisa dada em comodato não descaracteriza a gratuidade do contrato.[7]

A natureza personalíssima do ajuste não é característica essencial do contrato. A princípio, o comodato não deve ser considerado como um contrato constituído em razão da pessoa do comodatário, admitida, então, a transferência dos direitos e obrigações aos herdeiros do comodatário, se ele morrer.[8]

As partes devem ser capazes. O comodante tem de ter capacidade para emprestar. Embora emprestar seja atividade próxima à de administrar e não à de alienar, o Código Civil proibiu o empréstimo por tutores, curadores e administradores dos bens alheios confiados à sua guarda, sem autorização judicial (CC, art. 580).

O objeto do comodato deve ser coisa móvel ou imóvel não fungível ou não consumível, mas nada impede que bens fungíveis sejam dados em comodato para uso temporário, desde que as partes assim estipulem.

O comodante não precisa ser o proprietário da coisa, basta ter ele a posse direta, pois pelo comodato não se transfere a propriedade.[9]

14.2 Forma e prova do contrato. Duração

O comodato forma-se tão somente com a tradição da coisa (CC, art. 579). Não há forma imposta pela lei para constituição do comodato. A prova da existência do contrato poderá ser feita por testemunha, observado, no entanto, os limites impostos pela lei a essa espécie de prova (CPC, art. 401), o que implica em dizer que o contrato escrito é ainda a melhor forma de provar a existência do negócio jurídico.[10]

O empréstimo da coisa infungível ou inconsumível dá-se por tempo determinado ou determinável.

---

7. Washington de Barros Monteiro, *Curso de Direito Civil*, vol. 5, São Paulo, Saraiva, p. 207.
8. Sílvio Luís Ferreira da Rocha, *Curso Avançado de Direito Civil*, vol. III: *Contratos*, cit., p. 260.
9. Orlando Gomes, *Contratos*, cit., p. 316.
10. Sílvio Luís Ferreira da Rocha, *Curso Avançado de Direito Civil*, vol. III: *Contratos*, cit., p. 261. . O novo CPC não estabelece limite para a prova testemunhal, estabelecendo seu art. 442: "A prova testemunhal é sempre admissível, não dispondo a lei de modo diverso".

O comodante deverá aguardar o decurso do prazo para reaver a coisa, na hipótese de haver prazo determinado. Se não houver prazo determinado, o comodante deverá aguardar o tempo necessário presumido para o uso concedido. Estas duas regras podem ser excepcionadas e o comodante obter a restituição antecipada da coisa se demonstrar e provar a ocorrência de necessidade imprevista e urgente, reconhecida pelo juiz (CC, art. 581). No conflito de interesses entre o comodatário que utiliza gratuitamente a coisa de outrem e o do comodante que não pode prever a necessidade urgente, a lei opta em proteger o interesse do comodante.[11]

O comodato distingue-se do precário, pois no precário quem recebe a coisa assume a obrigação de restituí-la, quando pedida. Esta distinção entre comodato e precário remonta ao direito romano. O proprietário no precário pode reaver a coisa quando bem entender.

14.3 Obrigações e direitos do comodatário

O comodatário deve empregar toda a diligência ordinária na conservação da coisa, agir como se ela lhe pertencesse, o que implica o uso de acordo com o que estipulado no contrato ou sua natureza (CC, art. 582) e na obrigação de conservá-la, realizadas as despesas necessárias, sem que tenha o direito de cobrá-las do comodante (CC, art. 584). A diligência exigida chega ao extremo de impor ao comodatário, em caso de risco, a obrigação de salvar o bem dado em comodato antes dos seus bens (CC, art. 583).[12]

Além desta obrigação, o comodatário deve restituir a coisa no término do contrato pelo advento do termo final ou satisfeito o uso a que se estimou.[13] Se não a restituir, incorrerá em mora e arcará, eventualmente, com os prejuízos decorrentes de sua perda ou deterioração, ainda que tenha agido sem culpa, exceto se provar que o dano ocorreria mesmo com a restituição em tempo hábil (CC, art. 399) e com o pagamento de um aluguel pelo período em que durar o atraso em restituí-la.

A doutrina diverge quanto ao valor do aluguel. Clóvis Beviláqua sustenta que o valor do aluguel será o que o comodante arbitrar (CC,

---

11. Idem, ibidem.
12. Idem, ibidem.
13. Se alguém consegue emprestado um barco para uma pescaria, supõe-se que o empréstimo foi feito pelo prazo necessário para ultimá-la. Se um fazendeiro obtém em comodato de um vizinho um trator para arar certa área, supõe-se que o empréstimo se estenderá pelo intervalo suficiente à sua utilização. Os exemplos são de Silvio Rodrigues, *Direito Civil*, vol. III, 30ª ed., 2006, cit., p. 261.

art. 575), enquanto Silvio Rodrigues e Orlando Gomes entendem que o aluguel deverá corresponder às perdas e danos calculados em execução e por arbitramento.[14]

Para Paulo de Tarso Sanseverino "o montante arbitrado poderá ser superior ao valor de mercado do aluguel locatício, pois sua finalidade não é transmudar o comodato em locação, mas coagir o comodatário a restituir o mais rapidamente possível a coisa emprestada", mas, se houver exagero, poderá ocorrer redução por aplicação analógica da regra do art. 575 do CC.[15] No mesmo sentido Carlos Roberto Gonçalves, para quem a expressão "aluguel" vem sendo interpretada como *perdas e danos*, arbitradas pelo comodante, sem transformar o contrato em locação, na petição inicial ou no curso da ação possessória, mas que se for manifestamente excessivo e implicar em enriquecimento ilícito do comodante ou caracterizar abuso de direito deve ser reduzido pelo magistrado com fundamento nos arts. 413, 421 e 422 do CC.[16]

A recusa em restituir a coisa caracteriza esbulho e autoriza o comodante a pedir a reintegração de posse em juízo. Assim, o comodatário constituído em mora que não restitui a coisa emprestada pratica esbulho possessório e poderá ser demitido da posse mediante a propositura de ação de reintegração de posse.[17]

Se duas ou mais pessoas forem comodatárias simultaneamente da mesma coisa, o Código atribuiu-lhes a responsabilidade solidária com o intuito de melhor garantir o comodante (CC, art. 585).

14.4 Obrigações do comodante

O comodante pode, eventualmente, ter obrigações para com o comodatário, como a de reembolsá-lo por despesas extraordinárias, necessárias e urgentes à conservação da coisa, ou indenizá-lo pelos danos causados por vícios da coisa que eram do seu conhecimento e ignorados pelo comodatário. Nesta última hipótese – a dos vícios – pune-se o comportamento doloso do comodante e não o culposo, pois se o comodatário ignorava os vícios não poderá ser responsabilizado, uma vez que esta

---

14. Silvio Rodrigues, *Direito Civil*, vol. III, 30ª ed., 2006, cit., p. 262; Orlando Gomes, *Contratos*, cit., p. 317.
15. Paulo de Tarso Vieira Sanseverino, *Contratos Nominados II*, São Paulo, Ed. RT, cit., p. 288.
16. Carlos Roberto Gonçalves, *Direito Civil Brasileiro*, vol. III: *Contratos e Atos Unilaterais*, 9ª ed., São Paulo, Saraiva, 2012, p. 347.
17. Paulo de Tarso Vieira Sanseverino, *Contratos Nominados II*, cit., p. 290.

garantia é própria dos contratos comutativos (CC, art. 441) e o comodato é gratuito e unilateral.[18]

14.5 Riscos

O risco no caso de deterioração ou perda da coisa em virtude de caso fortuito recai sobre o comodante e não sobre o comodatário, pois o comodante conserva a propriedade da coisa. Cuida-se de pura aplicação da regra *res perit creditori* (a coisa perece com o credor), excepcionada, apenas, quando o comodatário, em caso de risco, não cumpre a obrigação de salvar o bem dado em comodato antes dos seus bens (CC, art. 583), hipótese em que responde pelo risco da deterioração ou perda da coisa.

A princípio o Código Civil manteve a regra geral da teoria dos riscos que atribuiu ao proprietário as consequências pelo perecimento da coisa emprestada, exceto se o comodatário tiver, no caso de perigo, salvo, em primeiro lugar, as suas coisas, hipótese em que responderá pelos danos no bem emprestado.[19]

14.6 Extinção do comodato

O contrato de comodato extingue-se normalmente pelo advento do termo ou o uso para o qual a coisa foi emprestada, enquanto a extinção anormal do comodato pode ocorrer pela resilição unilateral do comodante, caso ele demonstre a superveniência de necessidade imprevista ou urgente ou pela resolução causada pelo comodatário que descumpre culposamente com suas obrigações, ou, ainda, pela resilição bilateral, também denominada distrato.

A morte do comodatário pode extinguir ou não o contrato. Depende de a contratação ter sido realizada em caráter pessoal ou impessoal. O comodato personalíssimo será extinto se o comodatário vier a falecer.

A alienação da coisa emprestada também pode acarretar a extinção do comodato já que o adquirente, salvo estipulação em contrário, não está obrigado a respeitar e manter o comodato.

O comodatário poderá resilir o contrato a qualquer tempo, ainda que não transcorrido o prazo de duração do comodato, pois se presume que o prazo foi contraído no seu interesse.

---

18. Maria Helena Diniz, *Curso de Direito Civil Brasileiro*, vol. III: *Teoria das Obrigações Contratuais e Extracontratuais*, São Paulo, Saraiva, p. 224.
19. Paulo de Tarso Vieira Sanseverino, *Contratos Nominados II*, cit., p. 293.

Capítulo 15
DO MÚTUO

15.1 Definição, natureza e elementos: 15.1.1 Definição – 15.1.2 Natureza – 15.1.3 Elementos: 15.1.3.1 Objeto – 15.1.3.2 Partes: 15.1.3.2.1 Empréstimo feito a menor. 15.2 Forma e prova do contrato. Duração. 15.3 Conteúdo: 15.3.1 Obrigações e direitos do mutuário – 15.3.2 Obrigações e direitos do mutuante. 15.4 Riscos. 15.5 Extinção do mútuo.

15.1 Definição, natureza e elementos

15.1.1 Definição

O mútuo é o contrato pelo qual o mutuante entrega ao mutuário quantia em dinheiro ou outro bem fungível e obriga o mutuário a restituir-lhe outro bem em igual quantidade, da mesma espécie e qualidade.

Paulo de Tarso Vieira Sanseverino o conceitua como "empréstimo de coisas fungíveis através do qual o mutuante transfere o seu domínio ao mutuário, que assume a obrigação de restituir outra do mesmo gênero, qualidade e quantidade em determinado prazo".[1]

O Código Civil, no art. 586, define-o de modo mais conciso como "o empréstimo de coisas fungíveis".

No mútuo há a transferência da propriedade da coisa fungível. O mutuário – aquele que recebe a coisa fungível – torna-se proprietário da coisa e pode dar a ela a destinação desejada ou a prevista no contrato (certos empréstimos são concedidos para emprego dos bens em determinada finalidade, como a construção de uma fábrica), mas no prazo

---

1. Paulo de Tarso Vieira Sanseverino, *Contratos Nominados II*, São Paulo, Ed. RT, p. 301.

combinado deve entregar ao mutuante outro bem da mesma espécie, qualidade e quantidade (CC, art. 586).[2]

Não é o objetivo do contrato a transferência da propriedade, como ocorre na compra e venda, mas consequência normal da fungibilidade do bem emprestado, que, na maioria das vezes, impede a restituição do mesmo bem emprestado.

A transferência da propriedade do bem emprestado para o mutuário implica, também, na transferência dos riscos da perda ou deterioração para ele (CC, art. 587), de modo que o mutuário não poderá negar-se a restituir bem equivalente ao mutuante com a justificativa de que após receber a coisa esta pereceu, ainda que sem culpa sua.[3]

De acordo com Paulo de Tarso Vieira Sanseverino "na hipótese de destruição ou deterioração acidental da coisa emprestada em caso de fortuito ou de força maior (art. 393), os riscos são suportados integralmente pelo mutuário, como atual proprietário da coisa fungível emprestada".[4]

15.1.2 Natureza

O contrato de mútuo é contrato real, unilateral, temporário, gratuito ou oneroso.

É qualificado de contrato real porque, para a sua formação, não basta a manifestação de vontade das partes, ainda que formalizada por escrito, mas há necessidade da indispensável entrega da coisa fungível para que o contrato seja considerado formado, pois o acordo que estipula a obrigação de emprestar coisa fungível não é mútuo, mas simples promessa de mútuo.

O mútuo é considerado contrato unilateral porque as obrigações nele estipuladas recaem sobre uma das partes, no caso o mutuário. Entregue a coisa emprestada ao mutuário, apenas ele contrai obrigações.

O mútuo tem prazo determinado ou determinável. Por isso diz-se temporário. O comum é estabelecer a data de restituição da coisa fungível emprestada. A estipulação de prazo para o cumprimento da obrigação de restituir é que distingue o mútuo da doação, se gratuito, ou da venda, se oneroso. Se as partes não estipularam um prazo para o mútuo, o Có-

---

2. Sílvio Luís Ferreira da Rocha, *Curso Avançado de Direito Civil*, vol. III: *Contratos*, São Paulo, Ed. RT, 2002, p. 269.
3. Sílvio Luís Ferreira da Rocha, *Curso Avançado de Direito Civil*, vol. III: *Contratos*, cit., p. 270.
4. Paulo de Tarso Vieira Sanseverino, *Contratos Nominados II*, cit., p. 315.

digo Civil estabelece no mútuo de dinheiro o prazo mínimo de 30 dias e no mútuo de produtos agrícolas o prazo de uma colheita (CC, art. 592).[5]

A gratuidade, ao contrário do que ocorre no comodato, não é da essência do mútuo, mas da sua natureza, segundo a doutrina, motivo pelo qual, na falta de ajuste expresso das partes que estabeleça a remuneração do mutuante, presume-se que o mútuo foi ajustado gratuitamente.

15.1.3 Elementos

15.1.3.1 Objeto

O contrato de mútuo tem por objeto coisa fungível, normalmente dinheiro, mercadorias e títulos. O dinheiro é o bem habitualmente mais emprestado. O empréstimo de dinheiro nas relações civis, a princípio, salvo estipulação em contrário, é gratuito, mas nas relações comerciais reputa-se oneroso. O mútuo oneroso é denominado feneratício. De acordo com o art. 591 do CC, destinado o mútuo a fins econômicos, presumem-se devidos os juros até a taxa autorizada pelo art. 406, que remete aos juros em vigor para a mora do pagamento de impostos devidos à Fazenda Nacional.[6]

15.1.3.2 Partes

As partes no contrato de mútuo devem ser capazes e o mutuante, aquele que empresta, deve ser proprietário da coisa emprestada, já que o mútuo transmite a propriedade do bem do patrimônio do mutuante para o patrimônio do mutuário.[7]

15.1.3.2.1 Empréstimo feito a menor – O Código Civil, no art. 588, proíbe o pedido de restituição de coisa fungível emprestada à pessoa menor, sem prévia autorização do responsável. No mútuo feito a menor, em regra, a dívida nascida do contrato não pode ser cobrada do mutuário ou de seu fiador. De acordo com Eduardo Espínola "essa proibição veio do Direito Romano por intermédio das Ordenações do Reino".[8] Esclarece

5. Sílvio Luís Ferreira da Rocha, *Curso Avançado de Direito Civil*, vol. III: *Contratos*, cit., p. 270.
6. Idem, ibidem.
7. Idem, ibidem, p. 271.
8. Eduardo Espínola, *Dos Contratos Nominados no Direito Civil Brasileiro*, Rio de Janeiro, Gazeta Judiciária Ed., 1953, p. 249. A orientação estava prevista no Livro IV, Tít. 50, § 2º, conforme transcrição feita por Sílvio Rodrigues, *Direito Civil*, III: *Dos Contratos e das Declarações Unilaterais da Vontade*, 30ª ed., 3ª tir.,

Washington de Barros Monteiro "que a princípio não havia em Roma incapacidade para o filho-família contrair empréstimo, mas que essa incapacidade nasceu com o *senatusconsulto* macedoniano, pois certo menor, filho do Senador Macedo, premido pelos credores, assassinou o próprio pai, a fim de obter recursos para o pagamento de suas dívidas; desse parricídio, surgiu o mencionado *senatusconsulto* a que se atribuiu o nome da vítima e cujo princípio logrou sobreviver no direito contemporâneo".

Há "outra versão, menos autorizada, que atribui a denominação ao nome do usuário que negociava com a corrupção dos menores".[9]

A regra, segundo Clóvis Beviláqua, tutela todos os menores porque o fim da lei é impedir que jovens inexperientes fossem arrastados para o vício, e explorados pelos usuários, que lhes facilitem empréstimos visando lucros excessivos.[10]

Contudo, esta regra não se aplica nas hipóteses em que: a) houver ratificação posterior do empréstimo pelo representante legal do mutuário incapaz; b) ficar demonstrada a necessidade do menor em contrair empréstimo para custear suas despesas habituais, ausente o responsável por ele; c) se o menor tiver bens adquiridos em decorrência de serviço militar, magistério ou em outra função pública ou com o exercício de outro trabalho (CC, art. 589, incisos I, II e III), ou, ainda, se o empréstimo tiver revertido em benefício do menor ou se ele o obteve de forma maliciosa, omitido, por exemplo, a sua idade (CC, art. 589, incisos IV e V).

Os motivos que justificam as duas primeiras exceções são óbvios. A ratificação posterior do empréstimo pelo representante legal supre a omissão e elimina a proibição, enquanto a necessidade de contrair o empréstimo para custear despesas habituais configura justa causa a legitimar o mútuo. O terceiro motivo é a existência de bens de propriedade do menor adquiridos em serviço militar, magistério, função pública, ou outro

São Paulo, Saraiva, 2006, p. 266: "E porquanto de se emprestar dinheiro aos mancebos filhos-famílias se dá azo ao converterem em usos deshonestos e occasião de serem viciosos, e se pode presumir, que carregados de dívidas e apertados por elas procurem a morte a seus pais, ou lha desejem: para isto evitar, mandamos que o que emprestar a algum filho, que estiver debaixo do poder de seu pai, quer seja varão, quer femea, perca o direito de o pedir assi a seu pai, como a ele, posto que os ditos filhos-famílias, a que se fêz o dito empréstimo saiam do poder de seus pais por morte, casamento ou emancipação. E da mesma maneira não se poderá pedir aos fiadores, que por eles fiaram".

9. Washington de Barros Monteiro, *Curso de Direito Civil*, vol. 5, São Paulo, Saraiva, 1979, p. 219.

10. *Código Civil dos Estados Unidos do Brasil Comentado*, vol. 4, 3ª tir., edição histórica, Rio de Janeiro, Editora Rio, 1977, p. 447.

trabalho, que constituiriam os denominados pecúlios castrense e quase castrense do direito romano.[11] Esta disposição foi considerada ociosa por Washington de Barros Monteiro na vigência do Código Civil de 1916 porque o menor, verificado qualquer dos fatos indicados pelo legislador (serviço militar, exercício do magistério ou outra função pública), torna--se capaz.[12] Na vigência do atual Código Civil, a crítica feita pelo ilustre jurista continua válida na medida em que tanto o exercício de emprego público efetivo, como o estabelecimento civil ou comercial ou a existência de relação de emprego que permita ao menor ter economia própria acarreta a cessação da incapacidade (CC, art. 5º, parágrafo único).

O benefício concedido pelo Código Civil que proíbe reaver do menor a coisa emprestada (CC, art. 588) não poderá ser utilizado pelo menor, relativamente incapaz, se ele, para obter o empréstimo, ocultou dolosamente a sua idade, conforme determina o art. 180 do CC, numa aplicação clara do provérbio "a malícia supre a idade" (*malitia supplet aetatem*).

15.2 Forma e prova do contrato. Duração

O contrato de mútuo constitui-se tão somente com a tradição da coisa, pois não há forma imposta pela lei para constituição do mútuo, de modo que a prova da existência do contrato poderá ser feita por testemunha, observados, no entanto, os limites impostos pela lei a essa espécie de prova (CPC, art. 401), o que implica em dizer que o contrato escrito é ainda a melhor forma de provar a existência do negócio jurídico.[13]

---

11. De acordo com De Plácido e Silva, *Vocabulário Jurídico*, p. 335, pecúlio exprime propriamente a reserva pecuniária ou em dinheiro, constituída por alguém do produto de seu trabalho. É o resultado ou a soma, que se forma de economias feitas. Extensivamente, o vocábulo é empregado no sentido de porção de bens ou pequeno patrimônio atribuído aos menores e incapazes, formado por sua ação, isto é, por seu próprio trabalho, ou concedido por seus próprios pais. Entende-se, assim, o patrimônio do filho menor, à maneira do dote, separado da fortuna ou do patrimônio dos pais. Neste conceito, que nos vem dos romanos, o pecúlio, segundo a origem dos bens, diz-se castrense, quase-castrense, adventício e profectício.

O pecúlio castrense (*peculium castrense*) designa a porção de bens que o menor ou filho-família adquire no serviço militar. O pecúlio quase-castrense entende-se o conjunto de bens adquiridos no exercício de profissões liberais ou de emprego público. Pecúlio profectício exprime o conjunto de bens deixados pelos pais ou abandonados pelos pais aos filhos. O pecúlio adventício compreendia toda porção de bens não castrenses, cuja propriedade fosse atribuída ao filho menor.

12. Washington de Barros Monteiro, *Curso de Direito Civil*, vol. 5, cit., p. 220.

13. Sílvio Luís Ferreira da Rocha, *Curso Avançado de Direito Civil*, vol. III: *Contratos*, cit., p. 273. O novo CPC não estabelece limite para a prova testemunhal,

O empréstimo da coisa fungível ou inconsumível dá-se por tempo determinado ou determinável. Na falta de prazo determinado, aplicamos a regra do art. 592 do CC que estipula o prazo de pelo menos 30 dias nos empréstimos de dinheiro e até a próxima colheita em se tratando de produtos agrícolas. No mútuo de outros bens, caberá ao mutuante declarar o tempo de duração do empréstimo (CC, art. 592, III), o que dá a este mútuo sem prazo certo o caráter de precário, pois, a rigor, o mutuante pode, a qualquer tempo, intimar o mutuário a restituir o objeto mutuado.

15.3 Conteúdo

15.3.1 Obrigações e direitos do mutuário

O mutuário obriga-se a restituir os bens fungíveis dados em empréstimo com coisas do mesmo gênero, qualidade e quantidade. A restituição da coisa da mesma espécie, qualidade e quantidade é a obrigação fundamental do mutuário (CC, art. 586).

Se o empréstimo é de dinheiro, obriga-se o mutuário a restituir-lhe a quantia emprestada em moeda corrente. O Código Civil adotou o princípio do nominalismo, segundo o qual a obrigação que resulta de um empréstimo em dinheiro é sempre a soma numérica descrita no contrato.[14] Se o mutuante quiser resguardar-se dos malefícios da desvalorização da moeda causada pela inflação apurada da data da entrega da quantia até a data da restituição prevista deverá pactuar com o mutuário cláusula de correção monetária da importância a ser restituída.[15]

Se for convencionada taxa de juros, os juros são devidos, durante a vigência do Código Civil de 1916, nos limites estabelecidos pela lei de usura, isto é, o Dec. 22.626, de 7.4.1933, que (a) determina que a taxa de juros, admitida até o dobro da taxa legal (6%), deve ser estipulada em escritura pública ou escrito particular e, não o sendo, entende-se que as partes acordaram nos juros de 6% ao ano; (b) proíbe a cobrança, a pretexto de comissão, taxas maiores, cláusula penal, de taxa, superior a 10% (dez por cento); (c) proíbe contar juros dos juros, denominada capitalização ou o anatocismo, exceto no contrato de conta corrente; e, durante a vigência do Código Civil de 2002, nos limites estabelecidos

---

estabelecendo seu art. 442: "A prova testemunhal é sempre admissível, não dispondo a lei de modo diverso".

14. Silvio Rodrigues, *Direito Civil*, vol. III, 30ª ed., 2006, cit., p. 269.

15. Sílvio Luís Ferreira da Rocha, *Curso Avançado de Direito Civil*, vol. III: *Contratos*, cit., p. 274.

pelo seu art. 406, que faz referência aos juros em vigor para a mora do pagamento de impostos devidos à Fazenda Nacional.

Os juros convencionados pelo empréstimo em dinheiro são juros remuneratórios ou retributivos porque destinados a remunerar o capital emprestado e, conforme tradição de nosso direito compatível com o disposto no art. 1º da Lei da Usura, são devidos no máximo à razão de 12% ao ano.

A jurisprudência firmou o entendimento de que as instituições financeiras, em razão da Lei 4.595/1964, foram excluídas do regime da Lei de Usura e podem cobrar juros remuneratórios acima da taxa de 12% ao ano, proibido, no entanto, a incidência de juros sobre juros, conforme Súmula 121 do STF, que veda a capitalização de juros, ainda que expressamente convencionada.

Os juros moratórios são diversos dos juros remuneratórios porque se destinam a indenizar os danos causados ao credor pela mora do devedor.

Os juros pagos em nenhuma hipótese poderão ultrapassar o limite máximo admitido pela lei de usura ou previsto pelo art. 406 do CC, se não esta seria uma forma fácil de burlar a proibição contida nesses dispositivos.

A mudança para pior da situação econômica do mutuário, antes do vencimento do prazo para restituição do empréstimo, autoriza o mutuante a exigir garantias de que a restituição ocorrerá (CC, art. 590). Busca o mutuante assegurar a devolução do bem fungível emprestado. Esta regra deve ser interpretada em conjunto com a norma do art. 333 do CC, que admite o vencimento antecipado da obrigação em determinadas hipóteses.[16]

15.3.2 Obrigações e direitos do mutuante

O empréstimo não cria para o mutuante obrigação direta. Eventualmente, o mutuante pode vir a ter obrigações para com o mutuário, como indenizá-lo pelos danos causados por vícios da coisa que eram do seu conhecimento e ignorados pelo mutuário, a exemplo do que determina o art. 1.821 do Código Civil italiano.

O mutuante tem o direito de pedir a restituição de bem equivalente quando vencido o prazo ajustado e o direito de resolver o contrato se o mutuário deixar de pagar os juros estipulados no mútuo feneratício.

16. Paulo de Tarso Vieira Sanseverino, *Contratos Nominados II*, cit., p. 324.

15.4 Riscos

Recai sobre o mutuário o risco pela deterioração ou perda da coisa emprestada porque o mútuo transfere a propriedade da coisa mutuada. A partir da entrega do bem, os riscos correm por conta do mutuário, que assim não poderá negar-se a restituir bem equivalente ao mutuante com a justificativa de que, após receber a coisa, esta pereceu, ainda que sem culpa sua (CC, art. 587).

15.5 Extinção do mútuo

A extinção normal do contrato de mútuo dá-se pelo advento do termo e restituição de coisa equivalente ao mutuante.

A extinção anormal do mútuo pode ocorrer pela resolução causada pelo mutuário, que descumpre culposamente com suas obrigações quando, por exemplo, estipulado o pagamento parcelado da quantia a ser restituída, deixa de fazê-lo, ou, pela resilição bilateral, também denominada distrato.

Admite-se, também, a hipótese de resilição unilateral por parte do devedor que decide restituir antecipadamente bem equivalente ao que lhe foi emprestado, o que se aceita ante a presunção de que o prazo concedido para restituição foi estipulado em seu favor, hipótese em que o mutuário, nos contratos sujeitos à Lei 8.078, Código de Defesa do Consumidor, terá direito à redução proporcional dos juros e demais acréscimos (art. 52, § 2º).[17]

---

17. Sílvio Luís Ferreira da Rocha, *Curso Avançado de Direito Civil*, vol. III: *Contratos*, cit., p. 276.

Capítulo 16
DA PRESTAÇÃO DE SERVIÇOS

16.1 Considerações gerais. 16.2 Conceito. 16.3 Características. 16.4 Requisitos e elementos. 16.5 Prazo. 16.6 Obrigações. 16.7 Hipóteses de extinção. 16.8 Prestação de serviços no Código do Consumidor.

16.1 Considerações gerais

O direito romano abrangia, na categoria contratual *locação*, a locação de coisas (*locatio-conductio rerum*), a locação de serviços (*locatio-conductio operarum*) e a empreitada (*locatio-conductio operis*). O Código Civil de 1916, influenciado pela concepção romana, tratou da prestação de serviços dentro do capítulo da locação, pondo-a ao lado da locação de coisas. O Código Civil de 2002 rompeu com esta tradição, porque o Direito moderno não concorda com a ideia de equiparar o trabalho humano a uma coisa, e procurou separar a prestação de serviços do instituto da locação.

A incidência do Código de Civil aos contratos de prestação de serviço é residual, pois o Código Civil aplica-se, tão somente, às relações não reguladas pela Consolidação das Leis do Trabalho e pelo Código de Defesa do Consumidor.

A Consolidação das Leis do Trabalho aplica-se preferencialmente ao trabalho subordinado, isto é, aquela relação jurídica pela qual o empregado compromete-se a executar pessoalmente um serviço de natureza não eventual mediante subordinação jurídica e salário, enquanto o Código Civil disciplinaria o trabalho autônomo, aquele no qual o prestador de serviços não estaria submetido aos poderes de comando do empregador e, por isso, inserido no âmbito diretivo e disciplinar de uma empresa.[1]

---

1. Alice Monteiro de Barros, *Curso de Direito do Trabalho*, 2ª ed., São Paulo, LTr, 2006, p. 204.

Na prestação de serviços, o prestador não está subordinado a critérios estabelecidos pelo tomador. A atividade é exercida com liberdade.

Sugere-se, ainda, um modelo intermediário entre o trabalho subordinado e o trabalho autônomo, isto é, o denominado trabalho parassubordinado ou coordenado e, por isso, regulado pelo Direito do Trabalho.

No trabalho parassubordinado os trabalhadores não são subordinados "mas prestam uma colaboração contínua e coordenada à empresa que, por motivos fáticos e de desnível econômico, contratam seus serviços em condições de inferioridade, sob a modalidade de contratos civis ou mercantis, como o de obra, prestação de serviços profissionais, transporte, sem possuírem uma efetiva liberdade negocial".[2]

Com a promulgação e publicação da Lei 8.078, de 11.9.1990, grande parte dos contratos de prestação de serviço passou a ser disciplinada por esta legislação específica, pois no conceito de fornecedor, previsto no art. 3º da referida lei, foram incluídos os prestadores de serviços, pessoas físicas ou jurídicas, que realizem qualquer atividade no mercado de consumo, mediante remuneração, inclusive de natureza bancária, financeira, de crédito e securitária, salvo as decorrentes de relações de caráter trabalhista (art. 3º, § 2º). Assim, o solicitante ou locatário é o consumidor e o executor ou locador é o fornecedor.

16.2 Conceito

Pelo contrato de prestação de serviços alguém, denominado prestador, mediante certa remuneração, obriga-se perante outro, denominado tomador, a realizar determinada atividade consistente, essencialmente, num fazer. Denomina-se solicitante aquele que requereu o serviço e obriga-se a remunerá-lo, e o executor, aquele que prestará o serviço.

Para Paulo Lôbo, "a prestação de serviços é o contrato bilateral, temporário e oneroso, mediante o qual uma pessoa (prestadora de serviços) se obriga a desenvolver uma atividade eventual, de caráter corporal ou intelectual, com independência técnica e sem subordinação hierárquica, em favor de outra (tomador ou recebedor de serviços), assumindo esta uma contraprestação pecuniária".[3]

2. Idem, ibidem, p. 266.
3. Pedro Lôbo, *Direito civil. Contratos*, São Paulo, Saraiva, 2013, p. 353.

16.3 Características

O contrato de prestação de serviços é bilateral, oneroso e consensual. Bilateral porque cria obrigações para ambos os contratantes, como a remuneração para o solicitante e prestação da atividade para o executor. Onerosa porque estabelece vantagens e ônus recíproco, e consensual porque forma-se com o simples acordo de vontades.

Em princípio, o contrato de prestação de serviços é celebrado em decorrência da habilidade técnica ou profissional do prestador, de modo que não admite cessão da posição contratual, salvo naqueles casos em que se contrata uma empresa prestadora dos serviços.[4]

16.4 Requisitos e elementos

A prestação de serviços requer a emissão de vontades simultâneas ou sucessivas quanto ao conteúdo do contrato, que não precisa ser exteriorizado de forma especial.

Se for adotada a forma escrita, e uma das partes não souber ler nem escrever, o instrumento poderá ser assinado a rogo, desde que testemunhas o subscrevam (CC, art. 595). Trata-se de uma exceção à regra de que a assinatura a rogo (a pedido) ocorre na presença do serventuário (CC, art. 215, § 2º).

O objeto do contrato de prestação de serviços é a realização de atividade humana, intelectual ou física pelo executor. O objeto da relação obrigacional é uma atividade do devedor.

O executor tem direito a uma remuneração ou retribuição como contraprestação pela atividade desempenhada. A remuneração está sujeita à vontade das partes e não precisa observar e seguir um piso mínimo, a exemplo do que ocorre no contrato de trabalho, e pode referir-se a espécie diversa do que o dinheiro. Caio Mário da Silva Pereira, porém, sustenta ser proibido o ajuste integralmente em bens ou outros valores, sendo obrigatória uma parcela em dinheiro.[5]

A remuneração pode ser ou não estipulada. A prestação de serviços gratuita não é incompatível com o contrato, embora não se presuma a gratuidade. Assim, deve estar expressamente pactuada pena de permitir ao executor demandar judicialmente a sua fixação, que se fará segundo o

---

4. Idem, ibidem, p. 356.
5. Caio Mário da Silva Pereira, *Instituições de Direito Civil, Contratos*, vol. III, 11ª ed., Rio de Janeiro, Forense, 2004, p. 379.

costume do lugar, o tempo despendido e a sua qualidade (CC, art. 596).

Segundo Pedro Lôbo, na falta de estipulação expressa ou acordo verbal que se possa comprovar, a remuneração será objeto de arbitramento judicial ou extrajudicial, com o recurso a perito que deverá considerar os usos em prestações de serviços assemelhados e considerar o tempo, a posição pessoal, a especialização, a qualificação, o renome profissional, o grau de dificuldade para a realização dos serviços, as relações existente entre as partes.[6]

A remuneração pode ser ajustada por período ou por serviço. O pagamento pode ser antecipado, diferido, para depois de concluído o serviço, ou parcelado. Caso o contrato não discipline tal matéria há a incidência da regra do Código Civil (art. 597) que determina o pagamento da retribuição depois de prestado o serviço.

16.5 Prazo

O contrato deve prever o tempo de duração da prestação de serviços. Há um prazo máximo de quatro anos que não pode ser ultrapassado em benefício do prestador do serviço e instituído com fundamento na inalienabilidade da liberdade humana (CC, art. 598).[7]

Segundo Clóvis Beviláqua, "uma obrigação de prestar o serviço por mais de quatro anos pareceu ao legislador escravidão convencional, ou o resultado de uma exploração do fraco pelo poderoso".[8]

Entretanto, esse mesmo dispositivo não impede a renovação por outro tempo igual. Desta forma, o tempo é elemento essencial do contrato de prestação de serviços, inadmitido o vínculo vitalício de uma obrigação de fazer de uma pessoa a outra.[9]

Não havendo prazo estipulado, deve-se inferir da natureza do contrato ou do costume do lugar o prazo que presumidamente as partes estipulariam.

A omissão do prazo somada à impossibilidade de presumi-lo autoriza a qualquer das partes, a seu arbítrio a resilir unilateralmente o contrato, mediante aviso prévio (CC, art. 599, parágrafo único, I, II e III).

6. Pedro Lôbo, *Direito Civil, Contratos*, cit., p. 363.
7. Sílvio Luís Ferreira da Rocha, *Curso Avançado de Direito Civil*, vol. III: *Contratos*, São Paulo, Ed. RT, 2002, p. 233.
8. Clóvis Beviláqua, *Código Civil dos Estados Unidos do Brasil Comentado*, 3ª tir., edição histórica, Rio de Janeiro, Editora Rio, 1977, p. 333.
9. Paulo Lôbo, *Direito Civil, Contratos*, cit., p. 356.

O aviso prévio constitui uma garantia das partes e a não concessão dele obriga a parte faltosa a indenizar os prejuízos experimentados pela outro.

16.6 Obrigações

O contrato de prestação de serviços gera para o executor ou prestador essencialmente a obrigação de prestar o serviço com cuidado e segundo as regras da arte. De acordo com Caio Mário da Silva Pereira "o prestador do serviço deve estar habilitado a realizá-lo, segundo as normas que regem a atividade objeto do contrato, sob pena de não poder cobrar a remuneração normalmente correspondente ao trabalho executado, admitindo a lei que se a prestação do serviço tiver trazido benefício para a outra parte, e o prestador tiver agido de boa-fé, possa o juiz atribuir a ele uma compensação razoável".[10]

Com efeito, dispõe o art. 606 do CC: "Se o serviço for prestado por quem não possua título de habilitação, ou não satisfaça requisitos outros estabelecidos em lei, não poderá quem os prestou cobrar a retribuição normalmente correspondente ao trabalho executado. Mas se deste resultar benefício para a outra parte, o juiz atribuirá a quem o prestou uma compensação razoável, desde que tenha agido com boa-fé".

Para o tomador ou solicitante o contrato de prestação de serviços cria a obrigação de pagar a remuneração no tempo e modo ajustados. Além dessas obrigações há aquela comum a ambos de tratarem-se mutuamente com cordialidade.

Para o tomador há, ainda, a obrigação de fornecer condições mínimas de proteção ao prestador, permitindo-lhe desenvolver sua atividade em um ambiente que não ofereça riscos à sua saúde ou à sua vida.

Dependendo da natureza da prestação do serviço, certos deveres acessórios podem surgir para o prestador, como o de guardar segredo ou de comunicar descobertas que, desrespeitados criam para ele a obrigação de indenizar.[11]

16.7 Hipóteses de extinção

O contrato de prestação de serviços extingue-se por diversas razões que podem ser assim classificadas: a) por justa causa sem culpa das par-

---

10. Caio Mário da Silva Pereira, *Instituições de Direito Civil*, vol. III, *Contratos*, cit., p. 383.
11. Idem, ibidem, p. 66.

tes; b) por justa causa com culpa de uma das partes; c) sem justa causa. A justa causa configura o motivo que dá ensejo à resolução do contrato. O motivo pode decorrer da culpa de uma das partes ou não decorrer da culpa das partes.[12]

Na resolução motivada sem culpa das partes, o prestador tem direito à remuneração vencida.

O prestador, mesmo na resolução motivada por culpa dele, tem, também, direito à remuneração vencida, mas deve indenizar o tomador pelas perdas e danos.

Se a resolução ocorrer por culpa do tomador, o prestador terá direito à remuneração vencida, mais metade do que lhe tocaria até o termo legal do contrato (CC, art. 603) e, se o contrato for por prazo indeterminado, o prestador terá direito à indenização por perdas e danos.

No contrato por prazo indeterminado, admite-se a resilição imotivada, desde que precedida de um aviso prévio.

Se o contrato tem prazo determinado, aquele que presta os serviços não pode resili-lo e, se o fizer, terá direito à remuneração devida pelos serviços até então prestados, mas responderá pelas perdas e danos causadas ao tomador.

16.8 Prestação de serviços no Código do Consumidor

Com a promulgação e publicação da Lei 8.078, de 11.9.1990, grande parte dos contratos de prestação de serviço passou a ser disciplinada por esta legislação específica, pois no conceito de fornecedor, previsto no art. 3º da referida lei, foram incluídos os prestadores de serviços, pessoas físicas ou jurídicas, que realizem qualquer atividade no mercado de consumo, mediante remuneração, inclusive de natureza bancária, financeira, de crédito e securitária, salvo as decorrentes de relações de caráter trabalhista (art. 3º, § 2º).[13]

Assim, o solicitante ou locatário é o consumidor e o executor ou locador é o fornecedor.

Pela nova disciplina, foi proibida a execução de serviços sem a prévia elaboração de orçamento e autorização expressa do consumidor, a não ser que práticas anteriores indiquem a existência de relação de

---

12. Sílvio Luís Ferreira da Rocha, *Curso Avançado de Direito Civil*, vol. III: *Contratos*, cit., p. 235.

13. Idem, ibidem, p. 236.

confiança que dispense a prévia elaboração de orçamento e a expressa autorização para a execução do serviço (art. 39, VI).[14]

O orçamento deve discriminar o valor da mão-de-obra, o valor dos materiais empregados e as datas de início e término dos serviços.

No caso de emprego de componentes de reposição, estes devem ser originais, adequados e novos, salvo, quanto a estes últimos, autorização em contrário do consumidor.

O orçamento tem prazo de validade de dez dias, contado do recebimento pelo consumidor, e uma vez aprovado obriga tanto o consumidor como o fornecedor.

A vinculação do fornecedor ao orçamento impede-o de cobrar do consumidor qualquer acréscimo decorrente do serviço prestado, mas não previsto no orçamento.

O serviço deve ser prestado de acordo com as normas expedidas por órgãos oficiais competentes ou normas da Associação Brasileira de Normas Técnicas ou pelo Conselho Nacional de Metrologia, Normalização e Qualidade Industrial – Conmetro.

O fornecedor é responsável pela reparação de danos causados à saúde ou ao patrimônio do consumidor por defeito relativo à prestação do serviço. O serviço revela-se defeituoso quando não fornece ao consumidor a segurança que ele legitimamente esperava, considerando o modo de seu fornecimento, aqui incluídas as informações dadas, as vantagens exaltadas, o resultado e os riscos que razoavelmente dele se esperavam, e a época em que foi fornecido (art. 14).[15]

Estão excluídos da responsabilidade objetiva os profissionais liberais. No caso deles, a responsabilidade é apurada pelo critério subjetivo, isto é, pela verificação de culpa (art. 14, § 4º).

O fornecedor é responsável pelos vícios de qualidade, isto é, que os tornem impróprios ou lhes diminuam o valor, sujeitando-se a ter que, dependendo da escolha do consumidor, reexecutar os serviços, sem custo adicional e, quando cabível, restituir imediatamente a quantia paga, monetariamente atualizada, sem prejuízo de eventuais perdas e danos e abater proporcionalmente o preço (art. 20).[16]

---

14. Idem, ibidem.
15. Idem, ibidem, p. 237.
16. Idem, ibidem.

Capítulo 17
DA EMPREITADA

17.1 Conceito. 17.2 Partes. 17.3 Objeto. 17.4 Espécies. 17.5 Características. 17.6 Direitos e obrigações do dono da obra. 17.7 Direitos e obrigações do empreiteiro. 17.8 Riscos pela deterioração ou perecimento da obra: 17.8.1 A responsabilidade do empreiteiro pelos vícios de solidez e segurança. 17.9 A extinção da empreitada.

17.1 Conceito

Washington de Barros Monteiro define a empreitada como o "contrato em que uma das partes se propõe a fazer ou a mandar fazer certa obra, mediante remuneração determinada ou proporcional ao serviço executado".[1]

A empreitada é um contrato pelo qual uma das partes, denominada empreiteiro, que pode ser pessoa física ou jurídica, obriga-se a executar determinada obra ou trabalho, mediante preço determinado, calculado por unidade de medida ou para a obra completa a executar-se, com material próprio ou fornecido pela outra parte, denominada dono da obra, de acordo com as instruções dela, mas sem subordinação.[2]

A finalidade típica da empreitada é a entrega de uma obra contra o pagamento de um preço. A obra é uma elaboração intelectual e material, realizada de forma autônoma, que se concretiza em uma coisa, e realizada por um profissional conforme instruções dadas pelo dono.[3]

---

1. Washington de Barros Monteiro, *Curso de Direito Civil*, vol. 5: *Direito das Obrigações*, 2ª parte, 34ª ed., São Paulo, Saraiva, p. 222.
2. Eduardo Espínola, *Dos Contratos Nominados no Direito Civil Brasileiro*, Rio de Janeiro, Gazeta Judiciária Ed., 1953, p. 280.
3. Ricardo Luis Lorenzetti, *Tratado de los Contratos*, t. II, Santa Fé, Rubinzal--Culzoni, 2000, p. 663.

Há diferença entre a prestação de serviço e a empreitada. A diferença reside no modo de remunerar o esforço do prestador, que, na empreitada, atende à obra realizada, e, na prestação comum, ao tempo de serviço. Essas diferenças são, no entanto, acidentais, porque o objeto do contrato é o mesmo serviço, o mesmo trabalho humano.[4]

17.2 Partes

Na empreitada há o empreiteiro e o dono da obra. As regras acerca da capacidade são aquelas gerais estabelecidas para todos os contratos.

17.3 Objeto

O trabalho na empreitada é o meio utilizado para alcançar um determinado resultado. O que se considera no contrato de empreitada é o produto do trabalho e não o tempo ou a intensidade do esforço gasto.[5]

Na empreitada, uma das partes compromete-se a executar determinada obra. Obra, nesse caso, significa todo o resultado a ser obtido pela atividade ou trabalho, como a produção ou modificação de coisas, o transporte de pessoas ou de mercadorias, a realização de trabalho científico ou a criação de obra artística, material ou imaterial.[6]

17.4 Espécies

O Código Civil regula duas espécies de empreitada (CC, art. 610). A chamada empreitada de lavor, em que o empreiteiro recebe do dono da obra os materiais e desse modo contribui apenas com o seu trabalho, e a empreitada em que o empreiteiro, além de executar a obra, fornece os materiais.[7]

Na empreitada de lavor, o empreiteiro assume apenas a obrigação de fazer, de executar o serviço, enquanto na empreitada mista, contrai a obrigação de executar o serviço, bem como o de fornecer os materiais.

4. Miguel Reale, *O Projeto de Código Civil*, São Paulo, Saraiva, 1986, pp. 94-95 e Agostinho Neves de Arruda Alvim, *Exposição de Motivos do Projeto de Código Civil*, p.80.
5. Sílvio Luís Ferreira da Rocha, *Curso Avançado de Direito Civil*, vol. III: *Contratos*, São Paulo, Ed. RT, 2002, p. 242.
6. Orlando Gomes, *Contratos*, 9ª ed., Rio de Janeiro, Forense, p. 297.
7. Sílvio Luís Ferreira da Rocha, *Curso Avançado de Direito Civil*, vol. III: *Contratos*, cit., p. 242.

17.5 Características

O contrato de empreitada é contrato bilateral, oneroso, consensual.

A empreitada é bilateral porque cria obrigações recíprocas para as partes.

A onerosidade é da essência do contrato, constituindo o preço um dos elementos indispensáveis do contrato.

A determinação do preço pode ser feita de diversos modos.

No primeiro, ele é ajustado para a obra inteira, globalmente. Nesse modo, o empreiteiro deverá entregar a obra pelo preço certo que foi combinado, sem ter o direito de cobrar qualquer diferença que resulte do aumento no custo dos materiais ou na mão-de-obra (CC, art. 619). Esse modo de fixação do preço é extremamente vantajoso para o dono da obra, pondo-o ao abrigo de qualquer surpresa, assumindo o empreiteiro, desde logo, o risco por um erro nos seus cálculos ou por um aumento dos seus custos.

O perigo deste modo é o de incentivar o empreiteiro a realizar algum lucro com o emprego de material de inferior qualidade, razão pela qual o detalhamento do material a ser empregado na obra assume especial importância.[8]

O empreiteiro não arca, entretanto, com o ônus do aumento dos custos da obra nos casos em que o incremento decorra de circunstâncias consideradas imprevisíveis, estando autorizado a recorrer ao Poder Judiciário e obter uma revisão judicial do preço a ser pago ou a resolução do contrato.[9] O Código Civil, em seu art. 619, parágrafo único, determina que o dono da obra pague ao empreiteiro os aumentos e os acréscimos, ainda que não tenha autorização escrita, se, sempre presente à obra, por continuadas visitas, não podia ignorar o que se passava e nunca protestou.

No segundo, o preço é calculado na base de uma medida ou na base de tarifas para os materiais a empregar (exemplo: tanto por metro cúbico ou um percentual sobre o custo dos materiais empregados). A remuneração final devida ao empreiteiro variará de acordo com a quantidade do trabalho e dos materiais empregados na obra.[10]

---

8. Sílvio Luís Ferreira da Rocha, *Curso Avançado de Direito Civil*, vol. III: *Contratos*, cit., p. 243.

9. Eduardo Espínola, *Dos Contratos Nominados no Direito Civil Brasileiro*, cit., p. 283.

10. Sílvio Luís Ferreira da Rocha, *Curso Avançado de Direito Civil*, vol. III: *Contratos*, cit., p. 244.

No terceiro não há um preço determinado, mas determinável. Por esse modelo, o preço é fixado em função do custo dos materiais e da mão de obra realmente utilizados, acrescidos de um lucro para o empreiteiro. Esse modelo translada os riscos para o dono da obra no caso de aumento dos custos.

O contrato de empreitada é consensual, formado, em regra, pelo consentimento das partes. A rigor o contrato de empreitada deve ser contratado por escrito, pois a obra a ser executada demanda especificações e ajustes que só por escrito podem ser combinados, como orçamento elaborado pelo empreiteiro, com o detalhamento do serviço, das condições e do preço sujeito à aprovação do dono da obra.[11]

17.6 Direitos e obrigações do dono da obra

O dono da obra tem o direito de fiscalizá-la no decorrer da sua execução para verificar se o empreiteiro cumpre rigorosamente o que foi pactuado e com observância das normas técnicas.[12]

Concluída a obra, o dono é obrigado a recebê-la (CC, art. 615). O recebimento está condicionado ao atendimento integral dos planos dados e das instruções recebidas. De acordo com a lição de Washington de Barros Monteiro "se a obra coincide com a encomenda, tendo sido confeccionada segundo o ajuste ou o costume do lugar, com a observância das regras técnicas, dos planos dados ou das instruções recebidas, o resultado foi alcançado; o dono não pode negar-se a recebê-la e a pagar o preço pactuado. A injustificada recusa abre ensejo à consignação judicial da coisa encomendada e à cobrança da soma devida".[13]

A desconformidade autoriza o dono da obra a enjeitá-la ou recebê-la com abatimento no preço (CC, art. 616). Cabe a rejeição da obra quando: a) o empreiteiro afastou-se das instruções recebidas ou dos planos dados, não se lhe aproveitando alegar que assim procedeu para fazê-la melhor; b) não havendo instruções ou plano, ele se afastou das regras da arte ou do costume do lugar, apresentando obra defeituosa; c) empregou materiais de má qualidade; d) não entregou a obra no tempo ajustado.

---

11. Eduardo Espínola, *Dos Contratos Nominados no Direito Civil Brasileiro*, cit., p. 281.

12. Sílvio Luís Ferreira da Rocha, *Curso Avançado de Direito Civil*, vol. III: *Contratos*, cit., p. 244.

13. Washington de Barros Monteiro, *Curso de Direito Civil*, vol. 5: *Direito das Obrigações*, 2ª parte, 34ª ed., cit., p. 226.

Se o dono da obra preferir, ao invés de enjeitá-la, pode recebê-la com abatimento no preço (CC, art. 616). O desconto deverá ser suficiente para eliminar a obra de seus defeitos e adequá-la ao estipulado no contrato e será cabível na hipótese em que o dono da obra ainda não pagou integralmente o preço.[14]

O recebimento da obra pode ser provisório, com a finalidade única do dono da obra verificar se ela foi executada de acordo com o pactuado. A aceitação definitiva libera o empreiteiro de toda a responsabilidade pelos vícios aparentes, respondendo este, tão somente, pelos vícios que se referem à solidez e segurança da obra.[15]

O pagamento implica no reconhecimento de que a obra foi verificada. O § 1º do art. 614 do CC cria uma presunção *juris et de jure* de que a obra paga está verificada.

O dono da obra que não a recebe no prazo e modo combinados incorre em mora, sujeitando-se aos riscos da mora.

A rescisão do contrato, sem justa causa, pelo dono da obra obriga-o a indenizar o empreiteiro das despesas e do trabalho feito, assim como dos lucros que este poderia ter se concluísse a obra.[16]

A indenização não será devida pelo dono da obra se a rescisão for causada por força maior, que o impossibilite de cumprir as suas obrigações, por inobservância do contrato ou por imperícia do empreiteiro.

O dono da obra tem a obrigação de pagar o preço estipulado, tendo sempre em vista o que foi combinado quanto à quantidade do trabalho, na empreitada sob medida, e quanto ao preço na empreitada global.

O Código Civil admite a revisão do preço do contrato para elevá-lo na hipótese de alteração expressa (art. 619) ou tácita (art. 619, parágrafo único) do projeto que resulte na elevação dos custos, ou para reduzi-lo na hipótese de diminuição de um décimo do preço global convencional em decorrência de redução no preço do material ou da mão-de-obra (CC, art. 620).

O Código Civil reconhece ao dono da obra o direito de suspender a execução da mesma, mediante o pagamento de indenização a ser calculada (CC, art. 623).

14. Idem, ibidem.
15. Sílvio Luís Ferreira da Rocha, *Curso Avançado de Direito Civil*, vol. III: *Contratos*, cit., p. 245.
16. Idem, ibidem.

17.7 Direitos e obrigações do empreiteiro

Cumpre destacar que na empreitada o interesse do dono da obra não é a mera diligência do empreiteiro, mas o resultado dela, corporificado numa coisa e, por essa razão, o empreiteiro não cumpre sua obrigação com a prestação de mera atividade, mas com a entrega da obra, segundo o que foi acordado.

Assim, a principal obrigação do empreiteiro é executar a obra em conformidade com os planos, plantas e instruções recebidas do dono da obra, observadas as regras técnicas.

O Código Civil, no art. 621, proíbe o empreiteiro, sem a anuência do dono da obra, de introduzir modificações no projeto, salvo comprovada a inconveniência ou a excessiva onerosidade de execução do projeto em sua forma originária.

O empreiteiro deve concluir a obra no prazo combinado, incorrendo nas penalidades previstas no contrato, quando em mora.

Quando o empreiteiro receber materiais do dono da obra, deverá indenizar os que forem inutilizados por imperícia ou negligência (CC, art. 617). Assim, se o empreiteiro, ao manejar os materiais recebidos, mostrar-se imperito ou negligente, deve indenizar o prejuízo causado.

O contrato celebrado em razão das qualidades pessoais do empreiteiro (*intuitu personae*) impede-o de transferir a outro as suas obrigações. É possível, no entanto, que subempreite, sob sua responsabilidade, partes da obra.[17] A morte do empreiteiro, em se tratando de contrato personalíssimo, extingue o contrato (CC, art. 626).

Se a obra constar de partes distintas ou for das que se determina por medida, o empreiteiro terá direito, na falta de cláusula em contrário, independente do tipo de empreitada, de entregar a obra por parte concluída, acarretando a necessidade de ocorrer recebimentos parciais (CC, art. 614). O prazo para o dono reclamar da existência de vícios nas partes da obra é de apenas 30 dias a contar da medição (CC, art. 614, § 2º).

O empreiteiro tem o direito de receber o preço combinado para a realização da obra. Admite-se que ele retenha a obra até que lhe seja pago o preço.[18]

---

17. Eduardo Espínola, *Dos Contratos Nominados no Direito Civil Brasileiro*, cit., p. 287.

18. Idem, ibidem, p. 288. Washington de Barros Monteiro, *Curso de Direito Civil*, vol. V, cit., p. 204: "O empreiteiro pode invocar direito de retenção para assegurar o recebimento do preço, desde que haja cumprido todas as obrigações

Perante terceiros, o empreiteiro responde de acordo com os princípios gerais de responsabilidade pelos danos que resultam de sua imperícia ou negligência e pela culpa de seus empregados.[19]

O Código Civil permite ao empreiteiro que, diante de certas circunstâncias, prevista no art. 625, tais como, culpa do dono, força maior, ou dificuldades imprevisíveis ou modificações de vulto exigidas pelo dono da obra, suspenda a execução dos trabalhos.

17.8 Riscos pela deterioração ou perecimento da obra

A responsabilidade varia de acordo com a espécie de empreitada.

Se o empreiteiro é quem fornece os materiais (empreitada de lavor e materiais), sobrevindo um acidente que danifique ou destrua a obra, enquanto esta não for entregue a contento a quem a encomendou é sua a responsabilidade pela deterioração ou perda da obra (CC, art. 611). Ainda nesse caso, se há mora do dono da obra em recebê-la pelo Código Civil, art. 611, os riscos pela perda ou deterioração serão de responsabilidade dele.

Se o empreiteiro apenas forneceu a mão-de-obra, a chamada empreitada de lavor, todos os riscos, em que não tiver culpa, correrão por conta do dono (CC, art. 612). Nessa hipótese o empreiteiro é simples locador de serviço, mas se ele danificou culposamente a obra responde pelos prejuízos.

A perda ou deterioração da obra realizada por empreitada unicamente de lavor, sem culpa das partes, implica na perda do material pelo dono da obra e na perda da remuneração por seu trabalho pelo empreiteiro (CC, art. 613). Esta regra não será aplicada se o empreiteiro provar – e o ônus da prova é dele – que a perda resultou de defeitos nos materiais fornecidos pelo dono da obra e dos quais ele (o empreiteiro), em tempo, reclamara contra a sua quantidade ou qualidade (CC, art. 613).[20]

17.8.1 A responsabilidade do empreiteiro pelos vícios de solidez e segurança

Nos contratos de empreitadas de edifícios ou outras construções consideráveis, o empreiteiro de materiais e execução responderá durante

---

contratuais. Reconhecido o direito, pode ele permanecer de posse da coisa, até que seja pago, sem que cometa turbação ou esbulho".

19. Sílvio Luís Ferreira da Rocha, *Curso Avançado de Direito Civil*, vol. III: *Contratos*, cit., p. 247.

20. Idem, ibidem, p. 248.

cinco anos pela solidez e segurança do trabalho, tanto em razão dos materiais como do solo, salvo, quanto a este, se, não o achando firme, prevenir em tempo o dono da obra (CC, art. 618, *caput*).[21]

A responsabilidade pelos vícios de solidez e segurança do trabalho recai, tão somente, sobre o empreiteiro de material e trabalho. A garantia é necessária porque determinadas edificações não revelam desde logo os seus vícios.

Esta responsabilidade pressupõe que se trate de um vício de construção, que afete um edifício ou outra obra considerável, como pontes, viadutos e represas.

Os vícios devem ser ocultos, pois os aparentes se presumem conhecidos e aceitos pelo dono da obra quando do recebimento da obra e, além disso, devem comprometer a estrutura e a segurança do prédio, de modo a criar um estado de insegurança quanto à possibilidade de ruína. No entanto, a jurisprudência expandiu o âmbito de incidência do conceito de solidez e segurança para considerá-los ameaçados com o aparecimento de defeitos como infiltrações ou obstruções na rede de esgotos.[22]

O prazo de cinco anos não pode ser reduzido por disposição de vontade. A redação do art. 618 do CC menciona o "prazo irredutível" de cinco anos. Durante este prazo institui-se em favor do dono da obra uma garantia pela qual o empreiteiro responde pelos vícios ocultos que ponham em risco a estrutura da obra.

O prazo de cinco anos é de garantia e não de prescrição. Revelado o vício dentro desse prazo, iniciar-se-ia o prazo prescricional de dez anos para obtenção da reparação do empreiteiro.[23] Entretanto, o Código Civil,

---

21. De acordo com Silvio Rodrigues, *Direito Civil*, vol. III: *Dos Contratos e das Declarações Unilaterais da Vontade*, 30ª ed., 3ª tir., São Paulo, Saraiva, 2006, p. 253: "A regra do art. 1.245 do Código Civil de 1916 (art. 618 do CC/2002), que embora conhecida em outros sistemas não constava de preceito expresso em nossa legislação anterior a 1916, teve por fonte direta o Código Civil português de 1867, de cujo art. 1.399 é cópia quase servil. Também aí se consigna a ideia de que a responsabilidade quinquenal do empreiteiro só se manifesta se houver ameaça à solidez e à segurança do edifício. Dias Ferreira, o mais antigo dentre seus conceituados comentadores, ao examinar referido dispositivo, deixa claro que aquela responsabilidade do construtor só emerge na hipótese de ameaça à solidez do prédio (CC português, 2ª ed., vol. III, p. 53)".

22. Carlos Roberto Gonçalves, *Direito Civil Brasileiro*, vol. III: *Contratos e Atos Unilaterais*, 9ª ed., São Paulo, Saraiva, 2012, p. 378.

23. Idem, ibidem, p. 225: "A corrente preponderante, porém, tem sido a que separa os dois prazos, encarando-os em posições independentes. Assim, sobrevindo

no art. 618, estabeleceu o prazo decadencial de 180 dias manifestado o vício ou o defeito, para a propositura da ação pelo dono da obra.

No caso de contrato de empreitada submetido à incidência do Código de Defesa do Consumidor, por configurar uma relação de consumo, o prazo para propositura da ação é diverso e a ação poderá ser proposta no prazo de cinco anos, conforme determina o art. 27 do referido diploma legal.[24]

17.9 A extinção da empreitada

O contrato de empreitada extingue-se:

a) pela execução, quer dizer, quando cumpridas todas as obrigações dele decorrentes, especialmente a conclusão da obra e sua aceitação e o pagamento do preço;

b) pela morte do dono da obra ou do empreiteiro. Em regra, a morte do dono da obra é indiferente ao contrato, porque as suas obrigações passam para os herdeiros, mas pode ser que esses herdeiros sejam economicamente incapazes de cumprir as obrigações assumidas pelo dono da obra. A morte do empreiteiro obriga o dono da obra a pagar aos herdeiros do empreiteiro o valor das obras feitas, na proporção do preço convencionado;

c) pela desistência do dono da obra, com a devida indenização ao empreiteiro;

d) pelo distrato;

e) pela rescisão judicial do contrato;

f) pela falência ou insolvência de uma das partes e por causas fortuitas.[25]

---

o fato caracterizador da responsabilidade prevista no art. 1.245, segue-se então o lapso prescricional: *actio nata praescribitur.*

"Tal é igualmente a orientação seguida pela Jurisprudência, sendo de notar, dentre outros julgados no mesmo sentido, uma decisão da lavra do eminente Desembargador Emanuel Sodré, onde se firmou o princípio de que o prazo de cinco anos estabelecido para a responsabilidade do construtor se refere à garantia e não à prescrição da ação de reparação do dano que é de 30 anos" [*atualmente 20*].

24. Carlos Roberto Gonçalves, *Direito Civil Brasileiro*, vol. III: *Contratos e Atos Unilaterais*, cit., p. 378.

25. Sílvio Luís Ferreira da Rocha, *Curso Avançado de Direito Civil*, vol. III: *Contratos*, cit., p. 250.

Capítulo 18
DO DEPÓSITO

18.1 Definição, caracteres, elementos e espécies: 18.1.1 Definição – 18.1.2 Caracteres – 18.1.3 Pressupostos e elementos: 18.1.3.1 Pressupostos subjetivos – 18.1.3.2 Objeto do contrato – 18.1.4 Espécies: 18.1.4.1 Depósito voluntário – 18.1.4.2 Depósito necessário. 18.2 Forma e prova do contrato. Duração. 18.3 Conteúdo do depósito: 18.3.1 Obrigações e direitos do depositário: 18.3.1.1 Obrigações do depositário – 18.3.1.2 Direitos do depositário – 18.3.2 Obrigações e direitos do depositante: 18.3.2.1 Obrigações do depositante – 18.3.2.2 Direitos do depositante. 18.4 Riscos. 18.5 Extinção do depósito.

18.1 Definição, caracteres, elementos e espécies

18.1.1 Definição

O depósito foi definido no art. 627 do CC como o contrato pelo qual alguém, denominado depositante, entrega a outro, denominado depositário, coisa móvel, para que este a guarde e a restitua quando o depositante lhe peça. Segundo Washington de Barros Monteiro, "define-se como o contrato pelo qual uma das partes, recebendo de outra uma coisa móvel, obriga-se a guardá-la, temporária e gratuitamente, para restituí-la na ocasião aprazada ou quando lhe for exigida".[1]

18.1.2 Caracteres

O depósito é contrato real porque há a necessidade da entrega da coisa para que o contrato seja considerado formado. O acordo que estipula a obrigação de emprestar coisa infungível não é depósito, mas promessa de depósito. De acordo com Washington de Barros Monteiro

---

1. Washington de Barros Monteiro, *Curso de Direito Civil, Direito das Obrigações*, vol. 5, 2ª parte, 34ª ed., São Paulo, Saraiva, 1997, p. 238.

"o contrato de depósito exige, em primeiro lugar, a entrega da coisa pelo depositante ao depositário. O depósito é assim, antes de mais nada, *contrato real*, porque não pode existir sem a tradição da coisa depositada; sem o recebimento desta pelo depositário, o contrato não se aperfeiçoa e não produz qualquer efeito".[2]

A gratuidade é elemento natural do contrato, mas não essencial, de modo que nada impede que as partes estipulem remuneração. Com efeito, o Código Civil (art. 628) dispõe que o depósito é gratuito, mas as partes podem estipular que o depositário seja gratificado.[3]

O depósito gratuito é contrato unilateral porque as obrigações nele estipuladas recaem sobre uma das partes, no caso, o depositário. Uma vez formado o contrato, somente o depositário tem obrigações, muito embora possam surgir obrigações para o depositante depois de formado o vínculo e de maneira casual. O depósito oneroso é contrato bilateral.

A natureza personalíssima do contrato apresenta-se como uma característica normal, mas não essencial. A princípio, o depósito deve ser considerado um contrato constituído em razão da pessoa do depositário, no qual se toma em consideração a qualidade do depositário ou a confiança que merece.[4]

18.1.3 Pressupostos e elementos

18.1.3.1 Pressupostos subjetivos

As partes devem ser capazes.

O depositante, no depósito regular, não precisa ser o proprietário da coisa, basta que ele tenha a posse direta e poderes para administrar, pois pelo depósito regular não ocorre a transferência da propriedade do bem.

O depositário, por sua vez, deve estar no exercício da capacidade civil para contrair obrigações resultantes do contrato e, se vier a tornar-se incapaz, a pessoa que assumir a administração dos seus bens deverá restituir imediatamente a coisa depositada ao depositante, por constituir

---

2. Idem, ibidem, p. 239.

3. Agostinho Neves de Arruda Alvim, *Exposição de Motivos do Projeto de Código Civil*, p. 80, expõe que o contrato de depósito é matéria de interesse tanto do direito civil como do direito comercial. Distinguem-se em razão do depósito civil ser ordinariamente desinteressado, ao passo que o depósito comercial é sempre oneroso. E, dada a fusão de ambos num só Código, cumpria disciplina-los separadamente.

4. Sílvio Luís Ferreira da Rocha, *Curso Avançado de Direito Civil*, vol. III: *Contratos*, São Paulo, Ed. RT, 2002, p. 281.

a incapacidade do depositário verdadeira causa de resolução do contrato (CC, art. 641).[5]

18.1.3.2 Objeto do contrato

O objeto do contrato de depósito deve ser coisa móvel, corpórea, infungível ou inconsumível, mas nada impede que coisa móvel fungível seja dada em depósito, o que transformará o depósito em irregular.[6]

A entrega de um bem imóvel para guarda é considerado contrato atípico, inominado, muito embora se admita que o sequestro, depósito judicial de coisa litigiosa, possa recair ou ter por objeto um bem imóvel.[7] Para Washington de Barros Monteiro "perante a nossa lei o depósito de imóvel é mera proteção de serviço, porque de quem o recebe para guarda se exige, precipuamente, o serviço de conservação, asseio, vigilância mais ativa, em uma palavra, a administração".[8]

18.1.4 Espécies

O contrato de depósito pode ser voluntário ou necessário.

18.1.4.1 Depósito voluntário

O depósito voluntário é o realizado espontaneamente pelo depositante, isto é, por sua livre decisão, sem a ocorrência de causa externa que o obrigue a tanto. Pelo depósito voluntário, o depositante escolhe o depositário e celebra com ele o contrato de depósito.[9]

O depósito voluntário pode subdividir-se em regular ou irregular em razão da natureza do bem confiado à guarda do depositário.

Denomina-se depósito regular o depósito de coisa individuada, não consumível, infungível, que deverá ser restituída ao término do contrato.

---

5. Eduardo Espínola, *Dos Contratos Nominados no Direito Civil Brasileiro*, Rio de Janeiro, Gazeta Judiciária Ed., 1953, p. 304.
6. Sílvio Luís Ferreira da Rocha, *Curso Avançado de Direito Civil*, vol. III: *Contratos*, cit., p. 282.
7. Idem, ibidem, p. 304, e Orlando Gomes, *Contratos*, Rio de Janeiro, Forense, p. 339.
8. Washington de Barros Monteiro, *Curso de Direito Civil, Direito das Obrigações*, cit., p. 240.
9. Sílvio Luís Ferreira da Rocha, *Curso Avançado de Direito Civil*, vol. III: *Contratos*, cit., p. 282.

Depósito irregular é o depósito de coisa fungível, no qual o depositário assume a obrigação de restituir outra coisa do mesmo gênero, qualidade, quantidade, como ocorre no depósito bancário, no qual se mostra impossível ao depositário restituir ao depositante as mesmas cédulas de dinheiro entregues por ele. Ao depósito irregular são aplicáveis as regras do mútuo (CC, art. 645). Segundo Cunha Gonçalves, "o depósito diz-se *irregular* quando o depositário pode utilizar e dispor da coisa depositada e restituir outra da mesma qualidade e quantidade".[10]

18.1.4.2 Depósito necessário

Chamamos depósito necessário aquele em que o depositante procede ao depósito em razão de alguma norma ou em decorrência de alguma calamidade, como incêndio, naufrágio ou ruína. O depósito, nesse caso, realiza-se não por vontade do depositante, mas por circunstância alheia à sua vontade, como uma norma ou uma calamidade.

Miguel Maria de Serpa Lopes não vê diferenças estruturais entre o depósito necessário e o voluntário e sustenta que em ambos o consentimento é elemento imprescindível. Para ele, a diferença, porém, se encontra neste ponto: "enquanto o depósito voluntário é um movimento ditado por uma necessidade do teor comum, não tendo um aspecto inadiável, no depósito necessário trata-se de um contrato feito sob o imperativo de circunstâncias especiais impondo a sua realização, como medida fatal e irremovível".[11]

São duas as modalidades do depósito necessário.

Na primeira, o depósito decorre de obrigação legal (CC, art. 647, I). Nesse caso, o depósito será disciplinado pela lei que o houver instituído e, em caso de omissão, pelas normas do Código Civil (art. 648).

São hipóteses de depósito legal: a) aquele que é obrigado a fazer o inventor da coisa perdida (CC, art. 1.233, parágrafo único); b) o de dívida vencida, pendente a lide, quando vários credores a disputarem alegando exclusividade (CC, art. 345); c) o que deve ser feito pelo administrador dos bens do depositário que se tenha tornado incapaz (CC, art. 641); d) o do lote compromissado, no caso de recusa de recebimento da escritura definitiva (Dec.-lei 58, de 10.12.1937, art. 17, parágrafo único).[12]

10. *Apud* Carlos Roberto Gonçalves, *Direito Civil Brasileiro*, vol. III: *Contratos e Atos Unilaterais*, 9ª ed., São Paulo, Saraiva, 2012, p. 404.
11. Miguel Maria de Serpa Lopes, *Curso de Direito Civil*, vol. IV, 6ª ed., Rio de Janeiro, Livraria Freitas Bastos, 1995, p. 269.
12. Washington de Barros Monteiro, *Curso de Direito Civil, Direito das Obrigações*, cit., p. 254.

Na segunda, o depósito decorre de alguma calamidade, citadas no art. 647, II, do CC, apenas a título de exemplo. Nesse caso é conhecido por depósito miserável. O Código Civil admite possa o depósito miserável ser provado por qualquer meio, pois as condições que o rodeiam tornam impossível, muitas vezes, a observância de qualquer formalidade na celebração do contrato.[13]

Além dessas modalidades, o Código Civil equipara ao depósito necessário o depósito das bagagens dos viajantes, hóspedes e fregueses, nas hospedarias, casas de pensão ou hotéis (CC, art. 649), no que é criticado por Cunha Gonçalves, citado por Eduardo Espínola, pois não haveria em tal hipótese necessidade disso, visto que os hóspedes podem deixar suas bagagens em diverso local, nem rigorosamente as bagagens são entregues ao hoteleiro ou hospedeiro, nem este se obriga a guardá-las e restituí-las.[14]

O fundamento para esta responsabilidade, segundo Carlos Roberto Gonçalves, encontra-se "no fato de os hospedeiros se oferecerem à confiança da população, bem como na circunstância de não terem as pessoas, em regra, a possibilidade de se certificar da idoneidade dos estabelecimentos em oferta pública [*de modo que*] a ideia que norteia a regra é assegurar à pessoa e à bagagem do cliente a mesma garantia que o transportador deve ao passageiro".[15]

No depósito resultante do contrato de hospedagem, a responsabilidade do hoteleiro é maior se comparada com a de outros depositários, pois abrange os seus atos e os de terceiros, estendendo-se a furtos e roubos por empregados ou pessoas admitidas em casa (CC, art. 649, parágrafo único), da qual será exonerado se comprovar a ocorrência de caso fortuito ou força maior (CC, art. 650), como "nas hipóteses de culpa dos hóspedes, por deixarem aberta a porta do quarto, por exemplo, e de caso fortuito ou força maior, como nas ocorrências de roubo à mão armada ou violências semelhantes".[16]

A responsabilidade do hoteleiro limita-se a coisas que os hóspedes normalmente costumam transportar (roupas, abrigos, objetos de uso pes-

---

13. Idem, ibidem, p. 255.
14. Eduardo Espínola, *Dos Contratos Nominados no Direito Civil Brasileiro*, cit., p. 302.
15. Carlos Roberto Gonçalves, *Direito Civil Brasileiro*, vol. III: *Contratos e Atos Unilaterais*, cit., p. 403.
16. Idem, ibidem, p. 402.

soal), excluídas quantias elevadas, joias caras, a não ser, quanto a essas, que o hóspede tenha ajustado depósito voluntário com o hoteleiro.[17]

Para Washington de Barros Monteiro, os hospedeiros podem excluir a responsabilidade mediante convenção celebrada com o hóspede, desde que essa exclusão não resulte de declaração unilateral ou regulamento interno baixado pelo hospedeiro nas dependências da hospedaria.[18] Também para Caio Mário da Silva Pereira "é lícita a *convenção de irresponsabilidade*, desde que resulte inequívoca e certa, (...) mas não tem este valor a simples aposição de *cláusula de não indenizar*, uma vez que a responsabilidade é *ope legis*".

A responsabilidade só poderia ser afastada pelo ajuste e não pela vontade do obrigado, sem a inequívoca anuência da outra parte.

Discordo dos referidos posicionamentos diante do que dispõe o art. 25 ou o art. 51, I, ambos da Lei 8.078/1990, Código de Defesa do Consumidor, que veda a estipulação contratual de cláusula que impossibilite, exonere ou atenue a obrigação de indenizar. No mesmo sentido a lição de Carlos Roberto Gonçalves para quem a obrigação de ressarcir o prejuízo não pode ser excluída sequer mediante cláusula de não indenizar pactuada com o hóspede, pois o hoteleiro, enquanto prestador de serviços, se sujeita ao Código de Defesa do Consumidor, e o art. 51, incisos I e IV, do referido diploma legal, considera nulas de pleno direito as cláusulas contratuais que atenuem, por qualquer forma, a responsabilidade do fornecedor de produtos e do prestador de serviços.[19]

18.2 Forma e prova do contrato. Duração

O depósito forma-se com o consentimento das partes e a entrega do bem ao depositário.

O contrato de depósito voluntário deverá ser celebrado por escrito para facilitar a sua prova.

O depósito necessário pode ser provado por testemunhas ou qualquer outro meio de prova.

---

17. Caio Mário da Silva Pereira, *Instituições de Direito Civil*, vol. III: *Contratos*, Rio de Janeiro, Forense, p. 256.

18. Washington de Barros Monteiro, *Curso de Direito Civil*, vol. 5: *Direito das Obrigações*, cit., p. 256. Caio Mário da Silva Pereira, *Instituições de Direito Civil*, vol. III: *Contratos*, 11ª ed., 2004, p. 371.

19. Carlos Roberto Gonçalves, *Direito Civil Brasileiro*, vol. III: *Contratos e Atos Unilaterais*, cit., p. 403.

O depósito dá-se por tempo determinado ou determinável. Na hipótese de haver prazo determinado, nada impede que o depositante solicite a restituição do bem antes do prazo, caso em que o depositário não poderá recusar-se a restituir ao depositante o bem.[20]

18.3 Conteúdo do depósito

18.3.1 Obrigações e direitos do depositário

18.3.1.1 Obrigações do depositário

O depositário, não importa a espécie de depósito, assume a obrigação de guardar a coisa e empregar toda a diligência ordinária, agir como se ela lhe pertencesse (CC, art. 629). A coisa, segundo Washington de Barros Monteiro, "é-lhe consignada para ser guardada; a *custodia rei* é a própria essência do contrato, pois para que o depósito se configure, proclamou o Supremo Tribunal Federal, preciso é que a guarda da coisa tenha entrado no contrato como fim precípuo".[21]

A custódia é, sem dúvida, a principal obrigação do depositário e pode ser classificada como a obrigação típica do depositário, que deve ser exercida pessoalmente por ele, inadmitida a transferência dessa obrigação a terceiro sem a autorização do depositante.[22] Miguel Maria de Serpa Lopes defende, no entanto, nada mudar a responsabilidade do depositário se, não obstante o caráter personalíssimo do contrato, ele confiar a guarda da coisa à outra pessoa, pois a obrigação de guardar a coisa seria obrigação de meio e não de resultado.[23]

O depositário, exceto com o consentimento do depositante, não pode utilizar o bem confiado à sua guarda (CC, art. 640). O uso do bem desvirtuaria o contrato, transformando-o em comodato, se gratuito, ou locação, se oneroso. Para Washington de Barros Monteiro "o traço separativo do depósito e do comodato está em que, neste, o comodatário recebe a coisa para seu uso, enquanto, naquele, a recebe para guardá-la, não podendo utilizá-la sem expressa permissão do depositante".[24]

---

20. Sílvio Luís Ferreira da Rocha, *Curso Avançado de Direito Civil*, vol. III: *Contratos*, cit., p. 284.
21. Washington de Barros Monteiro, *Curso de Direito Civil*, vol. 5: *Direito das Obrigações*, cit., p. 238.
22. Orlando Gomes, *Contratos*, cit., p. 340.
23. Serpa Lopes, *Curso de Direito Civil*, vol. IV, cit., p. 263.
24. Washington de Barros Monteiro, *Curso de Direito Civil*, vol. 5: *Direito das Obrigações*, cit., p. 241.

O descumprimento dessa obrigação pelo depositário não autoriza o depositante a requerer a resolução do contrato, mas, tão somente, a requerer indenização por perdas e danos do depositário. Da mesma forma, se o bem lhe foi entregue fechado, selado ou lacrado o depositário deverá mantê-lo intacto (CC, art. 630).[25]

Além desta obrigação, o depositário deve restituir a coisa com os seus frutos e acrescidos ao depositante, no lugar do depósito, ao término do contrato ou tão logo o depositante o peça, pois, como o depósito ordinariamente é contratado no interesse do depositante, não lhe pode ser oposto o prazo que ainda resta para terminar o contrato.[26]

Se o depositário não restituir o bem, incorrerá em mora e arcará, eventualmente, com os prejuízos decorrentes de sua perda ou deterioração, ainda que tenha agido sem culpa, exceto se provar que o dano na coisa ocorreria mesmo com a restituição em tempo hábil (CC, art. 399).[27]

A restituição deve ser feita ao depositante, isto é, à pessoa que celebrou o contrato de depósito, mesmo que o depositante não seja o proprietário da coisa.

As exceções a esta regra estão previstas nos casos de morte do depositante, se a coisa for produto de crime ou se recair sobre a coisa medida judicial constritiva. Desta forma, o depositário poderá deixar de restituir o bem, sem incorrer em mora se: a) tiver direito de retenção pelo valor da retribuição, das despesas e dos prejuízos que do depósito provierem; b) se o objeto tiver sido judicialmente embargado; c) se sobre ele pender execução notificada ao depositário; ou d) se houver motivo razoável para suspeitar que a coisa depositada fora dolosamente obtida, por meio de furto ou roubo, hipótese em que após expor o fundamento da suspeita poderá requerer que se recolha o objeto ao Depósito Público (CC, arts. 633 e 634).

A ação para reaver a coisa infungível depositada e não restituída, no caso de depósito contratual, é a ação de depósito, de natureza cognitiva, sujeita a procedimento especial, considerada ação executiva *lato sensu*, que, julgada procedente, implica na expedição de mandado de entrega da coisa, em 24 horas, ou do equivalente em dinheiro, segundo preceitua o art. 904 do CPC [*sem correspondência no novo CPC*]. Caberá, então,

---

25. Sílvio Luís Ferreira da Rocha, *Curso Avançado de Direito Civil*, vol. III: *Contratos*, cit., p. 285.
26. Idem, ibidem.
27. Idem, ibidem.

ao autor promover a busca e apreensão da coisa ou, caso não encontrada, prosseguir no próprio auto para haver o que lhe for reconhecido na sentença, observado o procedimento da execução por quantia certa (CPC, art. 906).

A recusa do depositário em restituir a coisa autorizava o depositante a pedir a prisão civil do depositário inadimplente (CC, art. 652). Assim, o depositário que não cumprisse, voluntariamente, a obrigação de restituir a coisa recebida em depósito estaria sujeito à sanção civil consistente na decretação de sua prisão civil (CC, art. 652). A prisão do depositário infiel seria uma exceção à garantia constitucional que veda a prisão por dívida, juntamente ao lado da dívida alimentar. Assim, as duas hipóteses de obrigações civis não cumpridas aptas a autorizar a pena de prisão seriam a obrigação alimentar e a obrigação do depositário em restituir a coisa dada em depósito.

O Brasil subscreveu tratado internacional que veda a prisão por dívida, precisamente o Pacto de São José da Costa Rica, cujo art. 7º, n. 7, prevê que ninguém deve ser detido por dívida, sendo que daí surgiu a dúvida se ainda haveria a possibilidade de decretar-se a prisão tanto do devedor de alimentos como do depositário infiel. O Supremo Tribunal Federal, instado a pronunciar-se a respeito da questão, depois de alguma tergiversação, posicionou-se pela constitucionalidade da prisão da dívida por alimentos e pela inconstitucionalidade da prisão do depositário infiel. De acordo com Carlos Roberto Gonçalves, no dia 3 de dezembro de 2008, a referida Corte, em decisão histórica, por maioria do Plenário, por atribuir *status supralegal*, acima da legislação ordinária, aos tratados sobre *Direitos Humanos*, embora situados em nível abaixo da Constituição, negou provimento ao RE 466.343-SP, oriundo de uma ação concernente a um contrato de alienação fiduciária. A referida decisão pôs fim à prisão civil do depositário infiel, tanto nas hipóteses de contrato, como os de depósito, de alienação fiduciária, de arrendamento mercantil ou *leasing*, por exemplo, como no caso do depositário judicial.[28]

Posteriormente, o Superior Tribunal de Justiça editou a Súmula 419: "Descabe a prisão civil do depositário infiel", e o próprio Supremo Tribunal Federal, a Súmula Vinculante 25: "É ilícita a prisão civil de depositário infiel, qualquer que seja a modalidade do depósito", de modo que o art. 652 do CC não é mais aplicável em nosso ordenamento jurídico.

---

28. Carlos Roberto Gonçalves, *Direito Civil Brasileiro*, vol. III: *Contratos e Atos Unilaterais*, cit., p. 409.

18.3.1.2 Direitos do depositário

Além dos direitos decorrentes do contrato – entre eles a remuneração, quando ajustada –, outros direitos especiais foram concedidos ao depositário, mas que dependem da ocorrência, no mundo fenomênico, de algumas circunstâncias, como o direito de retenção e o de pedir o depósito judicial da coisa.[29]

O depositário tem o direito de reter a coisa depositada enquanto não for satisfeita a sua pretensão de ser reembolsado das despesas feitas com a coisa e a pretensão de ser indenizado dos prejuízos decorrentes do contrato de depósito (CC, art. 644).[30]

O direito de retenção só pode ser exercido para o pagamento das despesas de conservação e para o ressarcimento de prejuízos que decorram diretamente do depósito. Não se admite a retenção por outros créditos, que, porventura, tenha o depositário.[31]

O depositário pode requerer o depósito judicial da coisa, e, com isso, evitar restituí-la ao depositante quando ele ou outrem suspeitar ser a coisa guardada produto de crime, como furto, roubo, receptação ou apropriação indébita, ou quando houver disputa em torno da propriedade do bem. Admite-se ainda o depósito judicial quando o depositário não possa mais continuar com o encargo, por motivo plausível, e o depositante recusar-se a receber a coisa (CC, art. 635).[32]

18.3.2 Obrigações e direitos do depositante

18.3.2.1 Obrigações do depositante

O depositante pode ter obrigações para com o depositário, como reembolsá-lo por despesas necessárias à conservação da coisa ou indenizá-lo por danos decorrentes do depósito (CC, art. 643). Essas despesas são, apenas, as necessárias à conservação da coisa e não as úteis e voluptuárias, que pressupõem o uso da coisa.

Se o contrato de depósito for gratuito, essas obrigações o tornam um contrato bilateral imperfeito.

---

29. Sílvio Luís Ferreira da Rocha, *Curso Avançado de Direito Civil*, vol. III: *Contratos*, cit., p. 286.
30. Idem, ibidem.
31. Idem, ibidem.
32. Idem, ibidem.

O depósito pode ser oneroso e, portanto, bilateral. Obriga-se o depositante, nesse caso, a pagar a remuneração combinada, e se não o fizer incorre em mora, que, contudo, não exime o depositário da obrigação de guarda da coisa, enquanto o contrato não for resolvido judicialmente.

18.3.2.2 Direitos do depositante

O depositante tem o direito de ter restituída a coisa em perfeito estado de conservação.

18.4 Riscos

O risco pela deterioração ou perda da coisa em virtude de caso fortuito recai sobre o depositante e não sobre o depositário porque ele conserva a propriedade da coisa. É a pura aplicação da regra *res perit creditori* (a coisa perece com o credor). No entanto, responde o depositário pelo risco de deterioração ou perda da coisa quando ele estiver em mora no cumprimento da obrigação de restituir.

Proíbe-se o depositário, no entanto, de enriquecer com a perda do bem e incorporar ao seu patrimônio a indenização paga pela perda do bem, como no caso de ele ter feito seguro e a seguradora ter-lhe indenizado a perda do bem dado em depósito ocorrida por caso fortuito. A indenização, nesse caso, deve ser repassada ao depositante.[33]

18.5 Extinção do depósito

A extinção normal do depósito dá-se pelo advento do termo do contrato, embora nada impeça o depositante, por conveniência, pedir a restituição antes do tempo, sem que a isso possa opor-se o depositário, salvo no caso do depósito vinculado. O prazo no contrato de depósito interpreta-se em favor do depositante.[34]

A extinção anormal do depósito pode ocorrer pela resilição unilateral do contrato pelo depositante, que, como visto, pode pedir a restituição da coisa antes do tempo ou pela resolução motivada pelo depositário, que descumpre culposamente suas obrigações, ou, ainda, pela resilição bilateral, também denominada distrato.[35]

---

33. Orlando Gomes, *Contratos*, cit., p. 342.
34. Miguel Maria de Serpa Lopes, *Curso de Direito Civil*, cit., p. 268.
35. Sílvio Luís Ferreira da Rocha, *Curso Avançado de Direito Civil*, vol. III: *Contratos*, cit., p. 287.

Acrescente-se ainda a possibilidade de o depositário requerer o depósito judicial da coisa, quando, por motivo plausível, não a possa guardar e o depositário não lhe queira receber.[36]

A morte do depositário extingue o contrato porque o depósito é um contrato personalíssimo, muito embora nada impeça que as partes estipulem em sentido diverso.

---

36. Idem, ibidem.

Capítulo 19
DO MANDATO

19.1 Conceito. 19.2 Características. 19.3 Pressupostos e elementos. 19.4 Conteúdo: 19.4.1 Obrigações do mandatário – 19.4.2 Obrigações do mandante. 19.5 Da extinção do mandato: 19.5.1 Revogação: 19.5.1.1 Da irrevogabilidade do mandato – 19.5.2 Renúncia – 19.5.3 A morte – 19.5.4 A mudança de estado – 19.5.5 A terminação do prazo ou conclusão do negócio – 19.5.6 Efeitos da extinção. 19.6 Do mandato judicial.

19.1 Conceito

O Código Civil, no art. 653, define o contrato de mandado: "Opera-se o mandato quando alguém recebe de outrem poderes para, em seu nome, praticar atos ou administrar interesses".

Para Clóvis Beviláqua, o que caracteriza o mandato é a representação.[1] No mesmo sentido Washington de Barros Monteiro[2] e Caio Mário da Silva Pereira para quem "no direito brasileiro, como no francês, no português, a representação é essencial e a sua falta desfigura o contrato para prestação de serviços".[3]

Também para Maria Helena Diniz o mandato envolve representação, pois, para ela, o mandato "é uma representação convencional, em que o representante pratica atos que dão origem a direitos e obrigações que repercutem na esfera jurídica do representado".[4]

---

1. Clóvis Beviláqua, *Código Civil dos Estados Unidos do Brasil Comentado*, 3ª tir., edição histórica, Rio de Janeiro, Editora Rio, 1977, p. 399.

2. Washington de Barros Monteiro, *Curso de Direito Civil*, vol. 5: *Direito das Obrigações*, 2ª parte, São Paulo, Saraiva, p. 261.

3. Caio Mário da Silva Pereira, *Instituições de Direito Civil*, vol. III: *Contratos*, 11ª ed., Rio de Janeiro, Forense, 2004, p. 397.

4. Maria Helena Diniz, *Curso de Direito Civil Brasileiro*, vol. III: *Teoria das Obrigações Contratuais e Extracontratuais*, 28ª ed., São Paulo, Saraiva, 2012, p. 395.

Assim, para essa corrente, o mandato é o contrato pelo qual uma das partes, denominada mandatário, se obriga a praticar, por conta e responsabilidade da outra, denominada mandante, um ou mais atos jurídicos.[5] Neste contrato, as partes denominam-se mandante e mandatário. O mandante é a pessoa que outorga o poder para que outra pratique em seu nome atos jurídicos. O mandatário é a pessoa que recebe tais poderes e realiza atos jurídicos em nome do mandante.

Para outros, como Orlando Gomes ou Pontes de Miranda, o mandato pode envolver ou não representação. Assim, o mandato pode ser com ou sem representação, configurada esta última quando as relações jurídicas se estabelecem entre o mandatário e o terceiro e não entre o mandante e o terceiro. Para Pontes de Miranda, o mandato é o contrato através do qual alguém assume o dever e a obrigação, perante outra pessoa, de gerir os negócios desta, com ou sem poderes de representação.[6]

Como regra, acompanha o negócio de mandato a outorga de poderes para o mandatário representar o outorgante perante terceiros, motivo pelo qual a segunda parte do art. 653 do CC declara que a procuração constitui o instrumento do mandato. Segundo a lição de Araken de Assis "é o que acontece usualmente: o outorgante confere poderes de representação, através da procuração, e o outorgado os aceita formando a relação contratual de mandato, subordinada ao seu próprio regime jurídico".[7]

O mandato somente pode ser conferido para a prática de atos jurídicos em que a lei não exija a pessoal participação do mandante. Assim, não se admite mandato para a confecção de testamento, exercício de cargo público e a prestação de serviço militar. Admite-se o mandato para celebrar o negócio jurídico de casamento (CC, art. 1.542).

19.2 Características

No mandato predomina a mútua confiança dos contratantes. De acordo com Orlando Gomes "o elemento subjetivo da confiança governa o comportamento do mandatário desde a formação do contrato até a sua extinção. Só a alguém em que se confia se concedem poderes para a

---

5. Agostinho Neves de Arruda Alvim, *Exposição de Motivos do Projeto de Código Civil*, pp. 80-81.
6. Francisco Cavalcante Pontes de Miranda, *Tratado de Direito Privado*, vol. 43, Rio de Janeiro, Borsoi, 1962, § 4.675, p. 4.
7. Araken de Assis, *Contratos Nominados*, São Paulo, Ed. RT, 2009, p. 25.

prática de negócios jurídicos ou administração de interesses. Estipula-se o contrato em consideração à pessoa do mandatário".[8]

Trata-se de um contrato consensual. A sua constituição depende da aceitação do mandatário, que, muitas vezes, costuma figurar no respectivo instrumento constitutivo.

A aceitação do mandato pode ser expressa ou tácita. Daí falar-se em mandato expresso ou tácito.

É expressa a aceitação quando o mandatário, por escrito ou verbalmente, declara a sua vontade de anuir com o contrato. Caracteriza ato inequívoco que leva à certeza de que o mandatário assumiu o desempenho do encargo oferecido.[9]

A aceitação tácita resulta do início da execução do mandato (CC, art. 659). Dá início a execução do mandato a pessoa que, sem manifestar sua aceitação por escrito ou verbalmente, exerce os poderes conferidos pelo mandante ou saca o dinheiro que o mandante colocou à sua disposição para custear a execução do mandato.[10]

A aceitação é indivisível. Resulta na integralidade da oferta do mandante e, por isso, não é permitido ao destinatário aceitar o mandato em parte.[11]

O contrato de mandato pode ser gratuito ou remunerado. Nenhuma dessas características é da sua essência. O mandato é unilateral, com obrigações somente para o mandatário. O mandato oneroso é bilateral, perfeito desde a formação.

O mandato pode ser ainda verbal ou escrito.

No mandato verbal, o mandante delega ao mandatário a sua representação verbalmente. O mandato verbal prova-se por qualquer meio e ele é válido para aqueles atos que dispensam o instrumento público ou particular. Se comparado com o mandato escrito, apresenta-se como uma exceção.[12]

O mandato pode ser escrito.

8. Orlando Gomes *Contratos*, 26ª ed., atualizada, Rio de Janeiro, Forense, 2008, p. 427.
9. Araken de Assis, *Contratos Nominados*, cit., p. 53.
10. Idem, ibidem, p. 54.
11. Idem, ibidem.
12. Sílvio Luís Ferreira da Rocha, *Curso Avançado de Direito Civil*, vol. III: *Contratos*, São Paulo, Ed. RT, 2002, p. 297.

19.3 Pressupostos e elementos

Podem ser mandantes todas as pessoas maiores ou emancipadas no gozo dos direitos civis (CC, art. 654). Assim, os absolutamente incapazes não podem constituir mandatário e os relativamente incapazes devem ser assistidos. Para os absolutamente incapazes, descritos no art. 3º do CC, existe a representação legal.

A capacidade do mandante é avaliada na data da celebração do contrato, de modo que, se ela faltar no momento da formação do contrato, a aquisição superveniente da capacidade não convalidará o vício de nulidade, bem como a perda ou diminuição da capacidade superveniente à formação do contrato não invalidará o contrato de mandato.[13]

Podem ser mandatários os maiores ou emancipados e os relativamente incapazes, sem a necessária assistência dos representantes legais (CC, art. 666), mas neste caso as obrigações do mandatário seguem as regras aplicáveis às obrigações contraídas por menores.

Justifica-se a faculdade concedida ao menor de ser um mandatário porque ele seria um simples intermediário e, em última análise, não é ele que irá se vincular juridicamente com o terceiro. Para Washington de Barros Monteiro "o mandante pode designar, como mandatário, pessoa que não seja maior e capaz, desde que nele deposite confiança; se posteriormente se convence de que mal escolheu o mandatário, que se queixe da própria incúria; mas o terceiro que tratou com o representante nada terá que ver com as consequências da má escolha".[14]

De acordo com Caio Mário da Silva Pereira, "o princípio é, entretanto, explicado pela razão de que a incapacidade é instituída em benefício do menor, e desde que seja este devidamente protegido, não há razão para interdizer-lhe a aceitação do mandato. Em jogo está a fazenda do mandante, cuja capacidade não obsta a que delegue poderes ao menor, se este é da sua confiança. Em consequência do princípio, as relações ente o mandante e o terceiro não sofrem qualquer modificação, originando os mesmos direitos e obrigações, como se o representante fosse maior; mas não responde ele por perdas e danos em consequência da má execução do mandato, ressalvado evidentemente que se acoberta de um enriquecimento ilícito (Serpa Lopes). A título de explicação, diz-

---

13. Carlos Roberto Gonçalves, *Direito Civil Brasileiro*, vol. III: *Contratos e Atos Unilaterais*, 9ª ed., São Paulo, Saraiva, 2012, p. 418.
14. Washington de Barros Monteiro, *Curso de Direito Civil*, vol. 5: *Direito das Obrigações*, 2ª parte, cit., p. 274.

-se que a capacidade do mandatário é indiferente para a execução do mandato".[15]

Clóvis Beviláqua insurge-se contra esta faculdade que quebra as normas da capacidade porque "não há necessidade de recorrerem os mandantes aos menores para os encarregarem de seus negócios, porque melhor os podem gerir os maiores".[16]

O pródigo e o falido podem ser mandatários. A restrição que os atinge limita-se à disposição de bens dos respectivos patrimônios e não os inibe de exercer atividades de mandatários.[17]

Alguns denominam o instrumento do mandato de procuração, que deve preencher os requisitos previstos no Código Civil (art. 654, § 1º), entre eles, a indicação do lugar onde foi passada, a qualificação do outorgante e do outorgado, a data e o objetivo da outorga com a designação e a extensão dos poderes conferidos.

A procuração deve obedecer à forma pública para atos que a exijam expressamente, como no caso de o mandante ser incapaz, ou para a compra e venda de imóvel de valor superior ao previsto no Código Civil, e a forma particular nos demais casos, ainda que o ato jurídico a ser praticado requeira instrumento público.

A procuração deve conter a assinatura do mandante. A exigência de a assinatura ser reconhecida[18] foi dispensada e traduz-se numa faculdade do terceiro, com quem o mandatário tratar (CC, art. 654, § 2º).

15. Caio Mário da Silva Pereira, *Instituições de Direito Civil*, vol. III, cit., p. 277.

16. Clóvis Beviláqua, *Código Civil dos Estados Unidos do Brasil*, cit., p. 414.

17. Eduardo Espínola, *Dos Contratos Nominados no Direito Civil Brasileiro*, Rio de Janeiro, Gazeta Judiciária Ed., 1953, p. 327.

18. De acordo com Araken de Assis, *Contratos Nominados*, cit., p. 34, "O reconhecimento de firma constitui ato notarial por excelência, privativo do tabelião, do seu substituto ou dos escreventes autorizados (...). Divide-se o reconhecimento em várias modalidades de natureza e efeitos diferentes. De acordo com o art. 369 do CPC [*de 1973; art. 411, I, do CPC-2015*], declarando o tabelião que a assinatura foi aposta na sua presença, no chamado *reconhecimento por autenticidade*, reputar-se-á autêntico o documento particular, e a segurança decorrente desta força probante é o objetivo visado pela exigência formulada pelo terceiro, baseada no art. 654,§ 2º. Do mesmo efeito dota-se o *reconhecimento por conferência*, bem mais comum, em que o interessado apresenta ao tabelião o documento já assinado, mas repete a assinatura na ficha ou livro próprio do notário. O *reconhecimento por abonação*, no qual o tabelião se vale de pessoas por ele conhecidas e merecedoras da sua fé (os abonadores), ou *por semelhança*, em que o notário limita-se a comparar a assinatura no documento que lhe é apresentado com a constante de seus arquivos, não produzem o efeito do art. 369 do CPC".

19.4 Conteúdo

O mandato pode ser concedido em termos gerais ou com poderes especiais. Segundo Carvalho Santos "um mandato é concebido em termos gerais quando as partes não determinaram, nem esclareceram, em termos formais, a natureza dos atos a serem praticados pelo mandatário".[19]

O mandato em termos gerais só confere poderes de administração, que permitem a realização de atos de simples gerência, em que não há alienação ou disposição (CC, art. 661) e abrange a todos os negócios do mandante, permitindo ao mandatário realizar qualquer ato de administração.[20] Discute-se a possibilidade de o mandatário, a título de preservar os interesses que lhe foram confiados, da melhor maneira possível, realizar atos limitados de disposição, como alienar frutos, contrair empréstimos para produzi-los, promover a novação de créditos e dívidas e receber doações. Admite-se que os poderes gerais permitem atos de disposição de caráter excepcional, na medida em que se mostrem indispensáveis à execução do mandato.[21]

Araken de Assis distingue os poderes gerais dos poderes genéricos. "Mostram-se gerais os poderes que o outorgante não indica, expressamente, quais sejam e, como se acentuou, autorizam os atos de administração ordinária. Ao invés, nos poderes genéricos há individualização, mas o outorgante não os limita quantitativamente. Por exemplo, outorgando o poder para emitir, endossar ou avalizar títulos cambiários, nenhuma restrição se erige à quantidade de títulos ou à sua natureza".[22]

O mandato com poderes especiais permite a realização de atos de alienação ou disposição, entre eles o de alienar, hipotecar, transigir ou praticar quaisquer outros atos, que exorbitem da administração (CC, art. 661, §§ 1º e 2º). De acordo com Caio Mário da Silva Pereira "chama-se especial àquele que se confere para um ou mais negócios determinadamente, ficando o representante habilitado para o ato específico e é necessário para alienar, hipotecar, transigir, confessar".[23]

---

19. J. M. de Carvalho Santos, *Código Civil Interpretado*, vol. 18, Rio de Janeiro, Freitas Bastos, p. 158.
20. Caio Mário da Silva Pereira, *Instituições de Direito Civil*, vol. III, cit., p. 281.
21. Araken de Assis, *Contratos Nominados*, cit., p. 59.
22. Idem, ibidem, p. 57.
23. Caio Mário da Silva Pereira, *Instituições de Direito Civil*, vol. III, cit., p. 404.

Atos jurídicos como contrair casamento, representar testamenteiro, dar fiança e emitir cheque exigem procuração com poderes expressos.

19.4.1 Obrigações do mandatário

As obrigações do mandatário estão previstas no art. 667 do CC.

O mandatário obriga-se a cumprir fielmente o mandato com diligência habitual. A lei exige zelo, cuidado, atenção e interesse.[24]

O mandatário deve agir de acordo com os poderes outorgados pelo mandante e segundo as instruções recebidas.

Os poderes outorgados pelo mandante são os limites do mandato. O mandatário não pode ultrapassá-los, pena de não obrigar o mandante.

As instruções são as ordens, orientações transmitidas pelo mandante ao mandatário de como atuar no exercício dos poderes que lhe foram outorgados.

A atuação do mandatário dentro dos poderes, porém em desacordo com as instruções, vincula o mandante, mas a atuação do mandatário além dos poderes que lhe foram conferidos não vincula o mandante, daí porque se exige do mandatário a exibição do instrumento do mandato, justamente para conferência dos poderes.

O mandato é um contrato personalíssimo e, por isso, a sua execução compete ao mandatário pessoalmente, embora lhe seja, em todos os casos, permitido convocar auxiliares ou ajudantes na realização de atos isolados ou determinados.

Pode, no entanto, fazer-se substituir por outro, mediante transferência a um terceiro das obrigações a seu cargo. Define-se o substabelecimento como o ato pelo qual o mandatário transfere a outrem, denominado substabelecido, os poderes que lhe foram conferidos pelo mandante. O substabelecimento pode ser feito com reservas ou sem reservas dos poderes que lhe foram conferidos, bem como pode ser total ou parcial.

Nem sempre o mandatário poderá substabelecer os poderes que lhe foram conferidos. As regras sobre a responsabilidade do mandatário por atos praticados pelo substabelecido variam de acordo com a possibilidade de o mandatário estar ou não autorizado a substabelecer. Se o mandatário foi autorizado a substabelecer não responderá pelos atos praticados pelo substabelecido, a menos que tenha escolhido pessoa notoriamente incapaz ou insolvente (CC, art. 667, § 2º). Se não houve permissão para

24. Idem, ibidem, p. 405.

o mandatário substabelecer, ele responderá pelos atos cometidos pelo substabelecido (CC, art. 667).

Se o mandatário estiver proibido de substabelecer e mesmo assim substabelecer os poderes recebidos, responderá perante o mandante pelos prejuízos derivados da culpa e do dolo do substabelecido e mesmo pelos danos decorrentes do fortuito, exceto, neste último caso, se provar que o dano teria sobrevindo, ainda que não houvesse o substabelecimento (CC, art. 667, § 1º).[25]

O mandatário deve prestar contas dos atos que praticar e transferir ao mandante todas as vantagens oriundas do mandato, conforme determina o art. 668 do CC.

O mandatário deve, ainda, indenizar o mandante dos prejuízos que causar.

19.4.2 Obrigações do mandante

O mandante obriga-se a satisfazer todas as obrigações assumidas pelo mandatário. Cuida-se da essência do mandato (CC, art. 675).

A vinculação do mandante pressupõe, no entanto, que o mandatário tenha agido dentro dos poderes que lhe foram outorgados, ainda que descumpridas as instruções dadas a ele (CC, art. 679).

A atuação do mandatário além dos poderes que lhe foram concedidos não obriga o mandante (CC, art. 673), razão pela qual a parte pode exigir do mandatário que lhe exiba o instrumento do mandato para conferir os limites do contrato.

A partir da diferença poderes/instruções, a doutrina distingue excesso/abuso de poderes. Há excesso de poderes, nos termos do art. 662 do Código Civil, quando os atos são praticados por quem não tenha mandato ou o tenha sem poderes suficientes, enquanto há abuso de poderes quando o mandatário age de acordo com os poderes recebidos, mas de forma a contrariar as instruções do mandante. Enquanto o excesso de poder leva a ineficácia do negócio jurídico realizado pelo mandatário perante o mandante, o abuso de poder apenas fundamenta uma pretensão indenizatória do mandante contra o mandatário.

Obriga-se o mandante a adiantar as despesas necessárias à execução do mandato (CC, art. 675). Cuida-se de um dever geral de o mandante prover o mandatário dos recursos indispensáveis à execução do contra-

---

25. Silvio Rodrigues, *Direito Civil*, vol. III: *Dos Contratos e das Declarações Unilaterais da Vontade*, 30ª ed., 3ª tir., São Paulo, Saraiva, 2006, pp. 291-292.

to, que, se descumprido, permite ao mandatário: a) realizar as despesas por sua conta, obrigando o mandante a reembolsá-las e a pagar juros nos termos dos arts. 676 e 677 do Código Civil; b) propor contra o mandante a chamada ação de provisão do mandato, se o mandatário já houver contraído obrigação com terceiro; e c) não cumprir os encargos do mandato.[26]

Ainda que o mandante considere as despesas exageradas, se não houve prévia fixação delas e desde que efetivamente realizadas, o mandante deve reembolsá-las. O art. 676 obriga o mandante a reembolsar as despesas da execução do mandato, como gastos de publicidade, fretes e carretos, taxas, entre outras, desde que elas se revelem indispensáveis ao êxito da incumbência, porque o exercício dos poderes de representação ocorre por conta do mandante. Contudo, desaparece o direito à remuneração e ao reembolso das despesas se houver culpa do mandatário.[27]

Além da ação de cobrança, permite-se ao mandatário o direito de reter o objeto da operação que lhe foi cometida no mandato até o quanto baste para pagamento do que lhe for devido (CC, art. 664 c/c art. 681). O exercício desse direito de retenção concretiza-se por meio de exceção, nunca por meio de ação.[28]

A remuneração ajustada para a execução do mandato deve ser paga mesmo que o mandatário não tenha obtido o resultado almejado (CC, art. 676). O referido artigo desvincula a remuneração do mandatário, no mandato oneroso, das vicissitudes ulteriores do negócio que objetivava com a outorga dos poderes. Contudo, o valor da remuneração, sua forma, o momento em o mandante passa a devê-la é assunto entregue a autonomia privada das partes. Entretanto, na falta de ajuste, lacunas ou imprecisões, o mandatário somente tem direito à remuneração depois de iniciada a execução do mandato. Desaparece o direito à remuneração, salvo culpa do mandante, se antes do início da execução do mandato

---

26. Araken de Assis, *Contratos Nominados*, cit., p. 96.
27. Idem, ibidem, p. 101.
28. Idem, ibidem, p. 73. Segundo o referido autor, "para evitar a extinção do direito de reter – não, porém, o crédito garantido, que subsistirá incólume à extinção da garantia – ao mandatário incumbe alegar a exceção na contestação; omitida a alegação ela desaparece, em decorrência do princípio da eventualidade (art. 300 do CPC [*de 1973; art. 336 do CPC-2015*]) e, definitivamente, porque atingida pela eficácia preclusiva da coisa julgada (art. 474 do CPC [*de 1973; art. 508 do CPC-2015*]). Também se admite, existindo título extrajudicial a favor do mandante, excepcionar a retenção, mediante os embargos do art. 744 do CPC [*atual art. 745 do CPC-1973; art. 917, IV, do CPC-2015*]".

ocorrer fato necessário que a impede. É devido, ainda, o direito à remuneração integral na hipótese de revogação injusta do mandato.[29]

Como regra, o fim do mandato assinala o início da pretensão do mandatário a receber sua remuneração, porque se necessita liquidar a relação contratual e assim avaliar os deveres recíprocos, como a restituição das importâncias adiantadas pelo mandante ou, inversamente, o reembolso das despesas suportadas pelo mandatário.[30]

O mandante obriga-se, ainda, a ressarcir o mandatário das perdas e danos que ele tenha com a execução do mandato, sempre que tais prejuízos não decorram de culpa sua ou de excesso de poderes (CC, art. 678).[31]

Deste artigo resultaria a responsabilidade do mandante pelo dano que o mandato deu causa e pelo dano ocorrido por ocasião do seu cumprimento. Assim, se o dano ocorreu por circunstâncias conectadas com a execução do contrato, o mandante deve indenizar o mandatário, exceto se o mandato, em si mesmo, implicar riscos conhecidos e assumidos pelo mandatário, como o transporte de dinheiro em espécie, sem a segurança indispensável, para pagar o preço da compra e venda.[32]

Há quem procure distinguir entre causa e ocasião dos prejuízos, concedendo a indenização tão somente quando a execução do mandato tenha sido causa das perdas e não ocasião das perdas. Assim, o mandatário não teria direito a ressarcimento nas seguintes hipóteses: a) se ele, no desempenho do encargo, for assaltado e espoliado por ladrões; b) se na viagem empreendida para a execução do mandato sofrer acidente, vindo a perder objetos próprios. Washington de Barros Monteiro discorda desse entendimento por ele afastar-se dos preceitos legais. Para ele, se a execução do mandato for causa ou a ocasião, o mandante deve ser compelido a ressarci-los.[33]

29. Idem, ibidem, pp. 98 e 99.
30. Idem, ibidem, p. 99.
31. Caio Mário da Silva Pereira, *Instituições de Direito Civil*, vol. III, cit., p. 285: "Cabe, ainda, ao mandante ressarcir ao mandatário os prejuízos sofridos no cumprimento do mandato, ainda que acidentais, ou devidos ao fortuito, desde que para o evento não haja concorrido a culpa do próprio mandatário, ou excesso de poderes. Se o mandato for gratuito, recrudesce este dever, em atenção a que, se o comissário emprega seu tempo e seu trabalho em benefício do representado, que com isto se beneficia, não deve suportar maiores sacrifícios, e justo será que a ideia de indenização seja então mais abrangente, compreendendo todas as consequências danosas que derivem do mandato".
32. Araken de Assis, *Contratos Nominados*, cit., p. 104.
33. Washington de Barros Monteiro, *Curso de Direito Civil*, vol. 5, cit., p. 268: "Esse ensinamento afasta-se, todavia, dos melhores preceitos legais; se o mandatário

O mandante será desobrigado do dever de indenizar se comprovar culpa do mandatário ou de atuação com excesso de poderes.

19.5 Da extinção do mandato

Extingue-se o mandato pela revogação do mandante, pela renúncia do mandatário, pela morte de ambos, pela mudança de estado que inabilite o mandante para conferir os poderes, pelo término do prazo ou conclusão do negócio (CC, art. 682).

19.5.1 Revogação

Extingue-se o mandato por revogação do mandante, que se caracteriza por ser ato de vontade imotivado e que não admite contestação, porque, em última análise, o mandato foi celebrado no interesse do mandante e com base na confiança que ele depositava no mandatário. Desta forma, se por qualquer motivo desaparece a confiança que o mandante depositava no mandatário ou se o mandante pretende retomar a gestão de seus negócios, não há como negar a ele o direito de extinguir o contrato.[34]

A revogação pode se dar antes ou durante a execução do mandato e pode ser parcial ou total.

A revogação pode ser expressa ou tácita.

É expressa a revogação do mandante quando ele manifesta sua vontade de extinguir o contrato de mandato por meio idôneo e inequívoco ao mandatário.

A revogação tácita dar-se-ia com a constituição de novo mandatário ou quando o mandante assume a gestão do negócio, conforme determina o art. 687 do CC.

Deve ser dada inteira publicidade à revogação, comunicando-a ao mandatário e a terceiros.

sofre perdas, de que o mandato seja a causa, ou apenas a ocasião, o mandante deve ser compelido a ressarci-las, ainda que nada tenha lucrado com o negócio. O mandatário sempre poderia dizer que nenhum prejuízo teria sofrido, se não tivesse recebido o mandato: é por isso que o mandante deve pagar sempre, quer num caso, quer noutro. Essa responsabilidade só desaparecerá se houver culpa do mandatário (por exemplo, a indenização que pagou a terceiro, que atropelou com o seu automóvel, durante a execução do encargo); então suportará ele sozinho a perda".

34. Eduardo Espínola, *Dos Contratos Nominados no Direito Civil Brasileiro*, cit., p. 339.

A revogação, para produzir efeitos, deve ser comunicada ao mandatário e a terceiros, pena de os terceiros, de boa-fé, que não foram comunicados previamente da revogação, poderem exigir do mandante o cumprimento da obrigação pactuada com o mandatário (CC, art. 686).

Certas e conhecidas as pessoas com quem o mandatário trata, basta a notificação judicial ou extrajudicial com destinatário preciso, mas incertos ou desconhecidos os terceiros com os quais negocia o mandatário; a comunicação requer divulgação mais ampla, como o aviso na imprensa ou a notificação por edital, conforme prevê o art. 870, I, do CPC-1973 (art. 736, §1º, do CPC-2015).[35]

A revogação produz efeitos desde então (*ex nunc*). Ela atinge, tão somente, os atos futuros e não os passados. Assim, os negócios realizados anteriormente à notificação são válidos, eficazes e obrigam o mandante.

19.5.1.1 Da irrevogabilidade do mandato

Em certas hipóteses, o mandato pode tornar-se irrevogável.

A princípio, não se admite a revogação quando o mandato já se acha inteiramente cumprido e concluído o negócio.

O Código Civil trata das outras hipóteses de irrevogabilidade.

A primeira, quando se tiver convencionado a irrevogabilidade. As partes podem convencionar a irrevogabilidade do mandato (CC, art. 683).

Não obstante a cláusula de irrevogabilidade caber ao mandante, para alguns, sempre há possibilidade de revogar o mandato sujeitando-se a indenizar o mandatário, porque, como regra, o negócio jurídico do mandato se realiza no interesse do outorgante e, por isso, o poder de revogar seria natural e a renúncia a ele nula por ilicitude do seu objeto.[36] É a opinião de Caio Mário da Silva Pereira, "Tendo as partes em vista à natureza do negócio ou os seus recíprocos interesses, podem convencionar que o mandante não tem a faculdade de cassar os poderes. Em tal caso, adquire o mandatário o direito de exercer o mandato, sem ser molestado. Mas, sendo a cassação da própria essência do mandato, tem-se entendido que, se o constituinte o revogar, não obstante a proibição convencionada, estará sujeito a pagar ao procurador a remuneração total

---

35. Araken de Assis, *Contratos Nominados*, cit., p. 129.
36. Idem, ibidem, p. 120.

ou indenizá-lo dos prejuízos resultantes da revogação inoportuna ou injusta, como qualquer outro contratante inadimplente".[37]

Orlando Gomes, também admite que "quando a proibição de revogar se origina da obrigação assumida espontaneamente pelo outorgante, o descumprimento dessa *obrigação de não fazer* o sujeita ao pagamento de perdas e danos pura e simplesmente".[38]

Silvio Rodrigues discorda. Para ele, "a solução das perdas e danos só deve ser admitida quando a execução direta for impossível, quando lesar direitos de terceiros de boa-fé, ou quando implicar constrangimento físico à pessoa do devedor. Pois muito imperfeito seria o Direito das Obrigações se desse sempre alforria ao inadimplente, mediante a paga de indenização".[39]

O Código Civil, no art. 683, admite a revogação do mandato, mesmo quando estipulada pelo mandante a sua irrevogabilidade. A revogação, no entanto, ensejará a condenação do mandante a pagar perdas e danos ao mandatário.

A segunda hipótese, quando a procuração for dada em causa própria (CC, art. 685). A procuração em causa própria ou *in rem sua*, na definição de Orlando Gomes, designa um negócio jurídico que de procuração tem apenas a forma. Trata-se, a rigor, de negócio de alienação, gratuita ou onerosa. A cláusula *in rem sua* desnatura a procuração, porque o ato deixa de ser autorização representativa. Há a transmissão do direito ao procurador que passa a agir em seu próprio nome, no seu próprio interesse e por sua própria conta.[40]

A procuração em causa própria surge no direito romano como expediente para abrandar a regra da não transmissibilidade das obrigações.[41]

O Supremo Tribunal Federal, com o voto do Min. Orozimbo Nonato, decidiu que quando a procuração em causa própria satisfaça todos os requisitos e formalidades requeridos para o contrato a que ela se destina haverá venda ou cessão de direitos, se constar do mesmo instrumento

---

37. Caio Mário da Silva Pereira, *Instituições de Direito Civil*, vol. III, cit., p. 289.
38. Orlando Gomes, *Contratos*, 26ª ed., 2008, cit., p. 437.
39. Silvio Rodrigues, *Direito Civil*, vol. III: *Dos Contratos e das Declarações Unilaterais da Vontade*, 30ª ed., 2006, p. 300.
40. Orlando Gomes, *Contratos Direito Civil*, vol. III: *Dos Contratos e das Declarações Unilaterais da Vontade*, 30ª ed., 2008, p. 300.
41. Silvio Rodrigues, *Direito Civil*, vol. III: *Dos Contratos e das Declarações Unilaterais da Vontade*, 30ª ed., 2006, p. 301, e Miguel Maria de Serpa Lopes, *Curso de Direito Civil*, vol. IV, 6ª ed., Rio de Janeiro, Freitas Bastos, 1995, p. 333.

que o mandante recebeu o preço ou se houve acordo quanto às condições e termo desse pagamento.[42]

No caso de procuração em causa própria seria inoperante a revogação levada a termo pelo mandante porque ela, na verdade, implicou na transferência de direitos.[43] Nesse caso não será possível revogar o mandato.

De acordo com o art. 685 do CC, a procuração em causa própria (*in rem sua*) não se extingue com a morte do mandante, caso em que o mandatário atuará em nome dos sucessores do mandante.[44]

A cláusula em causa própria admite, no entanto, certos eventos extintivos, como o termo ou a aposição de cláusulas suspensivas ou resolutivas.[45]

É irrevogável, ainda, o mandato quando irrevogabilidade constitui uma condição do contrato bilateral ou meio de cumprir uma obrigação contratada, ou ela é conferida ao sócio, por disposição do contrato social ou o mandato contenha poderes de cumprimento ou confirmação de negócios encetados, aos quais se ache vinculado (CC, arts 684, 685 e 686, parágrafo único). Nestas hipóteses o contrato de mandato e sua irrevogabilidade são acessórios de outros negócios jurídicos.

19.5.2 Renúncia

A renúncia é ato unilateral do mandatário. O mandatário renuncia aos poderes de representação e na mesma declaração de vontade denuncia o mandato.

A renúncia é ato imotivado, não precisa ser justificada. Cabe em qualquer espécie de mandato, gratuito ou oneroso, exceto no mandato em causa própria, pois a renúncia supõe a devolução do negócio ao mandante, para que tome suas providências, e na procuração em causa própria o interesse é do próprio procurador.[46]

---

42. Eduardo Espínola, *Dos Contratos Nominados no Direito Civil Brasileiro*, cit., p. 340, e Caio Mário da Silva Pereira, *Instituições de Direito Civil*, vol. III, cit., p. 290.

43. Orlando Gomes, *Contratos*, 30ª ed., 2008, p. 300: "Intuitivamente, a *procuração em causa própria* é irrevogável não porque constitua exceção à revogabilidade do mandato, mas porque implica transferência de direitos".

44. Araken de Assis, *Contratos Nominados*, cit., p. 127.

45. Idem, ibidem.

46. Clóvis Beviláqua, *Código Civil dos Estados Unidos do Brasil*, cit., p. 440.

A renúncia deve ser tempestiva ou oportuna, isto é, dotada de antecedência razoável para o mandante prover acerca dos seus interesses.[47]

A renúncia deve ser comunicada ao mandante e pode ensejar indenização se prejudicá-lo, exceto se o mandatário provar que não podia continuar a exercer o mandato sem sofrer prejuízo considerável e que lhe fora proibido substabelecer (CC, art. 688).

Portanto, a renúncia inoportuna não acarreta a sua ineficácia, mas sujeita o mandatário a indenizar o mandante. De acordo com Clóvis Beviláqua "a renúncia inoportuna coloca o mandatário na obrigação de indenizar o mandante, a menos que prove que a continuação do mandato lhe acarretaria prejuízo considerável. Seria duro, realmente, que, ainda em face de um grande prejuízo, fosse o mandatário obrigado a manter-se no posto. A aceitação do mandato não importa abandono dos próprios interesses. Colhido por uma enfermidade, forçado a mudar de residência, não pode ser coagido a continuar na gerência do negócio do mandante".[48]

19.5.3 A morte

A morte do mandante ou do mandatário extingue o contrato porque o contrato é personalíssimo.

Os atos praticados de boa-fé pelo mandatário após a morte do mandante são válidos (CC, art. 689).

A morte do mandatário, como dito, também extingue o contrato. Os herdeiros do mandatário devem avisar o mandante da morte deste e tomar as providências que as circunstâncias exigirem (CC, art. 690), que devem se limitar a medidas conservatórias ou a continuação dos negócios pendentes que não podem esperar (CC, art. 691). Por esse trabalho os herdeiros terão direito à remuneração.

19.5.4 A mudança de estado

A mudança de estado que inabilite o mandante a conferir os poderes, como o casamento, a maioridade do mandante e a interdição por incapacidade superveniente do mandante ou do mandatário são causas que resultam na extinção do mandato. Para tanto, exige o art. 682, III, do CC, que o novo estado inabilite o mandante para outorgar poderes, por

---

47. Araken de Assis, *Contratos Nominados*, cit., p. 134.
48. Clóvis Beviláqua, *Código Civil dos Estados Unidos do Brasil*, cit., p. 440.

si, e o mandatário para exercê-los, mas nem sempre a mudança de estado implica em incapacidade superveniente, como cessada a representação legal, presente na tutela, curatela ou poder familiar, extinguem-se os mandatos outorgados pelos tutores, curadores e pais.[49]

19.5.5 A terminação do prazo ou conclusão do negócio

A terminação do prazo ou a conclusão do negócio, no mandato para certo negócio, acarreta a extinção do contrato.

19.5.6 Efeitos da extinção

A extinção produz o efeito de dispensar o mandatário de praticar qualquer ato relacionado com a execução do mandato, exceto alguma medida urgente que seja indispensável para evitar prejuízos ao mandante.

Não obstante a comunicação da dispensa, se o mandatário realiza o ato com terceiro, que ignorava a extinção, o mandante fica obrigado a respeitar o direito do terceiro, mas tem ação contra o mandatário (CC, art. 686).

19.6 Do mandato judicial

O mandato judicial tem por objeto a outorga de representação para defesa de interesses e direitos perante o juízo. Os poderes de representação em juízo decorrem, em regra, da outorga de mandato ao advogado, motivo pelo qual o mandato judicial constitui espécie de mandato comum, modalidade de representação voluntária.[50]

O mandante deve ser pessoa capaz ou então estar devidamente assistida ou representada.

O mandatário, além de ser capaz, deve ter habilitação legal reconhecida aos advogados.

Como regra, o mandato judicial deve observar a forma escrita. Excepciona-se esta regra nos casos de: a) assistência judiciária, no qual a nomeação de advogado dá-se pelo juiz ou pessoa autorizada a tanto; b) nos casos de representação *ex officio* conferidos pela lei, como, por exemplo, aos procuradores para defesa dos interesses do Estado; c) na impetração de *habeas corpus*; d) nas causas de valor até 20 salários-

---

49. Araken de Assis, *Contratos Nominados*, cit., p. 118.
50. Idem, ibidem, p. 139.

-mínimos no Juizado Especial; e) no exercício da representação judicial temporária, nos casos de urgência (CPC-1973, art. 37; CPC-2015, art. 104).[51]

Os poderes conferidos ao mandatário judicial podem ser gerais, mediante a inserção da *cláusula ad judicia* que habilita o mandatário a praticar atos processuais, exceto o de receber citação inicial, confessar, desistir, receber, dar quitação, firmar compromisso (CPC-1973, art. 38; CPC-2015, art. 105), e especiais, mediante a inserção da *cláusula ad judicia et extra* que pode conferir todos ou alguns dos poderes acima mencionados normalmente não contidos na *cláusula ad judicia*.

O mandato judicial é oneroso; cabe ao mandatário a remuneração convencionada ou, na sua falta, aquela que for arbitrada.

O mandato judicial extingue-se pelas mesmas causas que o mandato ordinário.

---

51. De acordo com Clóvis Beviláqua, *Código Civil dos Estados Unidos do Brasil*, cit., p. 444, "não é possível o mandato judicial tácito, nem conferido verbalmente. Sem exibir procuração, ninguém é admitido em juízo para tratar de negócio alheio. Todavia é permitida a caução *de rato*, na qual alguém graciosamente se apresenta para defender o direito de outrem, prometendo apresentar a necessária procuração. Se o dono do negócio não ratifica os atos do procurador oficioso, será este responsável pelo que tiver praticado, e obrigado pelas despesas. A procuração para negócios judiciais também pode ser conferida *apud acta*, quer dizer: lavrada nos autos pelo escrivão da causa perante o juiz, e assinada pela parte, ou fora da presença do juiz, perante duas testemunhas, que assinem o termo. É uma forma de instrumento público".

Capítulo 20
DA COMISSÃO

20.1 Conceito. 20.2 Natureza jurídica. 20.3 Características. 20.4 Pressupostos e elementos. 20.5 Espécies. 20.6 Conteúdo: 20.6.1 Obrigações do comissário: 20.6.1.1 Obrigações do comissário em relação ao comitente – 20.6.1.2 Obrigações do comissário em relação a terceiros: 20.6.1.2.1 Cláusula "del credere" – 20.6.2 Obrigações do comitente. 20.7 Extinção do contrato.

20.1 Conceito

Segundo Araken de Assis "o contrato de comissão obriga alguém a alienar ou a adquirir bens em nome próprio, mas por conta de outrem, recebendo remuneração".[1]

Fran Martins define a comissão como contrato segundo o qual uma pessoa se obriga a realizar atos ou negócios em favor e segundo instruções de outra pessoa, agindo, porém, em seu próprio nome e, por tal razão, se obrigando para com terceiros com quem contrata.[2]

20.2 Natureza jurídica

Para Orlando Gomes, a comissão é mandato sem representação, pois alguém se obriga a vender ou comprar bens em seu próprio nome, mas por conta de outrem, em troca de certa remuneração,[3] com o que discorda Fran Martins, pois, para ele, o elemento representação não é essencial ao mandato e, se bem que a comissão tenha inúmeros pontos de semelhança com o mandato, a falta de outros traz consequências tão

---

1. Araken de Assis, *Contratos Nominados*, São Paulo, Ed. RT, 2009, p. 157.
2. Fran Martins, *Contratos e Obrigações Comerciais*, 8ª ed., Rio de Janeiro, Forense, 1986, p. 333.
3. Orlando Gomes, *Contratos*, 26ª ed., Rio de Janeiro, Forense, 2008, p. 438.

diversas que se deve considerar a comissão como um contrato que tem características próprias.[4]

No mesmo sentido Araken de Assis, para quem caracteriza o contrato de comissão "a outorga de poder, para comprar ou para vender (art. 693), pelo comitente ao comissário", porém "não há representação, vez que em seu próprio nome o comissário contratará com terceiros".[5]

O referido autor, com base na lição de Michel Storck, rechaça a ideia de representação, perfeita, imperfeita ou indireta, nem mandato sem representação, mas considera "haver ação exercida em nome próprio do comissário apenas análogo ao do mandato o liame entre o comitente e o comissário, porque, em ambos os negócios, operam os princípios comuns à outorga de poderes e, de resto, a expressão 'à conta' significa 'à custa de', ou seja, os atos do comissário se destinam a repercutir na esfera jurídica do comitente".[6]

No contrato de comissão as partes são: o comissário, que atua em seu próprio nome, e o comitente, a pessoa em favor de quem os atos ou negócios são realizados. A comissão pode ser um contrato comercial ou um contrato civil, que depende do fato ser ou não o comissário um comerciante.[7]

A comissão mercantil encontrava-se disciplinada no art. 165 do Código Comercial e se aproximava da orientação daqueles que a consideravam contrato de mandato sem representação. Já o Código Civil de 2002 preferiu não partilhar essa orientação e dispôs, pura e simplesmente, no art. 693, que "o contrato de comissão tem por objeto a aquisição ou a venda de bens pelo comissário em seu próprio nome, à conta do comitente".[8]

20.3 Características

O contrato de comissão tem como principal característica o fato de o comissário agir, atuar em seu próprio nome, obrigando-se pessoalmente, apesar de seguir as instruções do comitente, para quem realiza os negócios. Assim, do ponto de vista formal e externo, nada indica que

4. Fran Martins, *Contratos e Obrigações Comerciais*, cit., p. 334.
5. Araken de Assis, *Contratos Nominados*, cit., p. 158.
6. Idem, ibidem.
7. Sílvio Luís Ferreira da Rocha, *Curso Avançado de Direito Civil*, vol. III: *Contratos*, São Paulo, Ed. RT, 2002, p. 408.
8. Idem, ibidem.

o comissário esteja a celebrar o contrato no interesse de outra pessoa, o que já serve para distingui-lo do contrato de mandato.

Discutível, à luz do princípio da eticidade, que orienta o Código Civil, a existência do contrato de comissão porque, por ele, omite-se o nome do interessado no negócio. A par disso, deve haver uma reflexão sistêmica com leis – como a Lei 9.613/1998 –, que criminalizam comportamentos como "ocultar" e "dissimular" a disposição, movimentação ou propriedade de bens, direitos ou valores provenientes de infração penal. Assim, reconhece-se licitude ao contrato de comissão apenas quando ele, com suas características, não for utilizado para fraudar normas, princípios e valores caros ao ordenamento jurídico.

A comissão é contrato bilateral porque cria obrigações tanto para o comitente como para o comissário. A comissão é contrato consensual, porque se forma pelo simples consentimento das partes, e oneroso, porque se pactua uma contraprestação ao comissário pelos serviços prestados, denominada de comissão. Desta forma, a palavra comissão designa tanto o contrato como a remuneração ajustada pelos serviços prestados pelo comissário.

20.4 Pressupostos e elementos

As partes no contrato de comissão devem ser capazes.

O objeto do contrato de comissão é restrito à realização de atos de aquisição e alienação de bens por conta de outrem, conforme dispõe o art. 693 do Código Civil.

Não exige a lei modo especial para a formação e a prova do contrato de comissão.

20.5 Espécies

A partir do grau e intensidade das instruções dadas pelo comitente, Pontes de Miranda classifica a comissão em imperativa, indicativa e facultativa. Segundo ele, na comissão imperativa, nenhuma iniciativa é atribuída ao comissário fora dos termos explícitos do contrato e das instruções, de modo que o comitente determina todos os pressupostos essenciais do negócio jurídico; na comissão indicativa há elementos de imperatividade e elementos de facultatividade, de modo que resta para o comissário uma margem de liberdade para interpretar as instruções diante das circunstâncias, para melhor atender ao interesse do comitente; enquanto, por derradeiro, na comissão denominada facultativa, o comitente apenas aponta a operação e deixa ao comissário ampla margem de atuação, de forma que o comitente diz o que essencialmente lhe interessa, e pouco ou nada exprime que restrinja a outorga de poder de dispor.[9] O Código Civil prefere a comissão imperativa e a indicativa, pois, no art. 695, obriga o comissário a agir de conformidade com as ordens e instruções do comitente e, na falta delas, se não puder pedi-las a tempo, proceder segundo os usos em casos semelhantes. Assim, uma das obrigações relevantes do comissário, para cumprir em seu próprio nome o poder recebido, consiste em seguir escrupulosamente às ordens e às instruções do comitente e, se essas ordens e instruções forem lacunosas, imprecisas, vagas, deverá reclamar complementação do comitente, pena de responder pelos danos causados ao comitente.

O comissário será desobrigado de indenizar o comitente pela inobservância das ordens e instruções recebidas se o negócio discrepante das instruções recebidas for vantajoso para o comitente, por faltar, por óbvio, o requisito do dano.[10]

20.6 Conteúdo

20.6.1 Obrigações do comissário

O comissário assume obrigações com o comitente, no interesse de quem deve agir, e obrigações com terceiros, já que contrata com eles em seu próprio nome. Formam-se, assim, relações jurídicas entre o comissário e o comitente e o comissário e obrigações com terceiros.

20.6.1.1 Obrigações do comissário em relação ao comitente

Embora o comissário não represente o comitente, ele atua no interesse dele, de modo que deve concluir o negócio em seu próprio nome, mas em conformidade com as instruções recebidas do comitente, que, se forem imperativas, não podem ser descumpridas, pena de o comissário ter que indenizar o comitente pelos prejuízos que ele venha a sofrer ou a terceiros, caso o comitente se recuse a executar o contrato celebrado em desacordo com as suas instruções (CC, art. 696 parágrafo único).

Pode ser que o comissário não tenha recebido ordens explicitas do comitente como proceder na condução do negócio e, nesse caso, deve

---

9. Francisco Cavalcante Pontes de Miranda, *Tratado de Direito Privado*, vol. XLIII, Rio de Janeiro, Borsoi, 1962, pp. 298-300.
10. Araken de Assis, *Contratos Nominados*, cit., p. 170.

atuar com a mesma diligência se o negócio fosse seu e observar os usos e costumes da praça onde o contrato se realiza (CC, art. 695).

O comissário age juridicamente em nome próprio, de forma que ele não está obrigado a declarar o nome do comitente ao terceiro com quem contrata e, por isso, impõe-se a ele que seja discreto. Em princípio, o comissário não deve divulgar o nome do comitente, mas se o faz, nem por isso desnatura o contrato de comissão para mandato, conforme dispunha o art. 165 do Código Comercial.[11]

O comissário responde pela guarda e conservação dos bens do comitente, obriga-se a comunicar ao comitente, na primeira oportunidade, os danos sobrevindos aos bens, bem como a aliená-los caso os bens sofram alterações que tornem urgente a sua venda para salvar parte do seu valor (CCo, arts. 171-173).

Por último, deve o comissário prestar contas ao comitente do desempenho do encargo recebido, comunicar-lhe da conclusão do negócio e remeter-lhe a importância que houver sobrado.

O comissário responde, ainda: a) por perdas e danos em virtude de omissão ou negligência na cobrança do preço das mercadorias vendidas a prazo; b) por empregar em negócios diversos as importâncias que lhe forem entregues pelo comitente; c) pela perda ou extravio de valores que estão em seu poder; d) pelos prejuízos causados por operações mais onerosas daquelas usuais e costumeiras; e) por não ter realizado seguro, quando o comitente o determinou, sobrevindo, a seguir, o risco.

20.6.1.2 Obrigações do comissário em relação a terceiros

O comissário contrata em seu próprio nome, razão pela qual responde perante terceiros pelas obrigações assumidas, de modo que os terceiros, portanto, não têm ação direta contra o comitente, somente contra o comissário (CC, art. 694).

Da comissão, segundo o art. 694 do CC, decorrem duas relações jurídicas autônomas.

Uma, a relação jurídica estabelecida entre comitente e comissário, análoga àquela presente no mandato, e outra, entre o comissário e terceiro, que existe, vale e produz efeitos independentemente da primeira relação jurídica.[12] Desta forma, o comissário pratica o ato em seu nome

---

11. Sílvio Luís Ferreira da Rocha, *Curso Avançado de Direito Civil*, vol. III: *Contratos*, cit., p. 410.

12. Araken de Assis, *Contratos Nominados*, cit., p. 166.

e, por isso, se obriga com quem contrata. Comitente e terceiro não mantêm entre si nenhum vínculo direto, um não move ação direta contra o outro, ao menos por força do contrato em si, ressalvadas, quando o caso, medidas fundadas na articulação de enriquecimento sem causa.[13] Assim, o comitente não responde perante terceiros pelas obrigações assumidas pelo comissário, nem tem ação direta contra o terceiro, no caso de uma venda, para reclamar o pagamento do preço na condição de credor, uma vez que o comissário, na comissão, age em seu próprio nome. Não se altera a regra *supra* mesmo que o comissário revele ou indique o nome do comitente no contrato, desde que firme o negócio jurídico em nome próprio.[14]

O comissário não é responsável pelos prejuízos causados ao comitente pela insolvência dos terceiros com quem contratou, o risco cabe ao comitente, exceto se o comissário agiu com culpa, ou se firmou a cláusula *del credere* (CC, art. 697 e 698).

20.6.1.2.1 Cláusula "del credere" – Como vimos, no contrato de comissão o comissário contrata em seu nome, mas no interesse do comitente, de modo que ele, comissário, não responde pela solvência dos terceiros com quem celebrar os contratos.

Contudo, a irresponsabilidade pela solvência dos terceiros pode ser modificada pela inserção de cláusula pela qual o comissário assume a responsabilidade pela solvência dos terceiros, denominada *del credere*, em troca de uma remuneração maior destinada a compensar os riscos que assume (CC, art. 698).

Orlando Gomes define a cláusula *del credere* como o pacto adjeto ao contrato pelo qual o comissário assume a responsabilidade de pagar o preço da mercadoria que vendeu, e, com isso, garantir a execução do contrato. O objetivo principal dessa cláusula é servir de estímulo à criteriosa seleção dos negócios e evitar que o comissário, atraído pela perspectiva de receber a comissão, possa concluir negócios prejudiciais ao comitente.[15]

Para Claudio Luiz Bueno de Godoy, a cláusula *del credere* encerra pacto adjeto ao contrato de comissão cujo conteúdo é fazer do comissário um garante solidário pela solvabilidade e pontualidade daquele

---

13. Claudio Luiz Bueno de Godoy, in *Código Civil Comentado: Doutrina e Jurisprudência*, Coord. Cezar Peluso, 6ª ed., Barueri, Manole, 2010, p. 714.
14. Idem, ibidem.
15. Orlando Gomes, *Contratos*, cit., pp. 447-448.

com quem contrata à conta – e não em nome – do comitente. Por ela, o comissário passa, excepcionalmente, a responder pela boa execução do ajuste contratado no interesse do comitente.[16]

20.6.2 Obrigações do comitente

Deve o comitente fornecer recursos suficientes para que o comissário possa cumprir, satisfatoriamente, os encargos, adiantando-os. Se não houver o adiantamento de tais recursos, tendo o comissário custeado as despesas para o cumprimento das ordens do comitente, será ressarcido por este, que lhe pagará, inclusive, juros (CC, art. 706).

Além disso, deve o comitente remunerar o comissário pelo desempenho das tarefas que lhe foram designadas. Esta remuneração denomina-se comissão e, como regra, representa um percentual sobre o valor da operação. Na falta de acordo entre as partes, a comissão será paga de acordo com os usos e costumes da praça onde o contrato tiver de ser executado (CC, art. 701). O arbitramento da remuneração levará em conta fatores, como o objeto do contrato, o seu valor, o cumprimento das instruções recebidas, as diligências tomadas pelo comissário, os usos e costumes.

O comissário tem o direito de reter os bens e valores em seu poder e que pertencem ao comitente, como forma de pressioná-lo a pagar-lhe a comissão e a reembolsá-lo das despesas que custeou para cumprir as instruções recebidas (CC, art. 708).

Deve o comitente executar o contrato concluído pelo comissário de acordo com as suas orientações.

20.7 Extinção do contrato

As causas de extinção do contrato de comissão são causas comuns a todos os contratos.

O contrato extingue-se pelo seu cumprimento.

Ao lado dessa causa existem outras. Pontes de Miranda chama-nos a atenção para o fato de que tanto o comissário como o comitente não podem revogar o contrato de comissão, como poderiam revogar o mandato. A "retirada" prevista no art. 188 do CCo ou está amparada em causa justificada precedida de culpa do comissário e, portanto, estamos diante de uma hipótese de denúncia cheia, na qual há um motivo para

---

16. Idem, ibidem, p. 713.

que o comitente resolva o contrato, ou não está amparada em justa causa e, nesse caso, deve o comitente indenizar o comissário e lhe pagar, pelo menos, metade da comissão estipulada.[17]

A morte do comitente e a morte do comissário podem extinguir ou não o contrato de comissão. Se a atividade do comitente era desenvolvida por meio de uma empresa então é possível vislumbrar a continuidade do contrato. Do contrário, não.[18]

---

17. Francisco Cavalcante Pontes de Miranda, *Tratado de Direito Privado*, vol. XLIII, cit., pp. 325-326.
18. Idem, ibidem, p. 327.

Capítulo 21
DA AGÊNCIA OU REPRESENTAÇÃO COMERCIAL E DA DISTRIBUIÇÃO

21.1 Conceito de contrato de agência ou representação comercial.
21.2 Características. 21.3 Pressupostos e elementos. 21.4 Conteúdo:
21.4.1 Obrigações do representante – 21.4.2 Direitos do representante
– 21.4.3 Obrigações do representado – 21.4.4 Direitos do representado.
21.5 Extinção do contrato. 21.6 Conceito de contrato de distribuição.
21.7 Características. 21.8 Pressupostos e elementos. 21.9 Conteúdo:
21.9.1 Obrigações do fabricante – 21.9.2 Obrigações do distribuidor.
21.10 Extinção.

21.1 Conceito de contrato de agência ou representação comercial

Pelo contrato de agência ou representação comercial uma pessoa denominada representante ou agente se obriga, mediante retribuição, a realizar certos negócios, em área determinada, com caráter de habitualidade, em favor e por conta de outrem, sem subordinação hierárquica.[1]

Diz o art. 710 do CC: "Pelo contrato de agência, uma pessoa assume, em caráter não eventual e sem vínculos de dependência, a obrigação de promover, à conta de outra, mediante retribuição, a realização de certos negócios, em zona determinada (...)".

Para Claudio Luiz Bueno de Godoy a agência é um contrato "mercê do qual uma pessoa, com habitualidade, mas sem induzir relação de dependência ou mesmo de emprego, promove, angaria ou intermedeia negócios em benefício de outrem, em uma zona circunscrita, mediante o pagamento de uma comissão, isto é, da remuneração correspectiva".[2]

1. Maria Helena Diniz, *Curso de Direito Civil Brasileiro*, vol. III: *Teoria das Obrigações Contratuais e Extracontratuais*, São Paulo, Saraiva, 1992, p. 371.

2. Claudio Luiz Bueno de Godoy, in *Código Civil Comentado: Doutrina e Jurisprudência*, Coord. Cezar Peluso, 6ª ed., Barueri, Manole, 2010, p. 724.

21.2 Características

O contrato de agência ou representação comercial é um contrato consensual, bilateral, oneroso e personalíssimo.

É consensual. Pode ser constituído oralmente ou por escrito, muito embora a forma escrita seja a mais comum.

É um contrato bilateral porque cria obrigações para ambas as partes.

É oneroso porque o agente ou representante tem direito a uma remuneração pelos serviços prestados.

Trata-se de contrato personalíssimo, que não pode ser transferido.

Além dessas características, o contrato de agência ou representação chama atenção por outras, como:

a) A profissionalidade do representante que deve ser registrado no Conselho Regional dos Representantes.

b) A independência que ele tem em atuar, não havendo vínculo de subordinação hierárquica entre ele e o representado, muito embora deva observar as instruções recebidas do representado (CC, art. 710).

c) A atuação em uma área predeterminada. De acordo com Orlando Gomes o contrato deve delimitar a zona em cujos limites se há de circunscrever a atividade do agente, pouco importando sua extensão, que pode ser a de um país ou a de um distrito.[3]

A "zona determinada é qualquer espaço geográfico precisamente limitado" e, em geral, corresponde a uma divisão administrativa, como o município, área metropolitana, Estado, região ou país, mas nada impede que "a zona se reduza a distrito, bairro, subúrbio, simples rua, instituições ou estabelecimentos".[4]

d) A exclusividade na prestação dos serviços, como regra. A cláusula de exclusividade é regra no contrato de agência. Por intermédio dela proíbe-se o representado de utilizar mais de um agente na mesma zona, como, também, proíbe o representante ou agente de prestar serviços para mais de um preponente, conforme dispõe o art. 711 do CC: "Salvo ajuste, o proponente não pode constituir, ao mesmo tempo, mais de um agente, na mesma zona, com idêntica incumbência; nem pode o agente assumir o encargo de nela tratar de negócios do mesmo gênero, à conta de outros proponentes".

---

3. Orlando Gomes, *Contratos*, 26ª ed., atualizada, Rio de Janeiro, Forense, 2008, pp. 453 e ss.
4. Araken de Assis, *Contratos Nominados*, São Paulo, Ed. RT, 2009, p. 208.

Assim, "em determinada zona, e para um mesmo tipo de negócio, em regra não poderá o preponente nomear mais de um agente para agir por sua conta, como não poderá o agente aceitar o mesmo encargo para atuar em favor de mais de um preponente (...) a quebra da exclusividade por qualquer uma das partes (...) autoriza a resolução do ajuste por inadimplemento culposo, sujeitando o inadimplente à composição de perdas e danos".[5]

São duas as consequências da exclusividade: o direito à remuneração pelos negócios concluídos em sua zona diretamente pelo agenciado ou por outro agente; a invasão da área do agente, por viajantes, pracistas ou prepostos do agenciado, representará ilícito contratual e ensejará a resolução da agência por inadimplemento.[6]

21.3 Pressupostos e elementos

As partes devem ser capazes. O representante ou agente deve ser um profissional devidamente habilitado a exercer a atividade, o que se comprova mediante registro no conselho profissional responsável pela fiscalização da profissão, no caso o Conselho Regional dos Representantes.

O objeto do contrato é a realização de certos negócios, em área delimitada, com caráter de habitualidade, em favor e por conta de outrem.

Não há forma prevista em lei, embora a Lei 4.886/1965, ao tratar do contrato escrito, exija, como conteúdo mínimo, cláusulas que tratem das condições e requisitos gerais; da indicação de produtos ou artigos objeto da representação; do prazo; da indicação da zona em que será exercida; da exclusividade ou não da atividade; da retribuição e da indenização devida no caso de resolução do contrato.

21.4 Conteúdo

21.4.1 Obrigações do representante

O representante deve desenvolver sua atividade de acordo com as instruções recebidas do representado e obter, dentro do que foi estipulado no contrato, negócios em favor do representado, mediante pedidos e propostas (CC, art. 712).

---

5. Claudio Luiz Bueno de Godoy, in *Código Civil Comentado*, cit., p. 727.
6. Araken de Assis, *Contratos Nominados*, cit., p. 211.

Ele deve informar o representado das condições do mercado, das perspectivas de venda e da solvabilidade da clientela.

O representante deve tomar os cuidados cabíveis para que os clientes recebam regularmente as mercadorias compradas, além de funcionar como elo entre os adquirentes e o representado.

Cumpre-lhe, ainda, prestar contas ao representado de suas atividades.

Salvo estipulação diversa, todas as despesas com a agência correm por conta do agente (CC, art. 713), porque o agente exerce profissionalmente sua atividade e nessa contingência as despesas e riscos de sua atividade correm por sua conta.[7] Podem, no entanto, as partes pactuar em sentido contrário e, nesse caso, as despesas ordinárias derivadas do agenciamento serão de responsabilidade do representado.

21.4.2 Direitos do representante

O agente ou representante tem o direito de ver os pedido atendidos, desde que respeitada a capacidade de produção do representado.

O representante tem o direito à percepção de uma remuneração pela atividade de agenciamento que poderá ser fixa, ou variável, calculada em percentual sobre o valor do negócio. Segundo Araken de Assis, "ressalva feita à disposição diversa no contrato, o agente adquire o direito à remuneração tão logo cumpre seu papel, angariando pedidos para o agenciado, sejam eles aceitos ou não" restando superada a lição de Pontes de Miranda, segundo a qual "a pretensão do agente subordina-se 'à sorte do adimplemento pela empresa, com o recebimento'".[8]

O agente tem o direito à remuneração ajustada, como se o contrato fora regularmente executado, se o negócio agenciado não se realiza por ato imputável ao representado, nos termos do art. 716 do CC.

Se houve a contratação do agente com exclusividade em determinada área, ele tem o direito à remuneração sobre qualquer negócio concluído na sua área, ainda que dele não tenha participado.

21.4.3 Obrigações do representado

O representado deve pagar a remuneração dos serviços prestados pelo representante e respeitar a exclusividade concedida a ele, abstendo--se de constituir outro agente na mesma área.

7. Idem, ibidem, p. 220.
8. Idem, ibidem, p. 222.

21.4.4 Direitos do representado

Cabe ao representado reter o valor devido ao representante nos casos em que o contrato houver de ser resolvido por culpa do representante, com a finalidade de ressarcir-se dos danos sofridos.

21.5 Extinção do contrato

Extingue-se o contrato por modos normais, como o decurso do prazo previsto para a sua duração.

A resolução do contrato depende da inexecução do contrato por ato ou fato imputável ou não imputável a uma das partes. Interessa-nos aquela causada por ato imputável a uma das partes.

Os motivos mais comuns para que o representado resolva o contrato por culpa do representante são: a diminuição do serviço prestado pelo representante, em desacordo com as cláusulas contratuais; a desídia do representante no cumprimento de seus deveres; a realização de atos que importem em descrédito comercial; a quebra da exclusividade prevista no contrato.

Os motivos habituais para que o agente ou representante resolva o contrato por culpa do representado são: o aumento abusivo dos preços dos produtos que o impeçam de realizar negócios; o atraso ou o não pagamento das remunerações; a quebra da exclusividade prevista no contrato e a diminuição da área de atividade (CC, art. 715).

A resilição unilateral pode ocorrer se não foi estipulado prazo para duração do contrato, desde que a parte notifique a outra com antecedência mínima de noventa dias e que tenha decorrido um prazo mínimo de duração do contrato, compatível com a natureza e o vulto do investimento exigido do agente, no caso de resilição por parte do representado.

A resilição unilateral imotivada do contrato pelo representado acarreta-lhe a obrigação de pagar ao representante uma indenização pela ruptura imotivada do vínculo, nos exatos termos dos arts. 715 e 718 do CC. O agente terá direito, no exemplo de denúncia imotivada da agência, à remuneração então devida, incluindo os negócios pendentes, bem como às indenizações previstas em lei especial, no caso a Lei 4.886/1965, que regula as atividades dos representantes comerciais autônomos e prevê, quando da denúncia imotivada, no art. 34, o pagamento de uma importância igual a um terço das comissões auferidas pelo representante nos três meses anteriores, com a possibilidade de o contrato prever uma indenização menor, desde que respeitado o piso de um doze avos do total da retribuição auferida durante o tempo em que exerceu a representação.

Os critérios indenizatórios na referida lei não excluiriam a possibilidade de suplementação comprovado prejuízo maior.[9]

21.6 Conceito de contrato de distribuição

O distribuidor é comerciante autônomo, que negocia por sua conta e risco. A sua atividade não se confunde com a do agente, embora entre a agência e a distribuição existam semelhanças.

Há distribuição quando o agente tem à sua disposição a coisa a ser negociada (CC, art. 710). O distribuidor negocia por conta própria, compra a mercadoria para revendê-la com exclusividade em certa área, obrigando-se o fabricante a não vendê-la a outro negociante na mesma localidade. A sua contrapartida não é a remuneração ajustada com o fabricante pelas vendas, mas o lucro obtido com a revenda do produto.

21.7 Características

A distribuição é contrato sinalagmático, oneroso, comutativo, simplesmente consensual e formal.

21.8 Pressupostos e elementos

As partes devem ser capazes. O contrato envolve, de um lado, o fabricante de determinado produto e, de outro, o distribuidor, pessoa física ou jurídica, obrigado a revender os produtos adquiridos e, eventualmente, prestar assistência técnica pós-venda.

O objeto do contrato é a comercialização dos bens produzidos pelo fabricante, e, às vezes, a assistência técnica pós-venda.

A forma a ser obedecida é a escrita por instrumento particular. A complexidade das relações afastaria a escolha da forma verbal.

21.9 Conteúdo

21.9.1 Obrigações do fabricante

Obriga-se o fabricante a vender bens ao distribuidor e lhe proporcionar, assim, a formação de estoques para que possa revendê-los numa determinada região. O alcance dessa finalidade muitas vezes é

---

9. Nesse sentido Claudio Luiz Bueno de Godoy, in *Código Civil Comentado*, cit., p. 733.

assegurado pela denominada cláusula quota, que, ao mesmo tempo em que obriga o distribuidor a adquirir uma quantidade mínima de bens, assegura-lhe, também, o fornecimento mínimo indispensável à manutenção do seu negócio.

Na maioria das vezes o fornecimento deve ser feito com exclusividade, o que impede o fabricante de vender parte de sua produção a outro, que não o distribuidor, naquela região.

21.9.2 Obrigações do distribuidor

O contrato de distribuição, para resguardar os interesses do fabricante em preservar a comercialização de seus produtos de maneira uniforme, é composto de cláusulas unilateralmente predispostas que devem ser seguidas à risca pelo distribuidor.

Obriga-se o distribuidor a comercializar o produto, respeitadas as normas de comercialização impostas pelo fabricante. Além das normas de comercialização pode haver obrigações conexas relacionadas, por exemplo, com os serviços de assistência técnica pós-venda a que se obriga, também, o distribuidor.

Por força de determinação legal, art. 18 e seguintes da Lei 8.078/1990, perante o adquirente final do produto, apresenta-se o distribuidor como responsável solidário pelos vícios de qualidade e quantidade que o produto ou o serviço possa apresentar.

21.10 Extinção

Extingue-se o contrato de distribuição por distrato, advento de termo final ou inadimplemento de uma das partes.

Capítulo 22
DA CORRETAGEM

22.1 Conceito. 22.2 Características. 22.3 Pressupostos. 22.4 Conteúdo: 22.4.1 Deveres do corretor – 22.4.2 Direitos do corretor. 22.5 Extinção do contrato.

22.1 Conceito

Carlos Alberto Bittar conceitua o contrato de corretagem "como ajuste pelo qual uma pessoa se obriga, para com outra, a obter um ou mais negócios, nos termos das instruções recebidas, mediante a remuneração ajustada", que "consubstancia-se na ação de promover-se a aproximação dos interessados, ou de informá-los sobre os elementos básicos da relação pretendida, para a respectiva efetivação".[1] Para Orlando Gomes a corretagem "consiste na atividade do corretor em aproximar pessoas que desejam contratar, pondo-as em contato".[2] Pontes de Miranda define a corretagem como a atividade de intermediação entre pessoas que desejam contratar ou praticar para outrem algum ato. Cuida-se de intermediação, em senso largo, assalariada, nas negociações de caráter civil ou mercantil. O corretor, para ele, faz comunicações de conhecimento aos clientes, quanto à conclusão do negócio jurídico.[3]

A função intermediadora do corretor não consiste na aproximação física das partes, pondo-as em contato para que celebrem o negócio jurídico. A aproximação física pode até ocorrer, mas o que caracteriza a função intermediadora do corretor é comunicar a uma parte a manifestação

---

1. Carlos Alberto Bittar, *Contratos Civis*, 2ª ed., Rio de Janeiro, Forense Universitária, 1991, p. 230.
2. Orlando Gomes, *Contratos*, 26ª ed., Rio de Janeiro, Forense, 2008, p. 471.
3. Francisco Cavalcante Pontes de Miranda, *Tratado de Direito Privado*, vol. XLIII, Rio de Janeiro, Borsoi, 1962, pp. 334 e 338.

de vontade da outra. Ocorre que a outra parte é desconhecida da parte que quer realizar algum negócio jurídico. Alguém quer comprar ou vender um determinado bem, por exemplo, mas não sabe de quem comprar ou para quem vender. Contrata um corretor para que ele encontre alguém que concorde em realizar o negócio. Ao agir desta forma, o corretor não representa, não age como mandatário da pessoa que o contrata. Sua função é apenas a de transmitir a proposta daquele que o contratou a alguém que ele ainda irá procurar ou a alguém que já o havia procurado antes. Age como declaratário e, se houver o acordo de vontades, comunica-o às partes e a elas cabem celebrar o negócio.

O Código Civil, no art. 722, define a corretagem como o contrato pelo qual uma pessoa, não ligada à outra por qualquer relação de dependência, obriga-se a obter para a segunda um ou mais negócios, conforme instruções recebidas.

O Código Comercial classifica os corretores como agentes auxiliares do comércio e regula-lhes o exercício da atividade, muito embora a regulamentação da atividade de corretor também seja objeto de algumas leis especiais.

Há duas espécies de corretores: os denominados corretores oficiais, que se investem do ofício público, entre eles os corretores de fundos públicos, os de mercadorias, os de navios, os de operações de câmbio, os de seguros e os de valores; e os denominados corretores livres, que exercem a função de intermediadores continuadamente sem designação oficial.[4] Os corretores livres "são os que não dependem de investidura ou designação oficial, submetendo-se à legislação da corporação a que se relacionem, agindo como intermediários em negócios de ordem variada, aproximando interessados e buscando alcançar o encontro de vontades entre eles".[5]

22.2 Características

O contrato de corretagem, para alguns, é unilateral, porque o incumbente fica obrigado a pagar ao corretor a corretagem tão só pela comunicação de quando e de como pode concluir o contrato, sem que o corretor tenha se obrigado a desenvolver atividade visando à conclusão do ne-

4. Maria Helena Diniz, *Curso de Direito Civil Brasileiro*, vol. III: *Teoria das Obrigações Contratuais e Extracontratuais*, São Paulo, Saraiva, p. 382.
5. Antônio Carlos Mathias Coltro, *Contrato de Corretagem Imobiliária: Doutrina, Jurisprudência e Regulamentação Legal e Administrativa*, São Paulo, Atlas, p. 42.

gócio. Para outros é contrato bilateral. Trata-se, a nosso ver, de contrato bilateral porque, muito embora o corretor não se obrigue pela conclusão do negócio, cabe-lhe a obrigação de atuar positivamente para encontrar pessoas interessadas em contratar com o incumbente. A bilateralidade "provém do fato de envolver obrigações para ambos os contratantes. Assim, enquanto o corretor se obriga a obter a aproximação do terceiro, com vista na realização do negócio (resultado útil), o comitente tem por dever pagar a comissão a tal correspondente".[6]

A corretagem é contrato oneroso. Designamos comissão ou corretagem a remuneração devida ao corretor pelo êxito do seu trabalho em aproximar as partes.

O contrato de corretagem não se presume gratuito, de modo que, mesmo na falta de estipulação de comissão, ela poderá ser exigida pelo corretor, segundo a natureza do negócio e os usos locais (CC, art. 724).

A comissão ou corretagem pode ser estabelecida tanto em valor determinado, como em percentual sobre o preço estipulado para o negócio, como ainda por sobre preço, hipótese em que se remunera o corretor com a quantia que ultrapassar determinado valor fixado pelo vendedor, embora a Resolução do Conselho Federal de Corretores de Imóveis vede a cobrança do *over price*.[7]

22.3 Pressupostos

O corretor oficial deve ser maior, brasileiro e matriculado na Junta Comercial. O corretor oficioso deve ser capaz. Portanto, ao lado de determinados negócios que somente podem ser intermediados por corretores oficiais, há inúmeros outros que podem ser intermediados por corretores livres, isto é, pessoas capazes que se dedicam à intermediação.

Não obstante a exigência de registro profissional para atuação como corretor em certas áreas, a doutrina ressalva que a cobrança da comissão, uma vez devida, não fica condicionada à comprovação do registro profissional.[8]

O negócio jurídico objeto da intermediação deve ser lícito. É nulo, por exemplo, o contrato de corretagem estipulado para contratação de um matador profissional. O negócio jurídico objeto da intermediação

---

6. Idem, ibidem, p. 29.
7. Idem, ibidem, p. 67.
8. Claudio Luiz Bueno de Godoy in *Código Civil Comentado: Doutrina e Jurisprudência*, Coord. Cezar Peluso, 6ª ed., Barueri, Manole, 2010, p. 739.

deve ser moral, o que afastaria, para alguns, a validade do contrato de corretagem matrimonial.[9]

A corretagem não está submetida à forma especial, ainda que se refira a bens imóveis. O contrato de mediação segue a regra geral prevista no art. 107 do CC no sentido de que "a validade da declaração de vontade não dependerá de forma especial, senão quando a lei expressamente a exigir", o que permitiria concretizar o contrato de corretagem pelos mais diversos meios. Nesse sentido a posição de Araken de Assis para quem "nenhuma forma especial exige-se para os contratos de corretagem ou de mediação, conforme os respectivos pressupostos, admitindo-se a emissão de vontade de modo expresso ou tácito".[10]

22.4 Conteúdo

22.4.1 Deveres do corretor

Araken de Assis lista quatro deveres para o corretor: a) o de obter o negócio; b) o de diligência; c) o de sigilo; d) o de informar.

Segundo ele, o dever primário do corretor consiste em buscar a conclusão do negócio para o incumbente.[11] O corretor deve realizar a intermediação. Oferecer, convidar, procurar. O corretor oficial exclusivo tem o dever de operar. Procurado pelo interessado, ele não pode recusar a incumbência, salvo se houver motivo sério que o permita.[12]

Na realização do dever de obter o negócio, o corretor deve pautar a sua atividade pelo princípio da boa-fé de modo a facilitar a conclusão do negócio jurídico.

Há quem entenda que a independência absoluta do corretor encontra óbice na sua parcialidade a favor do incumbente,[13] mas há, também, quem entenda que o corretor ou intermediário deve agir de forma isenta,

---

9. Antônio Carlos Mathias Coltro, *Contrato de Corretagem Imobiliária...*, cit., p. 46. Para o citado autor não seria defensável "a corretagem no tocante ao matrimônio pela dificuldade em se imaginar que alguém possa procurar interessado em doar para outrem algo que nasce de forma espontânea e natural e que é o afeto, circunstância determinante e básica ao casamento, sobretudo numa época em que a pessoa, de forma individual, passa a ser valorizada e principalmente respeitada a dignidade de cada um...".

10. Araken de Assis, *Contratos Nominados*, São Paulo, Ed. RT, 2009, p. 255.

11. Idem, ibidem, p. 258.

12. Idem, ibidem, p. 357.

13. Idem, ibidem, p. 258.

sem prestigiar uma ou outra das partes, embora não esteja proibido de argumentar com uma parte sobre ponto de vista da outra e apresentar-lhe sua opinião como meio de obter o acordo de vontade entre as partes. Não se lhe exige a imparcialidade do juiz, mas a indispensável dose de equilíbrio que lhe permita vencer as arestas existentes nas posições assumidas pelos interessados.[14]

Da boa-fé resulta, também, especificamente, o dever de informar, o dever de comunicar o incumbente de qualquer circunstância que seja relevante para o desfecho do negócio jurídico, como insolvência, doença grave, casamento ou viuvez de terceiro.[15]

Resulta, igualmente, da boa-fé o dever de diligência, o de atuar com prudência e diligência requeridas pelo negócio para, com isso, evitar agravar a situação da pessoa que o incumbiu da corretagem (CC, art. 723).

No entanto, o corretor não se responsabiliza pela execução do negócio, de modo que se as partes fracassam na execução do negócio, nenhuma responsabilidade lhe pode ser imputada. Assim, o corretor não pode ser responsabilizado pelo inadimplemento de qualquer das partes no cumprimento do contrato. Para Claudio Luiz Bueno de Godoy "incumbe ainda ao corretor o dever mesmo de esclarecer, de aconselhar seu cliente sobre a segurança e o risco do negócio (...) o que não significa (...) uma corretagem (...) de automática responsabilidade do corretor sobre o pagamento do contrato que agenciou sob sua execução, mas que implica, decerto, sua obrigação de informar sobre tudo quanto possa influir na realização do contrato".[16]

22.4.2 Direitos do corretor

A corretagem ou comissão, segundo dispõe o art. 725 do CC, lhe é devida "uma vez que tenha conseguido o resultado previsto no contrato de mediação (...)". Não basta ao corretor a simples aproximação entre os interessados, mas cumpre-lhe conseguir cheguem eles a um acordo quanto ao negócio intermediado. Desta forma, o corretor tem o direito de receber a remuneração denominada corretagem pela intermediação e

---

14. Antônio Carlos Mathias Coltro, *Contrato de Corretagem Imobiliária...*, cit., p. 48.
15. Pontes de Miranda, *Tratado de Direito Privado*, vol. XLIII, cit., p. 355; Orlando Gomes, *Contratos*, cit., p. 475; Maria Helena Diniz, *Curso de Direito Civil Brasileiro*, vol. III, cit., p. 383.
16. Claudio Luiz Bueno de Godoy in *Código Civil Comentado...*, cit., p. 737.

aproximação realizadas, se o negócio jurídico for concluído e decorrer diretamente da sua atividade.

É o que se denomina de aproximação útil, que, para nós, apesar da divergência doutrinária, ocorre com a obtenção do acordo sobre os elementos essenciais do negócio, acordo este materializado por qualquer forma, ainda que não aquela rigorosamente prevista para a validade e eficácia do negócio jurídico. Assim, "o resultado útil da corretagem está na contribuição do corretor à obtenção de um consenso das partes por ele aproximadas, porém levado mesmo que não a um documento suficiente para aperfeiçoamento do negócio intermediado, suficiente à respectiva exigência".[17]

Desta forma, concluído o negócio visado pela corretagem, o corretor adquire direito à remuneração, pouco importando a dissolução ulterior do negócio, como no caso de resolução por inadimplemento ou no caso de distrato. Porém, os vícios do negócio jurídico, anteriores ou contemporâneos à formação do vínculo, que levam à sua invalidação, comprometem a remuneração do corretor, que ou não receberá a comissão ou a restituirá.[18]

Se o negócio jurídico não for concluído, o corretor não tem direito à corretagem. Esta regra não se aplica no caso de o negócio não ter se concluído porque uma das partes se arrependeu ou se recusou arbitrariamente a celebrar o negócio, conforme determina o art. 725 do CC.

No entanto, se o negócio concluir-se em razão de atividade exclusiva das partes, sem a participação ou intervenção do corretor, a remuneração não lhe será devida, a não ser que ele tenha contratado a corretagem com exclusividade (CC, art. 726). Cuida-se, no caso, de corretagem com cláusula de opção, isto é, com promessa, com prazo determinado, feita pelo cliente de dar preferência ou exclusividade ao corretor para a atividade de intermediação e aproximação.

---

17. Idem, ibidem, p. 740. Haveria outras duas posições. A mais tradicional ou conservadora para a qual "a comissão somente será devida se o negócio principal se tiver formalizado, portanto, quando traduzido o consenso obtido com o trabalho útil do corretor pelo aperfeiçoamento regular e, conforme o caso, formal do negócio por ele intermediado", e outra ainda mais liberal para a qual "a aproximação será útil logo que, mesmo sem a concretização de algum documento, posto que se cuidando de negócio agenciado que o exija, dela resulte o consenso das partes aproximadas pelo corretor, cujo trabalho, a rigor, é remover ou eliminar óbices a que as pessoas cheguem àquele comum acordo".

18. Araken de Assis, *Contratos Nominados*, cit., p. 277.

A comissão somente não será devida, se a parte comprovar a inércia ou ócio do corretor (CC, art. 726). De acordo com Claudio Luiz Bueno de Godoy "nenhuma comissão será devida se, embora no período de vigência da exclusividade, o negócio se consuma sem a mediação do corretor, mas por causa de sua inércia ou ociosidade".[19]

Ressalva-se, ainda, segundo a lição de Antônio Carlos Mathias Coltro, haver "no entanto, o direito à remuneração quando tenha apenas simulado abandono pelos interessados, com o intento de fraudar o pagamento ao intermediário, realizando, posteriormente, o negócio".[20]

Deve-se atentar ainda para a regra do art. 727 do CC, pela qual o corretor terá direito a perceber a corretagem, mesmo se dispensado pelo incumbente, e o negócio se realizar posteriormente como fruto da sua mediação. Desta forma, o desfazimento da corretagem não implica o desaparecimento do direito à remuneração se subsistir o nexo causal entre o negócio concluído e a atuação do corretor.[21]

22.5 Extinção do contrato

O contrato de corretagem extingue-se, normalmente, pela conclusão do negócio. Aqui, segundo Maria Helena Diniz, termina a função do corretor.[22]

Ao lado da conclusão do negócio, há causas de extinção voluntária, oriundas de manifestação de vontade e causas de extinção automática.

Entre as primeiras, causas de extinção voluntária, temos a revogação pelo incumbente, que mantém a liberdade de contratar com outra pessoa, sem o auxílio do corretor. Para configurar a revogação basta que o incumbente comunique-a ao corretor. O incumbente, porém, terá que indenizar o corretor caso a revogação se dê após o início da atividade pelo corretor.[23]

Além da revogação, há a denúncia cheia ou a denúncia com a exposição de motivos graves.

Entre as segundas, causas de extinção automática, temos a expiração de prazo, a condição resolutiva, a morte do corretor, a incapacidade

---

19. Claudio Luiz Bueno de Godoy, in *Código Civil Comentado...*, cit., p. 741.
20. Antônio Carlos Mathias Coltro, *Contrato de Corretagem Imobiliária...*, cit., p. 94.
21. Araken de Assis, *Contratos Nominados*, cit., p. 282.
22. Maria Helena Diniz, *Curso de Direito Civil Brasileiro*, vol. III, cit., p. 385.
23. Pontes de Miranda, *Tratado de Direito Privado*, vol. XLIII, cit., p. 368.

superveniente do corretor, a impossibilidade e a ilicitude superveniente da operação.[24]

---

24. Idem, ibidem, pp. 369-371.

Capítulo 23
DO CONTRATO DE TRANSPORTE

23.1 Considerações gerais – 23.2 Conceito – 23.3 Características – 23.4 Espécies: 23.4.1 Transporte de coisas: 23.4.1.1 Conteúdo do contrato de transporte de coisas: 23.4.1.1.1 Obrigações do remetente – 23.4.1.1.2 Obrigações do transportador – 23.4.1.1.3 Obrigações e direitos do consignatário – 23.4.2 Transporte de pessoas: – 23.4.2.1 Obrigações e responsabilidades do transportador – 23.4.2.2 Obrigações do passageiro – 23.4.2.3 Transporte gratuito de passageiros. 23.5 Regras do Código de Defesa do Consumidor.

23.1 Considerações gerais

O contrato de transporte compreende o deslocamento de pessoas e coisas, mas os modos de transporte (terrestre, aéreo e marítimo) e os territórios percorridos (municípios, estados, países) originam diversos tipos de contratos de transporte, disciplinados por legislações diversas e, assim, as regras incidentes sobre os contratos de transporte decorrem de múltiplas fontes.

O transporte ferroviário, o transporte aquaviário entre portos brasileiros e fronteiras nacionais, o transporte rodoviário interestadual e internacional de passageiros, o transporte rodoviário municipal, o transporte aéreo são considerados serviços públicos e disciplinados por regras ditadas pelo Poder Público, que reconhecem direitos específicos aos usuários.[1]

---

1. Basicamente, o conteúdo da concessão é composto de cláusulas facilmente divididas em dois grandes grupos. No primeiro grupo, as chamadas condições fixadas unilateralmente e, outrossim, modificadas unilateralmente pelo concedente. No segundo grupo, a garantia da manutenção das regras do equilíbrio financeiro. As condições fixadas unilateralmente reportam-se a: funcionamento, organização, modo de prestação do serviço, isto é, as condições em que o serviço será oferecido aos usuários. É uma situação jurídica objetiva estabelecida pelo Poder Público. O Estado,

Os demais contratos de transportes que não estão sujeitos a esse tipo de regulamentação obedecem às regras previstas no Código Comercial, na legislação comercial autônoma, como por exemplo o Regulamento Geral dos Transportes, e ao Código de Defesa do Consumidor, quando o transporte tratar-se de uma relação de consumo.

O Código Civil de 1916 não disciplinou o contrato de transporte, e apenas o Código Civil de 2002 propôs a unificação do direito obrigacional. Esclarece-nos Fran Martins ser o contrato de transportes, por essência, comercial e por tal razão a lei civil não tratava dele. Haveria, segundo ele, o transporte civil, mas de tão pequena importância, que seria absorvido pelo contrato de locação, como o que se dá com o transporte de encomendas feito por carregadores (locação de serviços) ou de carros de praça (locação de coisa).[2]

23.2 Conceito

O contrato de transporte pode ser definido como o acordo de vontades pelo qual uma parte compromete-se a deslocar pessoa ou coisa, de um local a outro, mediante o pagamento de um preço. O Código Civil, no art. 730, define-o como aquele em que uma pessoa ou empresa "se obriga, mediante retribuição, a transportar, de um local para outro, pessoas ou coisas".

Para Caio Mário da Silva Pereira, "o contrato de transporte é aquele pelo qual alguém se obriga a receber pessoas ou coisas (animadas ou inanimadas) e levá-las até o lugar do destino, com segurança, presteza e conforto".[3]

Denominamos transportador aquele que se obriga a transportar de um local a outro a pessoa ou a coisa; viajante ou passageiro, a pessoa

---

com as condições, mantém o controle sobre o atingimento da finalidade que é a boa prestação do serviço. Ele pode dispor livremente sobre as condições de prestação do serviço e modificá-las sempre que o interesse público o reclamar, como retomá-lo sem que caiba oposição do concessionário.

Os usuários, dentro das possibilidades normais e atendidas as condições relativas à prestação do serviço, têm direito ao serviço adequado. Trata-se de um direito subjetivo próprio. Eles têm direito a informação para defesa dos interesses individuais coletivos e direito a representante no sistema de fiscalização.

2. Fran Martins, *Contratos e Obrigações Comerciais*, 8ª ed., Rio de Janeiro, Forense, 1986, p. 240.

3. Caio Mário da Silva Pereira, *Instituições de Direito Civil*, vol. III: *Contratos*, Rio de Janeiro, Forense, p. 229.

que vai ser transportada; remetente ou expedidor, a pessoa que entrega a coisa para ser transportada.

23.3 Características

O contrato de transporte pode ser classificado como bilateral, oneroso, comutativo e consensual.

O transporte é contrato bilateral porque contém obrigações para ambas as partes. Entre outras, o transportador assume a obrigação de remover de um local para outro a pessoa ou a coisa, enquanto o passageiro ou remetente obriga-se a pagar-lhe o preço combinado.

Trata-se de contrato oneroso porque impõem vantagens e sacrifícios para ambas as partes.

Embora a onerosidade e a bilateralidade sejam características normais do contrato de transporte, nada impede que ele seja cumprido gratuitamente pelo transportador, dando ensejo à discussão na doutrina se nesse caso haveria, ainda, contrato, só que agora gratuito, ou se mera liberalidade por parte do transportador. A questão se põe, sobretudo, no transporte de pessoas, mas a nosso ver nada impede que mesmo entre coisas o transportador concorde em transportar gratuitamente os bens para o remetente ou expedidor. Nesse ponto é importante distinguir o transporte essencialmente gratuito daquele que aparenta ser gratuito. Em muitos casos a contraprestação não se dá pelo pagamento do preço, mas de forma indireta, com a retribuição, também, sob a forma de transporte, em dia e horário diversos, a exemplo do que ocorre com alguns programas de transporte solidário. A este, denominado de oneroso indireto, aplicamos as mesmas regras do contrato de transporte.

O transporte é comutativo porque há equivalência e certeza entre as prestações. Nenhuma delas depende da ocorrência de evento futuro e incerto para surgir.

O transporte é contrato consensual que se forma com a manifestação de vontade concomitante ou sucessiva das partes em torno do conteúdo do contrato. A entrega da coisa a ser transporta, no caso, configura ato de execução e não requisito para sua formação.

O transporte, por ser consensual, admite qualquer prova permitida em direito. A prova no contrato de transporte de coisas normalmente se faz pelo conhecimento de frete a que está obrigado a emitir o transportador; e no contrato de pessoas, pelo bilhete de passagem.

O transporte representa, na maioria dos casos, um contrato condicionado pela adesão do remetente ou do passageiro às condições predispostas pelo transportador e por normas regulamentares. É, portanto, um contrato de adesão.[4]

23.4 Espécies

O contrato de transporte pode ser de pessoas ou de coisa. Ao primeiro denominamos transporte de pessoas; ao segundo, de coisas.

O transporte de pessoas pode conter, também, o de coisas, que, nesse caso, apresenta-se como contrato acessório.

O transporte de coisas pode ser classificado em transporte de bagagens, de encomendas, de valores, de mercadorias e animais.[5]

As regras a seguir descritas aplicam-se ao transporte de coisas e ao transporte de pessoas efetuado por terra.

23.4.1 Transporte de coisas

O transporte de coisas define-se como aquele em que o transportador compromete-se a deslocar determinado bem, móvel ou semovente, para lugar diverso daquele onde lhe foi entregue.

As partes que intervêm nesta espécie de contrato são o remetente ou expedidor, que são, justamente, a pessoa que contrata o transporte e entrega a mercadoria para ser transportada até outro local, e o transportador, isto é, a pessoa que se encarrega de transportá-la até o seu destino.

A pessoa que irá receber ou retirar o bem transportado é o destinatário, mas a doutrina considera que ele não é parte no contrato de transporte. O contrato ocorre, tão somente, entre o remetente e o transportador. O destinatário é terceiro que não participou do contrato, salvo, é claro, se ele e o remetente forem as mesmas pessoas.

Celebrado o contrato de transporte de coisa, o início da execução se dá quando há a entrega ou a disponibilização da coisa a ser transportada pelo expedidor ou remetente, pois ou o transportador providencia a retirada da coisa junto ao expedidor, ou o expedidor comparece à matriz ou filial da transportadora e entrega-lhe a coisa a ser transportada.

Assim, a entrega da coisa ao transportador assinala o início da execução do contrato. O vínculo precede a entrega e por essa razão o

---

4. Araken de Assis, *Contratos Nominados*, São Paulo, Ed. RT, 2009, p. 296.
5. Idem, ibidem, p. 304.

contrato de transporte é consensual e não real, como sustentou Carvalho de Mendonça.[6]

A prova do recebimento da mercadoria pelo transportador é feita pelo conhecimento de transporte, também chamado conhecimento de frete ou de carga (CC, art. 744), que, em síntese, procura descrever o que foi entregue (descrição da coisa, espécie, quantidade, qualidade, sinais exteriores), por quem (nome do remetente), a quem (nome da empresa transportadora), para quem (nome do destinatário ou consignatário), quando (data) e onde (lugar).

O conhecimento de frete cumpre uma dupla função. Ele serve como meio de prova do recebimento da coisa pelo transportador e representa a mercadoria nele mencionada. Nesta segunda função, documento representativo da mercadoria, se emitido ao portador ou com cláusula à ordem, é considerado um título de crédito, que, portanto, pode circular, por endosso ou mera tradição manual. Neste caso, a coisa somente será entregue a quem o apresentar.

O art. 894 do CC, de forma genérica, reconhece, como espécie de título de crédito, "o título representativo de mercadoria". Segundo Marcelo Fortes Barbosa Filho, "os títulos representativos de mercadorias outorgam a seu portador legitimado direitos reais incidentes sobre bens móveis literalmente especificados, os quais, em virtude de uma relação contratual antecedente (depósito empresarial ou transporte de cargas), são exercidos ao final, pelo esgotamento desse mesmo contrato. Tais títulos apresentam total causalidade, compondo essa categoria o conhecimento de transporte, o conhecimento de depósito e o *warrant*".[7]

Se a parte desejar retirar do conhecimento de frete a função de título de crédito, basta emiti-lo com a cláusula não à ordem, o que impede a sua transmissão por endosso ou por tradição manual, sujeitando-o à cessão, ato mais formal. Tal conhecimento de frete traz o nome da pessoa do destinatário ou do consignatário e contém a cláusula não à ordem. Nesse caso, se houver o extravio do conhecimento de frete, a mercadoria poderá ser entregue ao consignatário mediante apresentação de uma segunda via do conhecimento.[8]

---

6. M. I. Carvalho de Mendonça, *Doutrina e Prática das Obrigações*, vol. I., 4ª ed., Rio de Janeiro, Forense, 1956, p. 350.

7. Marcelo Fortes Barbosa Filho, in *Código Civil Comentado: Doutrina e Jurisprudência*, Coord. Cezar Peluso, 6ª ed., Barueri, Manole, 2010, p. 907.

8. Idem, p. 256.

23.4.1.1 Conteúdo do contrato de transporte de coisas

23.4.1.1.1 Obrigações do remetente

As principais obrigações do remetente são a de entregar a mercadoria a ser transportada; acondicionar a mercadoria entregue; declarar a natureza e o valor delas, caso estejam lacradas, e pagar o frete.

A entrega da coisa a ser transportada é ato de execução essencial ao cumprimento integral do contrato. Sem ele não há como o transportador cumprir a obrigação assumida.

A coisa entregue deve estar adequadamente embalada, empacotada, de modo que ela possa ser transportada sem riscos. Cabe ao transportador recusar a coisa mal acondicionada (CC, art. 746) ou pelo menos alertar o remetente do acondicionamento defeituoso. Se ele, mesmo assim, insistir em remeter a coisa, o transportador poderá isentar-se de responsabilidade obrigando o expedidor a declarar que reconhece a falta ou o defeito de acondicionamento.

O transportador deve recusar-se a transporta coisa cujo transporte ou comercialização seja proibido ou que venha desacompanhada dos documentos legais ou regulamentares (CC, art. 747), como mercadorias descaminhadas ou substâncias entorpecentes, pois "na condição de elemento do contrato de transporte, exige-se que a coisa seja passível de transladação, quer do ponto de vista físico, quer jurídico".[9]

O remetente deve, também, declarar a natureza e o valor das mercadorias entregues em pacotes fechados. Se o transportador não acreditar na declaração do remetente, poderá abrir os pacotes na presença do expedidor ou de pessoa autorizada por ele. Estando corretas as mercadorias, o transportador deverá empacotá-las novamente por sua conta. Estando incorreta a declaração, o remetente estará sujeito ao pagamento de importância correspondente ao dobro da diferença do frete.[10]

O remetente deve pagar o frete. O frete é a contraprestação pelo transporte da coisa. Pode ser pago antes da execução do serviço ou após a execução do serviço. Há possibilidade de transferência do pagamento do frete para o destinatário ou consignatário.

O transportador pode reter a mercadoria até o pagamento do frete.

O remetente responde pelos danos causados à coisa por vício próprio dela, pelo caso fortuito e força maior, muito embora seja do transportador o ônus de provar que os danos decorreram de tais causas.

---

9. Araken de Assis, *Contratos Nominados*, cit., p. 364.
10. Idem, p. 263.

23.4.1.1.2 Obrigações do transportador

O transportador obriga-se a receber, transportar e entregar as mercadorias no modo, tempo e lugar convencionados. Ele tem a obrigação de receber a coisa; só pode recusá-la se estiver mal acondicionada. Após recebê-la, transferem-se a ele os riscos da deterioração ou do perecimento; exonera-se dessa obrigação tão somente quando entregá-la ao destinatário nas mesmas condições recebidas ou depositá-la em juízo (CC, art. 750).

O transportador, desde o recebimento até a entrega, obriga-se a impedir qualquer dano na coisa que lhe foi entregue para ser transportada. Ele responde por perdas, furtos ou avarias na coisa transportada que não decorram de vício próprio da coisa, defeito de acondicionamento devidamente alertado ao expedidor, caso fortuito e força maior. Cabe-lhe conduzir a coisa ao seu destino, tomada as cautelas necessárias para mantê-la em bom estado e entregá-la no prazo ajustado ou previsto (CC, art. 749).

Ocorrida a avaria na coisa transportada presume-se a culpa do transportador, que poderá infirmá-la desde que prove a ocorrência de uma das causas de exclusão de sua responsabilidade. Segundo Araken de Assis "ao contrário do que acontece no transporte de pessoas, no qual se restringem as causas de exclusão da responsabilidade, o transporte de coisas é mais aberto. O transportador se eximirá alegando força maior e caso fortuito, culpa exclusiva da vítima, *factum principis* (por exemplo, apreensão da carga pela autoridade pública, eventualidade cogitada no art. 264, II, d, da Lei 7.565/1986) e vício próprio da coisa transportada".[11]

Não se admite a estipulação de cláusula de não indenizar. Reputa-se não escrita qualquer cláusula que exonere o transportador de entregar a coisa (Dec. 19.473/1930, art. 1º).

O art. 750 do CC limita a responsabilidade do transportador ao valor constante do conhecimento. Assim, é o próprio carregador que estabelece o valor máximo da indenização, sem que aproveite ao expedidor a alegação e prova de que as coisas valiam mais do que o declarado, ou que expediu quantidade maior do que a consignada no conhecimento.[12] O art. 750 do Código Civil refere-se, no entanto, ao dano emergente, não aos lucros cessantes e, eventualmente, ao dano extrapatrimonial.[13]

11. Araken de Assis, *Contratos Nominados*, cit., p. 372.
12. Idem, ibidem, p. 375.
13. Claudio Luiz Bueno de Godoy, in *Código Civil Comentado: Doutrina e Jurisprudência*, Coord. Cezar Peluso, 6ª ed., Barueri, Manole, 2010, p. 739.

O prazo para cobrar a indenização prescreve em três anos, segundo dispõe o art. 206, § 3º, V, do Código Civil. A cobrança deve ser precedida de reclamação junto ao transportador, por qualquer forma, que deverá ser feita imediatamente no ato da entrega ou no prazo de dez dias da data do recebimento, quando tratar-se de perda parcial ou de avaria não perceptível à primeira vista, conforme determina o art. 754 do CC.

23.4.1.1.3 Obrigações e direitos do consignatário

O consignatário não é parte no contrato. Não obstante, ele tem o direito de receber a coisa e deve, para tanto, exibir o conhecimento de frete. Deverá pagar o frete se o pagamento foi postergado para a entrega da coisa.

Pode o consignatário reclamar ou protestar por avaria, perda ou demora na entrega da mercadoria, observados os prazos previstos no art. 754 do CC.

23.4.2 Transporte de pessoas

A transportadora, no contrato de pessoas, obriga-se a remover uma pessoa e sua bagagem de um local para outro mediante o pagamento de uma remuneração denominada preço do bilhete ou da passagem.

A pessoa a ser transportada é denominada passageiro.

O contrato é consensual. Prova-se pelo bilhete de passagem, muito embora em determinados contratos não haja a emissão de bilhete.

O bilhete de passagem pode ser emitido ao portador, de modo que quem o apresente possa embarcar, ou então pode ser nominativo, de modo que somente a pessoa indicada terá o direito ao transporte.

O passageiro não precisa ser capaz. Admite-se o transporte do maior de 12 anos e do menor de 18 desacompanhados dos pais ou responsáveis no território nacional por força do que dispõe o art. 83 da Lei 8.069/1990, interpretado ao contrário, já que a proibição lá expressa refere-se à criança e não ao adolescente.

O contrato compreende, além do transporte do passageiro, o da sua bagagem, composta de objetos pessoais de uso ou propriedade compatíveis com o peso e tamanho previstos no contrato.

A bagagem pode ser transportada no compartimento onde viajam os passageiros ou em depósito apropriado existente no próprio veículo, após despacho. Nesse caso é emitido documento que comprova o depósito da bagagem para transporte denominado nota de bagagem.

O transporte de bagagem é um contrato acessório. Não é pago um valor à parte pelo transporte da bagagem, a não ser que o passageiro exceda os limites permitidos.

23.4.2.1 Obrigações e responsabilidades do transportador

Obriga-se o transportador a transportar o passageiro e sua bagagem no modo e tempo combinados.

O portador do bilhete de passagem tem o direito a embarcar; só poderá ser impedido se houver justa causa para tanto, como, por exemplo, estar alcoolizado, indevidamente trajado, ser transmissor de doença contagiosa (CC, art. 738). Preceitua o referido artigo: "A pessoa transportada deve sujeitar-se às normas estabelecidas pelo transportador, constantes no bilhete ou afixadas à vista dos usuários, abstendo-se de quaisquer atos que cause incômodo ou prejuízo aos passageiros, danifiquem o veículo, ou dificultem ou impeçam a execução normal do serviço".

O transportador responde pelos danos ao passageiro provenientes de acidentes que não tenham sido causados por força maior, conforme determina o art. 734 do CC, isto é, por fato necessário e externo à pessoa ou à empresa do transportador e não por fato, ainda que necessário, interno à pessoa ou à empresa do transportador, intrínseco à atividade de risco, como o estouro de pneu do avião, ou a sucção de aves pelas turbinas; o rompimento da barra de direção do ônibus; o descarrilamento do trem.[14]

No transporte oneroso, o fato de terceiro não desonera o transportador de sua responsabilidade de conduzir o passageiro são e salvo. Mas, se o indeniza, assiste-lhe direito regressivo contra o terceiro culpado pelo acidente, conforme Súmula 187 do STF:[15] "A responsabilidade contratual do transportador, pelo acidente com o passageiro, não é elidida por culpa do terceiro, contra o qual tem ação regressiva".

O art. 735 do CC adotou idêntica redação e, com isso, acolheu a orientação expressa na referida Súmula. No entanto, segundo a jurisprudência, o fato de terceiro que gera a responsabilidade do transportador é, tão somente, aquele relacionado aos riscos do transporte e não aquele relacionado a fato externo ao transporte, como pedra atirada na direção do veículo por estranho.[16]

---

14. Araken de Assis, *Contratos Nominados*, cit., p. 327.
15. Nota atualizadora de Humberto Theodoro Júnior na obra de Orlando Gomes, *Obrigações*, 14ª ed., Rio de Janeiro, Forense, 2000, p. 310.
16. Araken de Assis, *Contratos Nominados*, cit., p. 333.

O transportador responde, também, pelos prejuízos que o passageiro tenha em decorrência de atraso na saída ou na chegada, desde que o atraso não seja causado por força maior (CC, art. 737).

Assim, ao lado do dever principal do transportador de transladar em segurança o passageiro até o seu destino, há o dever secundário de cumprir o itinerário, quando este for constitutivo de um interesse digno de proteção, como no caso de uma viagem turística ou representar o trajeto mais rápido. Salvo esta exceção – constituir o trajeto um interesse digno de proteção – prevalece a orientação de que ele não integra, necessariamente, o contrato de transporte.

Há, também, o dever secundário de cumprir o horário marcado, pena de indenizar os danos sofridos pelos passageiros, salvo se o atraso decorrer de motivo de força maior, como condições climáticas desfavoráveis.

Interrompida a viagem por qualquer motivo alheio à vontade do transportador, ainda que em consequência de evento imprevisível, fica o transportador obrigado a concluir o transporte contratado em outro veículo da mesma categoria, ou, com a anuência do passageiro, por modalidade diferente, à sua custa, bem como a arcar com as despesas de estada e alimentação do passageiro, durante a espera de novo transporte, conforme determina o art. 741 do CC.

Citada regra reforça a ideia de obrigação objetiva de resultado imposta ao transportador de modo que iniciada a viagem, não importa o motivo da interrupção, cabe-lhe concluir o transporte contratado e arcar com as despesas de estada e alimentação dos passageiros.

23.4.2.2 Obrigações do passageiro

O passageiro deve pagar o preço relativo ao percurso da viagem. Se não o pagar, o Código Civil, no art. 742, uma vez executado o transporte, reconhece em favor do transportador o direito de reter a bagagem e objetos pessoais do passageiro para garantir-se do pagamento do valor da passagem.

O passageiro deve apresentar-se ao lugar do embarque antes da hora prevista para a partida.

O passageiro deve apresentar-se devidamente trajado; não perturbar ou incomodar os demais passageiros, nem transportar produtos ou animais perigosos que possam colocar em risco a vida dos demais passageiros (CC, art. 738).

Admite-se que ele seja compelido a desembarcar do veículo, caso comporte-se de modo gravemente inconveniente.

Antes de iniciada a viagem o passageiro tem direito a rescindir o contrato de transporte (CC, art. 740, primeira parte). Se a denúncia do contrato for comunicada a tempo ao transportador de modo que ele possa alienar a passagem a outro, cabe-lhe a restituição de 95% do valor pago, conforme estabelece o art. 740, § 3º, do CC.

Iniciada a viagem reconhece-se, também, ao passageiro o direito a restituição só que do valor correspondente ao trecho não utilizado, desde que provado que outra pessoa haja sido transportada em seu lugar (CC, art. 740, § 1º).

O passageiro que não embarcar e não comunicar sua desistência ao transportador perderá em favor do transportador o preço pago pelo bilhete ou passagem, salvo se provar que outra pessoa foi transportada em seu lugar, caso em que lhe será restituído o valor do bilhete não utilizado, conforme determina o art. 749, § 2º, do CC.

23.4.2.3 Transporte gratuito de passageiros

É importante distinguir o transporte essencialmente gratuito daquele que aparenta ser gratuito.

No contrato que aparenta ser gratuito, denominamos de oneroso indireto, a contraprestação não se dá pelo pagamento do preço, mas de forma indireta, também sob a forma de transporte, em dia e horários diversos, a exemplo do que ocorre com alguns programas de transporte solidário, ou mediante a partilha dos gastos com o combustível, ou, mais recentemente, o sistema de concessão de milhagens ou programas de fidelidade. A este tipo de contrato nós aplicamos as mesmas regras do contrato de transporte.

Há, entretanto, o transporte desinteressado, puramente gratuito. Este não é visto como contrato, de modo que não há por parte do transportador uma presunção de culpa. A relação é extracontratual e não contratual, e a regra de responsabilidade civil é a do art. 186 do CC, minorada pela construção jurisprudencial que responsabiliza o transportador, nesse caso, tão somente, se ele agiu com dolo ou culpa grave. É este o teor da Súmula 145 do STJ: "No transporte desinteressado, de simples cortesia, o transportador só será civilmente responsável por danos causados ao transportado quando incorrer em dolo ou culpa grave" (CC, art. 736).

23.5 Regras do Código de Defesa do Consumidor

Os contratos de transporte são disciplinados pelo Código de Defesa do Consumidor todas as vezes que o remetente ou o expedidor, no transporte de coisas, ou o passageiro, no transporte de pessoa, for definido como consumidor.

Nessa hipótese, haverá mudanças nas regras até então estudadas. Ainda que se continue a falar em culpa presumida do transportador e não em responsabilidade objetiva, cumpre observar que não poderão ser aplicadas regras que estipulem limites ao valor da indenização. A reparação pelos danos deve ser integral. A ausência de culpa, o caso fortuito e a força maior não podem ser invocados como causas de exclusão da responsabilidade do transportador pela obrigação de indenizar os danos.

Capítulo 24
DO CONTRATO DE SEGUROS

24.1 Conceito de contrato de seguros e espécies: 24.1.1 Espécies – 24.2 A formação do contrato de seguros – 24.3 Pressupostos e elementos do contrato de seguros: 24.3.1 Pressupostos: 24.3.1.1 Pressuposto subjetivo – 24.3.1.2 Pressuposto objetivo – 24.3.2 Elementos: 24.3.2.1 Conteúdo: 24.3.2.1.1 Os riscos – 24.3.2.1.2 O prêmio – 24.3.2.1.3 A indenização – 24.3.2.1.4 Obrigações do segurado – 24.3.2.1.5 Obrigações do segurador – 24.3.2.2 A forma. 24.4 Efeitos do contrato de seguros em relação a terceiros. 24.5 Extinção do contrato de seguros. 24.6 Prescrição. 24.7 Características do contrato de seguros. 24.8 Seguro de vida: 24.8.1 Objeto do contrato de seguro de vida – 24.8.2 Características do seguro de vida – 24.8.3 Beneficiários. 24.9 Seguro mútuo: 24.9.1 Conceito.

24.1 Conceito de contrato de seguros e espécies

Temos diversas modalidades de contrato de seguro. Esta pluralidade cria de início a dificuldade em sabermos se podemos trabalhar apenas com um conceito de contrato de seguro, aplicável a todas as espécies, ou isto seria impossível e, portanto, teríamos que trabalhar com vários conceitos de contrato de seguros.

O Código Civil de 1916, no art. 1.432, definia o contrato de seguro como aquele pelo qual uma das partes se obriga para com a outra, mediante a paga de um prêmio, a indenizar-lhe o prejuízo resultante de riscos futuros, previstos no contrato e, com isso, filiava-se àqueles que vislumbram ter o contrato de seguro natureza ressarcitória ou indenizatória, quer se tratasse de seguro de coisas, quer seguro de vida.[1]

---

1. Para Clóvis Beviláqua, *Código Civil dos Estados Unidos do Brasil Comentado*, vol. IV, 3ª tir., edição histórica, Rio de Janeiro, Editora Rio, 1977, p. 561, "a definição legal do contrato de *seguro* é satisfatória. O fim desse contrato é proporcionar ao segurado indenização pelos prejuízos provenientes do sinistro sofrido. Para

A redução do contrato de seguro ao critério indenizatório não correspondia à realidade dos fatos. Basta observar que o contrato de seguro pode recair sobre coisas ou pessoas e apenas com relação a coisas o seguro teria por objetivo resguardar o segurado de prejuízos sofridos em seu patrimônio. A natureza dele neste caso seria puramente indenizatória, tanto que a indenização corresponderia ao prejuízo, respeitados os limites impostos no contrato. O mesmo já não ocorreria com o seguro de pessoas no qual não prevalece a ideia de indenização, de ressarcimento. Este seguro considerava a vida ou a morte. O seguro sobre a vida permite ao segurado minorar ou eliminar os efeitos econômicos desfavoráveis que resultam de sua morte, fazendo-os recair sobre o segurador.[2]

Assim, a melhor definição de contrato de seguro é aquela extraída do art. 1.882 do Código Civil italiano: contrato de seguro é aquele pelo qual uma pessoa se obriga a indenizar a outra, mediante um prêmio pago por esta, o dano resultante de um sinistro, ou pagar-lhe certa importância no caso de um acontecimento atinente à vida humana.[3]

Orlando Gomes conceitua-o assim: "pelo contrato de seguro, uma empresa especializada obriga-se para com uma pessoa, mediante contribuição por esta prometida, a lhe pagar certa quantia, se ocorrer o risco previsto".[4]

Para Pedro Alvim, "seguro é o contrato pelo qual o segurador, mediante o recebimento de um prêmio, assume perante o segurado a obrigação de pagamento de uma prestação, se ocorrer o risco a que está exposto".[5]

O Código Civil de 2012, no art. 757, abandona a concepção indenizatória do contrato de seguro ao descrever que "pelo contrato de seguro, o segurador se obriga, mediante o pagamento do prêmio, a garantir interesse legítimo do segurado, relativo a pessoa ou a coisa, contra riscos predeterminados".

---

esse efeito associam-se o segurado e o segurador. O primeiro contribui com os seus prêmios, e o segundo indenizar-lhe-á os prejuízos resultantes dos riscos previstos no contrato".

2. Messineo, *apud* Eduardo Espínola, *Dos Contratos Nominados no Direito Civil Brasileiro*, Rio de Janeiro, Gazeta Judiciária Ed., 1953, p. 444.

3. Idem, ibidem, p. 431.

4. Orlando Gomes, *Contratos*, 26ª ed., Rio de Janeiro, Forense, 2008, pp. 504 e ss.

5. Pedro Alvim, *O Contrato de Seguro*, Rio de Janeiro, Forense, 2001, p. 113.

24.1.1 *Espécies*

A finalidade do contrato de seguro, seja qual for a espécie, é resguardar as pessoas e as coisas da eventualidade de um sinistro, de modo a transferir para o segurador as consequências nocivas do dano.[6]

O contrato de seguro pode ser classificado a partir dos seguintes critérios: da causa, da natureza dos riscos assumidos, do objeto e da forma adotada pela empresa de seguros.

Os seguros obedecem a causas distintas. Há os seguros privados, que visam ao interesse dos indivíduos considerados isoladamente, em regra facultativos, e há os chamados seguros sociais, que objetivam a tutela de certas categorias de pessoas, que são obrigatórios[7] porque o Estado resolveu socializar os riscos de determinadas atividades consideradas perigosas, mas úteis ou necessárias, como o seguro de acidente no trabalho e o seguro obrigatório de veículos automotores.

Com relação à natureza dos riscos assumidos, os seguros privados subdividem-se em terrestres, marítimos e aeronáuticos. Desses, somente os seguros terrestres são regulados pelo Código Civil.

Quanto ao objeto, os seguros podem versar sobre coisas ou pessoas. O seguro de coisas tem por escopo resguardar o segurado de eventuais prejuízos em seu patrimônio, de modo que ele tem natureza nitidamente indenizatória ou reparatória, tanto que a indenização corresponde ao exato montante do dano, respeitados os limites impostos pelo contrato.

Os seguros contra danos dividem-se em: a) seguro contra incêndio; b) seguro de responsabilidades; c) seguro contra os riscos de transportes; d) seguro contra outros acidentes.

O seguro de responsabilidade é aquele pelo qual uma pessoa procura se precaver contra as indenizações que lhe possam exigir terceiros por danos que resultem de atos pelos quais tenha de responder.[8]

Já o seguro de pessoas, que pode ser de vida ou contra os acidentes corporais, não trabalha com a ideia de reparação ou indenização de um dano, porque é impossível reparar-se a perda da vida ou a mutilação do

---

6. Agostinho Neves de Arruda Alvim, *Exposição de Motivos do Projeto de Código Civil*, p. 83, e Miguel Reale, *O Projeto de Código Civil*, São Paulo, Saraiva, 1986, p. 95, fazem a distinção entre seguro de dano e seguro de pessoa.

7. Idem, p. 432.

8. Eduardo Espínola, *Dos Contratos Nominados no Direito Civil Brasileiro*, cit., p. 445.

corpo. Procura apenas assegurar o contratante de um risco, o risco da morte, da perda da capacidade.

Por último, consoante à forma adotada pela empresa de seguros, temos contratos de seguros a prêmios fixos, quando a seguradora se responsabiliza por um risco, mediante o pagamento de um prêmio pré-estipulado no contrato e mútuos, quando certo número de pessoas expostas a riscos semelhantes constituem uma sociedade para responder por todos os sócios, mediante cotas variáveis, e, nesse caso, cada sócio é ao mesmo tempo segurador e segurado.[9]

Os seguros mútuos são cíveis. A realização deles dispensa a participação de uma empresa porque os próprios interessados constituem a sociedade seguradora. Ela não tem ânimo lucrativo, já que todos se cotizam para atender exclusivamente os encargos assumidos pela pessoa jurídica. Cada interessado é segurador dos outros e por eles segurado, e, assim, é beneficiado quando tenha direito à indenização, e prejudicado quanto tenha que concorrer para que a outrem se pague. O prêmio, isto é, a contribuição, nesse caso, é variável.

Como espécies de seguros, mas com finalidades diversas, temos o resseguro e o cosseguro. Ambos visam a repartir os riscos. Com o resseguro o segurador transfere para outros seguradores parte dos riscos que ele assumiu, mediante a celebração de outro contrato de seguro ou mediante a cessão do contrato de seguro. Já no cosseguro, o segurador propõe ao segurado que escolha, para a cobertura global do risco, diversos seguradores, de modo que cada um deles assume uma parte do risco. A diferença entre um e outro está em que, no primeiro, o segurado é alheio ao contrato, pois a operação de resseguro diz respeito com exclusividade ao segurador e ressegurados, enquanto no segundo, o cosseguro, o segurado é parte, pois concordou em escolher vários seguradores.

24.2 A formação do contrato de seguros

A formação do contrato de seguros tem características que servem para diferençá-lo dos demais contratos consensuais. A proposta, segundo disposição legal, deve partir do segurado. A ideia é permitir a seguradora aceitar ou não o contrato de seguro, de lhe reservar o direito de não celebrá-lo com o proponente. O Código Civil de 2002 abona esse entendimento ao exigir, no art. 759, a emissão da apólice precedida de

---

9. Miguel Maria de Serpa Lopes, *Curso de Direito Civil*, vol. IV, 6ª ed., Rio de Janeiro, Freitas Bastos, 1995, p. 393.

proposta escrita com a declaração dos elementos essenciais do interesse a ser garantido e do risco.

Na vigência do Código Civil de 1916 havia dúvidas se o contrato de seguro seria consensual ou formal em razão da interpretação a ser dada ao art. 1.433, que estabelecia que "o contrato não obriga antes de reduzido a escrito, e considera-se perfeito desde que o segurador remete a apólice ao segurado, ou faz nos livros o lançamento usual da operação". Pretendiam alguns fosse o contrato consensual e, nesse caso, a forma escrita seria apenas *ad probationem*,[10] enquanto outros sustentavam que o contrato não seria consensual, mas solene.[11]

Para nós, o contrato reputa-se formado no momento em que a proposta é aceita, sendo que a emissão da apólice e posterior remessa ao segurado apenas facilita a prova da existência do contrato de seguro. A corroborar esse entendimento, o texto do Código Civil de 2002 que, no art. 758, refere-se à exibição da apólice ou do bilhete do seguro ou documento comprobatório do pagamento do respectivo prêmio, como meio de prova.

24.3 Pressupostos e elementos do contrato de seguros

24.3.1 Pressupostos

24.3.1.1 Pressuposto subjetivo

As partes no contrato de seguro são denominadas segurador e segurado.

O segurador deve apresentar capacidade especial. Ele, na verdade, deve estar autorizado a explorar operações de seguros privados e deve

---

10. Washington de Barros Monteiro, Orlando Gomes e Pontes de Miranda são partidários desta corrente: respectivamente, *Curso de Direito Civil*, vol. 5: *Direito das Obrigações*, 2ª parte, São Paulo, Saraiva, p. 334; *Contratos*, cit., pp. 505, 508 e 516; e Francisco Cavalcante Pontes de Miranda, *Tratado de Direito Privado, Parte Especial*, vol. XLV, Rio de Janeiro, Borsoi, 1962, p. 316.

11. Caio Mário da Silva Pereira, *Instituições de Direito Civil*, vol. III: *Contratos*, Rio de Janeiro, Forense, p. 329, para quem "a forma escrita é exigida para a substância do contrato". Nesse mesmo sentido a lição de Clóvis Beviláqua, *Código Civil dos Estados Unidos do Brasil*, vol. IV, cit., p. 564, para quem a forma escrita é substancial no contrato de seguro. Não há seguros verbais. Não obriga antes de reduzido a escrito, diz o Código, isto é, antes dessa formalidade não há contrato. Não basta porém, qualquer forma escrita. Para perfeição do contrato é necessário que o segurador entregue ou remeta a apólice ao segurado, ou faça nos seus livros o lançamento da operação.

ser uma empresa (CC, art. 757, parágrafo único). De acordo com o magistério de Eduardo Espínola, as exigências técnicas de funcionamento do seguro excluem a exploração desse ramo de operações por uma firma individual ou coletiva, aconselhando que o exerçam as sociedades por ações.[12] Atualmente, somente empresas organizadas sob a forma de sociedade anônima podem celebrá-lo na qualidade de segurador.[13]

O segurado, isto é, a pessoa considerada quanto ao risco, da própria pessoa ou das coisas, deve preencher a capacidade normalmente exigida de qualquer pessoa que queira realizar atos jurídicos. A contratação de um seguro é um ato de administração. Assim, um menor não está autorizado a celebrar contratos de seguro, porque os atos de administração devem ser praticados pelos representantes legais.

O beneficiário pode não ser o contratante, ao qual competem as obrigações do contrato de seguro, mas um terceiro. O beneficiário também sofre determinadas restrições. No seguro de coisas, o beneficiário deve ter interesse em relação à coisa segurada. No seguro de vida, não pode ser beneficiário quem está legalmente impedido de receber doações do segurado, como o cúmplice do cônjuge adúltero, ou, então, o beneficiário que causar voluntariamente a morte do segurado.

24.3.1.2 Pressuposto objetivo

O contrato de seguro pressupõe a existência do *risco*. O risco é o acontecimento incerto, que não depende exclusivamente da vontade das partes. Como observa Francesco Messineo, risco é o fato de ser um indivíduo exposto à eventualidade de um dano pessoal ou patrimonial causado por um sinistro, isto é, pelo fato ou caso fortuito, por efeito do qual o risco de dano potencial se converte em dano efetivo.[14] Clóvis Beviláqua define-o como "o perigo possível, que pode correr o objeto segurado, em consequência de um acontecimento futuro, estranho à vontade das partes".[15]

O risco é pressuposto essencial do contrato de seguro. O conhecimento pelo segurador da inexistência de risco ao tempo da celebração

12. Eduardo Espínola. *Dos Contratos Nominados no Direito Civil Brasileiro*, cit., p. 434.
13. Orlando Gomes, *Contratos*, cit., p. 514.
14. Citado por Eduardo Espínola, *Dos Contratos Nominados no Direito Civil Brasileiro*, cit., p. 432.
15. Clóvis Beviláqua, *Código Civil dos Estados Unidos do Brasil*, vol. IV, cit., p. 565.

do contrato impede-o de expedir a apólice e caso o faça o sujeita a pagar em dobro o prêmio estipulado (art. CC, 773). Essa sanção é devida no caso de o segurador ter conhecimento da inexistência do risco ao tempo da celebração do contrato. Se ele apenas a ignorava, a anulação resultará na devolução da quantia paga a título de prêmio, sem a imposição da penalidade.

O risco assegurado deve ser lícito; proíbe-se a celebração de contrato assegurador de riscos decorrentes de atividades ilícitas e mesmo os riscos decorrentes de atos dolosos, do segurado, do beneficiário, ou de representante de um ou de outro (CC, art. 762). A referida proibição, no entanto, não deve ser utilizada para negar o pagamento de valores a vítima ocasional do ato doloso do segurado, desde que a vítima não esteja conluiada com o segurado.[16]

Os riscos são limitados. Deste modo, o segurado somente estará assegurado daqueles riscos previstos no contrato de seguro; se o risco não estiver expressamente previsto no contrato ele não é indenizável (CC, art. 757, que fala em *riscos predeterminados*), embora diversos julgados entendam que não podem ser excluídos riscos que desatendam ao objetivo básico do contrato.

Ademais, a cobertura abrange não somente os prejuízos causados pelos riscos previstos, mas a todos os estragos ocasionados para evitar ou minorar os efeitos do sinistro (CC, art. 779), dever que, pelo teor do art. 771 do CC, cabe ao segurado, pena de perder o direito à indenização.

Os vícios intrínsecos da coisa, salvo cláusula expressa na apólice, não estão cobertos pelo contrato (CC, art. 784),[17] porque, de acordo com a lição de Clóvis Beviláqua, "o fim do seguro é garantir o segurado contra o risco eventual proveniente de uma causa externa, ou, pelo menos, estranha ao objeto seguro, e não permitir ao segurado reparar, por meio da indenização do seguro, os defeitos da sua propriedade".[18] Todavia, cessa a presunção da lei e responde o segurado pelos prejuízos provenientes de vício intrínseco quando: a) o contrato se refere expressamente ao vício intrínseco; b) se este não é causa única determinante do dano,

---

16. Claudio Luiz Bueno de Godoy, in *Código Civil Comentado: Doutrina e Jurisprudência*, Coord. Cezar Peluso, 6ª ed., Barueri, Manole, 2010, p. 780.
17. O parágrafo único do art. 784 do CC define o vício intrínseco como o defeito próprio da coisa, que se não encontra normalmente em outras da mesma espécie.
18. Clóvis Beviláqua, *Código Civil dos Estados Unidos do Brasil*, vol. IV, cit., p. 587.

mas concausa manifestada concomitantemente com a causa externa; c) se o segurado o ignorava.[19]

Com relação à ignorância do vício intrínseco, o Código Civil de 1916 excluía a cobertura apenas se o segurado houvesse maliciosamente omitido a declaração do vício intrínseco da coisa ou, ao menos, se dela tivesse ciência, regra que o Código Civil de 2002 também consagra no art. 766, parágrafo único, que não afasta a cobertura em caso de omissão do segurado em que não haja má-fé, embora, na busca do equilíbrio contratual, faculte ao segurador cobrar a diferença do prêmio.

Deve o segurado abster-se da prática de qualquer ato que possa aumentar os riscos, pena de perder o seguro (CC, art. 768) (*RT* 713/140). Pretende o Código Civil, nesse caso, evitar o agravo considerável do risco por conduta voluntária, consciente, deliberada do segurado, sem obrigá-lo, contudo, a transformar-se numa espécie de sentinela que deva estar atento a todo e qualquer perigo para evitá-lo, pois o fim do seguro contratado seria exatamente o de tranquilizá-lo contra certos riscos.

Os riscos são mutáveis, isto é, podem sofrer alterações no decorrer do contrato. Os riscos podem aumentar ou diminuir. Se eles diminuírem, não haverá modificação do conteúdo do contrato. Se eles aumentarem, também, em princípio, não haverá modificação no conteúdo do contrato, a não ser que nele exista cláusula expressa que autorize o segurador a solicitar um aumento do prêmio pago pelo aumento dos riscos.

O aumento dos riscos acarreta o ônus do segurado comunicar o segurador. Se não o fizer, perde o direito ao seguro. É a sanção imposta pelo Código Civil no art. 769, que dispõe: "O segurado é obrigado a comunicar ao segurador, logo que saiba, todo incidente suscetível de agravar consideravelmente o risco coberto, sob pena de perder o direito à garantia, se provar que silenciou de má-fé".

Às vezes, em alguns seguros de vida nos quais o segurado figura também como beneficiário, a álea não recai sobre um sinistro e um risco, mas sobre algo feliz, alegre, prazeroso, como atingir certo limite de idade, o que garante ao segurado resgate de determinada quantia em dinheiro. É o chamado seguro sobrevivência.

24.3.2 *Elementos*

Os elementos integram e constituem o contrato e, como visto, classificam-se em essenciais, acidentais e naturais. Os essenciais são os necessários à formação do vínculo e, no caso, são o conteúdo e a forma.

19. Idem, ibidem, pp. 587-588.

24.3.2.1 Conteúdo

O conteúdo é a regulamentação dos próprios interesses pelos contratantes. Do possível conteúdo do contrato de seguro cabe-nos destacar: a descrição dos riscos; o prêmio, a indenização a ser paga, caso o sinistro provoque o risco segurado; as demais obrigações do segurado e do segurador.

24.3.2.1.1 Os riscos

Os riscos, como dito, são limitados. Deste modo, o segurado somente estará assegurado daqueles previstos no contrato de seguro; se o risco não estiver expressamente previsto, ele não é indenizável (CC, art. 757) (*RT* 593/123), embora diversos julgados entendam que não podem ser excluídos riscos que desatendam ao objetivo básico do contrato.

A cobertura abrange não somente os prejuízos causados pelos riscos previstos, mas todos os estragos ocasionados para evitar ou minorar os efeitos do sinistro (CC, art. 779), dever que pelo teor do art. 771 do CC cabe ao segurado, sob pena de perder o direito à indenização.

24.3.2.1.2 O prêmio

O prêmio é a contraprestação pecuniária paga pelo segurado ao segurador em troca daquele ter assumido a obrigação de resguardá-lo do risco previsto no contrato. O prêmio exprime o valor do risco e cuida-se de um elemento essencial do contrato de seguro justamente por ser a base do patrimônio da seguradora responsável pelos riscos.

A mora do segurado em pagar o prêmio não exime a seguradora da obrigação de indenizar o sinistro, embora ela possa descontar da indenização devida o prêmio, mais os acréscimos legais, não obstante as apólices costumem disciplinar de forma diversa a inadimplência do segurado ao estipular cláusula resolutória expressa.[20] No entanto, o Código Civil de 2002, no art. 763, suprime do segurado o direito à indenização se ele estiver em mora no pagamento do prêmio e se o sinistro ocorrer antes que a mora seja purgada: "Não terá direito a indenização o segurado que estiver em mora no pagamento do prêmio, se ocorrer o sinistro antes de sua purgação".

Esta regra, embora contemple os interesses das seguradoras, conflita com outros valores do ordenamento jurídico e, por isso, deve ser

---

20. Miguel Maria de Serpa Lopes, *Curso de Direito Civil*, cit., p. 397.

interpretada no sentido de que nem sempre a demora no pagamento do prêmio levará ao não pagamento da cobertura. Aplicável, no caso, a orientação prevista no Enunciado 371 das Jornadas de Direito Civil que em seu texto declara que "a mora do segurado, sendo de escassa importância, não autoriza a resolução do contrato, por atentar ao princípio da boa-fé objetiva". A par disso, o Superior Tribunal de Justiça, na vigência do atual Código Civil, deliberou que o atraso no pagamento do prêmio não resulta em automática suspensão ou resolução do contrato de seguro, sendo necessária a interpelação do segurado.

Se o prêmio for periódico e a coisa segura perecer logo após o início do período, o segurador tem direito à prestação integral do prêmio.

24.3.2.1.3 A indenização

A indenização é a prestação do segurador ajustada, caso o sinistro configurador do risco ocorra. A indenização consiste no pagamento de determinada soma em dinheiro, embora em alguns contratos de seguro, com o intuito de evitar fraudes na estimativa dos danos, a seguradora assuma a obrigação de reparar o dano *in natura*, como a reconstrução do prédio incendiado. A indenização *in natura* é exceção e não a regra.

O valor e o limite da indenização variam de acordo com a modalidade de seguro contratada.

No seguro de coisas, o valor da coisa e a extensão dos danos limitam o valor da indenização, de modo que ela corresponderá ao prejuízo sofrido, mas nunca ultrapassará o valor da coisa (CC, art. 778). Dessa modalidade de contrato de seguro decorre:

1. A proibição do valor do seguro exceder ao da coisa. Conforme determina o Código Civil (art. 778), o valor do seguro não pode exceder ao da coisa. Se isto acontecer deverá ocorrer a redução do valor da indenização e do respectivo prêmio se não houver má-fé do segurado. Se houve má-fé do segurado, o segurador poderá anular o seguro e reter o prêmio como forma de penalidade imposta ao segurado. Vigora no seguro de dano, também chamado de seguro das coisas, o princípio indenitário, que expressa a ideia de que o contrato serve para garantir a reparação do dano experimentado, limitado ao valor fixado no contrato, e este, por seu turno, adstrito ao importe do interesse segurado, no momento da contratação, tudo, frise-se, sem qualquer possibilidade de que venham o seguro e o sinistro a representar causa de lucro ao segurado.[21]

---

21. Claudio Luiz Bueno de Godoy, in *Código Civil Comentado: Doutrina e Jurisprudência*, cit., p. 797.

2. A proibição da contratação de mais de um seguro total para resguardar o mesmo objeto. O Código Civil de 1916 vedava o segundo seguro sobre o bem quando o primeiro seguro houvesse sido contratado pelo valor integral do interesse do segurado, com o propósito e evitar o intuito especulativo do ajuste, limitado ao valor máximo da coisa segurada. O Código Civil de 2002, na mesma linha, considera o segundo seguro integral ato desonesto e passível de ser anulado. O segurador do segundo seguro, se estiver de boa-fé, poderá, sem restituir o prêmio, recusar o pagamento da indenização ou recobrar o que houver pagado. Admite-se o resseguro parcial e o seguro do risco da falência ou insolvência do segurador.

3. A proibição de receber mais do que a coisa valha. O prejuízo pode ser parcial ou total. No caso de o prejuízo ser total, se o seguro tiver valor determinado, o prejuízo se acha previamente fixado e a indenização será a declarada na apólice, reconhecendo-se o direito do segurador, no entanto, demonstrar que o seguro foi contratado por valor superior ao da coisa. Se o seguro não tiver valor determinado, a indenização corresponderá ao valor atual da coisa. O Código Civil, no art. 781, determina que o valor da indenização não possa ultrapassar o valor do interesse segurado no momento do sinistro, e, em hipótese alguma, o limite máximo da garantia fixado na apólice, salvo em caso de mora do segurador. Com isso, determina o Código Civil que o pagamento se faça pelo valor da coisa ao tempo do sinistro, mas sempre limitado ao valor máximo da garantia, o que significa que o seguro de dano tem dois valores: o da apólice, que representa o limite máximo da indenização que poderá ser paga em caso de sinistro, e o da cobertura pelo sinistro ocorrido, equivalente ao exato importe do prejuízo experimentado, observado o limite máximo da indenização.[22]

4. A proibição de o segurado cumular o recebimento da indenização do seguro com a indenização devida pelo causador do dano.[23] No seguro de vida não há limite ao valor da indenização por entender-se que a vida é inestimável. Deverá ser paga a indenização fixada no contrato.

24.3.2.1.4 Obrigações do segurado

Obriga-se o segurado a pagar o prêmio combinado. Em muitos contratos o pagamento do prêmio é guindado à condição essencial da formação do contrato e, então, neste caso, o contrato torna-se perfeito

---

22. Idem, ibidem, p. 800.
23. Miguel Maria de Serpa Lopes, *Curso de Direito Civil*, cit., p. 398.

e acabado tão somente com o pagamento do prêmio, integral ou da primeira parcela.

O prêmio é sempre devido, aconteça ou não o risco em razão do qual o seguro foi feito, porque o cálculo do prêmio reflete a probabilidade de ocorrência do sinistro durante a vigência do ajuste a partir de critérios estatísticos e atuariais. Por isso dispõe o art. 770 do CC que "salvo disposição em contrário, a diminuição do risco no curso do contrato não acarreta a redução do prêmio estipulado". Entretanto, "se a redução do risco for considerável, o segurado poderá exigir a revisão do prêmio, ou a resolução do contrato".

Outra obrigação do segurado é agir sempre com boa-fé (CC, art. 765). A boa-fé perpassa todas as fases da obrigação: a pré-contratual, a contratual e a pós-contratual.

Assim, na fase pré-contratual, o segurado obriga-se a dizer a verdade e a não omitir fatos que ele sabe capaz de influir na tomada de decisão do segurador em celebrar ou não o contrato, tanto que o art. 766 do CC determina que "se o segurado, por si ou por seu representante, fizer declarações inexatas ou omitir circunstâncias que possam influir na aceitação da proposta ou na taxa do prêmio, perderá o direito à garantia, além de ficar obrigado ao prêmio vencido", reafirmada, com isso, a "especial precisão e veracidade de que devem se revestir as declarações e informações prestadas pelo segurado ou por quem o represente e com lastro nas quais se calculam, para consumação do ajuste securitário, o risco e o prêmio por sua cobertura".[24]

Porém, "se a inexatidão ou omissão nas declarações não resultar de má-fé do segurado, o segurador terá direito a resolver o contrato, ou a cobrar, mesmo após o sinistro, a diferença do prêmio" (CC, art. 766, parágrafo único). O direito a resolução do contrato, no entanto, somente poderá ser exercido antes de ocorrido o sinistro, pois, ocorrido o sinistro, só cabe ao segurador pleitear o pagamento de uma diferença no valor do prêmio, podendo, no caso, realizar-se compensação com o valor da indenização a ser pago.[25]

Na fase contratual o segurado compromete-se a não agravar o risco da coisa segurada, proibido de praticar atos que possam aumentar o risco

---

24. Claudio Luiz Bueno de Godoy, in *Código Civil Comentado: Doutrina e Jurisprudência*, cit., p. 783.
25. Idem, ibidem, p. 785.

de deterioração ou perecimento da coisa segurada, sob pena de perder o direito ao seguro (CC, art. 768).[26]

O agravamento dos riscos por atos externos ao segurado ou circunstâncias alheias à sua vontade não resulta na perda do seguro Nesta hipótese, cumpre-lhe notificar o fato ao segurador. Surge, assim, para o segurado, ainda na fase contratual, o dever de informar o segurador de toda alteração superveniente em relação a ele ou ao objeto do seguro que possa alterar o risco estimado, agravando-o.

Ainda na fase contratual, se ocorrer o sinistro, cabe ao segurado comunicá-lo, desde logo, ao segurador para que ele tome as medidas que julgar indispensáveis ao resguardo dos seus interesses, sob pena de, não o fazendo, ver o segurador exonerado da obrigação de indenizá-lo, desde que o segurado prove que poderia ter evitado ou atenuado as consequências do sinistro se tivesse sido comunicado imediatamente (CC, art. 771).[27]

Cumpre ao segurado tomar as providências necessárias tendentes a evitar maiores prejuízos; nesse caso as despesas com essas providências são de responsabilidade do segurador. A atuação do segurado dá-se no duplo interesse: o dele e o do segurador, havendo, nesse caso, uma forma singular de *gestão de negócios*.[28]

Na fase pós-contratual persiste, ainda, o dever de colaboração do segurado com o segurador, como, por exemplo, no caso de o segurador, após ter indenizado o segurado, buscar o ressarcimento do real responsável.

26. Clóvis Beviláqua, *Código Civil dos Estados Unidos do Brasil*, vol. IV, cit., p. 584, transcrevendo Schneider, indica a exata compreensão que se deve ter deste artigo: "Não se há de exigir do segurado que esteja, angustiosamente, atento a todo perigo para evitá-lo. Ele contrata, em regra, o seguro para, mais tranquilamente, enfrentar o perigo. Quem, por exemplo, assegura a sua vida, não é desleal para com o segurador, se não se recolhe ao leito, nem chama o médico ao menor incomodo, nem, ainda, se, em tempo de epidemia, exerce deveres de piedade altamente perigosos, ou, quando o país se acha em perigo, se comporta com desprendida coragem, salvo se outra coisa se encontra nas clausulas da apólice".
27. Eduardo Espínola, *Dos Contratos Nominados no Direito Civil Brasileiro*, cit., p. 448.
28. Miguel Maria de Serpa Lopes, *Curso de Direito Civil*, vol. IV, cit., p. 415; Clóvis Beviláqua, *Código Civil dos Estados Unidos do Brasil*, vol. IV, cit., p. 585.

24.3.2.1.5 Obrigações do segurador

A principal obrigação do segurador é a de indenizar o segurado dos prejuízos experimentados com o sinistro, pagando-o em dinheiro (CC, art. 776), desde que o segurado não tenha incorrido em nenhuma das causas que exonerem a responsabilidade do segurador.

No seguro de coisas deve ser observada a extensão dos danos na coisa, que pode ser total ou parcial, ainda que o seguro preveja o pagamento de valor determinado. O valor determinado funciona apenas como limite da responsabilidade do segurador, salvo na hipótese de perda total do bem segurado, pois, nesse caso, o prejuízo se acha previamente fixado e a indenização será a declarada na apólice, reconhecendo-se o direito do segurador, no entanto, demonstrar que o seguro foi contratado por valor superior ao da coisa (CC, arts. 776, 778 e 781).

A prova do prejuízo e de sua extensão cabe ao segurado e, normalmente, para se apurar o dano procede-se à estimação do valor do objeto segurado antes do sinistro, a fixação do salvado, isto é, daquilo que escapou da destruição total, e a subtração dos dois valores.[29]

Nos seguros pessoais a indenização devida é o valor fixado na apólice.

24.3.2.2 A forma

O contrato de seguro não obedece ao princípio da forma livre. A sua forma é a escrita. O documento escrito a que é reduzido o contrato de seguros denomina-se apólice, que, entre outras informações deve conter o nome do segurador, o do segurado (se nominativa) ou o do terceiro em cujo nome se faz o seguro (CC, art. 760, parágrafo único), a descrição dos riscos assumidos, o valor do objeto segurado, o prêmio a ser pago pelo segurado (CC, art. 760), além das condições gerais do contrato e o começo e o fim dos riscos por ano, mês, dia e hora.

As apólices podem ser nominativas, à ordem ou ao portador. Na nominativa consta o nome do segurado; na à ordem permite-se a transferência mediante simples endosso, e na terceira não há indicação do segurado, admitindo-se a transferência por simples entrega. A apólice ao portador é proibida quando se trata de seguro sobre a vida (CC, art. 760, parágrafo único).

A finalidade da apólice é provar a existência do contrato de seguro. A sua falta, entretanto, pode ser suprida por outros meios de prova, como

---

29. Miguel Maria de Serpa Lopes, *Curso de Direito Civil*, vol. IV, cit., p. 416.

o exame dos livros do segurador ou por documento comprobatório do pagamento do respectivo prêmio (CC, art. 758).[30]

A apólice pode ser transmitida a terceiros. O contrato de seguros não é um contrato celebrado em razão da pessoa, e, assim, admite-se sua transmissão, que pode se dar antes ou depois do sinistro. A transmissão da apólice antes do sinistro demanda que o cessionário tenha interesse em relação à coisa objeto do seguro.

Não obstante tenha ocorrido a cessão da apólice, se não houve anuência por parte do segurador, o cedente continua o responsável pelo pagamento do prêmio.

24.4 Efeitos do contrato de seguros em relação a terceiros

Os efeitos do contrato de seguro em relação a terceiros podem ser estudados numa tríplice perspectiva: com relação à transmissibilidade dos direitos do segurado a terceiro seu sucessor; com relação à posição do beneficiário e com relação à sub-rogação do segurador nos direitos da vítima.

Com relação à transmissibilidade dos direitos do segurado a terceiro seu sucessor, a transmissão pode operar-se por: a) sucessão em razão da morte do segurado e nesse caso o herdeiro fica responsável pelo pagamento do prêmio e pelo cumprimento das demais obrigações, mas em contrapartida fica investido nos direitos contratuais, especialmente no direito de receber a indenização caso haja a perda ou deterioração do bem segurado em razão de acidente expressamente coberto; b) por ato entre vivos como um acessório da propriedade (CC, art. 785), se a apólice não o vedar. Essa transmissão se dá de pleno direito quando a coisa for hipotecada ou penhorada. A transmissão da apólice varia de acordo com a forma que ela assumir: a cessão para as apólices nominativas; o endosso para as de cláusula à ordem; e a simples tradição para as de cláusula ao portador.

O beneficiário é quem se beneficia do contrato de seguro. Normalmente é um terceiro, isto é, quem não interveio no contrato, mas nada impede que seja o próprio segurado, como no seguro de coisa e no seguro de vida misto. Interessa-nos o terceiro beneficiário. Para que ele possa beneficiar-se e receber a indenização é necessário que o segurado tenha feito uma estipulação em favor dele, a denominada estipulação em favor de terceiros.

---

30. Idem, ibidem, p. 406.

O segurador que tenha indenizado o segurado por danos causados por terceiros pode procurar obter o reembolso da quantia gasta a título de indenização do terceiro causador do dano. O segurador sub-roga-se nos direitos da vítima e a sub-rogação nada tem de incompatível com o caráter aleatório do seguro.

24.5 Extinção do contrato de seguros

A extinção do contrato de seguros pode dar-se pela via normal ou pela via anormal.

A extinção normal ocorre pela execução do contrato; pelo advento do termo resolutivo. Entre as causas de extinção normal do contrato está a superveniência do risco. Conforme o magistério de Miguel Maria de Serpa Lopes, "se o risco previsto no contrato vem a se concretizar, sem que a apólice se refira ao prosseguimento do contrato em relação a novos riscos, o contrato de seguros encontra nessa circunstância o seu modo terminativo mais completo, por ter produzido a plenitude dos seus efeitos".[31]

A extinção anormal acontece por causas supervenientes à formação do contrato e pode dar-se: pela resolução; resilição e rescisão.

A resolução é o modo de extinção dos contratos com base em um fato posterior à celebração e que foi previsto por lei ou pelos contratantes, de modo expresso ou tácito. É um remédio concedido à parte para romper o vínculo contratual mediante ação judicial cabível nos casos de inexecução, assim entendida as hipóteses de inadimplemento, mora ou cumprimento defeituoso.

Afora essas hipóteses, a lei estabelece outras como o agravamento do risco ou a falta de comunicação de incidente, que de qualquer modo possa agravar o risco.

Os efeitos da resolução do contrato de seguros não são retroativos, mas futuros, pois, tratando-se de contrato de execução diferida, as prestações passadas não são desconstituídas.

A resilição é a extinção dos contratos por vontade de um ou dos dois contratantes. A resilição seria, então, unilateral ou bilateral.

A resilição unilateral é aquela exercida por um dos contratantes. Ela assume determinadas formas como a revogação e a renúncia. A resilição é um direito potestativo que pode ser exercido nos contratos

---

31. Idem, ibidem, pp. 423-424.

por tempo indeterminado ou nos contratos de execução continuada ou periódica.

A resilição bilateral é a exercida por ambos os contratantes. O modo normal de resilição bilateral é o distrato, espécie de contrato extintivo. Pelo distrato, segurador e segurado convencionam desfazer o contrato.

A rescisão é a ruptura do contrato de seguro em que houve lesão. Aproxima-se da anulabilidade.

24.6 Prescrição

A matéria é disciplinada pelo art. 206, § 1º, II, do CC. A ação do segurado contra o segurador e vice-versa prescreve em um ano, contado do prazo do dia em que o interessado tiver conhecimento do fato, se este ocorrer no país ou fora dele.

Dispõe a Súmula 101 do Superior Tribunal de Justiça: "A ação de indenização do segurado em grupo contra a seguradora prescreve em um ano".

24.7 Características do contrato de seguros

O contrato de seguros é sinalagmático na medida em que contém prestações e contraprestações. Cada uma das partes é credora e reciprocamente devedora da outra. As obrigações são recíprocas e interdependentes. Explica Orlando Gomes que "conquanto a obrigação do *segurador* seja condicional, há interdependência das obrigações que gera tanto para uma como para a outra parte. Obriga-se o segurado a pagar o *prêmio*. Do cumprimento dessa obrigação depende o seu direito a exigir do *segurador* o pagamento da quantia estipulada, caso se verifique o acontecimento a que se subordina a obrigação deste. Assim, o segurado é devedor de dívida certa e credor de dívida condicional".[32]

Ele é oneroso visto que cada uma das partes objetiva auferir vantagem econômica.

O contrato de seguros é aleatório, pois inexiste equivalência entre o prêmio pago e a possível indenização a ser recebida. Cria-se, com isso, uma incerteza para as partes sobre se a vantagem almejada será proporcional à contrapartida esperada. Os contratos aleatórios sujeitam os contraentes à alternativa de ganho ou perda. A vantagem do segurador depende de não ocorrer o sinistro ou de não se verificar o evento, em cer-

32. Orlando Gomes, *Contratos*, cit., p. 505.

to prazo. Também o segurado tem, dependente de um acontecimento incerto, a vantagem que espera obter ao contratar, isto é, evitar uma perda.

O contrato de seguros é um contrato de adesão. Nele adota-se a padronização das cláusulas que irão integrar o conteúdo dos contratos, o que impede ou dificulta a outra parte de discordar. A participação do segurado se dá pela aceitação em bloco de uma série de cláusulas, formadas antecipadamente, de modo geral e abstrato, pelo segurador, para constituir o conteúdo normativo e obrigacional de futuras relações concretas.

O contrato de seguros é contrato de execução continuada, destinado a subsistir durante um período de tempo.

O contrato de seguros é um contrato no qual o comportamento das partes deve observar a mais estrita boa-fé.

24.8 Seguro de vida

O contrato de seguro de vida tem por objeto garantir, mediante o prêmio anual que se ajustar, o pagamento de certa soma a determinada ou determinadas pessoas por morte do segurado ou ao próprio segurado, ou terceiro, se ele sobreviver ao prazo do seu contrato.

Define-o Eduardo Espínola como o contrato que tem por objeto garantir mediante o recebimento de um prêmio anual o pagamento da quantia ajustada à determinada pessoa, em certa eventualidade dependente da vida ou da morte do segurado.[33]

Temos contrato de seguro de vida sempre que o prêmio que recebe do estipulante, o capital ou a renda que a empresa se obriga a pagar, resultam de cálculos sobre a duração da vida humana.[34]

São duas as possibilidades do seguro de vida. A primeira, *o seguro em caso de morte*, por força do qual o beneficiário receberá a soma estipulada no caso de morte do segurado na vigência do contrato, e a segunda, *o seguro em caso de vida*, por força do qual o beneficiário, que pode ser o próprio segurado, receberá a soma estipulada no caso do segurado sobreviver a uma data prefixada. Nada impede a combinação das duas possibilidades, o que dá origem ao seguro misto pelo qual o segurador

---

33. Eduardo Espínola, *Dos Contratos Nominados no Direito Civil Brasileiro*, cit., p. 458.

34. Clóvis Beviláqua, *Código Civil dos Estados Unidos do Brasil*, vol. IV, cit., p. 597.

compromete-se a entregar uma quantia em dinheiro ao segurado se ele sobreviver a uma data prefixada, ou a terceiro, caso ele morra.

24.8.1 Objeto do contrato de seguro de vida

O objeto do contrato de seguro de vida é a vida ou as faculdades humanas. O risco a ser evitado é a morte involuntária e não a morte voluntária, no caso o suicídio premeditado por pessoa em seu juízo.

O suicídio não premeditado, isto é, o praticado por pessoa que não estava no gozo de sua higidez mental e psicológica, não incide na referida proibição. Portanto, considera-se nula, por ser abusiva, a cláusula contratual que excetue qualquer responsabilidade do segurador no caso de morte por suicídio, mesmo quando este haja sido involuntário, como forma de o segurador contornar a difícil prova da voluntariedade do ato praticado pelo segurado.[35] Neste sentido a Súmula 61 do Superior Tribunal de Justiça: "O seguro de vida cobre o suicídio não premeditado".

24.8.2 Características do seguro de vida

O seguro de vida não está ligado à ideia de ressarcimento ou indenização presente no seguro de coisas. Portanto, nele não há limite para o montante da indenização devida, nem a proibição da contratação de mais de um seguro (CC, art. 789). Dispensa-se, ainda, o beneficiário de provar a existência de prejuízos e ao segurador não cabe qualquer sub-rogação contra o terceiro responsável pelo sinistro, muito menos ação baseada em direito próprio.[36]

24.8.3 Beneficiários

O beneficiário no seguro de vida é aquele designado pelo segurado como o destinatário da soma em dinheiro a ser paga pelo segurador caso o sinistro ocorra. Admite-se a substituição a qualquer tempo, de modo que o segurado não está preso à sua manifestação de vontade inicial, salvo se o seguro tiver por causa declarada a garantia de alguma obrigação (CC, art. 791, com modificações do art. 792).

Pode ocorrer, também, que alguém faça o seguro não sobre a própria vida, mas sobre a vida de outrem (CC, art. 790). Nesse caso ele

---

35. Idem, ibidem, p. 571.
36. Miguel Maria de Serpa Lopes, *Curso de Direito Civil*, vol. IV, cit., p. 428.

deverá justificar o seu interesse pela preservação daquele que segura, pena de não valer o seguro. O interesse pode tanto ser material, como o do credor, quanto afetivo (CC, art. 790, parágrafo único). A justificativa do interesse é dispensada quando o terceiro for descendente, ascendente, irmão ou cônjuge (CC, art. 790, parágrafo único), e, para alguns, na hipótese em que o próprio segurado concordou com o seguro feito por terceiro, em benefício próprio.[37] Clóvis Beviláqua discorda, pois para ele "não basta que o terceiro concorde no seguro sobre a sua vida; é indispensável a justificação dos interesses econômico ou material do estipulante do seguro, para que lhe seja lícito segurar a vida de outrem, não sendo este uma das pessoas indicadas no parágrafo único do art. 1.472 [*CC/2002, art. 790*]".[38]

Não são todos que podem figurar como beneficiário, como aquele que for legalmente inibido de receber doações do segurado, como o cúmplice do cônjuge adúltero e aquele que voluntariamente causou a morte do segurado.

Na falta de beneficiário designado ou na impossibilidade deste figurar como beneficiário, a quantia em dinheiro será paga metade ao cônjuge e metade aos herdeiros do segurado. Não se admite a emissão de apólice de seguro ao portador (CC, art. 760, parágrafo único).

A soma estipulada como benefício não está sujeita às obrigações ou dívidas do segurado. Logo, nem os credores, nem os herdeiros do estipulante, que venham a falecer, têm direito sobre a quantia a ser paga ao beneficiário. Fala-se em autonomia do direito do beneficiário (CC, art. 794).

24.9 Seguro mútuo

24.9.1 Conceito

No seguro mútuo certo número de pessoas expostas a riscos semelhantes constituem uma sociedade para responder por todos os sócios, mediante cotas variáveis, sendo que cada sócio é ao mesmo tempo segurador e segurado.[39] Na lição de Clóvis Beviláqua "as sociedades de seguros mútuos constituem-se pela reunião de certo número de pessoas,

---

37. Idem, ibidem, p. 431. Citada dispensa constava do Projeto primitivo, mas foi suprimida.
38. Clóvis Beviláqua, *Código Civil dos Estados Unidos do Brasil*, vol. IV, cit., pp. 600-601.
39. Miguel Maria de Serpa Lopes, *Curso de Direito Civil*, vol. IV, cit., p. 393.

que põem em comum determinado prejuízo, para que a repercussão do mesmo se atenue pela dispersão. Não especulam, não tratam com terceiros para a realização do fim social, não produzem lucros. Por esse motivo, não se as devem classificar entre as sociedades que exercem o comércio. Os sócios são os próprios segurados, e a sociedade considerada em conjunto, a pessoa jurídica, é o segurador".[40]

Os seguros mútuos são cíveis. A realização deles dispensa a participação de uma empresa, pois os próprios interessados constituem a sociedade seguradora, que não tem ânimo lucrativo, já que todos se cotizam para atender exclusivamente os encargos assumidos pela pessoa jurídica. Cada interessado é segurador dos outros e por estes segurado, e assim é beneficiado quando tenha direito à indenização e prejudicado quando tenha que concorrer para que a outrem se pague.

Aplica-se à sociedade de seguros mútuos a regra comum das outras sociedades. Os lucros e as perdas são proporcionais às entradas. Assim, a princípio, não há prêmios, mas contribuições dos sócios para liquidar as despesas de administração e os prejuízos verificados. Nada impede que os sócios estipulem o pagamento de prêmios fixos, mas eles, ao final, sempre respondem pelas perdas de modo proporcional às respectivas quotas.[41]

---

40. Clóvis Beviláqua, *Código Civil dos Estados Unidos do Brasil*, vol. IV, cit., pp. 592-593.
41. Idem, ibidem.

Capítulo 25
DA CONSTITUIÇÃO DE RENDA

25.1 Generalidades. 25.2 Conceito. 25.3 Partes. 25.4 Modos de constituição. 25.5 Características do contrato. 25.6 Conteúdo do contrato. 25.7 Extinção do contrato.

25.1 Generalidades

Os antecedentes da constituição de renda situam-se no censo consignativo e no censo reservativo. No censo consignativo alguém entregava a outrem certo capital, em dinheiro, e este se comprometia a pagar a ele determinada renda anual. No censo reservativo alguém vendia a outrem um imóvel, reservado o direito de perceber certa renda tirada dos frutos e rendimentos do mesmo imóvel. Tais contratos visavam a contornar as proibições da usura, que era fortemente combatida pela Igreja, e foram muito utilizados na época em que a cobrança de juros estava proscrita.[1]

Censo no Direito Civil, segundo Plácido e Silva, "é indicativo do *encargo* atribuído à pessoa, com a garantia de *bens imóveis*, em virtude de contrato que se ajusta para a entrega de bens ou de dinheiro, mediante o pagamento de *foros* ou *rendas*, devidos por certa espécie de enfiteuse (*censo reservativo*) ou de *juros* ou *rendas*, consequentes de certa espécie de *mútuo*, com a garantia do imóvel (*censo consignativo*)". O censo, assim, prossegue o citado autor, "designa a prestação devida, seja sob o nome de *renda*, seja sob o nome de *juros*, prestação esta anual, segundo a essência do contrato, que se diz *censual*".[2]

---

1. Washington de Barros Monteiro, *Curso de Direito Civil*, vol. 5, São Paulo, Saraiva, p. 327, e Orlando Gomes, *Contratos*, 26ª ed., Rio de Janeiro, Forense, 2008, p. 499.

2. Plácido e Silva, *Vocabulário Jurídico*, vols. I e II, p. 412.

No Direito Civil brasileiro, no entanto, não se usa a expressão censo, mas a expressão constituição da renda.

25.2 Conceito

Denomina-se contrato de constituição de renda aquele pelo qual uma pessoa recebe certo capital em imóveis ou em dinheiro e em contrapartida obriga-se a pagar a outra, ou a alguém indicado por ela, uma renda ou prestação periódica, durante a vida desta ou por tempo determinado.[3] Renda, no caso, significa a série de prestações em dinheiro ou em outros bens que uma pessoa recebe da outra, a quem foi entregue, para esse efeito, certo capital.[4] O rendeiro ou censuário recebe do instituidor bem imóvel ou capital para, em contrapartida, pagar-lhe, ou a terceiro, denominado beneficiário, renda periódica.

25.3 Partes

Denomina-se instituidor a pessoa que entrega o capital. Rendeiro ou censuário, a pessoa que recebe o capital, obrigando-se a pagar a renda periódica em benefício do instituidor ou de terceiro, denominado beneficiário.

25.4 Modos de constituição

A constituição de renda pode decorrer de um contrato bilateral, unilateral ou de uma disposição testamentária (CC, arts. 803 e 804).

É possível a estipulação de renda independentemente da entrega de capital ao devedor da renda, constituindo então uma doação deste ao beneficiado.[5]

3. Agostinho Neves de Arruda Alvim, *Exposição de Motivos do Projeto de Código Civil*, p. 83, assim expõe sobre a constituição de renda: O contrato de constituição de renda foi tratado nos moldes do Código Civil, mas com as necessárias alterações, mesmo porque o Código apresenta certas imperfeições com relação a esse contrato. O Anteprojeto procurou marcar, nitidamente, a diferença entre o contrato a título gratuito e a título oneroso.

4. Clóvis Beviláqua, *Código Civil dos Estados Unidos do Brasil Comentado*, 3ª tir., edição histórica, Rio de Janeiro, Editora Rio, 1977, p. 551.

5. Eduardo Espínola, *Dos Contratos Nominados no Direito Civil Brasileiro*, Rio de Janeiro, Gazeta Judiciária Ed., 1953, p. 468.

Além dessas modalidades, é possível a constituição de renda, prevista no art. 475-Q do CPC-1973 (art. 533, do CPC-2015), por sentença em caso de indenização imposta ao responsável pela morte e danos, resultantes de culpa e dolo.

25.5 Características do contrato

O contrato de renda é real porque se forma pela entrega do capital à pessoa obrigada a prestar renda. Essa entrega é definitiva, o que distingue a renda do contrato de mútuo, no qual a entrega é temporária e sujeita a restituição.

O contrato de renda é gratuito quando celebrado pelo instituidor com o objetivo de fazer liberalidade em benefício do credor da renda, aproximando-se da doação (ato entre vivos) ou do legado (disposição testamentária) (CC, art. 803).

O contrato de renda é oneroso quando um dos contratantes dá o capital, mediante a entrega de bens móveis ou imóveis, para que o outro, denominado rendeiro ou censuário, lhe pague, ou a quem indicar periodicamente certa renda (CC, art. 804).

É aleatório quando não tiver tempo certo de duração e estiver vinculado à duração da vida do beneficiário. Nesse caso, o maior ou menor proveito que o rendeiro ou censuário possa obter com o contrato dependerá da maior ou menor duração de vida do beneficiário. O contrato de constituição de renda pode, portanto, ser feito para durar a vida do devedor (rendeiro ou censuário) ou a vida do credor (beneficiário). Não pode ser feito para ultrapassar a vida do credor (CC, art. 806).

É comutativo quando tiver tempo certo de duração.

Este contrato, na vigência do Código Civil de 1916, não estava sujeito a imposição prévia de forma, mas se a entrega de capital resultasse na transferência de bens imóveis devia ser observada a forma pública. O art. 807 do atual CC dispõe, objetivamente, que o contrato de constituição de renda observará a escritura pública, *in verbis*: "O contrato de constituição de renda requer escritura pública".

O Código Civil exige que a constituição de renda seja estipulada por tempo determinado (CC, art. 806). Não se admite a constituição de renda perpétua. Esse tempo determinado pode ser certo, e nesse caso ele está predeterminado, como pode ser incerto, como enquanto durar a vida do beneficiário (renda vitalícia).

25.6 Conteúdo do contrato

Os bens entregues pelo instituidor ao rendeiro para a obtenção da renda passam a integrar o patrimônio do rendeiro tão logo ocorra a tradição ou o registro do contrato no Cartório de Registro de Imóveis (CC, art. 809).

A constituição de renda pela entrega de bens imóveis constitui direito real e assim o imóvel passa a constituir a garantia do pagamento da renda, de modo que, não paga a renda, o beneficiário poderá excutir o imóvel agravado ainda que tenha sido alienado a terceiro.

Do contrato de renda nasce para o rendeiro a obrigação de pagar pontualmente a renda.

O beneficiário adquire o direito à percepção da renda na periodicidade pactuada, que pode ser mensal ou anual. A renda pode ser paga adiantada ou ao término do período fixado, sendo que se não for paga adiantada o credor adquire o direito à renda dia a dia (CC, art. 811), ou seja, não completado o período mínimo fixado, mesmo assim há o direito ao recebimento proporcional.

Os beneficiários da renda devem ser nomeados no título constitutivo. Havendo mais de um beneficiário, a nomeação pode ser simultânea e então ambos têm direito à percepção da renda ou sucessivos, indicando que na falta de um o outro lhe sucederá.

Se os beneficiários são simultâneos, no caso da morte de um o outro não terá direito à parte do que faleceu, a não ser que o contrato assim o preveja (CC, art. 812).

A renda constituída por título gratuito, *inter vivos* ou *causa mortis*, pode ser declarada inalienável ou impenhorável, retirando assim a possibilidade de ser executada (CC, art. 813).

A renda constituída por título oneroso não pode ser declarada isenta de execuções.[6]

25.7 Extinção do contrato

O contrato de constituição de renda extingue-se por diversos motivos.

O primeiro é o vencimento do prazo, no caso da constituição de renda ter sido celebrada por tempo determinado.

---

6. Clóvis Beviláqua, *Código Civil dos Estados Unidos do Brasil*, cit., p. 557.

O segundo é a morte do beneficiário, se a renda era vitalícia, ou a morte do rendeiro, se foi estipulado que a obrigação subsistiria enquanto ele fosse vivo.

O terceiro é o resgate. O resgate é causa especial de extinção do contrato. Consiste na faculdade conferida ao rendeiro, que recebeu bem imóvel, de antecipar o cumprimento da obrigação pagando de uma só vez as prestações a que estava obrigado a satisfazer no tempo.

O quarto é a resolução judicial do contrato pelo credor no caso de atraso nas prestações vencidas e pela não prestação de caução de pagamento das prestações futuras (CC, art. 810).

A renda constituída sobre imóveis extingue-se também pela destruição do imóvel, se este não estava segurado, porque se estiver há sub-rogação, ou pela confusão.[7]

---

7. Orlando Gomes, *Contratos*, cit., p. 503.

Capítulo 26
DO JOGO E DA APOSTA

26.1 Conceito. 26.2 Natureza. 26.3 Pressupostos e elementos. 26.4 Espécies: 26.4.1 Distinção entre as várias espécies de jogos. 26.5 Regime jurídico. 26.6 Mútuo para jogo. 26.7 Contratos diferenciais. 26.8 O sorteio.

26.1 Conceito

O contrato de jogo e de aposta pertence ao gênero do contrato de sorte. Por ele duas pessoas se obrigam a pagar certa quantia ou entregar determinado bem, uma à outra, conforme o resultado incerto de um acontecimento, quer consista este em atividade a ser exercida pelos contratantes, ou por outras pessoas, ou em fatos existentes ou a existir.[1]

26.2 Natureza

O contrato é eminentemente aleatório.[2]

26.3 Pressupostos e elementos

O contrato de jogo e de aposta pressupõe a intervenção de duas pessoas, no mínimo, como parte. As partes devem ser capazes.

---

1. Orlando Gomes, *Contratos*, 26ª ed., atualizada. Rio de Janeiro, Forense, 2008, p. 526.
2. Assim expõe Agostinho Neves de Arruda Alvim: "Estes três contratos, a saber, o de seguro, o de constituição de renda e o jogo e aposta estão regulados em três capítulos contíguos, dada a natureza de contrato aleatório de que se revestem todos eles" (*Exposição de Motivos do Projeto de Código Civil*, pp. 83-84).

26.4 Espécies

Há duas espécies de contrato. O contrato de jogo (*alearum lusus*) e o contrato de aposta (*sponsio*).

O jogo é o contrato aleatório em que duas ou mais pessoas prometem certa soma àquela, dentre as contraentes, a quem for favorável certo azar (acontecimento).

A aposta é o contrato aleatório, em que duas ou mais pessoas, de opinião diferente sobre qualquer assunto, concordam em perder certa soma, ou certo objeto, em favor daquela, dentre as contraentes, cuja opinião se verificar ser a verdadeira.[3]

Os critérios que os distinguem são a participação e o motivo.

No jogo há participação dos contratantes, da qual depende o resultado – o ganho ou a perda –, e na aposta não há participação, nem influência no acontecimento de que provirá a vantagem de uma delas. Duas pessoas que jogam cartas a dinheiro realizam jogo. Duas pessoas que assistem ao jogo de cartas e arriscam um palpite sobre qual dos dois jogadores irá ganhar realizam uma aposta.

O motivo no jogo é a distração ou ganho, enquanto na aposta é robustecer uma afirmação.

Não há nenhuma importância prática nessa distinção, pois a lei os equipara e os submete às mesmas regras.

26.4.1 Distinção entre as várias espécies de jogos

O jogo e a aposta são contratos de eficácia restrita e limitada.

Entre os jogos é possível classificá-los como jogos proibidos, jogos tolerados, jogos autorizados.[4]

Os jogos proibidos são contravenções penais. A lei, contudo, não os discrimina. Daí a dificuldade de identificá-los. A lei dá, contudo, o critério de ordem geral: os jogos de azar, assim entendidos aqueles em que "o ganho ou a perda depende exclusivamente da sorte. Não é, portanto, o que exige habilidade de execução, como o jogo de bilhar e

---

3. Definições dadas por Clóvis Beviláqua, *Comentário ao Código Civil dos Estados Unidos do Brasil Comentado*, 3ª tir., edição histórica, Rio de Janeiro, Editora Rio, 1977, p. 607.
4. Classificação proposta por Orlando Gomes, *Contratos*, cit., pp. 528-533, e Caio Mário da Silva Pereira, *Instituições de Direito Civil*, vol. III: *Contratos*, Rio de Janeiro, Forense, p. 352.

o de *snooker*" (*RT* 239/370). Alguns autores enumeram como jogos de azar a roleta, trinta e um, trinta e quatro, dados, pôquer, pif-paf, buraco, biriba, canastra, jogos automáticos em máquinas ou aparelhos de qualquer natureza.

A Lei de Contravenções Penais considera jogos de azar, as apostas sobre corridas de cavalos fora do hipódromo ou do local onde sejam autorizadas e as apostas sobre qualquer outra competição esportiva (Decreto-lei 3.688/1941 art. 50). Proíbe, ainda, loteria não autorizada e o jogo do bicho.

Os jogos tolerados são aqueles em que o ganho ou perda não dependem exclusivamente da sorte, mas, também, da habilidade do jogador, como o bilhar, o *snooker*, o dominó. A lei não os proíbe, mas considera-os de moralidade e utilidade social duvidosa.

Os jogos autorizados são aqueles permitidos por lei, pouco importando sejam considerados jogos de azar, como: a) a loteria; b) o turfe; c) a rifa; d) o bingo.

Na loteria, uma das partes obriga-se a pagar determinada soma de dinheiro ao contratante favorecido pela sorte e a outra a pagar o preço do bilhete que o habilitará a esse prêmio. O prêmio deve ser pago em dinheiro. A empresa obriga-se a pagar o prêmio e a realizar o sorteio no dia prefixado, tenha ou não vendido todos os bilhetes. Não se permite o adiamento. O jogador deve ter pagado o bilhete e realizado o jogo em empresa lotérica autorizada a funcionar.[5]

Na rifa, o adquirente mediante a compra de um bilhete concorre a um prêmio que pode ser qualquer bem, móvel ou imóvel. A rifa não pressupõe atividade organizada, nem continuidade do negócio.

A corrida de cavalos é uma competição esportiva que enseja a realização de apostas.

26.5 Regime jurídico

O regime jurídico do contrato de jogo e aposta segue a distinção entre jogos proibidos, tolerados e autorizados.

Nos jogos proibidos, o contrato é nulo de pleno direito por ter causa ilícita. Ele não produz efeitos válidos; não cria uma obrigação natural e uma vez cumprida voluntariamente admite o pedido de restituição, pois não se lhe aplica o art. 814 do CC. Alguns autores rejeitam a possibilidade

---

5. Orlando Gomes, *Contratos*, cit., p. 532.

de repetição porque há causa torpe para ambas as partes (quem lucrou e quem perdeu: "in paris causa turpitudinis, cessat repetitivo").

Nos jogos tolerados, o contrato não cria a obrigação de pagar a dívida resultante da perda. O credor não pode exigi-la, mas se o devedor paga voluntariamente não tem o direito de recobrar o que pagou. O jogo tolerado origina uma obrigação natural. A obrigação surge, embora não seja exigível; e uma vez paga, assiste ao credor o direito de reter o pagamento. Além disso, não pode ser garantida por fiança ou direito real; não admite reforço por meio de cláusula penal e não pode ser utilizada para compensação.

Pode haver o direito de repetir o que foi pago em cumprimento a um contrato de jogo tolerado quando o devedor comprovar que o credor ganhou o jogo por dolo, isto é, utilizou de artifício para obter o resultado favorável, ou quando o jogador que perdeu for menor ou interdito. Neste caso o fundamento para o exercício do direito de repetição é o abuso da inexperiência do menor ou da debilidade mental do interdito para lucrar.

Também pode ser pedida a restituição da importância depositada em mãos de terceiro com a cláusula de ser entregue ao ganhador. De acordo com Caio Mário da Silva Pereira, "o que a lei proíbe é que o perdedor postule a restituição do que pagou, e não se pode considerar pagamento a soma entregue a terceiro, sujeita ainda ao azar que decidirá do destinatário".[6]

Nos jogos autorizados os contratos são válidos.

26.6 Mútuo para jogo

Os contratos realizados para facilitar o jogo proibido, em tese, são nulos. É o que dispõe o art. 814, § 1º, do CC. O que leva a invalidade do contrato é o fato de ele ter sido celebrado para favorecer a prática do jogo proibido ou tolerado.

O mais comum é o empréstimo. Contudo, como dito, somente o contrato que tenha sido celebrado com a finalidade de possibilitar o jogo proibido ou tolerado é que será inválido. Exige a lei, como pressuposto da invalidação, o requisito finalístico – possibilitar o jogo ou a aposta – e o requisito temporal, isto é, o contrato deve ser efetuado no ato de jogar ou de apostar. Não é ilícito, por conseguinte, o contrato de mútuo feito

6. Caio Mário da Silva Pereira, *Instituições de Direito Civil*, cit., p. 351.

para proporcionar ao jogador os recursos necessários para saldar a dívida do jogo.[7]

O Código Civil, no entanto, protege o terceiro de boa-fé, isto é, aquele que ignorava que o contrato encobria dívida de jogo.[8]

26.7 Contratos diferenciais

Os contratos diferenciais são contratos de vendas pelos quais as partes não se propõem a entregar a mercadoria, o título ou valor, e a pagar o preço, mas, tão só, a liquidar o contrato pela diferença entre o preço estipulado e a cotação do bem vendido no dia do vencimento,[9] como o contrato de opções, em que há a compra e a venda de uma grande quantidade de mercadorias, títulos, moedas estrangeiras ao preço atual, mas para entrega futura, e no qual as partes não se interessam pela execução específica do contrato com a entrega dos bens, mas, tão somente, em receber a diferença apurada na variação do preço entre o dia da realização do negócio e o dia do cumprimento. Assim, se o preço subir ganha o comprador, pois o vendedor é obrigado a pagar a diferença, e se o preço baixar ganha o vendedor, que à diferença faz jus. No primeiro caso a diferença é paga pelo vendedor e no segundo pelo comprador.

O contrato diferencial, no Código Civil de 1916, era qualificado como contrato de jogo. A venda era fictícia. O fim era a especulação. Submetia-se às regras do contrato de jogo. Era contrato de jogo tolerado e, portanto, o contrato diferencial não era nulo, mas apenas não obrigava ao pagamento da dívida a que dera causa e não admitia pedido de restituição, caso ocorresse o pagamento (CC/1916, art.1.479). O atual Código Civil, no art. 816, alterou esse estado de coisas ao dispor expressamente que as regras sobre as dívidas de jogo ou de aposta não se aplicam aos contratos diferenciais.

26.8 O sorteio

Nem sempre a decisão por sorte pode ser considerada jogo. Se a finalidade do sorteio não é o divertimento ou ganho dos interessados,

---

7. Idem, ibidem.
8. Para Caio Mário da Silva Pereira, *Instituições de Direito Civil*, cit., p. 351, "a caracterização do terceiro, para este efeito, é rigorosa, tratado como tal o estranho ao jogo e não apenas às relações pessoais entre credor e devedor; ao parceiro ou participante, ainda que não diretamente interessado, é oponível a ineficácia da obrigação".
9. Orlando Gomes, *Contratos*, cit., pp. 533-534.

falta-lhe um dos elementos que caracterizam o jogo. O sorteio pode ter por fim dirimir questões ou dividir coisas comuns, de modo a configurar, assim, um sistema de partilha ou processo de transação.

Capítulo 27

DO CONTRATO DE FIANÇA

27.1 Conceito. 27.2 Características. 27.3 Diferenças entre a fiança e outros institutos jurídicos. 27.4 Elementos do contrato: 27.4.1 Partes – 27.4.2 Objeto – 27.4.3 Forma. 27.5 Efeitos da fiança: 27.5.1 Relações entre o fiador e o credor – 27.5.2 Relações entre o fiador e o devedor. 27.6 Da transmissão da fiança. 27.7 Da extinção da fiança.

27.1 Conceito

Pelo contrato de fiança, alguém se obriga, para com o credor, a satisfazer uma obrigação, se o devedor deixar de fazê-lo em tempo. A pessoa, denominada fiador, obriga-se a pagar a outra, credora de uma obrigação, o que a ela está obrigado o devedor, caso ela não o faça.[1]

A fiança tem finalidade assecuratória, pois visa a garantir o cumprimento de obrigação assumida por outra pessoa.

Antigamente, no direito primitivo, a fiança era bastante utilizada. Normalmente, não bastava o acordo do credor e do devedor para formar o contrato, havia necessidade de que um terceiro interviesse e afiançasse a execução do ato.[2] Narram os poemas homéricos que Hefaístos surpreendeu Afrodite em flagrante delito de adultério com Ares. Os deuses decidiram que Ares deveria purgar sua falta pagando a indenização habitual, mas Hefaístos não quis se contentar com a promessa de Ares, com receio de que ele se desprendesse de sua palavra. Poseidon se comprometeu a cumprir o devido, no caso de Ares recusar-se a isso.[3]

---

1. Agostinho Neves de Arruda Alvim, *Exposição de Motivos do Projeto de Código Civil*, p. 84, informa que o contrato de fiança não sofreu grandes alterações com o decorrer do tempo. Por isso mesmo, conservaram-se as regras do Código Civil de 1916 no Anteprojeto.

2. Clóvis Beviláqua, *Direito das Obrigações*, Rio de Janeiro, pp. 402 e 403.

3. Idem, ibidem, p. 403.

A fiança pertence ao gênero caução – meio de garantia –, só que no caso pessoal, pois, por meio dela, uma pessoa se obriga para com um credor a garantir a execução de uma dívida contraída por outra pessoa, vinculando-se ela própria, se o devedor não a satisfizer.[4]

O Código Civil, no art. 818, acolheu este conceito.[5]

27.2 Características

A fiança é contrato *acessório* porque existe tão somente como garantia da obrigação de outro, de modo que se esta for nula, nula será, também, a fiança. Certas causas de anulação da obrigação principal não extinguem a obrigação do fiador, como a incapacidade pessoal do devedor (CC, art. 824).

É contrato *subsidiário*, isto é, a produção de efeitos depende de o devedor não cumprir com a obrigação afiançada. O caráter subsidiário, embora admitido pelo Código Civil, tornou-se praticamente insubsistente pela prática comum de o fiador assumir obrigação solidária com o principal devedor.[6]

É contrato *unilateral* porque dele resultam obrigações somente para o fiador. Clóvis Beviláqua considera a fiança contrato bilateral imperfeito, porque se o fiador vier a cumprir a obrigação ficará sub-rogado nos direitos do credor primitivo, tendo ação contra o devedor para ser reembolsado daquilo que gastou (CC, arts. 831 e 832). Há os que sustentam a bilateralidade em decorrência da existência de um dever de diligência a cargo do credor de procurar obter o pagamento do devedor principal.[7]

É contrato naturalmente *gratuito*, já que o fiador não recebe remuneração pela fiança prestada, muito embora nada impeça que ele venha a receber uma remuneração pela prestação da fiança, que compense os riscos.

---

4. Miguel Maria de Serpa Lopes, *Curso de Direito Civil*, vol. IV, 6ª ed., Rio de Janeiro, Freitas Bastos, 1995, p. 462; Orlando Gomes, *Contratos*, 26ª ed., Rio de Janeiro, Forense, 2008, pp. 536 e ss.

5. O art. 818 do Novo Código Civil: "pelo contrato de fiança, uma pessoa garante satisfazer ao credor uma obrigação assumida pelo devedor, caso este não cumpra".

6. Eduardo Espínola, *Dos Contratos Nominados no Direito Civil Brasileiro*, Rio de Janeiro, Gazeta Judiciária Ed., 1953, p. 403.

7. Orlando Gomes, *Contratos*, cit., p. 537.

A fiança é dada por escrito, jamais se presume e não admite interpretação extensiva. Ela deve ser interpretada restritivamente (CC, art. 819) e isso pela própria natureza de contrato benéfico (CC, art. 114). Entretanto, se ela não for limitada a uma quantia fixa ou a um objeto determinado, abrange os acessórios da dívida, inclusive as despesas judiciais, desde a citação do devedor.[8]

27.3 Diferenças entre a fiança e outros institutos jurídicos

A fiança distingue-se do aval e da solidariedade.

A fiança distingue-se do aval porque no aval o avalista assume obrigação pessoal e direta, enquanto na fiança o fiador responde tão somente subsidiariamente pelo cumprimento da obrigação.

A fiança distingue-se, também, da solidariedade porque, a exemplo do que ocorre com o aval, o fiador não assume a obrigação pessoal e direta, responde subsidiariamente pelo cumprimento da obrigação.

27.4 Elementos do contrato

27.4.1 Partes

As partes no contrato de fiança são o fiador, isto é, aquele que se obriga a cumprir a obrigação de outro, caso ele não o faça; o credor da obrigação afiançada; e o devedor da obrigação afiançada, denominado afiançado.

O contrato de fiança é celebrado, tão somente, entre o fiador e o credor. O devedor da obrigação afiançada não participa do contrato, que, portanto, pode ser celebrado sem o seu consentimento ou mesmo contra a sua vontade (CC, art. 820).

Normalmente é o devedor, por exigência do credor, quem apresenta o fiador, mas nada impede que o credor, para resguardar-se de eventual inadimplemento, contrate com terceiro a fiança.

O fiador deve preencher alguns requisitos. Ele deve ser idôneo, ser domiciliado no local onde irá ser prestada a fiança e ser proprietário de bens suficientes para garantir a fiança (CC, art. 825).

---

8. Eduardo Espínola, *Dos Contratos Nominados no Direito Civil Brasileiro*, cit., p. 404.

O fiador deve ter a capacidade para consentir e dispor de seus bens. Toda pessoa que tenha a livre disposição dos seus bens pode ser fiadora. Certas pessoas, no entanto, estão impossibilitadas de prestar fiança por razões de interesse público, como os tesoureiros da fazenda pública e os agentes fiscais (Dec.-lei 21.981/1932, art. 30). Os cônjuges também não podem prestar fiança sem o consentimento do outro, como forma de proteção do patrimônio do casal (CC, art. 1.647, III).

Houve época em que as mulheres não podiam prestar fiança com o argumento que elas eram mais suscetíveis aos pedidos para afiançarem obrigações por terem menor resistência do que os homens. Essa restrição à capacidade das mulheres era exaltada como um favor, denominado *Veleiano*, em homenagem ao homem que o criou, Velleius, porquanto o que se tinha em vista era protegê-las.[9]

27.4.2 Objeto

O contrato de fiança pode garantir obrigações atuais ou futuras. No caso de garantir obrigações futuras, o fiador só poderá ser demandado depois que a obrigação afiançada tornar-se certa e líquida (CC, art. 821). Pode, também, garantir total ou parcialmente a obrigação (CC, art. 823). Proíbe-se, no entanto, que a fiança exceda ao total da obrigação, devendo, nesse caso, ser reduzida até o limite da obrigação (CC, art. 823, segunda parte).

A fiança pode ser dada a qualquer modalidade de obrigação (dar, fazer ou não fazer), inclusive, pode ter por objeto outra fiança. Desta forma, o fiador do fiador, designado abonador, somente responderá se houver inadimplemento do fiador principal.

27.4.3 Forma

O contrato de fiança deve ser escrito (CC, art. 819). A fiança não se presume. Assim, o contrato pode ser celebrado tanto por escritura pública, como por instrumento particular, em documento à parte ou no próprio instrumento do contrato principal.

---

9. Idem, ibidem, p. 405, e Clóvis Beviláqua, *Direito das Obrigações*, cit., p. 407: "Veio-nos essa isenção do direito romano. O célebre *Senatus-Consulto* Velleiano, proposto por Marcus Silanus e Velleius Tutor, promulgado no reinado de Cláudio, mas consagrando uma jurisprudência anterior, funda-se em prerrogativas masculinas de que os romanos eram ciosos em extremo, não consentindo que as mulheres participassem dos *officia virilia*. O velleiano anulava qualquer *intercessio* da mulher, contanto que ela não tivesse intervindo em seu próprio interesse".

27.5 Efeitos da fiança

27.5.1 Relações entre o fiador e o credor

O credor tem o direito de receber do fiador a prestação pela qual ele se obrigou, desde que executados os bens do principal devedor. É o chamado *benefício de ordem ou de excussão*, que assegura ao fiador o direito de exigir, até a contestação, que sejam excutidos em primeiro lugar os bens do devedor (CC, art. 827). Nesse caso, o fiador deve indicar bens do devedor no mesmo município, que estejam livres e desembaraçados de qualquer ônus e que bastem para quitar a obrigação.

Trata-se de manifestação do caráter subsidiário do contrato de fiança que pressupõe a responsabilização do fiador somente se o devedor não cumprir a obrigação ou se não puder responder pelo cumprimento forçado.

O benefício de ordem não pode ser invocado pelo fiador se ele renunciou expressamente a este no contrato de fiança ou se se obrigou como principal pagador ou devedor solidário, ou, ainda, se o devedor for insolvente ou falido (CC, art. 828).[10]

Ao lado do benefício de ordem, o fiador pode alegar o chamado *benefício de divisão* na hipótese de fiança prestada por dois ou mais fiadores, desde que eles tenham estipulado esse benefício com o objetivo de cada um responder, tão somente, pela parte proporcional que lhes couber no pagamento (CC, art. 829). No caso, a lei presume a solidariedade entre cofiadores, que, contudo, pode ser afastada desde que eles declaradamente reservem para si o benefício da divisão, o qual consiste em que cada fiador responda por uma cota parte da fiança, feita a repartição deste pelo número de fiadores, descontado os falidos e os mortos ao tempo da execução.[11] Com efeito, se um dos cofiadores for insolvente, a sua parte será distribuída entre os outros (CC, art. 831, parágrafo único).

---

10. Segundo Silvio Rodrigues, *Direito Civil*, vol. III: *Dos Contratos e das Declarações Unilaterais da Vontade*, 30ª ed., 3ª tir., São Paulo, Saraiva, 2006, p. 361, "Preceito de alta relevância teórica, tem menos importância na prática, no que concerne às fianças convencionais. Isso porque, na quase totalidade dos casos em que a vontade do credor prevalece, exige este não só que o fiador se obrigue como tal, mas como principal pagador (...).

"Ora, obrigando-se como principal pagador, o fiador torna-se solidário do devedor principal, visto que o credor pode, desde logo, demandar dele o pagamento da dívida."

11. Clóvis Beviláqua, *Direito das Obrigações*, cit., p. 410.

O cumprimento da obrigação por um dos cofiadores solidários os sub-roga nos direitos do credor, abre-lhes a alternativa de demandar integralmente do devedor o valor pago, mais juros legais e eventuais perdas, ou, então, demandar de cada um dos outros cofiadores as respectivas cotas partes na dívida.

O fiador pode, também, opor ao credor as exceções que lhe forem pessoais e as extintivas das obrigações que caibam ao devedor principal, se não provierem simplesmente da incapacidade pessoal (CC, art. 837). Em seu favor, o fiador pode alegar a extinção da dívida principal, como ainda as matérias de defesa que lhe sejam pessoais e as matérias de defesa pessoais ao devedor, se não provierem simplesmente de incapacidade pessoal.

Portanto, são suscetíveis de fiança as obrigações anuláveis por incapacidade pessoal do devedor. A razão para tal dispositivo seria que haveria, neste caso, uma obrigação natural e, assim, não faltaria, inteiramente, uma base à fiança. O fiador garantiria o credor contra os riscos decorrentes da incapacidade do devedor. Além desse argumento, sustenta-se haver um dever de pagar enquanto a obrigação não for anulada, tornando-se o fiador o devedor direto e único se o principal obrigado se escusa, sob o fundamento de sua incapacidade.[12]

A exceção a esta regra está no mútuo feito à pessoa menor sem prévia autorização do representante legal. Por motivo de ordem pública, que almeja proteger a inexperiência dos menores dos riscos da agiotagem, tal incapacidade pessoal do devedor é razão suficiente para anular, também, a fiança.

27.5.2 Relações entre o fiador e o devedor

O fiador que cumpre a obrigação sub-roga-se nos direitos do credor; quer dizer, o fiador investe-se nos mesmos poderes outorgados ao credor e pode cobrar do devedor o que pagou e executar as mesmas garantias instituídas em favor do credor originário. É o chamado benefício de sub-rogação, que decorre da lei.

A restituição do devedor ao fiador é integral. Além do principal, o devedor está obrigado a pagar-lhe a correção monetária, os juros legais e todos os danos experimentados com o cumprimento da obrigação (CC, arts. 832 e 833), entre eles os honorários advocatícios.

---

12. Clóvis Beviláqua, *Código Civil dos Estados Unidos do Brasil Comentado*, 3ª tir., edição histórica, Rio de Janeiro, Editora Rio, 1977, p. 620.

27.6 Da transmissão da fiança

A transmissão da fiança por ato entre vivos dá-se pela cessão de crédito feita pelo credor. Com ela transfere-se o direito de crédito e todos os acessórios, entre eles a fiança.

A morte não transmite a fiança. A morte extingue o contrato de fiança; responde o espólio com as obrigações devidas até o momento da morte do fiador e até o limite dos bens deixados (CC, art. 836).

27.7 Da extinção da fiança

Extingue-se a fiança: a) pelo acolhimento das exceções opostas pelo fiador; b) por qualquer dos modos originários de extinção da obrigação, como pagamento, novação, compensação, confusão; c) por qualquer das causas previstas no art. 838 do CC; d) pela exoneração do fiador.

O fiador pode opor ao credor as exceções que lhe forem pessoais e as extintivas das obrigações que caibam ao devedor principal, se não provierem simplesmente da incapacidade pessoal (CC, art. 837).

A extinção da obrigação principal acarreta a da fiança. Mas há exceções. Assim, se o pagamento da dívida principal for feito por terceiro, este pode, expressamente, combinar a sub-rogação em seu favor aos direitos do credor (CC, art. 347, I). Se a fiança for parcial, o credor principal terá preferência sobre o fiador para o reembolso da parte restante da dívida (CC, art. 351).

O fiador fica desobrigado da fiança na hipótese de o credor, sem consentimento seu, conceder moratória ao devedor. Moratória é a concessão de prazo ao devedor para cumprir a obrigação, após o vencimento da dívida (CC, art. 838, I). Não se confunde a moratória com a inércia do credor. A moratória, como dito, é a concessão expressa de prazo ao devedor, enquanto a inércia é a tolerância do credor em receber o que lhe é devido. O fiador, para eliminar a inércia do credor, pode exigir que o devedor cumpra imediatamente a obrigação ou o exonere da fiança.

O fiador ficará, também, desobrigado se o credor, por fato imputável a ele, impossibilitar a sua sub-rogação nos direitos e garantias existentes ao tempo em que foi dada a fiança. O credor tem a obrigação elementar de agir, de modo a não prejudicar o fiador com os seus atos ou omissões. Assim, se o crédito é garantido por fiança e penhor e o credor renuncia à garantia pignoratícia, extingue-se também a fiança, pois ao fiador que cumprisse a obrigação não mais seriam transferidos os direitos decorrentes do penhor com os quais ele podia legitimamente contar.[13]

O fiador também ficará exonerado da fiança se o credor aceitar em pagamento da dívida uma dação em pagamento, mesmo que o credor venha depois a perder por evicção o objeto recebido. Trata-se de solução conforme a ideia de que a extinção da dívida põe fim também à fiança. A evicção restaura a obrigação principal, mas não a fiança, pois o fiador responsabilizou-se, apenas, pelo pagamento da obrigação e não pela evicção. Silvio Rodrigues discorda dessa orientação por não lhe parecer lógica a solução dada pelo Código Civil de ressuscitar a obrigação principal primitiva, mas não a fiança.[14]

Extingue-se também a fiança se o fiador comprovar que, tendo nomeado bens do devedor sobre os quais poderia recair a ação do credor, este por culpa ou demora injustificada perdeu a oportunidade de executar os bens desembaraçados do devedor (CC, art. 839).

O fiador poderá exonerar-se da fiança quando não lhe tenha assinalado prazo. A fiança, enquanto ato benéfico, não pode representar para o fiador uma túnica de Nessus,[15] de modo que é permitido a ele exonerar-se do encargo quando queira, quando a fiança foi prestada sem prazo ou

13. Silvio Rodrigues, *Direito Civil*, vol. III: *Dos Contratos e das Declarações Unilaterais da Vontade*, cit., pp. 364-365.
14. Idem, ibidem, p. 364.
15. De acordo com P. Commelin, *Mitologia Grega e Romana*, São Paulo, Martins Fontes, pp. 223-224, túnica utilizada pelo centauro Nesso para vingar a morte provocada por Hércules. Com efeito, Hércules, ao vislumbrar a intenção de Nesso de raptar sua mulher Dejanira, o fere com uma lança embebida no sangue da Hidra de Lerna. Nesso, pressentindo a morte, dá a Dejanira a túnica ensanguentada e lhe diz que se ela persuadisse o marido a usá-la teria meio de fazê-lo seu para sempre. Dejanira, crédula nas palavras de Nesso, aceita o presente para fazer uso dele na hora oportuna, e quando sabe, mais tarde, que Hércules estava retido na Eubéia pelos encantos de Idole, filha de Eurito, manda-lhe a túnica de Nesso por um jovem escravo, Licas, com ordens para que dissesse a Hércules palavras ternas e comoventes. Hércules recebeu com alegria o presente fatal. Quando a vestiu, o veneno que a infectava fez sentir o seu funesto efeito. Num instante introduziu-se nas veias e logo penetrou até a medula dos ossos. Em vão o herói tentou livrar-se daquela túnica: ela estava colada à sua pele como que incorporada a seus membros. À medida que a rasgava, rasgava também sua pele e sua carne. Nesse estado, dá gritos pavorosos e lança as mais terríveis imprecações contra sua pérfida esposa. Em sua fúria, agarra Licas e joga-o no mar, onde se transformou em rochedo.
Vendo todos os seus membros ressecados e seu fim próximo, arma uma pira no monte Etna, nele estende sua pele de leão, deita-se sobre esta, põe sua maça (clava) sob a cabeça e ordena em seguida a Filoctetes, seu amigo, que ponha fogo e cuide de suas cinzas. Tão logo a pira foi acesa, um raio atingiu-o e a tudo consumiu num

por prazo indeterminado. Nesses casos, a responsabilidade do fiador irá até o dia em que ocorrer a sua exoneração.

Se a fiança for contratada por prazo certo, a obrigação do fiador termina quando vencer o prazo. Qualquer dilação de prazo, sem a concordância do fiador, resulta na extinção da fiança.

A morte do fiador também extingue a fiança. O que se transmite aos herdeiros é a responsabilidade do fiador até a data da sua morte e nos limites dos bens deixados.

---

instante, para purificar o que havia de mortal em Hércules. Júpiter levou-o então para o céu e colocou-o entre os semideuses.

Capítulo 28
DA TRANSAÇÃO

28.1 Conceito. 28.2 Pressupostos. 28.3 Espécies. 28.4 Efeitos. 28.5 Invalidade.

28.1 Conceito

Interessa-nos o conceito técnico-jurídico do termo transação, porque no sentido comum o termo designa qualquer negócio jurídico de conteúdo econômico.[1] A transação é um contrato no qual as partes realizam concessões mútuas com o propósito de prevenir ou extinguir um litígio e com isso eliminar a incerteza que recaia sobre uma dada relação jurídica qualificada como tipicamente patrimonial. Dispõe o art. 840 do CC: "É lícito aos interessados prevenirem ou terminarem o litígio mediante concessões mútuas".

Para Pontes de Miranda "a transação é o negócio jurídico bilateral, em que duas ou mais pessoas acordam em concessões recíprocas, com o propósito de pôr termo à controvérsia sobre determinada ou determinadas relações jurídicas, seu conteúdo, extensão, validade, ou eficácia".[2] Define-a Orlando Gomes como "o contrato pelo qual, mediante concessões mútuas, os interessados previnem ou terminam um litígio, eliminando a incerteza de uma relação jurídica".[3] Para Maria Helena Diniz "a transação é um negócio jurídico bilateral, pelo qual as partes interessadas, fazendo-se concessões mútuas, previnem ou extinguem obrigações

---

1. Carlos Roberto Gonçalves, *Direito Civil Brasileiro*, vol. III: *Contratos e Atos Unilaterais*, 9ª ed., São Paulo, Saraiva, 2012, p. 539.
2. Pontes de Miranda, *Tratado de Direito Privado*, vol. 25, Rio de Janeiro, Borsoi, 1962, § 3.027, p. 151.
3. Orlando Gomes, *Contratos*, 26ª ed., Rio de Janeiro, Forense, 2008, p. 544.

litigiosas ou duvidosas".[4] De acordo com Carlos Roberto Gonçalves "constitui negócio jurídico bilateral, pelo qual as partes previnem ou terminam relações jurídicas controvertidas, por meio de concessões mútuas".[5] A transação apresenta-se como um meio alternativo de resolução de conflitos, pois por meio dela as partes previnem ou extinguem um litígio por intermédio de um acordo que implica, ordinariamente, em concessões recíprocas. A transação seria uma espécie de autocomposição de conflitos.

A concessão recíproca permite diferenciar a transação de outros institutos, como o reconhecimento jurídico do pedido em que uma das partes aceita integralmente as alegações da outra parte.

28.2 Pressupostos

A transação, enquanto espécie de negócio jurídico, requer agente capaz, objeto lícito e observância de forma prevista em lei.

A capacidade compreende a ordinária de obrigar-se, mas requer a de dispor, pois toda transação, em última análise, implica na disposição da relação jurídica controversa.

O objeto da transação deve ser lícito. A princípio o objeto da transação é toda relação jurídica controvertida. A controvérsia pode recair sobre a existência, a validade ou mesmo a eficácia da relação jurídica, mas o ordenamento jurídico só permite a transação sobre relações jurídicas patrimoniais de caráter privado e, assim, estão excluídas da transação relações matrimoniais, relações de poder familiar, embora se admita a transação sobre interesses pecuniários derivados do estado de uma pessoa.[6] Dispõe o art. 841 do CC: "Só quanto a direitos patrimoniais de caráter privado se permite a transação".

A forma, isto é, o modo de exteriorização da transação, depende do ordenamento jurídico. Se a transação versar sobre relação jurídica

---

4. Maria Helena Diniz, *Curso de Direito Civil Brasileiro*, vol. III: *Teoria das Obrigações Contratuais e Extracontratuais*, 25ª ed., São Paulo, Saraiva, 2009, p. 605.

5. Carlos Roberto Gonçalves, *Direito Civil Brasileiro*, vol. III, cit., p. 539.

6. Orlando Gomes, *Contratos*, cit., p. 545. Segundo Carlos Roberto Gonçalves, *Direito Civil Brasileiro*, vol. III, cit., p. 548, "desde logo são afastados todos os direitos não patrimoniais, relativos à personalidade. Não se admite transação a respeito do direito à vida, à honra, à liberdade. Mesmo no tocante aos direitos patrimoniais, só se permite a transação sobre os de caráter puramente privado, que não interessam à ordem pública".

de propriedade de bem imóvel e implicar na atribuição da propriedade a uma das partes, que já não conste como proprietário, deverá ser feita por escritura pública. Segundo o art. 842 do CC, a transação far-se-á por escritura pública, nas obrigações em que a lei o exige, por instrumento particular, e por escritura pública ou termo nos autos, assinados pelos transigentes e homologado pelo juiz, se recair sobre direitos contestados em juízo.

28.3 Espécies

A transação pode prevenir ou extinguir litígios. Na primeira temos a denominada transação preventiva, que busca evitar uma lide judicial, uma disputa, enquanto na segunda temos a chamada transação terminativa, pois há lide, há ação judicial em curso, mas os litigantes, por termo nos autos ou por escritura pública, colocam fim ao litígio por meio de concessões recíprocas.

A transação pode ser judicial, se já houver lide instaurada pela propositura de ação judicial, ou extrajudicial, se houver a controvérsia, mas ela ainda não foi levada a conhecimento do Poder Judiciário.

28.4 Efeitos

O efeito específico ou principal da transação é o de provocar a extinção da relação jurídica controvertida, pela eliminação de sua incerteza, mediante a declaração ou a constituição de direitos. Isto não vale, no entanto, para relações jurídicas derivadas de delito, cuja transação não extingue a ação penal pública (CC, art. 846).

Como regra, os efeitos da transação propagam-se entrepartes, ela não irradia efeitos em relação a pessoas que dela não participaram. Sua natureza contratual explica a relatividade de seus efeitos.[7] Dispõe o art. 844 do CC: "A transação não aproveita, nem prejudica senão aos que nela intervierem, ainda que diga respeito a coisa indivisível".

Como exceção, em algumas situações, a lei irradia efeitos da transação noutras relações jurídicas. Assim, se a transação for concluída entre o credor e devedor, desobrigará o fiador (CC, art. 844, § 1º). Se a transação for realizada entre um dos credores solidários e o devedor, extingue a obrigação do devedor para com os outros credores (CC, art. 844, § 2º), ou se for realizada entre um dos devedores solidários e o

---

7. Orlando Gomes, *Contratos*, cit., pp. 546-547.

credor, extingue a obrigação em relação aos demais codevedores (CC, art. 844, § 3º).

28.5 Invalidade

A transação, enquanto negócio jurídico bilateral declaratório ou constitutivo, pode apresentar um vício e ser considerada nula ou anulável. Anula-se a transação por dolo, coação ou erro essencial quanto à pessoa ou coisa controversa. Todavia, no caso de erro preferiu o legislador dar-lhe tratamento específico e assim a transação não se anula por erro de direito a respeito das questões que foram objeto de controvérsia entre as partes (CC, art. 849).

A transação é considerada nula quando feita com base em documentos posteriormente reconhecidos como falsos, quando feita a respeito de litígio decidido por sentença transitada em julgado da qual os transatores não tinham conhecimento (CC, art. 850). Neste último caso, cuida-se de causa de nulidade absoluta, pois que se havia litígio encerrado por sentença transitada em julgado não havia sobre o que transigir.[8]

---

8. Maria Helena Diniz, *Curso de Direito Civil Brasileiro*, vol. III: *Teoria das Obrigações Contratuais e Extracontratuais*, 25ª ed., cit., p. 612.

Capítulo 29
DO COMPROMISSO

29.1 Conceito. 29.2 Conteúdo. 29.3 Espécies. 29.4 Efeitos. 29.5 Cláusula compromissória. 29.6 Extinção do compromisso arbitral.

29.1 Conceito

A arbitragem é espécie de jurisdição privada com competência para solucionar conflitos de interesses relativos a direitos patrimoniais disponíveis com eficácia de imutabilidade, conforme permite expressamente o art. 3º da Lei 9.307/1996 e o art. 852 do CC.

O juízo arbitral será constituído de árbitros, pessoas capazes que gozem da confiança das partes, em número impar, encarregados de julgar a lide com imparcialidade, independência, competência, diligência e discrição.

A submissão de um conflito ao juízo arbitral dá-se pela celebração do compromisso arbitral. A escolha do juízo arbitral significa renúncia das partes à Jurisdição estatal (CC, art. 851).

O compromisso arbitral é o contrato pelo qual as partes submetem um litígio à arbitragem de uma ou mais pessoas (Lei 9.307/1996, art. 9º). O conflito de interesses existe no plano sociológico e as partes, pelo compromisso arbitral, convencionam a solução do conflito pelo juízo arbitral.

29.2 Conteúdo

O compromisso arbitral deve conter a identificação, a qualificação das partes, a descrição da controvérsia que será objeto da decisão arbitral, o local onde se desenvolverá a arbitragem e aonde será proferida a sentença arbitral.

O compromisso arbitral pode conter as regras legais, costumeiras ou de equidade, que poderão ser aplicadas pelos árbitros, bem como a fixação dos honorários dos árbitros, a declaração da responsabilidade pelo pagamento dos honorários e das despesas com a arbitragem.

29.3 Espécies

O compromisso arbitral pode ser judicial, e nesse caso ele será realizado por termo nos autos perante o juízo onde tramitava a demanda, ou pode ser extrajudicial, e nesse caso o compromisso será celebrado por instrumento público ou por instrumento particular assinado por duas testemunhas.

29.4 Efeitos

O compromisso arbitral instaura o juízo arbitral e subtrai competência do Poder Judiciário para decidir a lide, tanto que sua celebração acarreta a extinção do processo, sem resolução de mérito nos termos do art. 267, VII, do CPC-1973 (art. 485, VII, do CPC-2015).

29.5 Cláusula compromissória

A cláusula compromissória é a cláusula contratual acessória pela qual as partes em um contrato comprometem-se a submeter à arbitragem os litígios que possam vir a surgir, relativamente a tal contrato (Lei 9.307/1996, art. 4º; CC, art. 853).

Cuida-se de uma promessa de celebrar o compromisso arbitral caso o conflito de interesses surja, dotada de eficácia. Assim, pelo art. 7º da Lei 9.307/1996, a cláusula compromissória é vinculante e o seu descumprimento autoriza a instituição do compromisso arbitral, mesmo contra a vontade de uma das partes, mediante a prolação de sentença que valerá como compromisso arbitral.

29.6 Extinção do compromisso arbitral

O art. 12, da Lei 9.307/1996, vislumbra a extinção do compromisso arbitral em três hipóteses. Duas delas estão relacionadas a uma espécie de pessoalidade de atuação do árbitro, de modo que se o árbitro não aceita a nomeação, falece ou fica impossibilitado de apresentar seu voto e as partes declararam, expressamente, que não aceitam a designação de substituto, a consequência será a extinção do compromisso arbitral. Na terceira hipótese, os árbitros, apesar de notificados, não conseguem apresentar a sentença arbitral no prazo suplementar de dez dias concedidos.

Capítulo 30
DA SOCIEDADE

30.1 Conceito. 30.2 Caracteres. 30.3 Pressupostos e elementos. 30.4 Direitos e deveres dos sócios entre si: 30.4.1 Formação do capital – 30.4.2 Cooperação dos sócios – 30.4.3 Administração da sociedade. 30.5 Obrigações dos sócios e da sociedade em relação a terceiros. 30.6 Dissolução e liquidação da sociedade.

30.1 Conceito

Quando duas ou mais pessoas mutuamente se obrigam a combinar seus esforços ou recursos para lograr um fim comum formam um contrato de sociedade, conforme dispõe expressamente o art. 981 do CC: "Celebram contrato de sociedade as pessoas que reciprocamente se obrigam a contribuir, com bens ou serviços, para o exercício de atividade econômica e a partilha, entre si, dos resultados".[1]

1. Embora partamos do pressuposto de que a sociedade é um contrato, a escola alemã pretendeu ver na sociedade um ato coletivo e não um contrato de sociedade. De acordo com essa teoria, o ato constitutivo de uma sociedade que tem personalidade jurídica não pode ser definido como um contrato, mas como um ato coletivo. De acordo com Miguel Maria de Serpa Lopes, *Curso de Direito Civil*, vol. IV: *Fonte das Obrigações: Contratos*, 6ª ed., Rio de Janeiro, Freitas Bastos, 1995, p. 505, "se a sociedade for dotada de personalidade jurídica, o que se denomina de contrato não passa de um estatuto gerador daquela personalidade, um ato coletivo, e, se não se estende o mesmo princípio às sociedades civis, deve-se unicamente ao fato de não serem elas consideradas pessoas jurídicas, nos demais sistemas italianos e alemães".

Para Orlando Gomes, *Contratos*, 26ª ed., Rio de Janeiro, Forense, 2008 p. 479, embora a sociedade se particularize por algumas circunstâncias, "isso não basta para se recusar a seu ato constitutivo a natureza de *contrato* no sentido tradicional do termo. Se, num negócio, mesmo para a realização de um fim comum, o interesse de cada parte se apresenta em conflito formal com o da outra ou o das outras, e seus efeitos definitivos devem ser distintos para cada qual, dúvida não se pode ter de que se trata de um contrato".

Este agrupamento convencional não se propõe apenas a criar vínculos obrigacionais, mas os distintos sócios se unem em uma organização econômica comum, motivo pelo qual se reconhece à sociedade a característica de ser um contrato de organização ou de colaboração.

As partes devem buscar atingir um fim econômico.[2] O fim deve ser comum e, portanto, todo sócio deverá participar na consecução dele de alguma forma. Daí a razão pela qual o Código Civil considera nula a cláusula que atribua todos os lucros a um dos sócios ou exclua algum deles da participação nos prejuízos (CC, art. 1.008).[3]

No direito brasileiro, a existência de uma sociedade depende de sua personalidade jurídica, que surge com o registro dos seus estatutos e atos constitutivos no Registro das Pessoas Jurídicas, de modo que o contrato de sociedade, além de regular, internamente, as relações entre os sócios, é pressuposto indispensável à aquisição da personalidade jurídica.[4] Isto é, a sociedade resulta na constituição de um ente autônomo, dotado de personalidade, capaz de ser sujeito de direitos e obrigações perante terceiros (CC, art. 985). Portanto, o contrato de sociedade cria vínculo entre os sócios e dá origem à existência de pessoa jurídica.

30.2 Caracteres

O contrato de sociedade é consensual, porque se forma pelo simples consentimento dos sócios. Embora exija a soma de recursos, o real investimento destes não é condição necessária à perfeição do contrato.

---

2. Orlando Gomes, *Contratos*, cit., p. 480, distingue sociedade e associação e afirma que elas estão submetidas a regimes legais diversos. Na sociedade, duas ou mais pessoas põem em comum esforços e bens para a consecução de fim econômico, a ser obtido mediante a cooperação de todos. Para a consecução de fins ideais, agrupam-se os indivíduos formando uma associação, que se distingue da sociedade não só pela finalidade, mas, sobretudo, porque entre os associados não se estabelecem direitos e obrigações recíprocos.

3. Eduardo Espínola, *Dos Contratos Nominados no Direito Civil Brasileiro*, Rio de Janeiro, Gazeta Judiciária Ed., 1953, p. 378, considera que a nulidade de tal cláusula acarreta, por via de consequência, a nulidade da sociedade inteira. Existia uma exceção a esta regra apontada por Maria Helena Diniz (*Tratado Teórico e Prático dos Contratos*, vol. 4, 2ª ed., São Paulo, Saraiva, 1996, p. 92), que era o artigo 1.409, parágrafo único, do Código Civil de 1916, que estatuia que o "sócio de indústria, porém, só terá direito a participar nos lucros da sociedade, sem responsabilidade nas suas perdas, salvo se o contrário se estipulou no contrato".

4. Miguel Maria de Serpa Lopes, *Curso de Direito Civil. Fonte das obrigações: contratos*, vol. IV, cit., p. 503.

A doutrina diverge se o contrato de sociedade pode ser definido como bilateral, isto é, aquele em que as partes se obrigam mutuamente, competindo a cada uma delas direitos e obrigações. Miguel Maria de Serpa Lopes nega bilateralidade ao contrato de sociedade pelo fato de lhe faltar atributos próprios àquela espécie, como a cláusula resolutória tácita ou a exceção do contrato não cumprido. De acordo com o citado autor, "a partir do momento da existência regular da sociedade, formada pela pessoa jurídica, as quotas são devidas não aos sócios entre si, senão à própria sociedade, como personalidade distinta. Nenhum sócio poderá furtar-se ao cumprimento de sua prestação a pretexto de o não ter feito o seu consórcio. O inadimplemento dessa obrigação dá lugar a outras consequências, como a própria execução do débito. Pela mesma razão, a resolutória tácita, tão comum aos contratos sinalagmáticos, por força da qual estes se resolvem dado o inadimplemento de uma das prestações, não tem lugar no contrato de sociedade, pois até aos credores cabe exigir a prestação descumprida pelo sócio".[5] Citado autor prefere considerar o contrato de sociedade como um contrato plurilateral ou associativo. Não há no contrato de sociedade a figura de obrigações contrapostas ou a relação de recíproca dependência entre prestações, mas a busca, a procura de objetivos comuns. Existe, segundo ele, "uma unificação de pluralidade de prestações assumidas por todos, visando à obtenção de um resultado útil em benefício coletivo".[6]

Para Orlando Gomes, a bilateralidade e a onerosidade não têm a mesma fisionomia dos contratos de troca, de modo que nos contratos de sociedade não existiria, propriamente, contraprestação.[7] De fato, falta ao contrato de sociedade a recíproca dependência entre prestações. A plurilateralidade se amolda melhor a este tipo de contrato por estar na base do contrato de sociedade a convergência e não a divergência de interesses.

O contrato de sociedade é oneroso porque os sócios contribuem para a formação de um capital ou fundo e, ao mesmo tempo, participam dos benefícios e estão sujeitos às despesas e às perdas.

30.3 Pressupostos e elementos

O contrato de sociedade pressupõe partes capazes, objeto lícito e forma não defesa em lei. De acordo com Orlando Gomes, a existência

---

5. Idem, ibidem, pp. 500-502.
6. Idem, ibidem, p. 507.
7. Orlando Gomes, *Contratos*, cit., p. 481.

de uma sociedade demanda fim comum a ser alcançado pela cooperação dos sócios, contribuição dos sócios em esforços ou recursos e *affectio societatis*.[8]

O objeto, isto é, os negócios e as operações visados pela sociedade, é que serve como marco divisório entre as sociedades civis e as sociedades empresariais. O que distingue uma sociedade civil de uma sociedade empresarial é o seu objeto. São empresariais as sociedades que tenham por objeto o exercício de atividade própria de empresário sujeita a registro; e são civis, agora denominadas simples, as demais (CC, art. 982). Assim, com exceção da sociedade anônima, reservada exclusivamente à sociedade comercial, e da Cooperativa, reservada à sociedade simples, a sociedade civil (simples) pode adotar qualquer uma das formas das sociedades comerciais (CC, art. 983).[9]

O mútuo consentimento deve exprimir a intenção em formar uma sociedade, denominado *affectio societatis*, isto é, a vontade de cooperar, assumindo deliberadamente a responsabilidade pelos resultados da atividade social.[10] É justamente a *affectio societatis* o elemento que permite distinguir o contrato de sociedade de contratos afins, como a parceria, a edição e certos contratos de trabalho.[11]

O contrato de sociedade não depende de forma especial para a sua constituição. Este é o entendimento de Orlando Gomes, para quem a sociedade pode constituir-se por qualquer forma.[12] Para os que perfilham esse entendimento, a forma é prevista tão somente como meio de prova. Assim, entre os sócios, o contrato prova-se por escrito, enquanto em relação a terceiros a existência do contrato prova-se por qualquer meio admitido em direito. Essa afirmação não é aceita de modo unânime na

---

8. Idem, ibidem.
9. Miguel Maria de Serpa Lopes, *Curso de Direito Civil. Fonte das Obrigações: Contratos*, vol. IV, cit., p. 510.
10. Relata Miguel Maria de Serpa Lopes, *Curso de Direito Civil*, vol. IV, cit., p. 514, que as locuções *affectio societatis* ou *animus contrahendae societatis* são por demais equívocas, e os juristas dividem-se em dois campos: os que contestam a necessidade da presença desse elemento na composição do contrato de sociedade e os que o admitem, subdividindo-se estes em duas correntes: a dos subjetivistas, que entendem a *affectio societatis* como a intenção de associar-se ou de submeter-se ao regime societário, e a dos objetivistas, que a identificam por intermédio de um elemento econômico de cooperação ou colaboração ativa. Orlando Gomes, *Contratos*, cit., p. 482, citando Clóvis Beviláqua, define-a como "'o sentimento de que o trabalho de um, dentro da sociedade, reverterá em proveito de todos'".
11. Orlando Gomes, *Contratos*, cit., pp. 481-482.
12. Idem, ibidem, p. 482.

doutrina. Para Miguel Maria de Serpa Lopes, "o escrito, como elemento do contrato de sociedade, é indispensável para os efeitos de lhe outorgar a plenitude dos seus efeitos, ou seja, para que apareça como sendo um contrato regular de sociedade. De outro modo, ter-se-á uma sociedade *irregular* ou de *fato*".[13]

30.4 Direitos e deveres dos sócios entre si

O contrato de sociedade cria direitos e obrigações para os sócios. As relações entre os sócios se estabelecem em torno dos seguintes temas: formação do capital; cooperação e administração dos bens sociais.

30.4.1 Formação do capital

O sócio é obrigado a contribuir com a sua parte para a formação do capital social. A formação do capital social é indispensável para o desenvolvimento das atividades sociais. Portanto, um dos primeiros deveres do sócio é contribuir para a formação do patrimônio social nos termos a que estiver contratualmente obrigado (CC, art. 1.004).

A contribuição pode se dar por múltiplas formas como dinheiro, entrega de bens, ou prestação de serviços.

O sócio que entregou um bem para a formação do capital social garante os demais dos riscos da evicção. De acordo com Washington de Barros Monteiro, não será possível pactuar-se a irresponsabilidade do sócio pelos riscos da evicção por ela equivaler à dispensa de concorrer para a formação do capital social.[14]

A entrega de bens transfere para a sociedade a propriedade destes, desde que a sociedade tenha adquirido personalidade jurídica. A sociedade, portanto, passa a ser a proprietária dos bens entregues pelo sócio para integralização da sua quota. A aquisição da propriedade dos bens pela sociedade transfere-lhe o risco pela perda ou deterioração, que correrá por conta do sócio tão somente quando sua participação não se der pela entrega de bens, mas pela entrega de renda produzida pelos bens.[15]

---

13. Miguel Maria de Serpa Lopes, *Curso de Direito Civil*, vol. IV, cit., p. 521.

14. Washington de Barros Monteiro, *Curso de Direito Civil*, vol. 5, São Paulo, Saraiva, p. 308. Esse preceito, a rigor, seria desnecessário, pois, em decorrência do caráter oneroso da formação do capital social, existiria uma responsabilidade decorrente, de um modo geral, do art. 1.107 do Código Civil.

15. Silvio Rodrigues, *Direito Civil*, vol. III, São Paulo, Saraiva, p. 347.

30.4.2 Cooperação dos sócios

O sócio está obrigado a colaborar com a sociedade para que os fins comuns sejam atingidos. Todos, sem exceção, devem cooperar para que a sociedade alcance os seus fins, deixando de lado os interesses pessoais. De acordo com Orlando Gomes, "o dever de cooperação traduz-se na necessidade jurídica de cada sócio empregar os esforços exigidos para que a sociedade possa cumprir seu fim".[16]

O dever de cooperação do sócio começa a partir do momento da existência do contrato (CC, art. 1.001).

O sócio obriga-se a ressarcir os danos causados à sociedade por dolo, imprudência, negligência ou imperícia e não lhe é permitido compensar os danos causados com lucros que tenha produzido para a sociedade.

A participação do sócio nos lucros ou prejuízos da sociedade é proporcional à soma de capital contribuído.

O sócio tem o direito de votar nas deliberações da sociedade, de acordo com o que for estabelecido no contrato social (CC, art. 1.010).

30.4.3 Administração da sociedade

Administrar é empregar o patrimônio social da sociedade na consecução das finalidades predispostas no contrato. O administrador é a pessoa encarregada de desta tarefa e de representar a sociedade perante terceiros.

O administrador pode ser o sócio ou pessoa estranha à sociedade. A nomeação do administrador pode ser feita no contrato, designada, então, gerência estatutária, ou em instrumento à parte, denominada gerência ordinária.

O sócio nomeado administrador da sociedade no contrato não pode ser destituído, salvo se houver justa causa para tanto, como o comportamento contrário aos interesses sociais, a infidelidade, a prática de qualquer infração aos deveres legais ou contratuais, ou, ainda, a superveniência de qualquer fato impeditivo, como prisão, moléstia prolongada, fuga e interdição. De acordo com Orlando Gomes, "se a gerência é *estatutária*, não pode ser revogada sem justa causa, (...) a menos que o poder de revogação tenha sido reservado no próprio contrato".[17]

---

16. Orlando Gomes, *Contratos*, cit., p. 485.
17. Idem, ibidem, p. 486.

O sócio nomeado administrador em um instrumento diverso do contrato pode ser destituído, sem justa causa. É que, nesse caso, os poderes conferidos são revogáveis como de simples mandato (CC, art. 1.019, parágrafo único).

Tanto num como noutro caso, a destituição deve ser deliberada pela maioria dos sócios.

O administrador não sócio pode ser destituído a qualquer tempo, independentemente da forma de nomeação.

Pode haver a nomeação de mais de um administrador. A atuação deles pode ser disjuntiva ou conjuntiva. Na falta de estipulação presume-se disjuntiva e, assim, cada um pode praticar todos os atos de administração (CC, art. 1.013). Na atuação conjuntiva há a obrigatoriedade da prática dos atos por todos os administradores, exceto nos casos urgentes, em que haja dano grave ou irreparável (CC, art. 1.014), ou se o contrato permitir a prevalência da vontade da maioria.[18]

Na falta de indicação de administradores, todos os sócios podem administrar a sociedade, sendo válidos os atos que praticarem (art. 1.013 do CC).

O administrador não deve exceder os limites normais do exercício da atividade administrativa. Tais limites estão especificados no contrato e costumam ser mais amplos do que os poderes conferidos aos simples mandatários; compreendem os poderes de movimentar as somas devidas à sociedade e acionar os seus devedores, pagar os débitos sociais, receber ou dar quitação, nomear e admitir empregados, contratar a locação de imóveis necessários à sociedade.[19]

Os demais sócios podem opor-se à prática de atos pelo administrador. Esse direito à oposição é relativo, uma vez que está subordinado à aprovação da maioria dos sócios. Se o direito de oposição for exercido de má-fé sujeita o impugnante a certas consequências, entre elas a de indenizar os danos causados pelo abuso de direito.

30.5 Obrigações dos sócios e da sociedade em relação a terceiros

As obrigações contraídas por todos os sócios ou alguns deles no exercício da administração são dívidas da sociedade (CC, art. 1.022). Há, portanto, uma distinção nítida entre o patrimônio dos sócios e o patrimônio social.

18. Idem, ibidem, p. 487.
19. Miguel Maria de Serpa Lopes, *Curso de Direito Civil*, vol. IV, cit., p. 550.

Existem duas formas de a sociedade contrair obrigações. A primeira, pela atuação conjunta de todos os sócios e a segunda, pela atuação do órgão encarregado de representá-la. Em ambas, a sociedade obriga-se perante terceiros.

Os sócios respondem, na proporção da participação, pelas dívidas da sociedade não cobertas pelo patrimônio social (CC, art. 1.023). Como regra, o patrimônio social responde pelas dívidas da sociedade. Segundo Clóvis Beviláqua, "deste princípio, inferem-se duas regras: Os credores particulares dos sócios não têm direito de penhorar os bens sociais, e quanto aos fundos líquidos que o sócio possua na sociedade, somente os poderá penhorar não tendo o devedor outros bens desembaraçados. Todos os sócios respondem, subsidiariamente, pelas dívidas da sociedade, respeitando-se, todavia, o estipulado no contrato".[20]

Os sócios não são devedores solidários pelas dívidas sociais. A responsabilidade, no caso, é subsidiária, na proporção de suas partes (CC, art. 1.023). Embora em algumas sociedades comerciais a solidariedade dos sócios com as dívidas sociais seja essencial, nas sociedades civis a solidariedade deve ser estabelecida no contrato social ou resultar de um acordo particular com determinado credor.

Os devedores da sociedade não se desobrigam pagando a dívida a um sócio não autorizado a receber. O pagamento de uma dívida à sociedade deve ser feito ao sócio que tenha poderes para representá-la. Caso seja feito a um sócio que não tenha poderes de representação, o pagamento somente valerá se a sociedade o ratificar.

30.6 Dissolução e liquidação da sociedade

A dissolução representa o término da sociedade enquanto pessoa jurídica capaz de contrair direitos e obrigações na ordem jurídica.

A dissolução tem causas que procedem da própria vontade dos sócios por ocasião da constituição do contrato ou, então, são causadas por fatos supervenientes até certo modo independentes da vontade dos sócios.

Como exemplos de causas que procedem da vontade dos sócios podemos enumerar o implemento de condição ou a chegada do termo a que foi subordinada a duração da sociedade. A chegada de evento condicional de natureza resolutiva a que está subordinada a continuação

---

20. Clóvis Beviláqua, *Código Civil dos Estados Unidos do Brasil Comentado*, 3ª tir., edição histórica, Rio de Janeiro, Editora Rio, 1977, p. 521.

da sociedade implica em sua dissolução. O mesmo se diga em relação ao advento do termo: a sociedade a prazo determinado termina com a chegada deste. Antes do advento do termo, nenhum sócio lhe poderá exigir a dissolução, exceto nas hipóteses previstas na lei, como a inexequibilidade do fim social.

Admite-se a prorrogação do prazo de vigência da sociedade, que pode dar-se antes ou depois de consumado o prazo de sua existência. A prorrogação operada durante o prazo de vigência da sociedade evita uma interrupção na sua existência, de modo que a sociedade será considerada ininterruptamente uma sociedade regular. A prorrogação operada depois de consumado o prazo de vigência da sociedade denomina-se renovação e, a rigor, entre o término do prazo de existência e a sua renovação a sociedade terá operado irregularmente, muito embora Miguel Maria de Serpa Lopes sustente que a "renovação regular e posterior sana qualquer dúvida e ratifica a posição da sociedade".[21] A prorrogação deve ser feita por escrito e contar com a concordância de todos os sócios. A discordância de apenas um deles basta para impedir a prorrogação.[22]

Como causas extintivas da sociedade e que independem da vontade dos sócios, citamos a extinção do capital social ou seu desfalque em quantidade elevada, que a impossibilite de continuar; a consecução do fim social ou a verificação de sua inexequibilidade; a falência, incapacidade, renúncia ou morte de um dos sócios.

A extinção ou desfalque do capital social é causa de dissolução da sociedade exclusiva daquelas que buscam fins econômicos. A perda total ou parcial substancial do capital social são motivos que levam à dissolução da sociedade na medida em que inviabilizam economicamente a busca do fim social.

O alcance do objetivo social ou a impossibilidade absoluta de alcançá-lo também resultam na extinção da sociedade. Em última análise, mostra-se sem sentido a reunião de esforços e recursos, já que os fins colimados ou foram atingidos ou não poderão sê-lo.

A falência de um sócio comerciante, a sua incapacidade ou a sua morte também acarretará a dissolução da sociedade.

A morte de um dos sócios será causa de extinção da sociedade se o contrato social assim o prever (CC, art. 1.035), ou se os sócios remanescentes não quiserem aceitar o herdeiro do sócio morto na sociedade e isso resultar na falta de pluralidade de sócios, não reconstituída no

---

21. Miguel Maria de Serpa Lopes, *Curso de Direito Civil*, vol. IV, cit., p. 588.
22. Idem, ibidem.

prazo de 180 dias (CC, art. 1033, IV), ou ainda, se for o caso, o sócio remanescente não requerer no Registro Público de Empresas Mercantis a transformação do registro da sociedade para empresário individual ou para empresa individual de responsabilidade limitada.

Após a dissolução ocorre a liquidação, isto é, o levantamento das dívidas, a venda do patrimônio, o pagamento das dívidas e a partilha do valor remanescente entre os sócios, de acordo com o previsto no contrato social. A liquidação presta-se a extinguir, acabar, liquidar as relações jurídicas que persistem e decorrem da sociedade então existente.

Durante a fase de liquidação persiste, ainda, a personalidade jurídica da sociedade, não obstante tenha ocorrido a dissolução. Assim, o patrimônio social continua pertencendo à sociedade e não aos sócios. Pontes de Miranda partilha de entendimento diverso, pois para ele "não se pode dizer que a sociedade subsista, persista, continue, prossiga, porque haveria contradição com a expressão 'dissolução'".[23] Para o citado autor, embora extinta a sociedade, as relações jurídicas resultantes da sociedade continuam o necessário para a liquidação.[24]

O patrimônio da sociedade será utilizado para pagar as dívidas sociais e as sobras serão partilhadas entre os sócios de acordo com as suas quotas.

A partilha obedecerá às regras aplicadas à partilha entre herdeiros. A partilha decorrente da dissolução da sociedade terá nesse caso efeito diverso da partilha entre herdeiros, pois aquela entre herdeiros tem natureza declaratória enquanto a entre sócios tem natureza constitutiva. Explica-se melhor: os herdeiros são coproprietários dos bens indivisos e que lhes foram transmitidos por herança, de modo que a partilha apenas acomodará dentro do respectivo quinhão o conjunto de bens atribuídos a cada um, enquanto os sócios não são proprietários dos bens da sociedade, que formam um patrimônio distinto do deles.[25]

O processo de liquidação está disciplinado pelos arts. 1.102 a 1.112 do CC.

---

23. Pontes de Miranda, *Tratado de Direito Privado – Parte Especial*, vol. XLIX, Rio de Janeiro, Borsoi, 1962, p. 145.

24. Idem, ibidem, p. 146.

25. Para Miguel Maria de Serpa Lopes, *Curso de Direito Civil*, vol. IV, cit., p. 598, "enquanto no condomínio, na comunhão proveniente da sociedade conjugal e na comunhão hereditária há uma cotitularidade dos interessados, são eles individualmente os titulares de um direito indiviso sobre a coisa, na sociedade, os sócios são apenas titulares de um direito mobiliário na qualidade de sócios, não sendo, por isso, titulares diretos em relação aos bens sociais que formam um patrimônio distinto, que é o patrimônio social, patrimônio de uma outra entidade jurídica".

Capítulo 31
DOS CONTRATOS BANCÁRIOS

31.1 Generalidades. 31.2 Depósito. 31.3 Contrato de custódia e guarda de valores. 31.4 Conta corrente. 31.5 Abertura de crédito. 31.6 Desconto.

31.1 Generalidades

Os contratos bancários têm em comum o fato de serem celebrados por uma instituição financeira, definida na Lei 7.492, de 16.6.1986, no art. 1º, como "a pessoa jurídica de direito público ou privado, que tenha como atividade principal ou acessória, cumulativamente ou não, a captação, intermediação ou aplicação de recursos financeiros de terceiros, em moeda nacional ou estrangeira, ou a custódia, emissão, distribuição, negociação, intermediação ou administração de valores mobiliários".

Além disso, os contratos bancários, no mais das vezes tendo por objeto as denominadas operações bancárias e envolvendo prestações pecuniárias, são realizados com um número indeterminado de pessoas, seguem a cláusulas contratuais uniformes, são atividades complexas e configuram atos de comércio.[1]

Os contratos bancários são contratos de adesão. Os contratos de adesão bancários são impressos previamente e contêm cláusulas uniformes para todos os clientes. Os claros existentes destinam-se ao preenchimento do nome do contratante, do valor, do prazo, dos juros, das comissões e das penalidades. Não há oportunidade para o contratante discutir com a instituição financeira o conteúdo do contrato.

Os contratos bancários submetem-se às regras previstas no Código de Defesa do Consumidor, Lei 8.078/1990, quando forem celebrados

---

1. Arnaldo Rizzardo, *Contratos de Crédito Bancário*, 5ª ed., São Paulo, Ed. RT, 2000, p. 17.

com um consumidor, na exata compreensão da definição dada por seu art. 2º, isto é, pessoa física ou jurídica que adquire ou utiliza o bem ou o serviço como destinatária final.

31.2 Depósito

O contrato de depósito bancário define-se como o contrato pelo qual uma pessoa, denominada depositante, entrega uma quantia em dinheiro a uma instituição financeira, denominada depositária, a qual adquire a sua propriedade, comprometendo-se a restituir-lhe na mesma quantidade e na mesma espécie monetária, quando lhe for exigida.[2]

Maria Helena Diniz define o depósito bancário como a operação bancária em que uma pessoa física ou jurídica entrega determinada importância em dinheiro, com curso legal no país, a um banco, que se obrigará a guardá-la e restituí-la quando for exigida, no prazo e nas condições ajustadas.[3]

O contrato de depósito é real, oneroso e unilateral. É contrato real porque se aperfeiçoa somente com a tradição efetiva da quantia a ser depositada. É contrato oneroso porque proporciona ao banco a utilização do depósito e ao depositante o recebimento dos juros, quando legalmente admitido. É contrato unilateral porque somente existe obrigação para o banco de restituir o depósito acompanhado do interesse.[4]

O contrato de depósito bancário tem natureza jurídica controvertida. Predomina a opinião de que se trata de um contrato misto, que conjuga características tanto do depósito irregular como do mútuo.

O depósito bancário tem por objeto a moeda com curso legal no país.

O depósito bancário não se submete a formas prévias, quer para sua existência, quer para sua prova. De acordo com o magistério de Orlando Gomes, "o depósito bancário documenta-se com a ficha do banco e a *caderneta* que entrega ao depositante, na qual se fazem também os lançamentos, hoje em desuso".[5]

---

2. Caio Mário da Silva Pereira, *Instituições de Direito Civil*, vol. III, Rio de Janeiro, Forense, p. 367.

3. Maria Helena Diniz, *Curso de Direito Civil Brasileiro*, vol. III: *Teoria das Obrigações Contratuais e Extracontratuais*, São Paulo, Saraiva, p. 414.

4. Caio Mário da Silva Pereira, *Instituições de Direito Civil*, vol. III, cit., p. 367.

5. Orlando Gomes, *Contratos*, 26ª ed., Rio de Janeiro, Forense, 2008, pp. 398-399.

O depositário deve ser uma instituição financeira devidamente autorizada pelo Banco Central a receber depósitos. O depositante pode ser pessoa física ou jurídica, não se requerendo dele capacidade especial.

Os depósitos podem ser à vista, de aviso, a prazo fixo.

No depósito à vista o depositante tem a possibilidade de levantar a importância depositada, total ou parcialmente, quando quiser, sem que o depositário possa recusar-lhe o saque.

No depósito de aviso, o depositante pode levantá-lo, mediante prévio aviso comunicado ao depositário.

No depósito a prazo fixo, o depositante só pode levantar o valor depositado uma vez decorrido o prazo estipulado no contrato.

A instituição financeira compromete-se a restituir o depósito e a pagar os juros quando devidos.

O depositante, por sua vez, deverá respeitar o pré-aviso ou o termo ajustado, caso queira levantar a importância depositada.

31.3 Contrato de custódia e guarda de valores

As instituições financeiras podem prestar serviços de custódia de títulos de valor e de objetos mediante a celebração de contratos de depósito ou de aluguel de cofre.

É possível ocorrer o depósito regular de títulos da dívida pública. Nesse caso, a instituição financeira recebe títulos da dívida pública e compromete-se a prestar serviços de administração, na medida em que ela passará a receber os juros ou dividendos, bem como a resgatar os títulos sorteados. Há uma conjugação das regras dos contratos de depósito e do contrato de mandato.

As instituições financeiras, às vezes, alugam cofres aos clientes para que neles sejam guardados bens de valor, como títulos, joias. Trata-se de um contrato atípico, pois não se trata de depósito, na medida em que o banco não os recebe e, no mais das vezes, ignora o conteúdo daquilo que foi guardado no cofre e, também, não se trata de locação, seja porque o cliente não tem livre acesso ao cofre, seja porque a instituição financeira lhe presta outros serviços, como o serviço de segurança.[6]

O contrato aperfeiçoa-se com a entrega das chaves ao cliente.

O banco cobra determinada taxa, denominada aluguel.

---

6. Orlando Gomes, *Contratos*, cit., p. 412; Caio Mário da Silva Pereira, *Instituições de Direito Civil*, vol. III, cit., p. 369.

O banco não pode abrir o cofre, exceto para salvar o seu conteúdo. A responsabilidade do banco limita-se à guarda e vigilância do cofre.

31.4 Conta corrente

Pelo contrato de conta corrente, duas pessoas convencionam fazer remessas recíprocas de valores – bens, títulos ou dinheiro – anotando os créditos daí resultantes em conta para posterior verificação do saldo exigível, mediante balanço.[7] De acordo com Orlando Gomes, neste contrato intercorrem relações continuadas de débito e crédito entre o banco e o cliente. Obriga-se o banco a inscrever em partida de débito e crédito os valores monetários retirados ou remetidos ao cliente. Créditos do banco e débitos do cliente podem ser liquidados à medida que se constituíssem, cumprindo o devedor a obrigação de saldar a dívida, mas pelo mecanismo da conta corrente estipula-se a liquidação por diferença, mediante compensação de direitos contrapostos.[8]

O objeto do contrato são os lançamentos e não as remessas. A remessa é valor enviado por um correntista a outro, a fim de ser creditado na conta. A remessa é o ato pelo qual o cliente deposita certa importância e se torna credor dela. Feita a remessa, o crédito não é de imediato exigível, pois ele deve ser levado à conta e compensado com os débitos em contrapartida.

A característica desse contrato é a compensação dos créditos com os débitos. Daí a razão pela qual, na lição de Caio Mário da Silva Pereira, "nenhum dos contratantes guarda a faculdade de reclamar de outro qualquer crédito isoladamente, porém o saldo que a conta apresentar, no final, ou no termo convencionado, ou quando ficar encerrada em razão de qualquer causa determinante do vencimento antecipado das obrigações".[9]

O contrato de conta corrente forma-se pelo simples acordo de vontade das partes, reduzido a escrito.

O contrato de conta corrente é um contrato bilateral, consensual, oneroso e comutativo: bilateral porque cria obrigações para ambas as partes; consensual porque forma-se pelo simples consenso das partes;

---

7. Fran Martins, *Contratos e Obrigações Comerciais*, 8ª ed., Rio de Janeiro, Forense, 1986, p. 460.
8. Orlando Gomes, *Contratos*, cit., p. 406.
9. Caio Mário da Silva Pereira, *Instituições de Direito Civil*, vol. III, cit., p. 370.

oneroso porque proporciona vantagens para ambos os contratantes; e comutativo porque estabelece obrigações equivalentes para os correntistas.[10]

A conta corrente contratada por mais de um titular resulta na solidariedade entre eles. Assim, qualquer um dos titulares pode movimentar a conta e sacar o saldo por inteiro.

O contrato extingue-se pelo advento do termo, pelo distrato ou por denúncia, que ocorre por simples comunicação de uma parte à outra, pela morte ou incapacidade de uma das partes.

A existência de qualquer uma dessas causas acarreta a extinção do contrato e o consequente encerramento final da conta, mediante balanço dos créditos e débitos, para a verificação do saldo. Esse, segundo Fran Martins, é o ponto culminante do contrato de conta corrente: "(...) a apuração de um saldo exigível, mediante a confrontação das parcelas de crédito e de débito dos correntistas. Todo o mecanismo do contrato visa a esse resultado final. A irrevogabilidade das remessas, no período de movimentação da conta, a integração dessas numa massa homogênea de débitos e créditos, a não compensação das partidas, tudo tem por fim a apresentação final de um saldo exigível, que só opera quando se faz o encerramento definitivo da conta, com a extinção do contrato".[11]

31.5 Abertura de crédito

O contrato de abertura de crédito é aquele pelo qual a instituição financeira, denominada creditador, compromete-se a disponibilizar em favor do cliente, denominado creditado, uma soma em dinheiro, por prazo determinado ou indeterminado, obrigando-se este a devolver a importância, acrescida dos juros, ao se extinguir o contrato.

Na lição de Arnaldo Rizzardo, "conceitua-se este tipo como o contrato pelo qual o banco ou creditante se obriga a colocar uma importância em dinheiro à disposição do creditado, ou a contrair por conta deste uma obrigação, para que ele mesmo faça uso do crédito concedido na forma, nos termos e condições em que foi convencionado, ficando obrigado o creditado a restituir ao creditante as somas que dispôs, ou a cobri-las oportunamente, de acordo com o montante das obrigações contraídas, incluindo os rendimentos e outras decorrências".[12]

10. Fran Martins, *Contratos e Obrigações Comerciais*, cit., p. 466.
11. Idem, ibidem, p. 472.
12. Arnaldo Rizzardo, *Contratos de Crédito Bancário*, cit., p. 53.

Trata-se de um contrato consensual, bilateral, oneroso, de execução sucessiva, personalíssimo.[13]

Neste contrato não há prévia entrega de dinheiro, mas mera disponibilização do numerário, que poderá ou não ser utilizado pelo creditado.[14] O crédito deve ser disponibilizado pelo creditador ao creditado pelo prazo convencionado. Permite-se ao creditador encerrar unilateralmente o fornecimento de crédito quando houver indicação da debilidade econômica do creditado, como a lavratura de protestos e a propositura de ações.

O crédito pode ser concedido *a descoberto*, o que ocorre quando o creditador o concede com base no patrimônio do creditado, sem exigir dele, contudo, garantia especial, ou *garantido*, quando o banco exige uma segurança especial, como a fiança ou a hipoteca.[15]

31.6 Desconto

De acordo com Fran Martins, o desconto bancário é "o contrato pelo qual uma pessoa recebe do banco determinada importância, para isso transferindo ao mesmo um título de crédito de terceiro".[16] Para Orlando Gomes "o desconto é o contrato por via do qual o banco, deduzindo antecipadamente juros e despesas da operação, empresta à outra parte certa soma em dinheiro, correspondente, de regra, a crédito deste, para com terceiro, ainda não exigível".[17]

Trata-se de contrato unilateral, real e oneroso. Pelo desconto, o cliente obriga-se a restituir ao banco a soma que este lhe antecipou com base em crédito ainda não vencido. A cessão de crédito realizada dá-se *pro solvendo*, de sorte que, se o terceiro não cumprir a obrigação consubstanciada no título de crédito, quem o descontou fica obrigado a restituir ao banco a importância dele recebida por antecipação. O desconto é contrato real porque para aperfeiçoar-se se torna necessária não apenas a entrega do dinheiro, como a cessão do crédito.[18] É oneroso porque cada um dos contratantes obtém do outro evidente benefício patrimonial.

13. Caio Mário da Silva Pereira, *Instituições de Direito Civil*, vol. III, cit., p. 371.
14. Idem, ibidem; Fran Martins, *Contratos e Obrigações Comerciais*, cit., p. 511.
15. Caio Mário da Silva Pereira, *Instituições de Direito Civil*, vol. III, cit., p. 372.
16. Fran Martins, *Contratos e Obrigações Comerciais*, cit., p. 510.
17. Orlando Gomes, *Contratos*, p. 404.
18. Idem, ibidem, p. 405.

Cabe ao banco entregar a soma de dinheiro correspondente aos créditos descontados, subtraída a parte correspondente aos juros e taxas exigidas. Cabe ao banco, também, apresentar os títulos aos devedores, quando do vencimento, com o objetivo de receber o valor do crédito.

Ao cliente cumpre ceder o crédito ao banco e reembolsá-lo quando os créditos não forem honrados pelos devedores.

Extingue-se o contrato pelo pagamento do crédito descontado pelo devedor principal ou pelo cliente que realizou o desconto, caso o terceiro não o faça.

Capítulo 32
DO CONTRATO DE EDIÇÃO E DE REPRESENTAÇÃO E EXECUÇÃO

32.1 Considerações gerais. 32.2 Conceito do contrato de edição. 32.3 Características do contrato de edição. 32.4 Elementos do contrato de edição: 32.4.1 Sujeitos – 32.4.2 Objeto. 32.5 Conteúdo do contrato de edição: 32.5.1 Direitos e deveres do autor: 32.5.1.1 Direitos do autor – 32.5.1.2 Deveres do autor – 32.5.2 Direitos e deveres do editor: 32.5.2.1 Direitos morais do editor – 32.5.2.2 Direitos patrimoniais do editor – 32.5.2.3 Deveres do editor. 32.6 Extinção do contrato de edição. 32.7 Conceito do contrato de representação e execução. 32.8 Conteúdo do contrato de representação e execução.

32.1 Considerações gerais

O direito autoral é matéria protegida constitucionalmente. A Constituição de 1988, art. 5º, incisos XXVII e XXVIII, ampara o direito dos autores em respeito à utilização, publicação ou reprodução de suas obras, sejam elas artísticas, literárias ou científicas.

Particularmente, o tema de direito autoral é cogitado em várias legislações internacionais. Existem tratados e convenções a seu respeito, tais como: Convenção Interamericana, assinada em Washington a 22.6.1946, conforme o Decreto 26.673, de 18.5.1949; Convenção de Berna de 1886, complementada em Paris a 4.5.1896, revista em Berlim a 13.11.1908, completada em Berna a 20.3.1914, revista em Roma a 2.6.1928 e em Bruxelas a 26.6.1948,[1] ratificada pelo Decreto Legislativo 59, de 29.11.1951, e promulgada pelo Decreto 34.954, de 1954; Convenção Universal sobre os Direitos do Autor, firmada em Genebra, em

---

1. Eduardo Espínola, *Dos Contratos Nominados no Direito Civil Brasileiro*, Rio de Janeiro, Gazeta Judiciária Ed., 1953, p. 357.

6.9.1952, aprovada pelo Decreto Legislativo 12, de 1959, e promulgada pelo Decreto 48.458, de 4.7.1960.[2]

Atualmente, no Brasil, a lei em vigor que trata especificamente do direito autoral é a Lei 9.610, de 19.2.1998, que revogou expressamente a Lei 5.988, de 14.12.1973. Nesta podemos vislumbrar um capítulo sobre o contrato de edição.

O contrato de edição é espécie do gênero contrato de reprodução de obra intelectual.

O contrato de reprodução de obra intelectual visa a divulgar a obra intelectual ao público, por qualquer forma ou processo. No contrato de reprodução de obra intelectual estão presentes dois requisitos fundamentais: a reprodução da obra intelectual e a sua difusão.[3]

São espécies do contrato de reprodução de obra intelectual o contrato de edição e o contrato de licença. Ambos são contratos de reprodução de obra intelectual. A diferença entre eles reside na exclusividade da reprodução conferida ao editor no contrato de edição, que não existe no contrato de licença.

De acordo com Fábio Maria de Mattia, enquanto o contrato de edição pressupõe a transferência do direito de utilização do direito patrimonial ao editor e tem como característica constante a exclusividade com que o editor é investido nesta utilização, o contrato de licença não tem o caráter de exclusividade, pois apenas habilita pura e simplesmente um ou vários terceiros – os editores – a exercer prerrogativas ligadas ao direito de autor.[4]

32.2 Conceito do contrato de edição

O contrato de edição, para Eduardo Espínola, é "aquele no qual um autor concede a um editor o direito exclusivo de publicar e divulgar uma obra científica, literária ou artística, cabendo ao mesmo editor as despesas e o proveito".[5]

---

2. Caio Mário da Silva Pereira, *Instituições de Direito Civil*, vol. III: *Contratos*, Rio de Janeiro, Forense, pp. 295-296, nota de rodapé.

3. Fábio Maria de Mattia, "Contrato de edição: reprodução da obra intelectual", *Revista de Informação Legislativa*, vol. 31, n. 123, jul./set. 1994, p. 250.

4. Idem, ibidem.

5. Eduardo Espínola, *Dos Contratos Nominados no Direito Civil Brasileiro*, cit., p. 359.

Caio Mário da Silva Pereira define-o como o contrato pelo qual o autor concede ao editor o direito exclusivo de, a suas expensas, reproduzir mecanicamente e divulgar a obra científica, literária ou artística e explorá-la economicamente.[6]

Na lição de Washington de Barros Monteiro, "contrato de edição é aquele pelo qual o autor de obra literária, científica ou artística a entrega ao editor, para que este a reproduza por processos mecânicos, divulgando-a depois para o público".[7]

Para Silvio Rodrigues contrato de edição "é o ajuste em que o titular do direito autoral cede-o ao editor para que este, em regra mediante uma retribuição, reproduza a obra por processo mecânico e a difunda entre o público, explorando-a comercialmente".[8]

Na lição de Pierre-Alain Tâche, citada por Maria Helena Diniz, "a edição vem a ser um contrato pelo qual o autor de uma obra literária, científica ou artística, ou o titular desse direito de autor se compromete a transferi-lo a um editor, que se obriga a reproduzi-la num número determinado de exemplares e a difundi-la entre o público, tudo à sua custa".[9]

José de Oliveira Ascensão, por sua vez, define o contrato de edição como "o contrato oneroso pelo qual alguém assume em exclusivo perante o titular do direito de publicação o direito e o dever de reproduzir e comercializar uma obra literária ou artística".[10] Este autor, ao tratar da definição do contrato de edição, fixa os seus limites. De acordo com ele, não basta a reprodução da obra. É necessário que a obra seja publicada e explorada comercialmente pelo editor, como atividade comercial, mas com caráter exclusivo.[11]

32.3 Características do contrato de edição

O contrato de edição apresenta as seguintes características:

a) *bilateralidade*: o contrato de edição é contrato bilateral. Com o acordo de vontades de ambos os contraentes surgem obrigações correla-

---

6. Caio Mário da Silva Pereira, *Instituições de Direito Civil*, cit., p. 296.
7. Washington de Barros Monteiro, *Curso de Direito Civil*, vol. 5, São Paulo, Saraiva, p. 291.
8. Silvio Rodrigues, *Direito Civil*, vol. III, São Paulo, Saraiva, p. 305.
9. Maria Helena Diniz, *Curso de Direito Civil Brasileiro*, São Paulo, Saraiva, p. 290.
10. José de Oliveira Ascensão, *Direito Autoral*, Rio de Janeiro, Forense, 1980, p. 142.
11. Idem, ibidem, p. 141.

tas – a de entregar a obra, para o autor, e a de reproduzi-la e divulgá-la, para o editor;[12]

b) *onerosidade*: o contrato de edição é oneroso. Ele estipula ônus e vantagens para o autor da obra e ônus e vantagens para o editor. O editor, por exemplo, obriga-se a pagar ao autor certa quantia por edição ou sob a forma de percentagem sobre o preço dos exemplares vendidos. Todavia, nada impede que o autor ceda seus direitos sem qualquer remuneração, hipótese em que o contrato de edição será gratuito, com vantagens somente para o editor;[13]

c) *consensualidade*: o contrato de edição é consensual. O contrato forma-se com o simples acordo de vontade das partes;[14]

d) *temporariedade*: o contrato de edição é temporário na medida em que o autor da obra transfere ao editor uma exclusividade temporária na reprodução e difusão de sua obra, fixando o tempo de sua vigência por certo número de edições. A temporariedade é a característica que distingue o contrato de edição do de cessão de direitos do autor, que transfere ilimitada e definitivamente o direito cedido, sem transferir, contudo, os direitos morais.[15] No silêncio do contrato, não havendo cláusula expressa em sentido contrário, o contrato versa apenas sobre uma edição (Lei 9.610/1998, art. 56).

e) *personalíssimo*: o contrato de edição é celebrado *intuitu personae*, de modo que os direitos e obrigações que as partes se outorgam mutuamente não podem ser transferidos a terceiros, sem autorização da outra parte, sob pena de sua plena resilição.[16]

32.4 Elementos do contrato de edição

32.4.1 Sujeitos

Um dos sujeitos do contrato de edição é o autor da obra intelectual ou seus herdeiros ou cessionários, isto é, pessoas que tenham sido investidas na titularidade do direito patrimonial do autor, em razão da morte, como os herdeiros necessários ou testamentários, ou por ato entre vivos, como a cessão de direitos.

12. Idem, ibidem, pp. 291-292.
13. Idem, ibidem.
14. Idem, ibidem.
15. Idem, ibidem.
16. Eduardo Vieira Manso, *Contratos de Direito Autoral*, São Paulo, Ed. RT, 1989, pp. 46-47.

Presume-se autor da obra intelectual aquele cujo nome verdadeiro ou pseudônimo conste da capa do livro, na folha de rosto, na capa do disco, na partitura musical.[17]

O outro sujeito do contrato de edição é o editor, isto é, o empresário que habitualmente, no exercício de atividade comercial, reproduz, publica e divulga a obra.

32.4.2 Objeto

O objeto do contrato de edição é qualquer obra literária, artística ou científica, que possa ser reproduzida mecanicamente (tipografia, litografia, reprografia, digital) numa pluralidade de exemplares para fins de divulgação ao público.[18]

A obra pode ser atual ou futura. Nesse último caso há um contrato de produção e edição de obra futura, no qual o autor se obriga a elaborar obra literária, artística ou científica, e não uma encomenda de obra futura.[19]

32.5 Conteúdo do contrato de edição

O contrato de edição, como não poderia deixar de ser, por tratar-se de um contrato bilateral, consensual e oneroso, contém direitos e deveres do autor e do editor. De acordo com Washington de Barros Monteiro, a análise do contrato de edição revela a presença de elementos peculiares a outras convenções: a) da compra e venda (a aquisição do manuscrito ou do exemplar da edição anterior); b) da cessão de direitos do autor; c) da locação de serviços (por exemplo, quando a obra é fruto de encomenda, ou colaboração para jornais, revistas, dicionários e publicações semelhantes). Mas é com a cessão de direitos autorais que se mostram mais sensíveis os pontos de contato, já que numa e noutra relação contratual

---

17. Fábio Maria de Mattia, "Contrato de edição: reprodução da obra intelectual", cit., p. 251.

18. Idem, ibidem; José de Oliveira Ascensão, *Direito Autoral*, cit., p. 143.

19. José de Oliveira Ascensão, *Direito Autoral*, cit., p. 143, a respeito desse tema, manifesta a seguinte opinião: "Há um contrato de produção e edição de obra futura, e não necessariamente uma encomenda de obra futura. Com a consequência de que, uma vez a obra produzida, tudo se passa nos termos de um puro contrato de edição. Nomeadamente, o autor não cede em nada dos seus direitos nem os partilha com o editor. A complexidade do contrato existe apenas no momento anterior à produção: o autor aceitou efetivamente um dever de produzir. Mas, satisfeito este, há um contrato de edição como qualquer outro".

existe a translação de direitos de um titular para outro sobre determinada obra intelectual. Distinguem-se, no entanto, porque a cessão transmite definitivamente o direito cedido, ao passo que o contrato de edição apenas assegura ao editor o direito de publicação por uma ou mais vezes, contendo cada publicação determinado número de exemplares.[20]

32.5.1 Direitos e deveres do autor

32.5.1.1 Direitos do autor

Os direitos do autor dividem-se em direitos morais e direitos patrimoniais.

Entre os direitos de autor de *natureza moral* temos o direito de divulgação, o direito de arrependimento, o direito à paternidade ou nominação, o direito ao respeito à obra ou à integridade.

O direito de divulgar a obra consiste na faculdade reconhecida ao autor de dar a conhecer ao público o teor da sua obra.

É reconhecido ao autor o direito de arrepender-se de ter autorizado a publicação de sua obra, de modo que ele pode, a qualquer tempo, retirar a obra do comércio, devendo, nesse caso, indenizar o editor dos prejuízos sofridos.

O autor tem o direito de ser reconhecido como o criador da obra.

Ele tem o direito, também, de ter a sua obra respeitada em sua integridade. A reprodução não pode alterar a obra do autor. O editor está proibido de realizar correções na obra, ainda que pertinentes.

Os *direitos patrimoniais* do autor podem ser resumidos ao direito de receber retribuição, ao direito de fiscalizar as vendas e ao direito de ter a obra escoada.

O autor pode ser remunerado por uma quantia fixa, arbitrada pelas partes, ou por uma quantia variável, que reflita a aplicação de um percentual sobre o preço de cada exemplar alienado.

Nada impede que o editor opte por pagar, antecipadamente, ao autor o valor da edição.

Na prática, convenciona-se, quase sempre, uma porcentagem sobre o preço de venda de cada exemplar a favor do autor, mediante acertos periódicos.

20. Washington de Barros Monteiro, *Curso de Direito Civil*, cit., pp. 291-292.

Se o contrato de edição for omisso quanto à remuneração a ser paga pelo editor, deve a remuneração ser arbitrada judicialmente com base nos usos e costumes (Lei 9.610/1998, art. 57).

O autor tem direito à prestação de contas pelo editor quando os pagamentos forem parcelados e quando a remuneração for variável em razão do número de exemplares alienados. A prestação de contas deverá ser feita mensalmente, salvo se as partes não ajustarem periodicidade diversa (Lei 9.610/1998, art. 61).

A recusa do editor em prestar contas autoriza o autor da obra a requerê-la judicialmente.

O contrato deverá prever as sanções à recusa ou falta de pontualidade na prestação de contas.

O autor tem o direito a que sua obra seja comercializada e para assegurar-lhe este direito, a lei, no art. 60, permite ao autor opor-se ao editor que eleve o preço do livro a ponto de embaraçar a circulação da obra.

32.5.1.2 Deveres do autor

O contrato de edição, sob o aspecto da disposição jurídica, cria para o autor duas obrigações principais. A primeira delas é a de transmitir o direito de edição da obra objeto do contrato e a segunda a de respeitar a exclusividade desta transmissão.

Pela primeira, o autor transfere as faculdades indispensáveis para explorar o futuro livro através da edição nascida de um contrato de edição ou de licença e pela segunda o autor garante ao editor a existência do direito de reprodução e seu exercício pacífico.

Essa obrigação de garantia pode ser desrespeitada nos casos em que o autor da obra realiza plágio da obra de outrem ou repete obra própria anterior ou ainda transfere obra que havia sido transferida anteriormente a outro editor. Essas três situações têm em comum o fato de que o autor da obra não mais dispõe do direito de livremente utilizar a obra.[21] De acordo com o magistério de Caio Mário da Silva Pereira, "o autor não pode dispor da obra, no todo ou em parte, enquanto não se esgotarem as edições concedidas, quer para reprodução idêntica, quer para resumi-las ou incluí-las nas suas obras completas".[22]

21. Fábio Maria de Mattia, "Contrato de edição: reprodução da obra intelectual", cit., pp. 254-255.
22. Caio Mário da Silva Pereira, *Instituições de Direito Civil*, vol. III, cit., p. 297.

O autor, sob o aspecto da disposição física, deve comprometer-se a entregar ao editor o original ou uma cópia da obra intelectual, para que o editor possa reproduzi-la e divulgá-la. A entrega do original ou da cópia deve ser realizada no prazo estipulado no contrato ou, na sua falta, logo a seguir ao término.[23]

De acordo com Caio Mário da Silva Pereira, muito embora o autor não tenha prazo determinado para entregar a obra ao editor, assegurasse-lhe o direito de fixar prazo para entrega, com a cominação de rescindir o contrato se a espera ultrapassar o que as conveniências indicam.[24]

Admite-se a recusa do autor em entregar o original ou cópia da sua obra em situações que revelem o descumprimento das obrigações do editor ou nos casos de força maior.[25]

A morte do autor antes da entrega da obra ao editor desobriga os herdeiros, se a obra estiver inacabada, não sendo possível ao editor obrigá-los a entregá-la a um terceiro para que a termine.[26]

O autor tem, ainda, duas obrigações acessórias.

A primeira é a de corrigir as provas. Essa correção tem por finalidade possibilitar ao autor zelar pela fidelidade da sua obra.

A correção das provas realizadas pelo autor deve respeitar algumas regras. Dessa forma: a) a correção não deve ser prejudicial aos interesses do editor; b) a correção não deve aumentar a responsabilidade do editor; c) a correção não deve impor despesas imprevistas ao editor; nesta eventualidade, o autor deverá indenizá-las.[27]

A segunda é a de introduzir modificações, sobretudo quando forem necessárias em decorrência de novidades, de novos dados, quando se tratar de obras técnicas ou científicas, conforme permitem os arts. 66 e 24 da Lei 9.610/1998. De acordo com Caio Mário da Silva Pereira, "não pode o editor impedir que o autor atualize a obra e nela introduza as contribuições do progresso científico ou cultural".[28]

23. Fábio Maria de Mattia, "Contrato de edição: reprodução da obra intelectual", cit., p. 255.
24. Caio Mário da Silva Pereira, *Instituições de Direito Civil*, vol. III, cit., p. 297.
25. Fábio Maria de Mattia, "Contrato de edição: reprodução da obra intelectual", cit., p. 255.
26. Idem, ibidem.
27. Idem, ibidem.
28. Caio Mário da Silva Pereira, *Instituições de Direito Civil*, vol. III, cit., p. 298.

O autor deve dar ainda o seu assentimento para a reprodução da obra pelo editor, declaração esta que corresponde às expressões *si stampi, imprimatur, bon à titer ou tirese*. Cuida-se de uma garantia suplementar para o editor, que pode, a partir de então, opor a ordem assinada a toda reclamação posterior do autor.[29]

32.5.2 Direitos e deveres do editor

32.5.2.1 Direitos morais do editor

O editor teria alguns direitos morais, entre eles o direito à paternidade e o direito de ser protegido contra a concorrência ilícita.

O direito à paternidade do editor. O editor tem o direito de apresentar-se perante terceiros e fazer-se reconhecer por todos pelo que é, ou seja, editor, empreendedor da publicação e utilização da obra. A qualidade de editor não pode ser desconhecida por ninguém. Portanto, enquanto ao autor pertence a paternidade da obra intelectual, ao editor pertence a paternidade do livro, que é simplesmente o meio de difusão da obra intelectual. Assim, o editor está protegido da omissão ou da ocultação da sua qualidade de editor da obra, como pode ocorrer na hipótese em que um catálogo de livros omita o nome do editor ou altere o seu nome.[30]

O editor tem o direito de ser protegido da concorrência ilícita concernente à forma do livro por ele ideada ou da reprodução não autorizada da obra.[31]

32.5.2.2 Direitos patrimoniais do editor

O editor tem direitos de natureza patrimonial. Entre eles, interessa a preferência em editar as obras futuras do autor e o direito de traduzir a obra editada.

Estes direitos, para serem reconhecidos, devem estar previstos no contrato. Com efeito, o editor pode pactuar com o autor a inserção de cláusula no contrato de edição segundo a qual terá preferência na edição de obras futuras.

O direito brasileiro, pelo art. 51 da Lei 9.610/1998, limita o prazo das cessões de obras futuras a cinco anos.

---

29. Fábio Maria de Mattia, "Contrato de edição: reprodução da obra intelectual", cit., p. 256.
30. Idem, ibidem, p. 252.
31. Idem, ibidem, p. 253.

Pode ser estipulado no contrato de edição que o autor transfira ao editor os direitos de tradução da obra ou invista-o na função de intermediário entre o autor e o editor estrangeiro interessado em publicar a obra traduzida. O contrato também fixará a remuneração a ser paga ao autor pela publicação de sua obra traduzida.

32.5.2.3 Deveres do editor

São deveres de o editor reproduzir, publicar e divulgar a obra.

O dever de editar deve ser cumprido no prazo fixado pelas partes no contrato ou, na falta de estipulação no contrato, dentro do prazo de dois anos contados a partir da celebração do contrato (Lei 9.610/1998, art. 62).

Deve o editor, também, pagar ao autor a remuneração que foi combinada.

32.6 Extinção do contrato de edição

Algumas causas acarretam a extinção do contrato. São elas:

a) o esgotamento da obra, quando não existir autorização expressa ou implícita para nova tiragem;

b) a morte ou incapacidade do autor, antes de concluída a obra e caso os herdeiros do autor não a confiem a terceiro para ser acabada;

c) a destruição do único original da obra, antes de sua publicação;

d) a apreensão da obra pelo poder público;

e) a falência do editor caso o administrador judicial se recuse a cumprir o contrato.[32]

32.7 Conceito do contrato de representação e execução

O contrato de representação e execução não deixa de ser espécie de divulgação de obra intelectual, só que por meio diverso do da reprodução gráfica: a divulgação se dá pela apresentação pública, mediante a representação dramática, a exibição de fita cinematográfica ou a transmissão por radiodifusão ou televisão.

Maria Helena Diniz define-o como "o contrato entre o autor de uma obra intelectual e um empresário, pelo qual este último, mediante

---

32. Caio Mário da Silva Pereira, *Instituições de Direito Civil*, vol. III, p. 299, e Orlando Gomes, *Contratos*, p. 404.

uma remuneração a ser paga ao primeiro, recebe autorização para explorar comercialmente a obra, apresentando-a em espetáculo ou audição pública".[33]

Este contrato permite ao autor divulgar sua obra literária, musical, por intermédio de um empresário que se encarrega de exibi-la no teatro, no rádio ou na televisão.

A Lei 9.610/1998, no art. 68, §§ 1º e 2º, define a representação pública como "a utilização de obras teatrais no gênero drama, tragédia, comédia, ópera, opereta, balé, pantomimas e assemelhadas, musicadas ou não, mediante a participação de artistas, remunerados ou não, em locais de frequência coletiva ou pela radiodifusão, transmissão e exibição cinematográfica"; e a execução pública como "a utilização de composições musicais ou lítero-musicais, mediante a participação de artistas, remunerados ou não, ou a utilização de fonogramas e obras audiovisuais, em locais de frequência coletiva, por quaisquer processos, inclusive a radiodifusão ou transmissão por qualquer modalidade, e a exibição cinematográfica".

32.8 Conteúdo do contrato de representação e execução

O contrato de representação e execução assemelha-se ao contrato de edição.

O autor da obra tem o direito de receber a remuneração acertada no contrato e o de fiscalizar o espetáculo, por si ou por pessoa escolhida por ele.

O empresário tem o direito de explorar comercialmente a obra intelectual.

As diferenças residem no fato de que o autor da obra não pode modificar a obra na substância, sem o consentimento do empresário que a faz representar, e que o empresário está impedido de entregar a obra a pessoa estranha à representação ou à execução sem prévia autorização do autor (Lei 9.610/1998, arts. 71 e 72).

Além disso, cabe ao autor da obra opor-se à representação ou execução que não seja suficientemente ensaiada, fiscalizá-la (Lei 9.610/1998, art. 70) e opor-se à substituição dos principais intérpretes e diretores de orquestras ou coros (Lei 9.610/1998, art. 73).

---

33. Maria Helena Diniz, *Curso de Direito Civil Brasileiro*, vol. III, p. 282.

Capítulo 33
NOVAS FIGURAS CONTRATUAIS

33.1 Arrendamento mercantil ("leasing"). 33.2 Faturização ou "factoring". 33.3 Franquia. 33.4 "Know-how". 33.5 "Engineering". 33.6 Contratos de assistência médica.

33.1 Arrendamento mercantil ("leasing")

Fran Martins define o arrendamento mercantil ou *leasing* como "o contrato segundo o qual uma pessoa jurídica arrenda a uma pessoa física ou jurídica, por tempo determinado, um bem comprado pela primeira de acordo com as indicações da segunda, cabendo ao arrendatário a opção de adquirir o bem arrendado findo o contrato, mediante preço residual previamente fixado".[1] Portanto, o arrendamento mercantil ou *leasing* é um contrato pelo qual uma instituição financeira concede a uma pessoa, física ou jurídica, o direito de usar um bem móvel, cobrando-lhe aluguel por esse uso temporário e permitindo-lhe que, decorrido certo tempo, adquira a propriedade do bem, mediante o pagamento de um preço residual.

O contrato de arrendamento mercantil ou de *leasing* abriga relações jurídicas complexas, não sendo possível reduzi-lo a uma única espécie de contrato típico. Por isso no arrendamento mercantil encontramos traços do contrato de locação, do contrato de financiamento e do contrato de compra e venda, muito embora o elemento essencial à sua caracterização seja a faculdade reservada ao arrendatário no fim do contrato de adquirir os bens que arrendou.[2] Esta opção de compra, quando exercida,

---

1. Fran Martins, *Contratos e Obrigações Comerciais*, 8ª ed., Rio de Janeiro, Forense, 1986, p. 523.
2. Orlando Gomes, *Contratos*, 26ª ed., Rio de Janeiro, Forense, 2008, pp. 571 e ss.

não esconde que o arrendamento aproxima-se em muito do financiamento. De acordo com a lição de Priscila Maria Pereira Corrêa da Fonseca, "o *leasing* surge como uma modalidade de financiamento ao arrendatário, apenas quando exercida a opção, pois, caso contrário, estar-se-á diante de mera locação".[3]

O contrato de arrendamento mercantil demanda a ocorrência das seguintes situações: a) a aquisição de bens por uma instituição financeira para arrendá-los em longo prazo; b) a concessão do uso desses bens contra o pagamento de um aluguel (renda); c) a faculdade assegurada ao concessionário do uso dos bens de adquirir a propriedade deles, mediante o pagamento do preço estipulado no contrato, subtraídos os pagamentos feitos a título de aluguel ou, se preferir, a devolução dos bens ou a prorrogação do contrato de uso mediante o pagamento de aluguéis inferiores.[4]

O contrato de arrendamento mercantil é bilateral, consensual, oneroso, comutativo, nominado e de execução sucessiva.

A arrendatária deve ser sempre instituição financeira ou pessoa jurídica autorizada pelo Banco Central a operar no ramo do arrendamento mercantil.

O contrato de arrendamento mercantil deve: descrever e identificar os bens que constituem o objeto do contrato; estabelecer o prazo de vencimento do contrato de arrendamento; prescrever o valor das contraprestações que o arrendatário está obrigado a pagar; prescrever o direito do arrendatário de optar pela devolução do bem, a renovação do contrato ou a aquisição dos bens arrendados no vencimento do contrato; estabelecer o preço para o exercício da opção de compra do bem arrendado.

O contrato extingue-se pelas causas comuns da extinção de qualquer contrato, como o advento do termo final, o mútuo consentimento das partes ou a inexecução culposa de alguma das partes.

O contrato de arrendamento mercantil comporta modalidades, entre elas o *leasing* financeiro, o *leasing* operacional e o *lease-back*.

O *leasing* financeiro é aquele em que o arrendador adquire bens, móveis ou imóveis, junto a terceiros, para entregá-los ao arrendatário a fim de que ele os utilize por prazo determinado mediante o pagamento

---

3. Priscila Maria Pereira Corrêa da Fonseca, in Carlos Alberto Bittar (coord.), *Novos Contratos Empresariais*, São Paulo, Ed. RT, 1990, p. 101.
4. Fran Martins, *Contratos e Obrigações Comerciais*, cit., p. 523; Orlando Gomes, *Contratos*, cit., p. 572; Carlos Alberto Bittar (coord.), *Novos Contratos Empresariais*, cit., p. 98.

de prestações pecuniárias periódicas, assegurando-lhe, ao final do contrato, a opção em adquirir a propriedade mediante o pagamento de preço residual.

No *leasing* financeiro, a arrendadora não é a proprietária do bem que irá ser arrendado, adquirindo-o mediante escolha e indicação da arrendatária. No *leasing* financeiro permite-se ao arrendatário optar, ao término do contrato, pela compra do bem mediante depósito do preço residual estabelecido no contrato. Desta forma, o aluguel pago pelo arrendatário representa, em parte, parcela eventual do preço. Existe, no caso, resíduo a ser pago pelo arrendatário porque o contrato tem duração inferior à vida útil do bem, de modo que ao término do contrato não terá ocorrido a amortização integral do preço pago pelo arrendador quando da compra do bem.

Em razão dessas peculiaridades do *leasing* financeiro, a doutrina aponta para o dever do arrendatário de pagar por todas as prestações pactuadas, ainda que ele resolva desistir do contrato.[5] Contudo, esse posicionamento doutrinário não vem sendo aceito pela jurisprudência. O Superior Tribunal de Justiça, ao julgar o Recurso Especial 16.824-0, rel. Min. Athos Carneiro, reconheceu que:

"O inadimplemento do arrendatário, pelo não pagamento pontual das prestações, autoriza o arrendador à resolução do contrato e a exigir as prestações vencidas até o momento da retomada de posse dos bens objeto do *leasing*, e cláusulas penais contratualmente previstas, além do ressarcimento de eventuais danos causados por uso anormal dos mesmos bens.

"O *leasing* é contrato complexo, consistindo fundamentalmente num arrendamento mercantil com promessa de venda do bem após o término do prazo contratual, servindo então as prestações como pagamento antecipado da maior parte do preço.

"No caso de resolução, a exigência de pagamento das prestações posteriores à retomada do bem, sem a correspondente possibilidade de o comprador adquiri-lo, apresenta-se como cláusula leonina e injurídica.

---

5. Fran Martins, *Contratos e Obrigações Comerciais*, cit., p. 529. Para o citado autor, "essa é outra característica do *leasing*: a obrigatoriedade do contrato no período determinado para a vigência do mesmo. Assim, todas as prestações pactuadas serão devidas, ainda mesmo que o arrendatário queira dar fim ao contrato, devolvendo o bem à arrendadora antes de terminado o prazo contratual. Em virtude desse princípio, os contratos de *leasing* devem ser estudados em profundidade pelos arrendatários, pois ao firmá-los, recebendo o bem arrendado, ficam com a obrigação de pagar, de modo convencionado, todas as prestações pactuadas".

"Recurso especial conhecido pelo dissídio, e provido."

O *leasing* operacional ou *renting* é aquele em que uma empresa, proprietária de certos bens, arrenda-os à pessoa, mediante o pagamento de prestações determinadas, comprometendo-se a prestar-lhe assistência técnica durante o período de arrendamento. Não lhe é essencial, nesse caso, a cláusula de opção de compra. Trata-se, em última análise, de um contrato de locação ligado indissoluvelmente ao pacto de assistência técnica.[6] A propriedade do bem continua no *leasing* operacional com a arrendadora, que responde pelos riscos do perecimento da coisa.

O *lease-back* ou *leasing* de retorno ou arrendamento de retorno é contrato pelo qual uma empresa proprietária de bem, móvel ou imóvel, vende-o a outra empresa, mas continua na posse do bem, desta feita na qualidade de arrendatária. Aqui existem dois contratos distintos, mas coligados: a venda e o arrendamento. Ao final do contrato de arrendamento, concede-se à arrendatária a opção na compra do bem pelo seu valor residual.

A diferença entre o *leasing* financeiro e o *leasing* de retorno é a inexistência do terceiro produtor ou fabricante do bem.

33.2 Faturização ou "factoring"

Define-o Orlando Gomes como o "contrato por via do qual uma das partes cede à terceiro (o *factor*) créditos provenientes de vendas mercantis, assumindo o cessionário o risco não de recebê-los contra o pagamento de determinada comissão a que o cedente se obriga".[7] É o contrato pelo qual um empresário ou comerciante cede a outro, total ou parcialmente, mediante remuneração, os créditos decorrentes de suas vendas a terceiros. Recebe este nome, pois o empresário ou o comerciante cede, total ou parcialmente, mediante contraprestação, o seu faturamento. Trata-se, em última análise, de compra do faturamento. São partes deste contrato o faturizador (aquele que adquire a cessão dos créditos) e o faturizado (aquele que cede os créditos).

O contrato forma-se com a simples manifestação de vontade das partes.

Entre as cláusulas essenciais da faturização podemos enumerar: a exclusividade ou totalidade das contas do faturizado; a duração do contrato; a faculdade de escolher o faturizador as contas que deseja garantir.

6. Orlando Gomes, *Contratos*, cit., p. 575.
7. Idem, ibidem, p. 580.

A execução do contrato compreende a transferência para o faturizador de todas as contas do faturizado relacionadas aos seus clientes, mediante um *bordereau*, acompanhado de cópias das faturas emitidas pelo vendedor, reservando-se, às vezes, ao faturizador a escolha das contas que deseja garantir, aprovando-as.[8] Permite-se que o faturizador verifique todos os dados dos clientes do faturizado e oriente o faturizado na escolha dos clientes.

A transferência das contas do faturizado para o faturizador corresponde à verdadeira cessão de crédito, tanto que o faturizado cientifica o devedor dessa cessão para que ele salde o débito junto ao faturizador e não mais junto a ele.

O faturizador compromete-se a pagar ao faturizado as importâncias relativas às faturas que lhe são apresentadas, deduzidas as comissões a que tem direito e que são devidas pelo faturizado.

Assume o faturizador o risco do não pagamento das faturas encaminhadas pelo faturizado.

O faturizado, por sua vez, compromete-se a pagar ao faturizador as comissões devidas pela faturização.

O faturizado obriga-se, também, a submeter as contas dos clientes ao faturizador para que ele selecione e aprove as contas que desejar, na medida em que, em última análise, é o faturizador que arca com os prejuízos decorrentes do não pagamento das faturas.

Entre os efeitos jurídicos do contrato de faturização podemos enumerar a cessão de crédito a título oneroso realizada pelo faturizado em favor do faturizador e a sub-rogação deste nos direitos daquele, de modo que o faturizador poderá propor contra o devedor todas as ações reconhecidas em favor do faturizado.

A faturização pode extinguir-se pelo acordo de vontade das partes, pelo decurso do prazo de vigência do contrato, por iniciativa de uma das partes, mediante prévio aviso da outra, ou pelo não cumprimento das obrigações contratuais.

33.3 Franquia

De acordo com a lição de Orlando Gomes, "o vocábulo *franchising* designa a operação pela qual um empresário concede a outro o direito de

---

8. Fran Martins, *Contratos e Obrigações Comerciais*, cit., p. 559.

usar a marca de produto seu com assistência técnica para a sua comercialização, recebendo, em troca, determinada remuneração".[9]

Pelo contrato de franquia, o franqueador, produtor ou fabricante, titular de uma marca, permite que o franqueado comercialize os seus produtos e explore a sua marca, comprometendo-se, ainda, a prestar-lhe permanente assistência técnica, mediante remuneração. A franquia permite a exploração de uma marca ou produto, acompanhada de contínua assistência técnica do franqueador.

O franqueador é o fabricante, produtor ou titular de uma marca que permite sua exploração pelo franqueado, pessoa jurídica, que irá explorar a marca e comercializar os produtos do franqueador.

Uma das características desse contrato é a independência do franqueado – ele permanece com autonomia relativa perante o franqueador, já que constitui pessoa jurídica diversa. Esta autonomia, no entanto, é relativa, pois o contrato de franquia pode estabelecer um número de obrigações a serem cumpridas pelo franqueado com relação à elaboração, comercialização e distribuição dos produtos.[10]

A Lei 8.955/1994 definiu a franquia empresarial do seguinte modo: "Art. 2º. Franquia empresarial é o sistema pelo qual um franqueador cede ao franqueado o direito de uso de marca ou patente, associado ao direito de distribuição exclusiva ou semi-exclusiva de produtos ou serviços e, eventualmente, também ao direito de uso de tecnologia de implantação e administração de negócio ou sistema operacional desenvolvidos ou detidos pelo franqueador, mediante remuneração direta ou indireta, sem que, no entanto, fique caracterizado o vínculo empregatício".

O contrato de franquia é um contrato consensual, bilateral, oneroso e de execução continuada.

O contrato é consensual – forma-se com o simples consenso. O art. 6º da Lei 8.955/1994 exige, no entanto, a forma escrita.

O art. 3º da Lei 8.955/1994 estabelece, no entanto, uma série de exigências prévias que o franqueador deve cumprir com o objetivo de informar o interessado na franquia. Exige-se do franqueador a exibição da denominada "Circular de Oferta de Franquia", que contém todas as informações que o franqueado deve conhecer antes de celebrar o contrato.

O contrato é oneroso porque ambas as partes têm ônus e vantagens. O franqueado tem de pagar uma taxa para o franqueador resultante da

---

9. Orlando Gomes, *Contratos*, cit., p. 578.
10. Fran Martins, *Contratos e Obrigações Comerciais*, cit., p. 570.

aplicação de um percentual sobre suas vendas. O franqueador, em contrapartida, deve permitir a exploração de sua marca e prestar assistência ao franqueado.

De acordo com Fran Martins, a onerosidade "provém, em primeiro lugar, de uma taxa, às vezes chamada de taxa de filiação, que o franqueador cobra para conceder a franquia. Algumas vezes, além da taxa, o franqueador exige uma caução em dinheiro para garantir o futuro fornecimento das mercadorias. Ainda cobra, sobre as vendas, uma determinada percentagem, o que vem de certo modo diminuir os lucros do franqueado".[11]

O contrato é bilateral porque cria obrigações para ambas as partes.

O conteúdo do contrato pode variar. Como regra, o contrato contém cláusulas que estipulam o prazo de duração do contrato e definem o território de atuação do franqueado. A circunscrição do território é fundamental, pois ela estabelece a área de atuação do franqueado, que pode ser local, estadual ou em todo o território nacional. Além da cláusula territorial, as partes definem o local onde o franqueado irá se estabelecer. Essa localização é normalmente estabelecida após estudos levados a termo pelo franqueador, que toma em conta diversos aspectos, como facilidade de estacionamento, vizinhança, proximidade de bancos, facilidade de acesso, afluência de pessoas.[12]

As taxas devidas pela exploração e pelo uso das marcas do franqueador são também previstas no contrato.

O franqueado não está impedido de vender o seu negócio. A venda, contudo, pode estar condicionada à aprovação do franqueador ou à atribuição de preferência a ele.

Existem duas modalidades de franquia: a franquia de marca e de produto, que consiste na concessão de venda de produtos e serviços exclusivamente de uma mesma marca, utilizada com frequência no ramo de revendas de bebidas, pneus e a *business format franchising*, na qual a concessão abrange toda a estrutura do negócio, pois se concede o uso da marca registrada, o nome comercial, o logotipo, planos de comercialização e assistência técnica.[13]

O contrato de franquia extingue-se pelo decurso do prazo pelo qual foi convencionado entre as partes, por mútuo acordo ou por culpa de

11. Idem, ibidem, p. 572.
12. Idem, ibidem, p. 576.
13. Silvio de Salvo Venosa, *Direito Civil, Contratos em Espécie e Responsabilidade Civil*, São Paulo, Atlas, p. 465.

uma das partes. O contrato pode ser resilido pelo franqueador por conduta do franqueado que reflita no bom conceito do franqueador.[14]

33.4 "Know-how"

O contrato de *know-how* consiste no acordo pelo qual uma pessoa física ou jurídica compromete-se a transmitir a outro conhecimento técnico e científico que detém com exclusividade acerca de processo de fabricação ou produção. Este contrato não se confunde nem com o segredo de fabricação, invenção patenteada que o dono utiliza com exclusividade, nem com a prestação de assistência técnica.

O objeto desse contrato é transferir a uma pessoa certos conhecimentos e técnicas que podem ser aplicados ou podem dar lugar à criação de produtos de maneira vantajosa para quem os aplica.[15] O objeto do contrato é bem imaterial. Transferem-se, na verdade, a habilidade, a experiência e conhecimentos técnicos, e os processos postos em prática na aplicação desses conhecimentos. A esses requisitos (habilidade, experiência e conhecimentos técnicos) deve ser agregado o segredo e a novidade. O conhecimento transmitido deve ser desconhecido de terceiros e pertencer apenas à pessoa que irá transmiti-lo; o conhecimento deve ser novo, original, de uso não comum para os fins a que se destina.[16]

A transferência do conhecimento pode realizar-se temporariamente ou de modo definitivo. O modo temporário de transferência corresponde a uma licença. Expirado o prazo, o licenciado fica proibido de utilizar o conhecimento adquirido, ainda que o tenha apreendido de modo definitivo. O modo definitivo corresponde a uma cessão. O cessionário, no caso, está proibido de ceder a terceiros o conhecimento recebido do cedente.[17]

As principais cláusulas desse contrato dizem respeito às obrigações do concedente e do adquirente do conhecimento. O primeiro compromete-se a transferir o conhecimento ao adquirente que, em contrapartida, compromete-se a guardar segredo do conhecimento transmitido e não repassá-lo a terceiros. O adquirente do conhecimento deve remunerar o concedente de acordo com o que for estipulado no contrato, remuneração que pode ser paga de uma única vez ou de forma parcelada, resultado muitas vezes da aplicação de um percentual sobre as vendas.[18]

14. Fran Martins, *Contratos e Obrigações Comerciais*, cit., p. 578.
15. Idem, ibidem, p. 582.
16. Idem, ibidem, p. 583.
17. Idem, ibidem, p. 586.
18. Idem, p. 589; Orlando Gomes, *Contratos*, cit., p. 577.

Extingue-se o contrato pelas causas comuns: vencimento do prazo de sua duração, distrato, violação de cláusula contratual. Extingue-se, também, pela perda do valor do conhecimento transmitido, que pode tornar-se ultrapassado, e pela mudança da pessoa que recebe o conhecimento, por tratar-se de contrato *intuitu personae*.[19]

33.5 "Engineering"

De acordo com Orlando Gomes, o contrato de *engineering* visa à obtenção de uma indústria construída e instalada, desdobrando-se em duas fases bem características: a de estudo e a de execução. A empresa de engenharia compromete-se a apresentar o projeto para instalação da indústria e a dirigir a construção de suas instalações e a colocá-las em funcionamento, mediante remuneração que poderá ser fixa ou variável. A outra parte, por sua vez, compromete-se a pôr todos os materiais e máquinas à disposição da construtora.[20]

Neste contrato, uma empresa de engenharia compromete-se a oferecer projeto, dirigir a construção e pôr em funcionamento determinadas indústrias mediante o pagamento de honorários ajustados e o reembolso das despesas. A outra parte, uma pessoa física ou jurídica, compromete-se a pôr os materiais e máquinas à disposição da empresa de engenharia. Este contrato pode compreender a prestação de assistência técnica na fase inicial de movimentação do maquinário. Abrange a concepção e a execução da obra, que deve ser entregue em perfeitas condições de atuação, envolvendo as prestações de estudos de projetos e execução e instalação.[21]

33.6 Contratos de assistência médica

Pelo contrato de assistência privada à saúde, o contratante, pessoa física ou jurídica, pode contratar com operadora do plano ou com empresa seguradora a assistência privada à saúde.

A explicação para o crescimento da assistência à saúde privada justifica-se pela impossibilidade de o Estado suprir de modo adequado à demanda crescente pelos serviços de saúde e pela prestação de serviços médicos classificados como ineficientes em diversos segmentos.

19. Fran Martins, *Contratos e Obrigações Comerciais*, cit., p. 590; Maria Helena Diniz, *Curso de Direito Civil Brasileiro*, vol. III, São Paulo, Saraiva, p. 440.
20. Orlando Gomes, *Contratos*, cit., p. 579.
21. Carlos Alberto Bittar, *Contratos Comerciais*, 2ª ed., Rio de Janeiro, Forense Universitária, 1994, p. 239.

Nos planos privados de saúde, a contratada, denominada operadora de plano de assistência à saúde, compromete-se a prestar continuamente por tempo indeterminado serviços de assistência à saúde, mediante remuneração preestabelecida, por profissionais e pessoas jurídicas integrantes de uma rede própria ou credenciada, ou, então, a cobrir os custos dessa assistência à saúde, mediante reembolso, prestada por profissionais ou pessoas jurídicas livremente escolhidas pelo contratante.

Os planos privados abertos de assistência à saúde podem ser ofertados por pessoas jurídicas, que podem adotar qualquer forma jurídica de constituição.

Nos seguros privados de assistência à saúde as partes celebram um contrato de seguro no qual a seguradora, mediante o recebimento de um prêmio, garante ao segurado a cobertura de riscos à saúde, comprometendo-se, nos limites da apólice, a reembolsar o segurado ou a pagar, por ordem e conta deste, as despesas com assistência à saúde, decorrentes de eventos cobertos.

Os seguros privados de assistência à saúde podem ser ofertados por pessoas jurídicas constituídas e reguladas em conformidade com a legislação específica para a atividade de comercialização de seguros, isto é, as seguradoras.

Essa diversidade de prestadores de serviços de assistência à saúde assume relevância jurídica na medida em que acarreta regime jurídico diverso para cada um dos modos de fornecimento de serviços de assistência à saúde.

As operadoras de planos são responsáveis solidárias pelos danos causados por serviços de saúde prestados por prepostos e credenciados. Já as seguradoras, em princípio, não respondem solidariamente pelos danos decorrentes dos serviços de saúde porque eles são prestados por profissionais ou pessoas jurídicas livremente escolhidas pelos beneficiários.

A par disso, apenas as operadoras de plano de saúde estão submetidas às regras da Lei 9.656, de 3.6.1998 (com as modificações inseridas pela Lei 13.003, de 24.6.2014). As seguradoras não. É o que se depreende do art. 1º da Lei 9.656/1998, que submete às disposições daquela Lei as pessoas jurídicas que operam planos de assistência à saúde.

O conteúdo dos contratos de assistência médica pode ser estipulado pelas partes. O exercício da autonomia privada encontra-se, no entanto, limitado por um conteúdo mínimo de disposições previstas na Lei 9.656/1998, que não podem ser modificadas por vontade das partes.

Esta lei, ao disciplinar os planos privados de assistência à saúde, objetivou coibir abusos e garantir aos contratantes um conjunto mínimo de serviços que deve estar à disposição deles.

A referida lei obriga as operadoras de plano privado aberto a ofertar o chamado *plano-referência*, que assegure atendimento ambulatorial, hospitalar e obstétrico (art. 10). No plano-referência há cobertura a *todas* as doenças relacionadas na Classificação Estatística Internacional de Doenças e Problemas Relacionados com a Saúde, da Organização Mundial de Saúde (inclusive transtornos psiquiátricos).

Estão excluídos da cobertura médica apenas os procedimentos relacionados no art. 10, entre eles: o tratamento clínico ou cirúrgico experimental; os procedimentos clínicos ou cirúrgicos estéticos; o tratamento de rejuvenescimento ou de emagrecimento com finalidade estética; o fornecimento de medicamentos importados não nacionalizados; o fornecimento de medicamentos para tratamento domiciliar; o fornecimento de próteses, órteses e seus acessórios não ligados ao ato cirúrgico; os tratamentos ilícitos ou antiéticos.

Não obstante a obrigatoriedade de ofertar o plano ou seguro-referência, a lei, no art. 12, permite às operadoras de planos de assistência à saúde atuar em diversos segmentos, isolada ou cumulativamente, como o ambulatorial, o hospitalar sem obstetrícia, o hospitalar com obstetrícia e o odontológico.

Para cada um desses segmentos, a referida lei estabeleceu condições mínimas que devem ser observadas obrigatoriamente.

Assim, restou proibida a estipulação de cláusula que exclua da cobertura contratada doenças relacionadas na Classificação Estatística Internacional de Doenças e Problemas Relacionados com a Saúde, da Organização Mundial de Saúde, como a AIDS.

Isso, contudo, não impede a inserção no contrato de cláusula que exclua da cobertura doenças que preexistam à data de contratação do plano. Entende-se por doença preexistente aquela tida pelo contratante antes de ingressar no plano de saúde e em relação à qual o contratante tinha pleno conhecimento. A preexistência da doença não se satisfaz apenas com a existência anterior da doença à celebração do contrato, mas exige que o contratante tenha conhecimento da sua existência. Desse modo, se o contratante portar a doença antes de celebrar o contrato, mas desconhecê-la, não estamos diante, tecnicamente, de uma doença preexistente.

A existência de doença não impede a pessoa de contratar um plano de saúde. A operadora não pode recusar-se a celebrar o contrato com pessoa portadora de doença. A operadora de plano de saúde deve oferecer ao contratante alternativas: ou aceita-o no plano com uma restrição temporária de cobertura, que não pode ultrapassar 24 meses, ou aceita-o no plano sem qualquer restrição, mas em contrapartida impõe-lhe um encargo financeiro extraordinário decorrente da preexistência da doença e que também não pode ultrapassar o prazo de 24 meses.

Decorrido este prazo, a cobertura passa a ser ampla, total, e cessa a cobrança do encargo financeiro extraordinário decorrente da preexistência.

Pode ocorrer, no entanto, que o contratante silencie a respeito da preexistência da doença. A lei, nesse caso, no art. 11, proíbe a exclusão de cobertura às doenças e lesões preexistentes à data de contratação após 24 meses de vigência do contrato, e durante esse prazo impõe à operadora de plano de saúde o ônus da prova da preexistência e do conhecimento prévio do contratante.

A operadora do plano, na verdade, é quem deverá provar que a doença preexistia e que o consumidor sabia dessa doença, mas preferiu omitir-se.

As operadoras de planos de saúde podem operar em diversos segmentos.

O primeiro deles é o ambulatorial. O plano *ambulatorial* deve assegurar ao beneficiário número ilimitado de consultas médicas em clínicas básicas e especializadas e prestar-lhe serviços de apoio diagnóstico, tratamentos e demais procedimentos ambulatoriais, solicitados pelo médico (art. 12, I).

O plano que inclua *internação hospitalar* deve assegurar ao beneficiário internação hospitalar em clínicas básicas e especializadas e em centro de terapia intensiva, sem limite de prazo, valor máximo e quantidade (art. 12, II, "a" e "b").

A lei impede, com isso, a prática comum de inserção de limite de prazo, valor ou quantidade de internações em clínicas ou centros de terapia intensiva e que dava margem à impugnação judicial, especialmente quando o paciente, mesmo esgotado o prazo definido no contrato, necessitava continuar internado.

O plano que inclua *internação hospitalar* deve assegurar, ainda, a cobertura de exames complementares indispensáveis à elucidação do diagnóstico e controle da doença, o fornecimento de medicamentos e tratamentos prescritos pelo médico.

Acabam as cláusulas de exclusão de tratamento e passa a prevalecer, tão somente, a orientação médica quanto ao tratamento.

As exclusões admitidas são, apenas, aquelas descritas no art. 10, incisos I, II, IV e IX (tratamento experimental; procedimentos ou tratamentos para fins estéticos; tratamentos ilícitos ou antiéticos).

O plano que inclua *internação hospitalar* deve cobrir sala de cirurgia e materiais nela utilizados, bem como remoção do paciente para outro estabelecimento hospitalar, desde que necessária, em território nacional, dentro dos limites de abrangência geográfica previstos no contrato (art. 12, II, "e").

O plano deve cobrir ainda as despesas de acompanhante, no caso de pacientes menores de 18 anos (art. 12, II, "f").

O plano *hospitalar* que assegure *atendimento obstétrico* deve garantir cobertura assistencial ao recém-nascido, durante os primeiros 30 dias após o parto. O recém-nascido pode ser filho natural ou adotivo do beneficiário. A lei assegura também inscrição ao recém-nascido no plano ou seguro como dependente, dispensado o cumprimento dos períodos de carência, desde que a inscrição ocorra no prazo máximo de 30 dias do nascimento (art. 12, III, "a" e "b"). Não há, no caso, possibilidade de recusa de inclusão do recém-nascido no plano, seja qual for o motivo.

O plano que assegure atendimento odontológico deve cobrir consultas, exames auxiliares, procedimentos preventivos de dentística e endodontia, cirurgias orais menores, isto é, as realizadas em ambulatório e sem anestesia geral (art. 12, IV, "a"', "b" e "c").

A lei estabelece outros direitos aos titulares dos planos de assistência à saúde, independentemente da cobertura contratada.

A carência, isto é, o prazo mínimo de tempo e de prestações para usufruir dos serviços assegurados, não pode ultrapassar 300 dias para partos e 180 dias para os demais casos.

Em situações de urgência e emergência, o prazo de carência é reduzido para 24 horas.

Os incisos I e II do art. 35-C definem casos de emergência, como os que implicam risco imediato de vida ou de lesões irreparáveis para o paciente, e casos de urgência, como os resultantes de acidentes pessoais ou de implicações no processo gestacional.

A redução dos prazos de carência em situações de emergência e urgência deve diminuir o número de ações em que beneficiários dos planos buscam ressarcir-se das despesas médicas realizadas às próprias expensas por não terem cumprido a carência mínima necessária.

O reembolso das despesas efetuadas pelo beneficiário, titular ou dependente, com assistência à saúde, em casos de urgência ou emergência, quando não for possível a utilização de serviços próprios, contratados ou credenciados, está previsto no inciso VI do art. 12 e deve ser feito até 30 dias após a entrega dos documentos. O reembolso, entretanto, está sujeito ao limite imposto pelo contrato e ao preço praticado pelo respectivo plano.

Essas são algumas das regras obrigatórias dos contratos de planos de assistência médica que venham a ser celebrados na vigência da Lei 9.656/1998.

BIBLIOGRAFIA

ALVIM, Agostinho Neves de Arruda. *Exposição de Motivos Complementares do Projeto de Código Civil.*
_____. *Da Doação.* São Paulo, Ed. RT, 1963.
ALVIM, Pedro. *O Contrato de Seguro.* Rio de Janeiro, Forense, 2001.
ALMEIDA, Carlos Ferreira de. *Contratos – Conceito, Fonte, Formação.* Coimbra, Almedina, 2000.
_____. *Texto e Enunciado na Teoria do Negócio Jurídico.* Coimbra, Almedina, 1992.
AMARAL JÚNIOR, Alberto do. *Proteção do Consumidor no Contrato de Compra e Venda.* São Paulo, Ed. RT, 1993.
ANDRADE, Darcy Bessone de Oliveira. *Do Contrato. Teoria Geral.* Rio de Janeiro, Forense, 1987.
ASCENSÃO, José de Oliveira. *Direito Autoral.* Rio de Janeiro, Forense, 1980.
ASSIS, Araken de. *Contratos Nominados.* São Paulo, Ed. RT, 2009.
_____. *Resolução do Contrato por Inadimplemento.* 2ª ed. São Paulo, Ed. RT, 1994.
AUBRY-RAU. *Cours de Droit Civil Français*, t. V. 6ª ed. Paris, Techniques, 1946.
AZEVEDO JR., José Osório de. *Compromisso de Compra e Venda.* 6ª ed. São Paulo, Malheiros Editores, 2013.

BANDEIRA DE MELLO, Celso Antônio. *Curso de Direito Administrativo.* 31ª ed. São Paulo, Malheiros Editores, 2014; 32ª ed. São Paulo, Malheiros Editores, 2015.
BARBOSA FILHO, Marcelo Fortes. In *Código Civil Comentado: Doutrina e Jurisprudência.* Coord. Cezar Peluso. 6ª ed. rev. e atual. Barueri, Manole, 2010.
BARROS, Alice Monteiro de. *Curso de Direito do Trabalho.* 2ª ed. São Paulo, LTr, 2006.
BDINE JR., Hamid Charaf. In *Código Civil Comentado: Doutrina e Jurisprudência.* Coord. Cezar Peluso. 6ª ed. rev. e atual. Barueri, Manole, 2010.
BENACHIO, Marcos. *Interpretação dos Contratos segundo as Normas do Código Civil.* Dissertação de Mestrado, Pontifícia Universidade Católica de São Paulo, 2006.
_____. "Interpretação dos contratos", in LOTUFO, Renan e NANNI, Giovanni Ettore (coords.). *Teoria Geral dos Contratos.* São Paulo, Atlas, 2011.
BESSONE, Mario *et alii. La Disciplina Generale dei Contratti.* Torino, Giappichelli, 1994.
BEVILÁQUA, Clóvis. *Código Civil dos Estados Unidos do Brasil Comentado.* 3ª tir., edição histórica. Rio de Janeiro, Editora Rio, 1977.
_____. *Direito das Obrigações.* Rio de Janeiro.
BIANCA, C. Massimo. *Diritto Civile, Il Contratto*, vol. III. Milano, Giuffrè, 1998.

BITTAR, Carlos Alberto (coord.). *Novos Contratos Empresariais*. São Paulo, Ed. RT, 1990.

_____. *Contratos Comerciais*. 2ª ed. Rio de Janeiro, Forense Universitária, 1994.

_____. *Contratos Civis*. 2ª ed. Rio de Janeiro, Forense Universitária, 1991.

BONFANTE, Piero, *Corso di Diritto Romano. Le obbligazioni*, vol. IV. Milano, Giuffrè, 1979.

BRUTAU, José Puig. *Fundamentos de Derecho Civil*, vol. 1, t. II. 3ª ed. Barcelona, Bosch, 1985.

CÁNOVAS, Diego Espin. *Manual de Derecho Civil Español*, vol. III. 6ª ed. Madrid, Editoriales de Derecho Reunidas, 1983.

CARVALHO DE MENDONÇA, M. I. *Doutrina e Prática das Obrigações*, vol. I. 4ª ed. Rio de Janeiro, Forense, 1956.

CENEVIVA, Walter. *Lei dos Registros Públicos Comentada*. São Paulo, Saraiva.

COELHO, Fábio Ulhoa. *Curso de Direito Civil, Contratos*. 5ª ed. São Paulo, Saraiva, 2012.

COLTRO, Antônio Carlos Mathias. *Contrato de Corretagem Imobiliária: Doutrina, Jurisprudência e Regulamentação Legal e Administrativa*. São Paulo, Atlas.

DE MATTIA, Fábio Maria. "Contrato de edição: reprodução da obra intelectual", *Revista de Informação Legislativa*, n. 123. Brasília, 1994.

DINIZ, Maria Helena. *Código Civil Anotado*. 16ª ed. São Paulo, Saraiva, 2013.

_____. *Curso de Direito Civil Brasileiro*, vol. III: *Teoria das Obrigações Contratuais e Extracontratuais*. São Paulo, Saraiva, 7ª ed., 1992; 25ª ed., 2009; 28ª ed., 2012.

_____. *Tratado Teórico e Prático dos Contratos*. 2ª ed. São Paulo, Saraiva, 1996.

ENNECCERUS, Ludwig *et alii*. *Derecho de Obligaciones*, t. II: *Tratado de Derecho Civil*. Barcelona, Bosch.

ESPÍNOLA, Eduardo. *Dos Contratos Nominados no Direito Civil Brasileiro*. Rio de Janeiro, Gazeta Judiciária Ed., 1953.

FRANCO, J. Nascimento e GONDO, Nisske. *Ação Renovatória e Ação Revisional de Aluguel*. 7ª ed. São Paulo, Ed. RT, 1991.

GHESTIN, Jacques e DESCHÉ, Bernard. *Traité des Contrats – La Vente*. Paris, LGDJ, 1990.

GHERSI, Carlos Alberto. *Contratos Civiles y Comerciales*, t. I. Buenos Aires, Astrea, 1994

GIORGIANNI, Michele. *L'Inadempimento*. Milão, Giuffrè, 1951.

GODOY, Claudio Luiz Bueno. *Função Social do Contrato*. São Paulo, Saraiva, 2004.

_____. In *Código Civil Comentado: Doutrina e Jurisprudência*. Coord. Cezar Peluso. 6ª ed. rev. e atual. Barueri, Manole, 2010.

GOMES, Orlando. *Contratos*. Rio de Janeiro, Forense, 9ª ed., 1983; 18ª ed., 1999; 26ª ed., atualizada, 2008.

_____. *Obrigações*. Atualizado por Humberto Theodoro Junior. 14ª ed. revista e atualizada. Rio de Janeiro, Forense, 2000.

GONÇALVES, Carlos Roberto. *Direito Civil Brasileiro*, vol. III: *Contratos e Atos Unilaterais*. 9ª ed. São Paulo, Saraiva, 2012.

GORLA, Gino. *El Contrato*. Barcelona, Bosch, 1959.

ITURRASPE, Jorge Mosset. *Contratos*. Buenos Aires, Rubinzal-Culzoni Editores, 1998.

LISBOA, Roberto Senise. *Contratos Difusos e Coletivos*. 3ª ed. São Paulo, Ed. RT, 1997.

LÔBO, Paulo. *Direito Civil. Contratos*. São Paulo, Saraiva, 2013.

LORENZETTI, Ricardo Luis. *Tratado de los Contratos*. Santa Fé, Rubinzal-Culzoni, 2000.

LOTUFO, Renan. *Curso Avançado de Direito Civil*, vol. I: *Parte Geral*. São Paulo, Ed. RT.

_____ e NANNI, Giovanni Ettore (coords.). *Teoria Geral dos Contratos*. São Paulo, Atlas, 2011.

LOUREIRO, Francisco Eduardo. "Extinção dos contratos", in LOTUFO, Renan e NANNI, Giovanni Ettore (coords.). *Teoria Geral dos Contratos*. São Paulo, Atlas, 2011.

MAINE, Henry Summer. *L'Ancien Droit, Considéré dans ses Rapports avec l'Histoire de la Société Primitive et avec les Idées Modernes*. Paris, Guillaumin, 1874.

MAIORCA, Sergio. *Il Contratto, Profili della Disciplina Generale*. Torino, Giappichelli, 1981.

MANSO, Eduardo Vieira. *Contratos de Direito Autoral*. São Paulo, Ed. RT, 1989.

MARQUES, Claudia Lima. *Contratos no Código de Defesa do Consumidor*. 3ª ed. São Paulo, Ed. RT, 1999.

MARTINS, Fran. *Contratos e Obrigações Comerciais*. 8ª ed. Rio de Janeiro, Forense, 1986.

MARTINS-COSTA, Judith. *A Boa-Fé no Direito Privado*. São Paulo, Ed. RT, 2000.

_____. "Contratos, conceito e evolução", in LOTUFO, Renan e NANNI, Giovanni Ettore (coords.). *Teoria Geral dos Contratos*. São Paulo, Atlas, 2011.

MATTIA, Fábio Maria de. "Contrato de edição: reprodução da obra intelectual", *Revista de Informação Legislativa*, vol. 31, n. 123, jul./set. 1994.

MENEZES CORDEIRO, António Manuel da Rocha e. *Da Boa Fé no Direito Civil*. Coimbra, Almedina, 2001.

_____. *Tratado de Direito Civil Português, Direito das Obrigações*, t. II. Coimbra, Almedina, 2010.

MESSINEO, Francesco. *Manual de Derecho Civil y Comercial*, t. V. Buenos Aires, EJEA, 1979.

MESSINEO, Francesco e CICU, Antonio. *Trattato di Diritto Civile e Commerciale. Il Contratto in Generale*, vol. XXI, t. I. Milano, Giuffrè, 1973.

MONTEIRO, Washington de Barros. *Curso de Direito Civil*, vols. 4 e 5. São Paulo, Saraiva, 15ª ed., 1979; 34ª ed., 1997.

NALIN, Paulo. "Princípios do direito contratual: função social, boa-fé objetiva, equilíbrio, justiça contratual, igualdade", in NANNI, Giovanni Ettore e LOTUFO, Renan (coords.). *Teoria Geral dos Contratos*. São Paulo, Atlas, 2011.

NANNI, Giovanni Ettore e LOTUFO, Renan (coords.). *Teoria Geral dos Contratos*. São Paulo, Atlas, 2011.

PEREIRA, Caio Mário da Silva. *Instituições de Direito Civil*, vol. III: *Contratos*. Rio de Janeiro, Forense, 8ª ed., 1990; 11ª ed., 2004.

PONTES DE MIRANDA, Francisco Cavalcante. *Tratado de Direito Privado*. Rio de Janeiro, Borsoi, 1962.

POPP, Carlyle. "A eficácia externa dos negócios jurídicos", in LOTUFO, Renan e NANNI, Giovanni Ettore (coords.). *Teoria Geral dos Contratos*. São Paulo, Atlas, 2011.

POTHIER, Robert Joseph. *Tratado das Obrigações Pessoais e Recíprocas*, t. I. Trad. José Homem Corrêa Telles. Rio de Janeiro, Garnier.

RÁO, Vicente. *Ato Jurídico*. 4ª ed. anotada, rev e atual. por Ovídio Rocha Barros Sandoval. São Paulo, Ed. RT, 1997.

REALE, Miguel. *O Projeto de Código Civil*. São Paulo, Saraiva, 1986.

RESCIGNO, Pietro. *Trattato di Diritto Privato*, vol. X, t. II. Torino, UTET 1996.

RIZZARDO, Arnaldo. Contratos de Crédito Bancário. 5ª ed. São Paulo, Ed. RT, 2000.

_____. Contratos. 3ª ed. Rio de Janeiro, Forense, 2004.

ROCHA, Sílvio Luís Ferreira da. *A Oferta no Código de Defesa do Consumidor*. São Paulo, Lemos, 1997.

_____. *Curso Avançado de Direito Civil*, vol. III: *Contratos*. São Paulo, Ed. RT, 2002.

_____. "Princípios contratuais", in *Temas Relevantes do Direito Civil Contemporâneo, Reflexões sobre os Cinco Anos do Código Civil. Estudos em Homenagem ao Professor Renan Lotufo*, São Paulo, Atlas, 2008.

RODRIGUES, Silvio. *Direito Civil*, vol. III: *Dos Contratos e das Declarações Unilaterais da Vontade*. 30ª ed., 3ª tir. São Paulo, Saraiva, 2006. ROPPO, Enzo. *O Contrato*. Coimbra, Almedina, 1988.

ROSENVALD, Nelson. In *Código Civil Comentado: Doutrina e Jurisprudência*. Coord. Cezar Peluso. 6ª ed. rev. e atual. Barueri, Manole, 2010.

RUGGIERO, Roberto. *Instituciones de Derecho Civil*, t. II. Madrid, Reus.

SANSEVERINO, Paulo de Tarso Vieira. *Contratos Nominados II*. São Paulo, Ed. RT.

SANTOS, Gildo dos. *Locação e Despejo – Comentários à Lei 8.245/91*. 3ª ed. São Paulo, Ed. RT, 1999.

SANTOS, J. M. de Carvalho. *Código Civil Interpretado*. Rio de Janeiro, Freitas Bastos.

_____. *Repertório Enciclopédico do Direito Brasileiro*, vol. XII. Rio de Janeiro, Borsoi.

SERPA LOPES, Miguel Maria de. *Curso de Direito Civil*. 6ª ed. Rio de Janeiro, Freitas Bastos, 1995.

TOBEÑAS, Jose Castan. *Derecho Civil Español, Comun y Foral. Derecho de Obligaciones. La Obligación y el Contrato en General*, t. IV. Madrid, Reus, 1986.

VARELA, João de Matos Antunes. *Das Obrigações em Geral*, vol. 2. 2ª ed. Coimbra, Almedina, 1973.

VASCONCELOS, Pedro Pais. *Contratos Atípicos*. Colecção Teses. Coimbra, Almedina, 1995.

VENOSA, Sílvio de Salvo. *Direito Civil*, vol. II: *Teoria Geral das Obrigações e Teoria Geral dos Contratos*. 11ª ed. São Paulo, Atlas, 2011.

VILLEY, Michel. "Essor et décadence du volontarisme juridique", Capítulo XIII, in *Leçons d'Histoire de la Philosophie du Droit*. 2ª ed. Paris, Dalloz, 1962.

WIEACKER, Franz. *História do Direito Privado Moderno*. 2ª ed. Lisboa, Fundação Calouste Gulbenkian, 1980.

* * *